世界經濟10000年

從石器時代到貿易戰爭，我們的經濟是如何成形？

MORE

The 10000-Year rise of the world economy

PHILIP COGGAN

菲利浦・科根——著　陳珮榆——譯

各界好評

「人類如何在過去一萬年內改變世界的樣貌？菲利浦．科根給予了全面且清晰易懂的解釋。」

——馬丁．沃夫（Martin Wolf），《金融時報》二〇二〇年度夏季選書

「本書以有趣且專業的方式揭開經濟學的神秘面紗……，經濟學人專欄作家科根是他這一輩最優秀的財經記者之一。這是一本給成年人的書，不適合還處於青春期的左右派推特網軍們閱讀。」

——詹姆士．柯爾康普（James Kirkup），《泰晤士報》

「時代大作且因應時勢……。科根對世界經濟崛起的解釋通俗易懂，而且沒有艱澀難懂的專業術語。」

——《星期日泰晤士報》（*Sunday Times*）

「菲利浦．科根所撰的《世界經濟10000年》是一部思路清晰、內容廣博的全球經濟史，堅定承襲亞當．斯密傳統的著作。……生動、活潑且富含洞察力……，真正令人驚嘆不已的傳奇故事。」

——菲力克斯．馬丁（Felix Martin），《金融時報》

「自然而然納入危機事件，並從過去一萬年來巨大經濟進步的背景中探討其成因，能夠閱讀像這樣的歷史，實屬一大樂事。……，經濟學人巴托比（Bartleby）專欄作家菲利浦．科根以絕妙的敘述和敏銳的觀察力，講述一大段的歷史故事。……，在書的尾聲，《世界經濟10000年》運用大量生動的趣聞軼事，讓讀者身歷其境感受現代世界經濟交織的非凡成就。以恰到好處的篇幅講述一個萬年經濟故事，同時又涵蓋這麼多相關的細節，實在是部了不起的巨作。」

——黛安．科伊爾（Diane Coyle），經濟學家

「滿是各種驚人真相。……偶爾詼諧的筆觸增添了輕快之感，……，鑒於本書所涉略的題材豐富多元，可堪稱一部歷史精選與濃縮的傑作。」

——馬丁．凡德爾．韋爾（Martin Vander Weyer），英國雜誌《文學評論》（*Literary Review*）

「《世界經濟10000年》以一萬年的龐大經濟史作主線，將國家與衝突、文明與公民制度、停滯與變革等精采故事匯集成一則引人入勝的故事，並濃縮在四百多頁的清晰散文裡，是本不可不讀的恢弘巨作。」

——安迪．霍爾丹（Andy Haldane），英國央行首席經濟學家

「《世界經濟10000年》是涵蓋整個經濟史的劃時代巨作，翻開任何一頁，菲利浦．科根都能為我們帶來關於全球經濟體系的新見解。閱讀他的新書樂趣無窮。」

——埃羅伊．迪姆森（Elroy Dimson）

「菲利浦．科根以智慧和風趣講述人類經濟發展的史詩故事，巧妙地將其編織成包羅萬象的歷史記敘，並把內容聚焦於發展的『動力』上，如能源、交通和政府等，對於任何想瞭解現代經濟如何形成的人，科根這本是必讀不可的著作。」

——史帝芬．金恩（Stephen D. King），《大退潮》作者

「菲利浦．科根的《世界經濟10000年》是部重要的學術巨作，但你在閱讀時不會感受到其巨作的沉重之感。所有的人類經濟史都濃縮在本書裡頭，每一頁都有你未知的事物，並從清晰的背景下陳述現今明顯嚴重的經濟問題。本書應該推薦給學生、經濟學家、所有經商人士，以及任何好奇當前世界如何演變的人閱讀。」

——約翰．奧特斯（John Authers），《可怕的市場周期》（*The Fearful Rise of Markets*）作者

「這是本引人入勝且極具可讀性的書，講述關於全球貿易、商業和創新的漫長歷史發展。菲利浦．科根清楚地描述了一切事發經過和原因，讓我們可以在困難時期理性地保持樂觀。」

——喬治．馬格納斯（George Magnus），《紅旗警訊》作者

「《世界經濟10000年》是本驚人之作，怎麼能夠將人類一萬年來的努力轉變成一則激勵人心、條理清晰又出奇樂觀的故事？《經濟學人》的菲利浦．科根擁有罕見的天賦。經濟學類的書籍往往使用繁重分析和人量數據令讀者不知所措，或者過度簡化而讓人氣餒。科根將浩瀚的人類歷史長河（貿易和經濟進步的歷史）提煉成一個精巧且文筆優美的故事、充滿驚喜、沒有意識形態。如果你從未讀過任何經濟學著作，我

想本書是最適合的入門讀物；如果你是經驗豐富的經濟學家，你將在本書發現仍有許多地方可以學習。我極力推薦這本書。」

——艾瑞克・羅納根（Eric Lonergan），《金錢：生活的藝術》（*Money: The Art of Living*）作者

獻給　珊蒂（Sandie）
我永遠的靈感謬思女神

目錄

序言

在思考歷史時，我們總忍不住將注意力擺在革命、戰爭和統治者身上，即過去所謂關於「地理版圖與男人」（**maps and chaps**）的故事，而在探討經濟學時，重點則放在當前的通貨膨脹或就業指標，以及學界用來解釋這些指標的複雜公式與專門術語上。

但如此分析歷史很容易錯估整體局面。過去三百年來，人類歷史發生巨大變化，人口迅速增長，多數人活得比以前更久、身材更高大且更健康，雖然仍有諸多貧困問題存在，但過去幾十年內繁榮程度進一步地擴展，特別是因為中國經濟的蓬勃發展。用過去的方式已無法充分講述和理解歷史，因此引發了撰寫本書的動機。

三十多年前，我出版了第一本書《金錢機器》（*The Money Machine*），當時撰寫的靈感即來自於學習金融知識的必要性，以及發現市面上並沒有適合一般讀者的指南。因此我認為自己也可以為世界經濟做些類似的努力。當然目前市面上也有其他關於經濟史的絕佳書籍，但整體來看，這類書籍都延續了同一觀點：經濟背後有某個關鍵動力，而我的這本書則是針對那些欲瞭解經濟全貌的人所設計。

若早在二〇一六年就意識到這是一項多麼艱巨的任務，我可能永遠不會著手進行本書的撰寫工作。畢竟我是《經濟學人》（*The Economist*）的記者，有份全職的工作，更別說撰寫本書的過程中需要多麼龐大的閱讀量。

坦言之，這是一本由記者撰寫的書籍，而非學者編撰的專書。本書的各個主題章節都有原始報導，但大部分內容仰賴於在我之前諸位傑出學者們的學術成就。註釋和參考書目內都有加以註明，在此再次致上我的感謝之意。

我在此特別說明一下本書中出現的統計數據。如安格斯・麥迪森（Angus Maddison）這樣的經濟歷史學家們竭力估算過各個階段的全球經濟規模，也有些人針對數據進行了梳理，得出關於價格、收入與人類壽命等訊息，但仍難以避免出現巨大誤差，因為即使是現代社會也難以取得正確的經濟數據。因此本書裡的數據只是經濟發展水準的粗略估算，細節請參見附錄。由於這是一本全球性的書籍，所以日期將以公元（CE）和公元前（BCE）來標註，而非以西元前（BC）或西元（AD）來撰寫。

感謝Profile Books出版社的艾德・萊克（Ed Lake）和安德魯・法蘭克林（Andrew Franklin）對本書想法的信任，並耐心地等待我撰寫完成。保羅・佛帝（Paul Forty）率領著一批編輯和印前製程團隊，而蘇珊・希倫（Susanne Hillen）亦是專業的審稿編輯。由贊尼・名頓・貝德多斯（Zanny Minton Beddoes）、愛德華・卡爾（Edward Carr）及安德魯・帕默（Andrew Palmer）所帶領的《經濟學人》同事們，在我撰寫本書期間都展現極大寬容的態度，長期包容我的同事西門・朗（Simon Long）和海倫・喬伊斯（Helen Joyce）也是如此。馬克・強森（Mark Johnson）協助我籌畫亞洲行程，並引導我平安度過馬來西亞的一場雷雨。特別感謝那些閱讀本書部分章節並提出有用建議的友人：傑夫・卡爾（Geoff Carr）、提姆・克羅斯（Tim Cross）、派翠克・萊恩（Patrick Lane）、查爾斯・雷德（Charles Read）、卡勒姆・威廉斯（Callum Williams）和西門・賴特（Simon Wright）。書內若有任何錯誤皆由我負起全部責任。其他幕後英雄還有繪製圖表的艾力克斯・塞比—布特羅德（Alex Selby-Boothroyd）、找尋圖片的蘇菲亞・布萊弗德（Sophia

Bradford）和柔依・斯賓賽（Zoe Spencer）。

在我環遊世界的旅途中，遇到許多幫助我的人：紐約中央車站的丹尼爾・布魯克（Daniel Brucker）、加州大學柏克萊分校（University of California, Berkeley）的法蘭絲・霍勒（Frances Houle）與她率領的團隊、波士頓農業科技新創公司Freight Farms的卡羅琳・卡瑟羅巴（Caroline Katsiroubas）、馬來西亞依斯干達經濟特區（Iskandar Malaysia）的謝爾・林恩（Cheryl Lim）、新加坡港口的尤金・泰（Eugene Tay）、紐約艾利斯島（Ellis Island）的導覽員道格・特里姆（Doug Treem）、賓州大學（University of Pennsylvania）的楊書（Shu Yang），以及雪菲爾大學（University of Sheffield）先進製造研究中心（Advanced Manufacturing Research Centre，簡稱AMRC）的約翰・耶茨（John Yates）。

最感謝的是珊蒂，還有我的孩子海倫娜（Helena）與凱瑟琳（Catherine），在三十個月的研究與寫作過程中給予我極大的包容，很抱歉沒有在週末抽空陪伴她們散步和看電影。珊蒂提出許多有益的建議、糾正我不該犯的錯誤。至於老是在關鍵時刻坐在鍵盤上的貓咪羅莎（Rosa），你該好好檢討一下自己啦。

菲利浦・科根

二〇一九年四月

概述

對貿易的需求

首先從自身周邊討論起，就拿家裡最常見的消耗品牙膏來看，牙膏在抵達你家浴室前，沿途經過數千人之手和數百道過程。牙膏成分裡美白牙齒的二氧化鈦必須透過開採，可能來自澳大利亞或加拿大；用來清潔牙垢的研磨劑碳酸鈣須從石灰岩中提取；作為增加牙膏黏稠度的三仙膠（xanthan gum，譯註：又稱山羊膠、黃原膠、漢生膠）則是由多種植物研磨而來。光是我家浴室的牙膏即列了十七種不同成分，這還不包含製造牙膏容器的塑膠原料。這些所有原料必須運送至工廠，製作成一管管的牙膏，接著用紙盒包裝起來，上面還有專業人士設計的商標，以便在超市內吸引到顧客的目光。然後，貨車將產品運到配送中心，最後由零售店員擺放在貨架上。

再來放遠思考，到集貨港口看看，像是英格蘭東海岸索夫克郡（Suffolk）的菲力克斯托港（Felixstowe），你會發現宛如身處巨人的國度。我去參觀時，丹麥快桅集團（Maersk）一艘全長約四百公尺的貨櫃船正準備駛離碼頭，甲板上方堆滿高達八層的金屬貨櫃，下方也有一樣多的貨櫃，旁邊有三輛已經完成裝載貨物、八十公尺高的起重機具。幾週之內，成千上萬名消費者將使用到其中一個貨櫃內的產品。

世界經濟便是由上述這些大大小小的貿易活動所組成，其中涉及的金額龐大到（數兆美元）民眾很容易遺忘這些物品就是平常每天使用的東西：我們吃的食物、身上穿的衣服、使用的設備。沒有人身處於經濟孤島。

全球有將近百分之九十的貿易是透過船運。在菲力克斯托港，貨櫃一箱箱擺放在碼頭旁邊，遠遠地用肉眼可以觀察到，單一個工作日之內就有二千輛貨車抵達此處卸載出口貨物，接著再辛苦地進口物料搬運出去。

這個港口有三線鐵路轉運站，運載將近一半的貨物量。我在其中一線的末端看到了工程壯舉，鐵道轉盤將火車頭轉向，讓該輛列車反向行駛，並在另一條線的末端裝載新的貨物。將商品送到每戶人家需要這些別出心裁的小成就，而它們事實上也都蘊含著深厚的歷史淵源。

像菲力克斯托港這樣的大港口遍布全球。舉例來說，新加坡具有深水港灣是萊佛士（Stamford Raffles）爵士選擇其作為英國貿易基地的原因之一，另一原因是新加坡位於麻六甲海峽的東南端，居於馬來半島和蘇門答臘之間的戰略位置，任何想從印度洋航行到南海的船隻都需要經過此海峽。今日新加坡港之所以成為世界上第二繁忙的港口、新加坡之所以成為世界上最繁榮的國家之一，皆歸功於其擁有的亞洲貿易與金融中心地位。

一般來說，貨櫃箱外觀長得一模一樣，難以辨別裡面裝載什麼樣的產品，但在新加坡港，我們可以稍微窺見貨櫃船上裝載哪些物品。碼頭擺放的貨物有亞洲製造的豐田（Toyota）和本田（Honda）汽車（準備運往歐洲）、歐洲製造的賓士（Mercedes）與寶馬（BMW）汽車（準備運到中國），以及前往中東地區的三菱（Mitsubishi）小卡車。最大的貨櫃船每艘可以運送八千輛汽車，每年港口有一百一十萬輛汽車通過。

每天流動於菲力克斯托港、新加坡港和其他幾十個港口的貿易活動，維持著全球經濟的繁榮，並構成複雜經濟網絡的一部分，進出口的商品不只是完成品，亦包含零件和原物料。舉例來說，一台iPhone即是由日本和南非製造的顯示器、台灣製造的感測器，再加上德國、法國、義大利與荷蘭製造的其他零件組裝而成；這些零件使用來自非洲或南美洲的原物料製作而成，所有零件再由中國組裝完成，但外界卻普遍將iPhone視為典型的美國產物[1]。

人類進行貿易活動已有數千年之久。貿易與分享是兩回事，所謂分享是指野生動物也會有的行為，如一群獅子會分享獵物；貿易也異於共生概念，所謂共生是指如黑帶鰺（pilot fish，譯註：俗名為烏甘、領航魚）會吃鯊魚的寄生物，以換取鯊魚的不殺之恩。

貿易需要有意識地認知這是互利互惠的交換行為，各取所需。也許我的蘋果樹所結的果實無法在腐爛之前食用完畢，也許你的母雞所生的雞蛋多到早餐吃不完，所以交換合情合理。這種貿易似乎是人類獨有的行徑，誠如偉大的經濟學家亞當．斯密（Adam Smith）所言：「從未見過兩隻狗可以公平審慎地交換骨頭。」（不過，黑猩猩會以互相梳洗來換取食物，而在另一項實驗中，研究人員拿銀盤給捲尾猴當作貨幣使用時，發現牠們會拿來買春[2]。）

以全球層面來看，貿易的產生源自於資源分配不均。地球上有些區域富含礦產資源，有些區域具備種植水果或棉花所需的陽光條件，其他區域擁有種植小麥的遼闊平原。隨著時間推移，擅長製作陶器、紡織

1 Christopher Minasians, “Where are Apple products made?”, *Macworld*, September 18th 2017

2 https://www.zmescience.com/research/how-scientists-tught-monkeys-the-concept-of-money-not-long-after-the-first-prostitute-monkey-appeared/

或製造產品的技藝造福了一些文化，人們製作自己擅長的物品，並與擅長製作或種植其他物品的區域交換剩餘的物資。

早期的貿易行為可能從相互送禮開始，現代社會上依然存在這種互贈行為，我們在慶祝他人生日時會攜帶禮物，或者受邀參加晚餐聚會時會帶酒前往。漸漸地，這種互贈方式可能變得更加系統化，雙方都意識到自己可以從中獲益，例如在交換蘋果與雞蛋的例子裡，可以發現到雙方飲食都變得更加多元。隨時間流逝，交換走向專業化。在某些產品方面，這個過程發展得相當迅速，就像每個中世紀村莊都會有鐵匠和工匠。

交換過程漸漸走向市場交易。最早在公元前第二個千年的腓尼基時期已經存在市場貿易，而在世界各地，特別是小型城鎮內也發現類似情況，大部分貿易以農民出售剩餘物品或牲畜為主。對專業人士來說，如銷售葡萄酒的人，市場是他們銷售產品的重要管道。一旦有了市場，買家就會比較價格，贏家就是那些賣最便宜的生產商。漸漸地，這種買賣將迫使貿易商提高「效率」，以較低的成本生產更多的商品。買賣雙方不僅必須在商品價格上達成共識，在商品的品質、交易的時間與地點、付款的方式與時間上也要達成協商。市場、交易所和金融工具等創新讓貿易過程變得更加容易。

遠距貿易也存在了數千年之久，西哥德人（Visigoths）在其律法中提過「海外貿易商」（negociatiores transmarini）。但從歷史上來看，遠距貿易既昂貴又有風險，因此這類貿易僅占經濟的一小部分，多半是珠寶、香料或絲綢等奢侈品。一般人消費的大部分物品仍由當地產製。

隨著船艦越蓋越大且航行技術變得更加可靠，也漸漸能用船艦運輸木材、穀物或奴隸等大宗貨物，過去兩世紀以來，鐵路、郵輪和內燃機改變了貿易型態。因此本書會講述貿易是如何在數千年以來變得更加普及與深入，並達到現今跨境貿易涵蓋世界上每年總產量一半以上的程度[3]。全球經濟是由競爭、政府干預、消費者偏好與自然資源分配等複雜的相互作用所組成，只要改變其中一個環節，我們就難以確定系統內的其他部分會有什麼回應，這就好比每當政客提出簡單的經濟解決方案時那樣，選民應該記得很清楚發生了些什麼。

國家存在的必要

以陸路進行貿易的商人在途經他國領土時，貨物可能會遭到強盜打劫或當地統治者沒收，以海路進行貿易的商人則恐面臨暴風雨或遇到海盜的危險。古人明白這種風險性，並採行分散風險的策略，如《舊約聖經》記載：「當將你的糧撒在水面，因為日久必能得著，但你要分給其他人，因為你不知道將來有什麼災禍臨到地上[4]。」

即使在國內，商人也可能碰到地方政府決定扣押自己財產的情況，時至今日這種事仍經常發生。但這是個零和遊戲（**zero-sum game**，譯註：源自博弈理論，是指雙方博弈時，一方的得益必然會造成另一方的損失，因而雙方對峙結果的總和永遠等如零），假使農民的作物每年都遭地方強盜（或地主）掠奪，那麼農民就不會費心栽種，如此一來長期經濟增長也不會出現。正如十七世紀對人性持悲觀看法的哲學家湯瑪斯．霍布斯（**Thomas Hobbes**）所言：「在這種情況下不可能有工業，因為無法確定產出的成果如何[5]。」

在經濟成長起飛以前，需要有現代國家的存在，才能保護私有財產與和平解決爭端。現代國家提供法

3 資料來源：World Bank https://data.worldbank.org/indicator/NE.TRD.GNFS.ZS。
4 Ecclesiastes 11:1, New Living Translation
5 Thomas Hobbes, *Leviathan*

院以確保合約的執行、銀貨兩訖及工資的給付，而貿易的運作也需要有運送貨物的公共道路、教育勞工的學校、進行疾病治療的醫院等等。

現代政治論辯往往陷入類似於「資本主義很邪惡」和「政府干預是錯誤的」這種毫無結果的思路爭論。事實上，成功的國家經常從蓬勃發展的私營產業中獲益，國家提供的基礎設施也總是對私營產業有益處。爭辯論點在於界線：私營與公營部門之間的責任如何劃分？政府應該從中要求多少所得？

在二十世紀期間，這個界線大多傾向政府那一邊，不過這趨勢並非往單邊傾倒。在俄羅斯和中國，甚至至像瑞典這樣的社會民主國家都出現反倒現象。第一次和第二次世界大戰顯示出各國在危機時刻需要經濟政策，但僅依靠部分決策者預知未來並不明智，即使是頂尖的企業家也會出差錯，例如創辦與經營ＩＢＭ四十多年的湯瑪斯・華森（Thomas Watson），曾錯估全世界市場只需要五台電腦[6]。

因此本書亦講述了幾世紀以來，國家政府是如何影響經濟發展，無論好壞與否。許多獨裁統治者意識到，富裕的商人是極佳的稅收來源，所以大力鼓吹國內外的貿易發展。過去二百年來，國家政府承擔了更廣泛的職責，提供福利給年長者、病人與失業人士，並試圖管控經濟以限制通貨膨脹與失業問題。這種轉變趨勢對整體人口而言是項好消息。

金融的重要性

祖輩先人和我們一樣，也有財務借貸，這也屬於貿易形式之一。你有多餘的現金，而我需要現金買一頭乳牛或資助一趟貿易之旅。若我的投資賺得利潤，便支付你利息，如此一來雙方都能從中獲益。

金融在經濟中扮演著非常重要的角色，使我們得以管理一生的開支。在剛開始工作之時，我們的資金很少，需要貸款購買房屋或汽車等消費品；到了中年時期，賺取的工資增加，能夠償清債務，準備為退休生活存款；等到我們年邁之際，仰賴儲蓄的利息收入生活。歸結來看就是老年人借錢給年輕人。

企業通常需要透過借貸來拓展業務，政府職能也需要貸款的資助（國家的稅收鮮少會高過花在公用事業上的費用）。

金融產業在這類交易中充當仲介，例如基金管理和退休金計畫即是將我們的儲蓄投資於支付利息的債權和公司股票方面；保險公司向我們收取保障生命與財產的保費來投資，額外收入讓保險費用降低；慈善機構將我們捐獻的錢拿去投資，他們獲得的額外收入可以用於慈善事業。

伴隨著經濟成長，諸如此類的金融產業日益複雜化，且被更多人所利用。儘管現代金融產業有許多缺點，但值得反思的是，在金融工具不發達的經濟體中，公民無法購買自己的房屋或創業。好的融資可以助你一臂之力，舉例來說，在肯亞，當地通訊商經營的金融交易行動支付系統M-Pesa蓬勃發展，改善了數百萬居民的生活，也使得小型企業的管理更加便利。

金融產業的興衰似乎取決於本身的特質。人們需要信心進行貸款，若局勢讓人民緊張不安，進而使信貸緊縮，恐導致經濟混亂。在二〇〇八年金融危機爆發以前，金融體系龐大到難以支撐高昂消費，使得西方經濟的穩定性開始動搖。金融工具是把雙刃劍，用得好讓你上天堂，用不好讓你下地獄。

---

6 "Worst tech predictions of all time", *The Daily Telegraph*, June 29th 2017, https://www.telegraph.co.uk/technology/0/worst-tech-predictions-of-all-time/thomas-watson-ibm-president-in-1943/

進步的真正意義

有一派觀點不看重經濟成長和以國內生產總值（gross domestic product，簡稱GDP）為中心的統計數據。當然，生活不僅僅是商品與服務，但欲瞭解現代人如何從經濟增長中獲益，我們不妨回想六百年前的十五世紀初。

假設你出生於一四二〇年的歐洲，前一、兩年會最先面臨到生存考驗，因為當時嬰兒的死亡率高達百分之三十左右。在中世紀時期，典型的歐洲農民幾乎沒有傢俱可以使用，只有一張凳子（沒有鋪著軟墊的扶手椅）、一張草床（裡面可能還有很多跳蚤和虱子），也沒有隱私可言（所有人都睡在一起，依偎在唯一可以取暖的火堆旁），沒有什麼餐具（有刀子但沒有叉子或湯勺），晚上也很少有燈光（因為蠟燭昂貴）。

食物的選擇性極為有限，亦欠缺冷藏設備來保鮮。在現代化以前的中國，小米、小麥、稻米和玉米的供應占了所有資源的五分之四以上。歐洲人靠著粗糙的麵包與製作成燉菜和湯的蔬菜過活[7]，肉類和魚是特殊場合的美食。營養不良意味著當時的人體格比現代人瘦小，沒有自來水，也沒有沖水式馬桶。所有水源都必須由婦女從村裡水井或河川取水到屋內。在娛樂休閒方面，沒有出版書籍，很少人會閱讀，且大部分人在沒有眼鏡的情況下視力很差。當然也沒有收音機和電視。人們很少洗衣服，衣服方面的選擇也很少。

醫學與牙科技術仍不發達，所以人一旦生病往往死劫難逃。女性必須多生幾個孩子以確保有一、兩個能活到成年，但每次懷孕都是一場高風險的賭注，因為有三分之一的女性會死於生產過程中[8]。當時人類預期壽命都在三十歲以下。如果房子遭搶劫或襲擊，不會有警察來保護你；如果屋子的木材或稻草起火了，也沒有消防隊來救火。

若是男性，你大部分的工作生活將投入在自己的一小塊土地或僱主的農田裡；若是女性，你可能從事僕人工作直到適婚年齡後結婚生子。在婚姻裡，除了家務事之外，一般還會期待女性應該協助農務或餵養家禽，也許做點針線活和紡織（spinning，所以「spinster」這個詞用來指稱未婚的大齡女子）工作來貼補家計。孩童從小開始工作，大多數人在出生地幾英里遠的範圍內度過一生；道路簡陋，沒有鐵路和飛機。

當然，有失必有得。古時候的工作壓力沒那麼緊張，休息日很多，雖然這些屬於「聖日」而非假日；直到最近的一百年，大多數人（尤其是富裕國家）才有能力外出做日光浴和居住旅館。與現代社會相比，當時的社區意識可能較為濃厚。

儘管如此，現代生活仍具有較多優勢。與中世紀相比，現代社會有越來越多孩子能平安活到成年，他們長大後變得更壯碩、受教程度也更高，對於生活方式亦擁有較多選擇，晚年在床上安詳死去的機率也提高許多（見圖一）。若沒有經濟增長，不可能獲得這些文明進步。

誠如史迪芬．平克（Steven Pinker）所述[9]，一八〇〇年以前，世界上沒有任何國家的預期壽命高於四十歲。如今，世界的平均壽命為七十歲；現今非洲人的預期壽命跟出生於一九三〇年代的歐洲人一樣長。二〇一六年，出生第一年內死亡的新生兒有四百二十萬名[10]，雖然這個數字很可怕，但近年來已經持續下

7 Vaclav Smil, *Energy and Civilization: A History*

8 https://www.tudorsociety.com/childbirth-in-medieval-and-tudor-times-by-sarah-bryson

9 Steven Pinker, *Enlightenment Now: The Case for Reason, Science, Humanism and Progress*

10 Hans Rosling, Ola Rosling and Anna Rosling Rönnlund, *Factfulness: Ten Reasons We're Wrong About the World – And Why Things Are Better Than You Think*

圖一

人類壽命越來越長

全球預期壽命（單位：年）

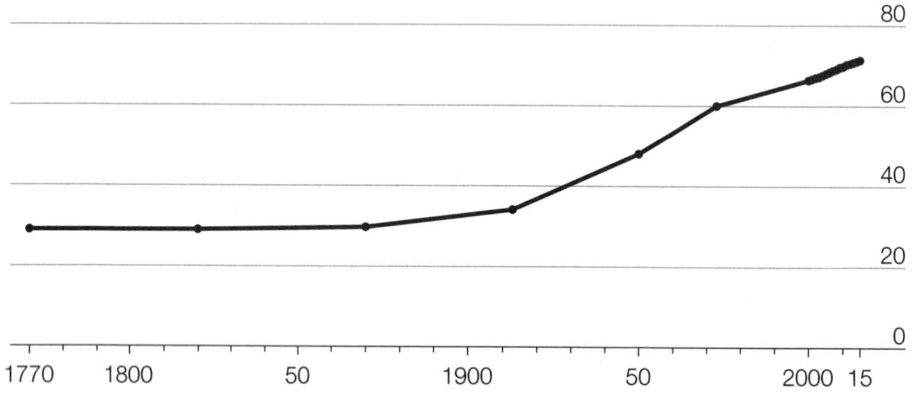

資料來源："Estimates of Reginal and Global Life Expectancy, 1800-2001" by James C. Riley; WHO; World Bank

降。一九五〇年，新生兒的死亡人數為一千四百四十萬，當時全球人口還不到現在的一半。一九五〇年約有九千七百萬名新生兒，但二〇一六年有一兆四千一百萬名新生兒，也就是說，嬰兒死亡率從百分之十五降到百分之三。

經濟成長也有助於社會各個階層。一九八一年到一九九九年針對發展中國家的一項研究發現，在經濟擴張最強勁的國家，貧困率每年下降百分之六點一；在經濟緊縮最劇烈的國家，貧困率每年上升百分之二十三[11]。多虧了農業的「綠色革命」（green revolution），過去五十年世界上死於饑荒的人口比例，比二十世紀的前七十年減少百分之九十[12]。一九九三年至二〇一一年期間，全球赤貧人口規模減少了一半（約十億人口）；同一時期，發展中國家的赤貧人口比例從百分之四十二下降到百分之十七。發展中國家的預期壽命也從一九六〇年的五十歲，提升到二〇一一年的六十六歲[13]。

想當然耳，故事並非完全都是正面積極

的，許多人已經為經濟發展付出了可怕代價。最著名的例子包括從非洲運至美洲的奴隸；被歐洲開拓者侵占土地的當地居民；在不安全的工廠、礦坑和建築工地犧牲性命或健康的工人。本書也會提到這些人的故事。

經濟變化也會導致環境破壞，但那並非都是「資本主義」所造成的，外界已經過度濫用該詞彙，例如上個千禧年中期的復活節島森林砍伐並不是資本主義所造成的結果[14]，澳大利亞巨型動物群（如巨袋熊）也是被早期人類所消滅，並非追求利潤之故而遭到獵殺滅絕。事實上，北美洲旅鴿也是如此，數量曾多到足以遮天蔽日，但仍敵不過持槍的農民。二十世紀最大的環境災難之一發生在鹹海（Aral Sea），由於共產主義的蘇聯政府管理不善，導致鹹海損失四分之三的水量[15]。人類是個貪婪且具破壞性的物種。

但人類也擁有創造力，能夠找出解決問題的辦法。在西方世界，濃煙瀰漫的空氣在建築物上留下塵垢而引發的倫敦霧霾事件，後來大致上已經消除了；河川汙染也不再嚴重到會起火的程度。

---

11 同上註；這些數字來自世界銀行馬丁・拉瓦雷（Martin Ravallion）和陳少華（Chenohua Chen，音譯）的研究。

12 Joe Hasell and Max Roser, "Famines", Our World in Data, https://ourworldindata.org/famines

13 Steven Radelet, *The Great Surge: The Ascent of the Developing World*

14 Jared Diamond, *Collapse: How Societies Choose to Fail or Survive*

15 Karen Bennett, "Disappearance of the Aral Sea", World Resources Institute, May 23rd 2008, http://www.wri.org/blog/2008/05/disappearance-aral-sea

必需品的產物

創新和技術也是本書的兩大重要主題。從現代觀點來看很容易以為技術進步全是電腦的功勞，但事實證明更簡單的設備也至關重要，像是犁頭、水磨、六分儀。在整個歷史過程裡一直都有創新發明的產物出現，與現代的差異在於這些創新在世界各地的傳播速度。

經濟成長主要來自兩個方面：擁有更多的工人，以及提高這些工人的效率，也就是讓工人每小時生產更多。相對簡易的新設備可以提高生產力，例如透過由伊萊．惠特尼（Eli Whitney）開發的軋棉機，可以清除棉花裡的種子和雜質（然而棉花產量雖然提升了，但這項發明卻讓美國的奴隸制度長存）。產量也可以透過新的組織生產方式來提高，例如亨利．福特（Henry Ford）透過移動裝配線降低生產汽車的成本。如信用狀之類的金融創新，或如成立有限責任公司等法律改革，讓貿易者更容易承擔風險與擴大業務。

也許最重要的創新領域非農業莫屬。十八世紀的牧師湯瑪斯．馬爾薩斯（Thomas Malthus）以他對人口增長危機的悲觀預測而聞名。直到那時，他才發現文明的潛在問題：生產糧食的能力有限。不過正如眾所皆知的，諸如播種機之類的新設備可能有助於擺脫馬爾薩斯陷阱（Malthusian trap，譯註：指不斷增長的人口會導致糧食供不應求，讓人類陷於饑荒和戰爭等災難中），新作物和新的輪耕做法也會提高產量。

專業化向來是提高生產效率的關鍵，也就是將工作分成若干任務，讓每個人專注於單一任務，這就是斯密的名著《國富論》（*The Wealth of Nations*）裡的主要見解之一。早在古時候就有人發現專業化的優點，大約在公元前三七〇年色諾芬（Xenophon）撰寫的《居魯士的教育》（*Cyropaedia*）一書中，提到在波斯有些地方，「有人靠補鞋謀生，有人靠縫鞋謀生，也有人不從事這些工作，而是靠組裝零件。當然，從事單一任務的人做得最好[16]」。

歷史長河

本書講述了人類如何從交易食物和單把斧頭發展到今日經濟規模的故事，現代經濟造就了新加坡港口的巨大貨輪，用手持裝置就能獲取世界上大多數知識。我們認知裡屬於現代「資本主義」經濟的諸多特徵已經存在數千年之久，包含銀貨兩訖、借貸、賺取利潤的企業、為薪資工作的勞工，長期以來發生改變的是這類經濟行為的規模和參與人數的多寡。

一次又一次的改變累積下來極具意義性。舉例來說，十七世紀的英國欠缺木材，進而鼓勵人們使用從深井挖掘出來的煤炭，而又因為抽水是採礦的優先事項，從而促使蒸汽機的發明。接著，蒸汽機運用在鐵路上成為動力設備。鐵路敞開了北美大陸的貿易大門，為歐洲帶來了許多低廉糧食，歐洲勞工也得以從事工業工作。然而，人們可以從不同角度來分析經濟變化的過程（例如十五世紀葡萄牙在非洲的探險之旅），並衍伸出不同的因果鏈。

我們人類已經從鐵器時代進入了資訊時代，但整個過程並非一成不變地演進。最初在西北歐發生的急劇增長被稱之為「工業革命」，但實際上工業革命既不是突然出現，也不只跟工業相關，若以德爾雷·麥克勞斯基（Deirdre McCloskey）的術語「財富大爆炸」（The Great Enrichment）來描述會更好（見圖二）[17]。我們在學校瞭解的傳統說法是工業革命源自於一七六〇年的英國，並涉及一連串的機具發明，如珍妮紡紗機（spinning jenny）和蒸汽機。

---

16 相關資訊可參閱波斯的居魯士大帝（Cyrus the Great）的傳記，可在以下網站找到：https://www.gutenberg.org/ebooks/2085

17 Deirdre N. McCloskey, "The great enrichment was built on ideas, not capital", Foundation for Economic Education, November 22nd 2017, https://fee.org/articles/the-great-enrichment-was-built-on-ideas-not-capital/

圖二

財富大爆炸

全球國內生產總值／二〇一一年物價／國際經濟規模（單位：兆美元）

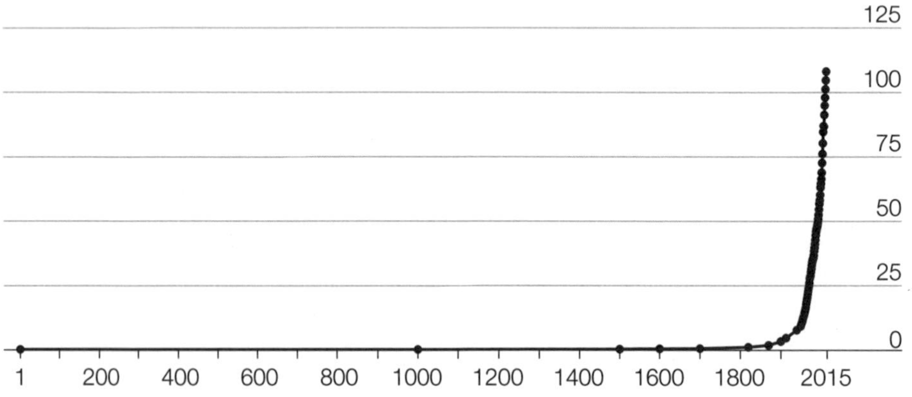

資料來源：Maddison Project Database

但歷史學家對於這樣的說法深感擔憂，他們認為經濟快速增長的跡象出現的時間比一七六〇年要早得許多，而經濟更快速崛起的關鍵要到十九世紀初才真正顯現出來。更具爭議性的是關於工業革命的成因，以及為什麼工業革命出現在歐洲一隅，特別是英國。為什麼不是擁有悠久歷史的主要經濟體中國呢？歷史專家的解釋說詞從殖民地和奴隸貿易的剝削、英國體制較為合適（像是君主立憲制與執行財產權的法庭），到基於「文化」的觀點（新教徒比天主教徒偏好商業活動；英國較為欣賞勤勞和貿易的「資產階級」活動），竭力推翻其他主張，試圖建立起自己的解釋。

在本書，筆者傾向採取阿嘉莎·克莉絲蒂（Agatha Christie）推理小說《東方快車謀殺案》（*Murder on the Orient Experss*）的結局立場（小心劇透）：人人都是凶手——種種因素促使經濟發展。在一七六〇年至一八二〇年期間之前，經濟無法實現持續性成長，這顯示出經濟增長的艱巨程度；在各種事件的交疊匯集下使得歐洲率先發展起來。

但我們實際上應該談論兩次革命而非一次革命。一八二〇年到一九六〇年代期間的大爆炸只發生在我們所認知的西方世界：北美、歐洲、澳大利亞以及日本，但近五十年來，越來越多國家發展起來並擺脫貧困，從韓國、台灣等亞洲四小龍開始，接著中國和印度等大國崛起。

經濟力漸漸從停駐三世紀之久的歐洲和北美區域轉移到亞洲區域，這在某程度上屬於「正常」回歸，因為中東、印度洋和南海長期以來是全球貿易體系的核心。

許多經濟變化導致長期繁榮的國家面臨到短期阻力，變遷意味著某些任務做法必須停止，才能展開其他任務，也代表著會有輸家和贏家出現。短期內輸家的抱怨可能主導著輿論方向，他們被迫失業或減薪，會感到不開心是可以理解的。另一方面，從過程中獲益的人往往分成兩大陣營，一派是未來將在新體系中就業的工人，一派是從低廉價格或更好服務中獲益的消費群。接下來幾十年內，隨著越來越多工作崗位被機器或人工智慧所取代，世界經濟可能再次面臨相同問題。

本書將揭開世界經濟史的所有利弊得失，而我們需要記住世界已經走到哪裡。在第一個千禧年，世界人口僅增加六分之一，且人均收入下降；在第二個千禧年，世界人口增長了近二十四倍，人均收入上升十四倍，國內生產總值成長三百三十八倍[18]。追蹤人類進步腳步的方法之一是觀察光源。人類從營火轉為使用動物脂肪、芝麻油、蠟燭、鯨油、煤油，最後改成使用電燈泡，人類的光源效率提升了十四萬三千倍[19]。換句話說，在十四世紀使用每單位的光源成本，大約是現在的一萬二千倍之多[20]。

---

18 Angus Maddison, *Contours of the World Economy, 1–2030 AD*

19 William Easterly, *The Elusive Quest for Growth: Economists' Adventures and Misadventures in the Tropics*

20 Max Roser, "Light", Our World in Data, https://ourworldindata.org/light

解釋現代經濟的發展是項複雜的任務。雖然講故事的方法之一是嚴格地按照時間順序敘述，但在經濟史上，時間區段的選擇甚至比強調戰爭和革命的政治歷史更加武斷，按時間順序講述的故事可能會錯過了塑造全球經濟的重大主題，所以本書在時間線上穿插一些著眼於經濟史上重大發展的章節，例如農業、能源、製造業、交通、移民和技術，也有些篇幅聚焦在中央銀行的影響和經濟統計數據的計算。

本書的目標是想讓讀者不僅瞭解到全球經濟的發展過程，還能意識到全球經濟日益複雜化且相互依存。人類從刀具、斧頭等人人皆可使用的簡單工具開始起步，但即使最平凡的現代物品也不是單靠一人智慧就能完成的。二〇〇八年，湯瑪斯・史威茲（Thomas Thwaites）試圖從零開始製作一台不起眼的烤吐司機，他在拆解後發現，裡面有四百多個由不同原料製成的零件；經過九個月長時間的努力，他創造出一個簡單裝置，結果開機五秒內就熔化了。但很少人可以像他走到這一步[21]。

這是個有益的例子。家中的日常用品，舉凡牙膏、電視和烤吐司機都是使用來自世界各地的原料組裝而成，在抵達家門口之前，已經由成千上萬人透過某種方式處理完成。本書便是講述全球經濟如何發展到當前階段的故事，透過連接全球的巨大網絡，從北威爾斯山脈出發，途經中央車站和柏克萊實驗室，抵達馬來西亞的工廠。

21 Rachel Swaby, "One Man's Nearly Impossible Quest to Make a Toaster From Scratch", April 21st 2011, https://gizmodo.com/5794368/why-its-harder-than-you-think-to-make-a-simple-toaster

第一章
古代經濟

在威爾斯語中，彭邁恩毛爾（Penmaenmawr）的意思是「巨石之首」，這座位於北威爾斯海岸的山脈長久以來一直是採石場的所在地。古代人類知道此處是蘊藏各種石材的寶地，這些石材可以拿來製作斧頭的刀片，特別是扁斧的弧形刀片。考古學家在隔海對岸的愛爾蘭和約一百四十英里外的英格蘭湖區（Lake District）發現一些來自彭邁恩毛爾的刀片[1]，可見這些刀片進行過遠距離的交換或貿易。

這種貿易模式在古代很常見。俄羅斯西北部方圓五百多英里處曾發現綠色的石板扁斧和鑿刀。早於公元前七〇〇〇年，起初在土耳其中部石頭城（Cappadocia）發現的黑色火山玻璃，即黑曜石，也曾被帶到賽普勒斯（Cyprus）和兩伊邊界的薩格洛斯山脈（Zagros Mountains）[2]，然後製作成刀片，用來切割肉類和收割作物。

---

1 Grahame Clark, "Traffic in stone axes and adze blades", *The Economic History Review*, vol. 18 no. 1, 1965

2 Andrew Sherratt, "The Obsidian Trade in the Near East 14,000 to 6500BCE", *ArchAtlas*

在人類大部分歷史裡，石頭與工具是我們瞭解經濟生活的最佳線索。早期人類是狩獵採集者，沒有留下任何文字紀錄，但他們這樣的生活方式維持很長一段時間。如果將**智人**（Homo sapiens）的整個歷史濃縮成一天，那麼農耕時代大概從晚上十點後開始，工業革命則是到晚上十一點五十七分才發生。

考古學家和人類學家對於我們的早期發展已有粗略認識，我們的物種只是非洲出現的各種原始人類中的一種。包含我們的祖先**直立人**（Homo erectus）在內的某些原始人類，可能最早於二百五十萬年前就已開始使用石器。而早於一百萬年前，這些早期的原始人類或許已具備有史以來最重要的技術創新：控制火的能力[3]。用火讓他們能夠炊煮食物，而烹調過的食物則更容易消化。這項發展意味著我們的內臟萎縮、大腦得以擴展（與我們親緣關係最近的現代物種黑猩猩，其結腸比我們大三倍）[4]。這項發展也給予我們機會，以一種所謂「刀耕火種」（slash and burn）的耕種形式來重塑土地面貌（參見第二章）。清除掉森林後，人類就可以栽種喜歡的作物。

至少在十萬年前，早期的人類離開了非洲，遷移到世界其他地區[5]，到六萬年前，他們已經有了弓、箭、魚鉤和針，還有繩索及縫製的衣服。在過去九萬多年的時間裡，人類走過冰河時期形成的陸橋，抵達歐亞大陸和美洲最遙遠的地方；在公元前一二〇〇〇年左右到達智利的最南端[6]。而太平洋群島則是大約在六萬年前到達的，這表示人類在那個階段已經學會了乘船進行長途旅行。

早期人類已會演奏音樂，世界上最古老的樂器是一支擁有三萬五千年歷史、使用禿鷹翼骨雕刻製成的長笛[7]。在出現距今二萬年前大型動物壁畫的著名拉斯科洞窟（Lascaux）內發現了草花粉的存在，可能顯示舊石器時代（Palaeolithic）[8]的人類使用乾草作為寢具[9]。另外有證據表明，犬類動物大概在三萬年至一萬八千年前之間受到馴化，成為我們最古老的朋友。

那麼早期狩獵採集者的生活是什麼模樣？在合適的地理環境中具有充足的食物：有可以捕捉的大型獵

物、河流或海洋的魚群、從樹木和灌木摘取的果實，以及能夠研磨和烘培的野草。整個群體都可以廣泛分享這些食物，如果說對現代狩獵採集群體有什麼借鑑意義的話，那就是這些社會都是平等的，而且他們不必工作得太辛苦。有項針對非洲南部布希曼（Bushmen）部落的研究發現，他們每週只花十七個小時找尋所需食物，另外花十九個小時從事家務[10]。

我們也可以假設這些群體相互交易。或許是禮儀性質的交換，例如太平洋島嶼間透過庫拉環（Kula ring，譯註：是美拉尼西亞群島居民的一種交換回報制度）進行互換的項鍊或臂環，這也是貿易網絡的一部分。相互贈禮可能是讓敵對群體間保持和平的一種方式，同時也是維護社會地位的方法，就像為你的鄰居舉辦一場奢華派對一樣。儘管關於這個過程有時是引發熱議的問題，但不難看出現代貿易是如何從這些源頭發展而來；相互贈禮通常會選擇等價物品，否則關係可能會破裂。如果部落碰巧有些剩餘的物品，那麼互相交換顯然有利於雙方。靠海部落的人可能會用漁獲來交換內陸部落的人所採集的水果。

---

3 Erin Wayman, "The Earliest Example of Hominid fire", April 4th 2012, www.smithsonianmag.com
4 John Lanchester, "How Civilization Started: Was it even a good idea?" *The New Yorker*, September 18th 2017
5 Chris Stringer and Julia Galway-Witham, "When did modern humans leave Africa?", *Science*, Jan 26th 2018
6 Nayan Chanda, *Bound Together: How Traders, Preachers, Adventurers and Warriors Shaped Globalization*
7 Richard Mabey, *The Cabaret of Plants: Botany and the Imagination*
8 此詞希臘語原義為「舊石頭」，現今廣泛俗稱為「舊石器時代」。
9 Mabey, *The Cabaret of Plants*, op. cit.
10 Lanchester, "How Civilisation Started", op. cit.

農業

經濟活動的第一個重大變化是從狩獵採集轉變成專職農業，這個漸進且局部發展的過程大約從一萬一千年前開始，可能是因為冰川退縮和氣候變遷提高了作物產量。

從短期來看，這個發展過程宛如一把雙刃劍。以色列歷史學家哈拉瑞（Yuval Noah Harari）將這種朝向農業的轉變形容為「史上最大騙局」（history's biggest fraud）[11]，因為農民飽受椎間盤突出和關節炎的困擾，飲食變化性又少，身材也比狩獵採集者矮了約六英寸[12]。同時，他們面臨到作物歉收導致饑荒的風險，但流動性的狩獵採集者則可避免這個麻煩。

詹姆斯．斯科特（James C. Scott）認為，以穀類作物栽種為主的模式導致早期國家的出現，這些國家向當地居民徵稅，並因精英階級掠取了大部分穀物作物而造成社會不平等[13]。穀物生長於地上，每年定時收割，因此容易成為稅務單位的目標；穀物亦可儲存起來，並以工資的形式分發給勞工。剩餘的農作物可以拿來與狩獵採集者或游牧者交換物品。

全世界不同地區都各自採行農業生活，進而促成美索不達米亞（Mesopotamia）、埃及、印度河流域、華夏四大古文明，乃至於希臘、羅馬、中部美洲（Mesoamerican，又譯美索美洲）和安第斯社會的形成。農業為我們帶來首度具有文字記載意義的「信史」（recorded history）。

起初農夫也許是少數族群，但他們最終會與可能透過殺嬰來控制族群人數的狩獵採集者通婚。據估計，公元前八〇〇〇年的全球人口約五百萬，但到公元一世紀開始時，全球人口達到一億五千萬至三億之間，當時覓食族群的平均密度為每一百平方公里二十五人[14]。對照之下，目前中國每一百平方公里的平均人口密度約為一萬五千人，英國則約為二萬六千人。沒有農業的話，地球永遠無法養活超過七十億人口，換句話說，如果沒有朝向農業的轉變，你我都不可能活下來。

世界各大文明最早發源於大河流域，經常發生洪水氾濫的地區會留下大量肥沃的淤泥。小麥可能是第一種人類能人工培植的農作物，其時間大約在距今一萬一千至一萬年前，但水稻可能也相差不遠[15]。從人類第一次培植小麥以來，小麥已產生了極大的變化（參見第二章）。野生小麥的麥穗在成熟時容易碎裂，導致小麥種子會被風吹走，因此人類漸漸選擇不易碎裂的品種。但起初小麥屬於副農作物，被當作潛在儲備糧食來種植，當時地球上還有很多魚類、獵物和野生水果可供食用。

直到栽培的農作物終於成為足夠可靠的食物來源時，人類第一次在某個地區安頓下來，開啟了所謂的「定居生活」（**sedentism**）。公元前一二五〇〇年至公元前九五〇〇年間，納圖夫文明（**Natufian culture**）在現今黎巴嫩地區建立了耶利哥古城（**Jericho**），這或許是世界上最古老的城市。他們還建造石屋，定居生活讓很多事情得以產生。養育年幼孩童的負擔相對較小，因為他們不需要帶著孩童四處移動，所以人口可以更快速地成長，結果反而使農業人口在與狩獵採集者的衝突戰鬥中占有優勢。動物可以經由馴化而來，無須獵殺。大約在一萬年前，人類開始馴養綿羊，接著是豬隻和牛群，這也是人類史上非常重要的時刻，馴化動物（**domesticated animals**）不僅是食物的現成來源，也是傳染病的強大源頭。

---

11 Yuval Noah Harari, *Sapiens: A Brief History of Humankind*

12 Tom Standage, *An Edible History of Humanity*

13 James C. Scott, *Against the Grain: A Deep History of the Earliest States*

14 Smil, *Energy and Civilization*, op. cit.

15 Megan Sweeney and Susan McCouch, "The complex history of the domestication of rice", *Annals of Botany*, vol. 100, no. 5, October 2007. 「稻米初見於一萬年以前。」

另一個農業活動可能大量湧現的原因是，不斷成長的人口獵殺了當地所有大型動物到幾近滅絕的程度，世界其他地區的巨型動物群也是如此。人類大約在四萬八千年前抵達澳洲，在接下來的二千年間，巨型動物似乎已經絕跡[16]。同一論點的另一個解釋是，不斷成長的人口逐漸耗盡野生資源，使得人們更加依賴小麥和馴化動物。兩者的因果關係都可能發生；早期農業耕作可能讓人口增加，或者人口增加可能需要以農業為主。針對公元前九五〇〇年至公元前八〇〇〇年間，在敘利亞北部傑弗—艾哈麥爾（Jerf el-Ahmar）遺址的研究顯示，隨著時間推移，人們食用穀物和豆類（如扁豆）變得比其他農作物更加頻繁[17]。比起狩獵採集的生活，一公頃農田專門種植小麥、大麥或小米等穀類作物，能夠養活更多的人。

但這段發展過程似乎是以非常緩慢且零碎的方式進行。考古學家將早期歷史分成若干時期。舊石器時代終期（Epipalaeolithic，譯註：後舊石器時代，有時指中石器時代）大概始於公元前一八〇〇〇年，冰川開始退縮，持續到公元前九六〇〇年（納圖夫文化屬於舊石器時代終期的晚期階段）。接下來是新石器時代的無陶階段（Aceramic Neolithic），該時期有些農業活動，但陶器製造技術尚未發展起來。然後大約在公元前六九〇〇年，出現了第一批陶器，其製造方式比長矛或斧頭更加複雜。這個時代即所謂的新石器時代（Neolithic），開始出現一些非凡的獨創性之作，例如在公元前三五〇〇年左右建造的巨石陣。

在這段漫長的期間，人們透過陸地或海洋從一個地方遷移到另一個地方，身上帶著種子和家畜，在遷移過程中傳播農業。人類遷移的原因可能是氣候事件所造成的，比方說洪水；也可能是土壤因過度耕種而枯竭；又或者只是年輕的人類希望脫離群體建立自己的獨立性。

直到公元前第四個千年左右，我們才有那種會與「文明」一詞聯想在一起的社會。所謂的文明社會擁有政府、城鎮，以及對於我們的理解相當重要的文字。為什麼文明發展受到耽擱？在開始採行定居或農業生活模式之後的最初幾千年裡，這些人肯定面臨許多持續不斷的問題。

首先，考量到當時的衛生條件，傳染病會頻繁爆發。定居的人類的用水很有可能被他們自己或家畜的排泄物所汙染。鑒於我們所知的十四世紀黑死病，或歐洲人帶來的疾病對美洲造成的破壞性影響，許多定居村落因此消失。在公元前一〇〇〇〇年到公元前五〇〇〇年期間，人類數量可能只從四百萬增加到五百萬[18]。其次，自然災害（尤其是洪水）肯定摧毀了一些村莊。第三，早期的定居村落必須面對經濟學家所說的「搭便車」問題：種植農作物需要花費大量精力，但偷竊不必，所以農民們得面臨其他群體竊取農產品的風險。

關於「高貴蠻人」（noble savage）、「與大自然共處的熱愛和平部落」這類概念已經存在已久，但現代對於狩獵採集部落的觀察卻發現，以暴力攻擊鄰近部落是相當普遍的事。舉例來說，現今印度出土的文物中有一批石器時代狩獵採集者的骨骸，年紀大多在二十歲上下，沒有人超過四十歲[19]；平克講述了生活在五千年前的冰人奧茲（Ötzi，一個在阿爾卑斯山脈上被發現的冰凍人）的故事，他的肩膀埋了一根箭頭，手上有著多處未癒合的傷口，頭部和胸部也有創傷，他攜帶的箭頭上則發現到其他兩人的血跡，在他的匕首和披風上還分別發現第三和第四人的血跡。古代遺址中和狩獵採集者部落裡因戰爭死亡的估計人數遠高於現代各國[20]。

16 "Extinction: Dead as the moa", *The Economist*, September 14th 2013

17 Barry Cunliffe, *By Steppe, Desert, & Ocean: The Birth of Eurasia*

18 Scott, *Against the Grain*, op. cit.

19 Michael Wood, *The Story of India*

20 Steven Pinker, *The Better Angels of Our Nature: A History of Violence and Humanity*，當然，死亡率是以當時現有的人口比例來進行衡量的，並非絕對值。就現代國家而言，死亡因素還包括世界大戰和種族滅絕。

最初的文明是為了解決這些問題而發展起來的。人類可以使用圍牆和堡壘來保護部落；待在圍牆內，人類可以遠離暴力傷害（若沒有疾病的話）而生活得更安全；穀物收成後可存放在防禦良好的地方；水源可以藉由適當的灌溉方法來分流與應用。這些都需要組織，組織性最佳的部落將最有可能生存下來且繁榮興盛。

然而正如斯科特所指出的，這些優勢伴隨一個大問題。若要存放穀物，就得有人來管理這個穀倉；若要開挖渠道，就得有人負責建築工作。那麼那個人（或那些人）可能很快就將公共物品視為「他們的穀物」或「他們的水源」，並採取相應行動。掌管穀倉的人握有早期官僚的巨大權力：發放或扣押糧食。從那個時代的墳墓可看出嚴重的財富不均。考古學家在保加利亞一處墳墓內發現到九百九十件黃金製品，其年代可追溯到公元前第五個千年，其中連屍體的陰莖都用黃金套包覆著，由此可見人類在多麼久遠以前就將這類金屬視為財富象徵[21]。在公元前五五〇〇年的美索不達米亞和公元前四〇〇〇年的中國古墓裡，都可看出陪葬品價值的巨大落差[22]。

以神殿為中心是早期文明的形式之一，人們將天氣反覆無常的變化或疾病的折磨歸因於神的行為是有其道理的。如果能帶來更好的收成，藉由敬拜或獻祭撫慰神靈也是合乎邏輯。因此神殿祭司具有雙重的權力來源，他們有權力收取和分配糧食，同時也懂得取悅神靈所需的儀式與做法。理論上，這些土地歸諸神所有，但為了方便起見，由這些祭司擔任祂們的代理人。或許這就是蕭伯納（George Bernard Shaw）格言的最早例子——「所有職業都是對外行人的陰謀」[23]。

早期的文明可能有其缺陷存在，但就像朝向農業的轉變一樣，從長遠來看，文明的創造促進了人類物種的繁榮。

偉大的美索不達米亞文明從公元前三〇〇〇年以來一直以各種形式存在著，直到公元前五三九年才遭波斯的居魯士大帝所征服。除了文字之外，美索不達米亞文明也發展出數字和統一的重量單位。該文明的發源地是一個被稱為「肥沃月灣」的區域，長期吸引著許多人來此定居。現今伊拉克的所在地有一處公元前第二十一世紀的阿部沙林（Abu Shahrein）遺址，在其出土的文物中發現了十七層樓高的住宅，其最早可追溯到公元前第五個千年[24]。

城市的出現（在城市發展的鼎盛時期，古代城市烏魯克〔Uruk〕擁有五萬至八萬的居民）需要全新的經濟配置形式。即使位於肥沃月灣區域的中心，烏魯克（和其他類似的城市如烏爾〔Ur〕）也無法滿足居民的所有需求，石頭、木材和金屬礦石都必須進口，於是烏魯克貿易商在附近區域建立起貿易據點，透過平底船或一般船舶，將貨物沿著河道運送到城市。這類貿易涉及的範圍很廣，包括現在眾所周知的波斯灣、阿拉伯半島東南部、高加索地區北部和印度河流域文明（稍後將更詳細介紹）[25]。在公元前第三個千年的美索不達米亞遺址中經常見到裝飾用的貝殼，這些貝殼很可能源自於印度的沿海地區。長途貿易通常鎖定那些值得冒險的高價商品，青金石即是一例，它是一種發現自現今阿富汗的半寶石。

這是有記載和歸類的貿易。歷史上第一個有記載的名字是「庫欣姆」（Kushim），他將自己的名字（或是自己的職業頭銜）刻在蘇美人（Sumerians，蘇美文化是早期出現在美索不達米亞的文明）的石板

---

21 Walter Scheidel, *The Great Leveler: Violence and the History of Inequality from the Stone Age to the Twenty-First Century*
22 Standage, *An Edible History of Humanity*, op. cit.
23 出自於蕭伯納的戲劇作品《醫師的困惑》（*The Doctor's Dilemma*）。
24 Paul Kriwaczek, *Babylon: Mesopotamia and the Birth of Civilization*
25 Christopher Edens, "Dynamics of trade in the ancient Mesopotamian world system", *American Anthropologist*, vol. 94, no. 1, March 1992

上，並記錄了諸如大麥等商品的交易[26]。這些石板的年代可追溯到公元前三四〇〇年到公元前三〇〇〇年間，但他們借鑑了更早期的紀錄方式，用不同形狀和大小的代幣標示不同類型和數量的商品。他們更由此跨出決定性的一步：設計符號來代表這些商品，並將符號刻寫在濕的泥板上[27]。在這個過程中，蘇美人發明了數字和文字。

在最初幾百年間發現的文字似乎僅用於記錄為主，從某種意義來看，文字是另一種具有潛在的巨大影響但人類卻很慢才發展起來的技術。

在公元前第四個千年的某個時期，烏魯克的市民用石頭建造了一座比古希臘帕德嫩神廟（Parthenon）還要巨大的神殿。修建神殿需要勞力，開挖運河渠道和維護也需要勞力。勞力提供必須獲得報酬，通常以大麥作為支付形式。早期的食物符號看起來像一個碗，所以碗可能是作為分發薪資或糧食所用，每天約一至兩公升[28]。大麥也經常用來支付租金或稅收。

接著人類發現到如何將銅、錫融合，製成易於塑形的金屬，進而鑄造各種工具，於是進入了青銅器時代（Bronze Age）。青銅器具的使用者在經濟上和軍事上都擁有高於其他群體的優勢，但美索不達米亞缺乏金屬礦物和木材，因此產生了和其他地區（如今日的伊朗和土耳其的安那托利亞〔Anatolia〕）進行貿易的動機。在某些情況下，這種貿易是由十多個投資者組成的合資企業著手進行，並利用借貸融資，由此可看出經濟日趨成熟的跡象[29]。

熔煉銅器的技術似乎早在公元前第五個千年就已出現，鑒於當時的原始技術，這是一個難以置信的成就。熔煉技術不僅需要將礦石與木炭混合放入某種窯內燒烤，還得將混合物加熱到攝氏一千二百度。而且銅礦貿易的規模龐大，曾有紀錄顯示，一批運到烏爾的貨物內有二十噸的銅[30]。

器具也助長了另一項關鍵的經濟發展：專業化分工（specialisation）。有的人必須生產青銅並鑄造成器具；有的人必須製造供烏魯克勞工盛裝穀糧的碗；有的人則須釀造勞工飲用的啤酒。飲用啤酒在公元前四〇〇〇年已經相當普遍，但當時供應的是混濁、像湯汁般濃稠的啤酒，與現代人喝的啤酒大不相同，上面既沒有酒花，酒精含量似乎也不高[31]。人們也會把水加熱，讓飲用水更加安全。城市創造了專業化分工的需求和空間。它讓人聚集在一個小區域，不能栽培或種植自己的食物，但基於同樣理由，擁擠的城市讓每個人都可以輕鬆造訪市集，在市集上的貿易商能夠滿足個人所需，城市也創造了需求池，讓市集的攤販和商人能夠謀生。我們現代經濟的成熟度與人類生活的城市化同步發展，並非偶然。

隨著城市日益複雜，人類也制定了更多的規則。巴比倫國王制定的《漢摩拉比法典》（The code of Hammurabi）可追溯到公元前一七五四年，雖然像這樣的法典並非史上第一部，但它卻是最著名的法典之一。《漢摩拉比法典》收錄了二百八十二條律法，並具備司法公正的概念（無罪推定、被告與原告提供證據的必要性），是現代法律制度的基礎。其中關於貿易的法律如下：

> 若批發商將玉米、羊毛、油或其他任何貨物交由代理商運輸，代理商應開立收據載明貨品數量，並支付相應報酬給批發商。接著，代理商應從批發商那邊取得一張支付報酬的收據。

26 Harari, *Sapiens*, op. cit.
27 Felix Martin, *Money: The Unauthorised Biography*
28 Kriwaczek, *Babylon*, op. cit.
29 Michael Jursa, "Babylonia in the first millennium BCE", in Larry Neal and Jeffrey G. Williamson, eds, *The Cambridge History of Capitalism, Volume 1*
30 Cunliffe, *By Steppe, Desert, & Ocean*, op. cit.
31 Peter Damerow, "Sumerian Beer: The Origins of Brewing Technology in Ancient Mesopotamia", Cuneiform Digital Library, 2012

關於法定責任的法律如下：

若有任何人偷懶，沒有維護水壩保持良好狀態，導致在洪水時期水壩破裂，致使他人作物遭受淹水損失，那麼水壩持有者需要賠償作物損失。

雖然《漢摩拉比法典》稱不上是女權主義宣言，但女性確實擁有一些財產權。若丈夫和沒有子女的妻子離婚，妻子可以拿回自己的嫁妝；若妻子育有子女的話：

丈夫應將妻子的嫁妝歸還，並將一部分土地、花園和財產的收益權給予妻子，讓她可以養育子女。等她撫養子女長大成人以後，所有要給子女的財產，也要給她一份，比例等同一個兒子的財產。然後她可以嫁給自己心儀的男子。

另外，法典亦規定了工人的最低薪資和某些情況下得取消債務，即現代律師所謂的「不可抗力條款」：

對於積欠債務的人，若暴風雨使作物損傷或歉收，或者作物因缺水而不長，那年他可以不必給予債主任何糧食、能清洗石板上的債務且不必支付當年的租金[32]。

以現代術語來說，這條法律（第四十八條）賦予農民一個所謂「期權」（option）的金融契約，讓他在特定情況下有放棄交易的權利，所以《漢摩拉比法典》才會被譽為擁有歷史上第一種衍生性金融商品的法典[33]。在接下來的時代裡，美索不達米亞人使用獨特的「期貨」（futures）契約，例如賣方同意在未來的某一天以特定價格交付特定數量的穀物。

這套法典亦顯示出，美索不達米亞經濟如何在一千五百年的時間內發展起來。蘇美人和阿卡德人（Akkadian）的帝國屈服於巴比倫帝國，君主取代祭司成為統治者。土地歸私人和神殿持有，可以進行買賣；土地出售的最早證據可追溯到公元前二七〇〇年左右[34]。那裡有市場存在；在阿卡德語中，街道一詞「suqu」可能是現代市場「souk」一詞的基礎。市場流通的貨幣（銀子）可供借貸，《漢摩拉比法典》亦訂定了最高利率。

美索不達米亞經濟也有僱傭勞動（wage labour）。考古學家麥克．約薩（Michael Jursa）認為，到巴比倫時代晚期，「城鎮和農村的大部分勞動力並不是由非自願勞動者所組成，而是依照薪資行情支付銀幣的自由受僱者[35]」。烏魯克有份職業清單列舉了一百二十九種不同類型的工作[36]。由於政府開鑿運河和拓墾土地，金融也變得更加複雜。在亞述時代（Assyrian era），有十四名投資者同意拿二十六塊黃金投資一支由商人阿默爾．伊斯塔（Amur Ishtar）管理的基金（伊斯塔自己又額外投資了四塊黃金）。後來，伊斯塔

32 The Avalon Project, Yale Law School, https://avalon.law.yale.edu/ancient/hamframe.asp

33 Steve Kummer and Christian Pauletto, "The History of Derivatives: A Few Milestones", EFTA Seminar on Regulation of Derivatives Markets, May 3rd 2012, Zurich. 衍生性金融商品是一種合約，其價值衍生自另一項資產的價值。

34 John P. Powelson, *The Story of Land: A World History of Land Tenure and Agrarian Reform*

35 Jursa, *The Cambridge History of Capitalism, Volume 1*, op. cit.

36 Standage, *Edible Humanity,* op. cit.

拿走三分之一的利潤，成為古代版的基金經理人。簡言之，美索不達米亞具有許多我們稱之為現代經濟的特徵[37]。

《漢摩拉比法典》亦記載了所謂奴隸階級這一類人，這是三種居民類型的其中之一（另兩種居民為王室僱員和私人公民）[38]。直到十九世紀，奴隸制一直是許多社會的特徵；在古代，擁有奴隸是稀鬆平常之事。雖然我們傾向用把非洲人運送至美洲的角度來看待奴隸貿易，但在古代完全不同。希臘文沒有表示奴隸制的詞彙，而「doulos」（希臘文）這個詞通常譯為僕人，也可以指稱一個人在另一個人的管轄底下，如軍隊裡的士兵[39]。奴隸制也可能只是暫時性：若有人無法償還債務，就被迫以勞動償清債務，通常期限為七年。

其他文明

美索不達米亞只是幾種出現在河域地區的古文明之一。在埃及，人類大約在公元前五〇〇〇年開始人工培植穀類植物與馴化動物。古埃及王國的歷史可以追溯到公元前三一〇〇年左右，發源地為尼羅河；最古老的法律文件可追溯至公元前二三五〇年左右[40]。尼羅河豐沛的洪水為農作物（主要是小麥和大麥）帶來肥沃的土壤，並幫助建立了一個以當時標準來看是繁榮的社會，具有高度的課稅與控制措施。法老們會對自己掌控的所有土地、牲畜和黃金進行普查，並將調查結果記錄在莎草紙（papyrus）上。在強迫勞動的制度下，公民必須提供勞動力來建造金字塔；古夫金字塔（Khufu Pyramid，或稱吉薩大金字塔〔Great Pyramid of Giza〕）建造於公元前二五六〇年。當時的領導者認為工人是可以任意支配的；許多工人在建造金字塔的過程中死亡，有時法老的家臣也會跟法老王一起陪葬。

金字塔是早期反映社會「重大問題」的例子，建造紀念性建築物通常會有個財富嚴重不均的背景。舉例來說，建立泰姬瑪哈陵（Taj Mahal）或凡爾賽宮（Palace of Versailles）需要有個富裕的君王；打造現在遊客喜歡四處閒逛的英國鄉村別墅，需要有個貧富懸殊的社會。現代許多為中東權貴或投資銀行家建造的摩天大樓，也屬於這一類。

埃及農夫的土地是用租的，沒有土地的所有權，而且農作物收成要上繳一部分給地主。根據公元前九五〇年的歷史記載，租金是用大麥、小麥和油料來支付的[41]。埃及人在尼羅河捕魚，也會飼養牛、羊、豬和各種家禽。在紡織方面，他們種植亞麻，然後將亞麻纖維紡成紗。埃及人有紡織工作坊（早在公元前三〇〇〇年就有複雜的綜絲織布機）[42]，還有從事釀酒、木工和製造陶器等行業的技術工人。埃及人與地中海其他地區進行貿易，從非洲其他地區進口象牙和香料等商品，從地中海東部黎凡特（Levant，現今的黎巴嫩）進口白銀和木材。

印度河流域（在現今的巴基斯坦）在公元前第三個千年時出現城鎮聚落，印度古文明散布的範圍，比埃及或美索不達米亞文明更加廣泛，可能涵蓋了二千多個定居點。該區域的人們從公元前第五個千年開始使用磚塊和種植棉花，製造幾何圖案的陶器，並且馴養山羊、綿羊、牛隻和水牛。印度古文明哈拉帕文化

---

37 John Micklethwait and Adrian Wooldridge, *The Company: A Short History of a Revolutionary Idea*

38 Powelson, *The Story of Land*, op. cit.

39 Kostas Vlassopoulos, "Greek Slavery: From Domination To Property And Back Again", *Journal of Hellenic Studies*, vol. 131, 2011

40 Powelson, *The Story of Land*, op. cit.

41 Standage, op. cit.

42 Kassia St Clair, *The Golden Thread: How Fabric Changed History*

（Harappan culture）建立的城鎮呈網格狀分布，街道都有標準的寬度。哈拉帕可能是世界上第一個以牛車形式使用輪式交通工具（因此需要寬闊的街道）的文化[43]，亦是使用棉花紡紗織布的先驅。他們也與美索不達米亞和埃及進行貿易，舉例來說，於公元前一二二四年下葬的法老王拉美西斯二世（Pharaoh Ramses II），就曾有人在他鼻孔裡發現胡椒粒（可能來自亞洲）[44]，在蘇美文化遺址則發現到哈拉帕的印章[45]。但印度河文化似乎在公元前一八〇〇年左右面臨到一場災難，或許是因為印度河與旁遮普（Punjab）地區的河流改變河道路線的關係[46]。

大約從公元前八〇〇〇年開始，漢人在黃河流域種植小米和水稻，在長江流域種植水稻。水稻培植知識似乎已經從中國傳播至越南、泰國和韓國。如同在美索不達米亞的文明，這裡也有文明高度發展的文化。在大約公元前三〇〇〇年到公元前一九〇〇年期間的龍山時代，可以發現到絲綢的發展起源於漢人。公元前第三個千年，漢人開始使用青銅製品，漢人可能是最早發展鑄鐵技術者（在約莫公元前五〇〇年）。文字發展似乎需要更長的時間，最早的漢字可以追溯到公元前一五〇〇年到公元前一〇〇〇年。

另外，考古學家在巴布紐幾內亞（New Guinea）的挖掘工作中，發現到了距今九千年前的排水渠道，以及當地人們當時已種植甘蔗與香蕉.；大約在公元前一六〇〇年，雞隻和豬隻從亞洲其他地區運送至此[47]。在美洲地區，人們於公元前三五〇〇年左右開始人工培植了包含玉蜀黍（玉米）和馬鈴薯在內的各類植物，還有馴養了一些如火雞和駱馬（llama）等動物。簡單來說，距今五千年前左右，農業和複雜的文明已經普遍存在，這表示許多地區的人類已經各自發展出類似的結構。

古典時代

公元前第二個千年，隨著希臘的邁錫尼文明（Mycenaean civilisation）與克里特島（Crete）的米諾安文明（Minoans civilisation）日益發展，古代歷史的重心開始轉向西方。這兩個古文明的神話至今仍能引起人們的共鳴：邁錫尼文明的阿卡曼儂（Agamemnon）率領部隊遠征，尋找特洛伊城的絕世美女海倫（Helen）；米諾安文明則留給我們一個關於迷宮與牛頭人（minotaur）的故事。雖然米諾安文明可能因地震和火山爆發遭受數次的重創，但其影響力仍從希臘大陸蔓延到埃及和以色列。

考古發掘顯示，邁錫尼文明自公元前一六〇〇年前開始繁榮起來，然後約二百年後建造了一座巨大宮殿，但邁錫尼城在公元前一二〇〇年左右急劇衰落，可能是因為面臨到外族入侵；在這段時期，地中海沿岸的文明都遭受神秘的「海上民族」襲擊。這似乎是歷史循環模式的最早實例，在該模式裡，民族西遷（通常來自亞洲）的浪潮往往掀起了極大的動盪，例如西羅馬帝國的滅亡、公元七世紀阿拉伯帝國的擴張，以及公元十三世紀蒙古人的入侵，都是該模式的其他實例。因此，人們將公元前一一〇〇年到公元前七五〇年左右的這段時期稱為古希臘的「黑暗時代」，書寫紀錄因而中斷。

其他地方也有令人關注的發展。腓尼基人是在公元前第一個千年裡，第一個跨越地中海建立貿易網絡

---

43 經證實，史上最早使用輪子的紀錄出現在公元前三四〇〇年左右的黑海地區。請參見：Jared Diamond, *Guns, Germs and Steel*。

44 James D. Mauseth, *Plants & People*

45 John Keay, *India: A History*

46 Wood, *The Story of India*, op. cit.

47 Diamond, *Guns, Germs and Steel*, op. cit.

的民族，其最初的發源地在今天的黎巴嫩。雖然我們稱他們為腓尼基人，但這並不是他們對自己的稱呼，他們認為自己來自於沿海城市之一，如泰爾（Tyre）、錫登（Sidon）、貝羅（Berot，現今的貝魯特），或是他們最著名的據點迦太基（Carthage，建立於公元前八一四年）。腓尼基人一詞源自於希臘，與紫色（或深紅色）有關，因為該文化最著名的一項物產是用海螺製成的珍貴染料。腓尼基人幾乎沒有留下有關他們自身活動的書寫紀錄，因此我們多半是透過荷馬（Homer）、希羅多德（Herodotus）的著作，以及《聖經》（Bible的名稱源自於一座與紙業有關的腓尼基城市比布魯斯〔Byblos〕）來認識他們。

在公元前第二個千年的初期階段，腓尼基各個城市受到埃及法老的統治，但由於腓尼基人深諳海事，所以影響力仍遍及整個地中海。他們在愛琴海、北非、法國南部和西班牙南部都建立了據點，在加迪斯（Cadiz）附近開採銀礦。這些據點主要作為貿易場所，而非未來開拓殖民的根據地。希羅多德語帶懷疑地指出，腓尼基人可能已經環航了非洲。除了染料之外，腓尼基人還以橄欖油、葡萄酒、雪松木、金屬製品、象牙、木雕和吹玻璃（可能是他們發明的技術）而聞名於世。他們也充當中間人角色，買賣來自其他地方的香料、亞麻布和奴隸。身為商人，他們把自己的思想和文化傳播到整個區域，包含二十二個字母，希臘人採用了腓尼基字母表，後來又經過羅馬人的改編（腓尼基字母A讀音為aleph，象徵牛；字母B讀音為bet，象徵房屋）。

貿易有助於這些早期文明的繁榮發展。有項研究仔細調查了現存考古遺址與地中海的潛在連通性（透過海岸形狀和島嶼的位置來判斷）之間的關聯。這種關係在公元前一〇〇〇年之後表現得最為明顯，因為那時的海上航行變得日益普遍，貿易也持續增加[48]。

在公元前七五〇年後，古希臘的黃金時代拉開了序幕。這個時代持續強烈影響著現代的想像力和創造力，尤其是經常出現在我們使用的語言中：民主（democray，人民作主）、恐懼症（phobia，害怕），以及諸如同性（homo-）、異性（hetero-）、單一性（mono-）和泛（pan-）等前綴字首。除了代表經濟學的「oikonomikos」（或 oeconomicos）詞語之外，希臘文中代表開放市場的「agora」也讓我們衍伸出「廣場恐懼症」（agoraphobia）一詞，意指對開放空間感到害怕。

就像巴比倫需要進口木材和金屬一樣，希臘也需要從國外進口小麥來養活其人口。公元前七五〇年至公元前三〇〇年之間，希臘人口成長了大約四倍[49]。當然，希臘也會生產自己的食物，如葡萄酒和橄欖；也有一些非常珍貴的產物可以出口，如在雅典附近的勞瑞翁（Laurion）區域出產的白銀。

另一項重要的經濟發展是將貴重金屬製成硬幣使用。第一批具有人類形象圖案的硬幣是大約在公元前六五〇年，由呂底亞王國（Lydia，在現今土耳其西部）的國王阿耶特斯（Alyattes）所鑄造的，但希臘人很快就採納這個想法；到公元前四八〇年，他們已經設立了將近一百個造幣廠[50]。雅典貓頭鷹銀幣可能是史上第一個廣泛使用的硬幣。在硬幣上印製君主的頭像或與國家相關的象徵（如貓頭鷹），具有兩種意義：一是讓使用者對硬幣的質量放心，二是維護君主或國家的權力。

古時候也使用其他代幣。大約在希臘人開發銀幣的時候，印度文明開始使用有穿孔的金屬圓盤，漢人則使用帶孔的青銅幣，以便將它們串在一起。世界上則有些地區使用貝殼（瑪瑙貝，又稱貨貝）和珠子。如前所述，巴比倫人和埃及人使用代幣來記錄糧食儲存量；這些相同的代幣可以用來代表某人擁有一部分糧食儲存量的所有權，是一種存款憑證。

---

48 Jan Bakker, Stephan Maurer, Jörn-Steffen Pischke and Ferdinand Rauch, "Trade and growth in the Iron Age", August 23rd 2018, https://voxeu.org/article/trade-and-growth-iron-age

49 Alain Bresson, "Capitalism and the ancient Greek economy", *The Cambridge History of Capitalism*, *Volume 1*, op. cit.

50 Martin, *Money*, op. cit.

這些代幣可以看成是一種信用制度。現在人類學家懷疑，並非任何社會都完全依靠以物易物的制度來運作。不知道為什麼，古時候人們會以某種方式記錄了誰擁有（和積欠）某種物品，有點像以前商店老闆用粉筆在黑板記下哪些顧客需要繳交賒帳的消費品項。位於太平洋上雅浦島（Yap）的巨石貨幣，或是英國財政部到一八二六年才停止使用的記帳木條（tally sticks），皆是這個概念的巧妙例子[51]（一個記帳木條會切成兩半，借貸雙方各自保留一部分，兩個木條對得上就能完成該交易）。

那麼硬幣為什麼有用呢？貨幣具有多項功能：可以作為交換的工具、價值的儲存、記帳的單位。與貝殼和珠子相比，白銀和黃金的稀有性使它們更具有價值儲存的優勢。直到今日，具有特定價值的硬幣是一種很好的記帳單位。人們也願意採納硬幣作為跨越廣泛區域的交易工具，使硬幣在跨境貿易上非常有幫助。但硬幣實在太貴重，難以使用硬幣進行小額交易，而且人們會想保留硬幣，並提供其他物品作為交換工具。為了確保硬幣的安全，人們會想把硬幣埋起來，這種做法雖然減少貨幣的供應量，但對歷史學家來說卻助益甚多。黃金與白銀的供應也仰賴新的發現，幾乎與經濟發展毫無關係。在大部分的人類歷史裡，根本沒有足夠的硬幣進行日常交易。事實上，在相對較近期的年代裡，許多農場佃戶仍以穀物或其他農產品繳交租金（例如美國南北戰爭〔Civil War〕之後，用在許多前奴隸身上的佃農制度）。

如同先前的巴比倫人，希臘人也設計了一種期權合約。亞里斯多德（Aristotle）講述了米利都城（Miletus）古希臘學者泰利斯（Thales）的故事，某次泰利斯曾預言橄欖將會大豐收，於是與橄欖壓榨廠廠主達成協議，授權他在接下來的秋天租用所有的壓榨機[52]。

雖然我們可以將古希臘人與高深的哲學聯想在一起，但他們的經濟卻仰賴於利用各式各樣的奴隸。奴隸們在勞瑞翁的礦山裡挖掘白銀，並建造了神殿。當然，那些在希臘房屋內擔任僕人的生活沒有礦工那麼艱辛，也有許多自由身的希臘農民（主要是農業經濟）和城鎮裡的一些工匠。

雅典婦女能享有的權利很少，但在斯巴達（雅典的主要競爭對手），亞里斯多德預估全國有五分之二的土地掌握在婦女手中。一些現代學者認為，每位斯巴達婦女都從自己父母那邊得到一些土地，而且男女在財產所有權方面是平等的[53]。

希臘人想法的實用性體現在無數的發明中：齒輪、螺絲、連接桿和活塞。他們甚至設法研發一種簡單的蒸汽機，而另外兩種非常重要的長期創新則是水磨（用於研磨玉米）和使用起重機卸貨。

公元前五三九年，居魯士大帝統治下的波斯征服了巴比倫，並整修了錯綜複雜的運河與道路基礎設施，以便在一週內可以到達一千六百英里遠的地方[54]。連大流士大帝（Darius the Great）都試圖建造一條蘇伊士運河（Suez canal），儘管資料來源對於他是否完成建造仍有爭議[55]。與當時的其他許多文明一樣，大流士統治下的波斯擁有一個主導性的王室部門，當時僱用了一萬六千名工人，有石匠、木匠和鐵匠。大約在公元前二二〇年出現的薩珊王朝（Sasanian）統治期間，統治階級將商人組成同業公會，並分配市集上的特定攤位給商人；有些土地提供僱用的工人耕種，但其他部分則出租給佃農；大麥是當時主要的穀類作物。

---

51 同上註。

52 "The History of Derivatives", op. cit.

53 Stephen Hodkinson, "Female property ownership and status in Classical and Hellenistic Sparta", University of Manchester; paper given at a Women and Property conference at the Center for Hellenic Studies, Harvard University, 2003

54 Peter Frankopan, *The Silk Roads: A New History of the World*

55 更早期的版本是法老尼科二世（Necho II）建造的，它的路線與現代運河不一樣。

兩大帝國

在談到公元前第二世紀取代希臘成為地中海霸主的羅馬人的經濟影響力時，我們不禁想起約翰·克里斯（John Cleese）在巨蟒劇團（Monty Python，譯註：英國喜劇團體）之《布萊恩的一生》（*Life of Brian*）中的台詞：「他們帶來了輸水道、道路、衛生設備、公共澡堂等。」羅馬人是令人讚嘆的建築師和工程師，直到十八世紀和十九世紀，歐洲建造的道路才足以與之媲美。羅馬人發明了一種混凝土，並且用這種混凝土建造比先前任何文明都還要大的拱門[56]。萬神殿高達四十三公尺的穹頂，以石灰砂漿砌成的技術，也是到現代才被超越[57]。

羅馬人不僅是偉大的工程師，而且非常精明，能夠利用其他人開發的技術，舉例來說，雖然希臘人是第一個想到水磨的人，但羅馬人建造了大量的水磨。鑒於研磨小麥所需的時間和精力，這已是一個不小的進步。不過羅馬人使用的動力中，可能只有百分之一來自水磨，其餘仍來自人類和動物的勞力[58]。

羅馬人也透過帝國的擴張對世人做出了巨大貢獻，並由此創造了在帝國內部進行貿易的自由。雖然貨物失竊的風險尚未完全消除，但和羅馬治世（pax Romana，又稱羅馬和平）時期之前或之後期間相比，商人們於此時期相對是更加安全。

政治科學家曼瑟·奧爾森（Mancur Olson）則對此進展抱持相當質疑的看法。四處流盪的強盜會傾向於盡量搜刮他找得到的財富，然後再轉移到另一個陣地；但君主或暴君則是所謂「定居的強盜」：統治一定數量的領土，每年只拿走一部分的財富，因為從長遠來看這是最有利的策略[59]。除了穩定之外，羅馬人還帶來了保障公民經濟權利的法律制度，其法律「保障私有財產、阻止商業詐欺、讓執行合約變得相對容易[60]」。

羅馬帝國還有一個早期版本的「全民基本收入制」（universal basic income），從公元前五八年開始，以分配玉米的形式發放給每位公民（而不是窮人）。羅馬人每年需要進口十五萬噸的穀物來養活城市人口，其中一部分來自義大利的其他地區，但大部分來自埃及[61]。在奧古斯都（Augustus）統治時期，每年從埃及進貢的糧食，可能占城市糧食消費的百分之七十[62]。為了滿足進口穀物的大型船隻進出所需，羅馬皇帝克勞狄一世（Claudius）在奧斯提亞（Ostia）港口附近建造了人工港灣——這是戰略規劃的實用案例。

那時候的水路運輸貿易，就像今日新加坡和菲力克斯托的大型港口時代一樣至關重要。陸路運輸貨物的速度緩慢，且需要大量昂貴的動物勞力，根據羅馬皇帝戴克里先（Diocletian）頒布的法令可知，運送路程超過三百英里的話，一車小麥的價格將增加一倍。但透過水路運輸，把穀物從地中海的一端運到另一端的費用比七十五英里的陸路運輸還便宜[63]。這就解釋了為什麼古代城鎮建立在河川旁或沿海地帶，因為他們根本不可能用其他方式進行貿易。

儘管希臘人和羅馬人願意投資基礎設施的發展，但他們似乎都不認為擴大整體經濟是他們的責任。他

56 https://ciks.cbt.nist.gov/~garbocz/appendix1/node4.html
57 Smil, *Energy and Civilization*, op. cit.
58 同上註。
59 Mancur Olson, *Power and Prosperity: Outgrowing Communist and Capitalist Dictatorships*
60 Willem M. Jongman, "Re-constructing the Roman economy", *The Cambridge History of Capitalism, Volume 1*, op. cit.
61 M.I. Finley, *The Ancient Economy*, second edition
62 Maddison, *Contours of the World Economy*, op. cit.
63 同上註。

們認為飼養牲畜和種植作物是創造財富的「自然」方式。就像十九世紀晚期的英國貴族一樣，他們瞧不起那些參與「貿易」的人，但並不介意透過中間商來從中獲利。

儘管如此，羅馬人確實帶來了重要的商業發展，他們創造了公司法的基礎，其理念是由人們組成的協會可以擁有一個有別於個別成員的集體身分。有些人充當「包稅人」（tax farmer），他們先預繳國家稅款，然後再向其他公民收稅（包稅制〔tax farming〕一直延續到現代，在法國爆發大革命以前最為盛行）。羅馬商人們以合夥方式聯合起來組成所謂「**公會**」（societates）的組織，這是現代公司的原始雛形。而「**稅官公會**」（societas publicanorum）是另一個經證實可以長期存在的組織，創辦人逝世後仍可延續下去。這些機構可以從股東那邊籌募資金並擁有資產，主要用於建築和維護公共建設以及徵稅[64]。

羅馬工匠們則組成稱為「collegia」和「corpora」的同業聯盟，這是另一項歷史悠久的發展[65]。此外羅馬人亦可說是開創品牌時尚的始祖，義大利北部發現了一些工廠製造的燈具，其底座印製了「Fortis」和「Strobili」等品牌，其中「Fortis」甚至被盜版[66]。

侵略與征服為羅馬人帶來財富和提供勞役的俘虜；像尤里烏斯·凱薩（Julius Caesar）這樣成功的大將軍可以將資源和威望轉化成政治權力。被征服的領域將成為額外稅收的來源，將領們還可以將土地分發給退役士兵，以確保他們的忠誠。當然，從長遠來看，這樣的擴張帶來了「帝國過度延伸」（imperial overreach）的巨大風險，因為需要防禦的邊境更長、交通路線更遠、敵人範圍也更大。隨著時間一長，稅收負擔越來越重，羅馬皇帝為了籌集資金而試圖讓貨幣貶值，該情勢到公元三世紀最為嚴重，含量相同的貴金屬可以製成更多的硬幣。在兩個世紀的時間裡，貨幣銀含量由百分之百降到只剩百分之四。

羅馬帝國的擴張讓羅馬人與世界其他地區交流往來，這是全球經濟的最初跡象。與印度進行貿易之所以辦得到，部分原因是羅馬人能夠制服在紅海（Red Sea）一帶活動的海盜，而且富裕的羅馬人渴望取得其他地區生產的奢侈品，如印度香料和中國絲綢。古羅馬作家老普林尼（Pliny the Elder）曾抱怨，羅馬帝國每年揮霍財富在購買亞洲產品上面：「我們為了奢侈品和女人付出高昂代價[67]。」羅馬人並非唯一欣賞亞洲香料的人，公元四〇八年西哥德人圍攻羅馬城時，曾索求胡椒作為贖金的一部分。

考古學家在印度南部發現到印有奧古斯都和尼祿（Nero）頭像的羅馬硬幣，還有雙耳細頸瓶（水壺）、鏡子和雕像。羅馬和希臘的葡萄酒也出口到印度，甚至有證據顯示曾進行過來自希臘科斯島（Kos）的假酒貿易。現今的越南境內也發現一枚上面印著公元一五二年羅馬皇帝安東尼・畢尤（Antoninus Pius）頭像的羅馬金幣，以及其他物品[68]。反過來看，龐貝城的灰燼中也發現了一尊印度坦米爾（Tamil）女神的雕像[69]。

在公元一世紀時，一位希臘商人撰寫了《厄立特利亞海航行記》（*The Periplus of the Erythraean Sea*）[70]，內容是為欲前往印度的商人們提供的航海指南。其訣竅就是利用季風。在四月到八月期間，喜馬拉雅山吹起南風，挾帶著季風雨，但水手得以因此向北航行；在十二月到三月之間，風又朝南方吹，如果

---

64 Colin Mayer, *Prosperity: Better Business Makes the Greater Good*

65 Micklethwait and Wooldridge, *The Company*, op. cit.

66 Rossella Lorenzi, "Roman 'factory town' for oil lamps found", http://www.nbcnews.com/id/28072109/ns/technology_and_science-science/t/roman-factory-town-oil-lamps-found/#.XHQFDaL7TIU

67 Pliny the Elder, *Natural History, Book XII*

68 Chanda, *Bound Together*, op. cit.

69 Lincoln Paine, *The Sea and Civilization: A Maritime History of the World*

70 厄立特利亞海（Erythraean Sea）是紅海、阿拉伯海和印度洋西北部的統稱。

時間安排妥當，從紅海到南印度大約需要六週的時間[71]。

羅馬開始統治地中海區域的同時，中國在各朝代皇帝的統治下日益鞏固。首個使用帝制且立國短暫的秦朝，有一位統一天下的皇帝，其統治意義非凡。秦始皇統一度量衡和書寫語言，建立納稅登記冊，並規定在特定地區應該種植哪些作物。秦始皇逝世後，陪葬的兵馬俑有八千多名士兵和一百三十輛戰車：一九七四年有位農民發現了兵馬俑坑的遺址，現在這裡成為熱門的旅遊勝地。

繼秦朝統治之後是漢王朝。起初漢朝艱難地維持統治地位，但到了公元前一世紀，它所掌管的疆域面積約五百二十萬平方公里[72]，與羅馬帝國的版圖相當。這是一個相當於「羅馬治世」的「中華治世」（pax Sinica）。中國漢族人口將近六千萬，與希臘羅馬世界的人口差不多，可能各占全球總人口的五分之一左右。稻米生產是中國農業的重要組成部分，即使時至今日，每英畝稻米所產生的卡路里幾乎是小麥的三倍[73]。早在漢朝之前，約公元前五〇〇年左右，中國人開始使用各種役畜進行耕作，將其糞便作為肥料。此外採行水田耕作制度，即以淹水灌溉方式種植稻米，可讓稻米產量增加一倍或兩倍[74]。

這是高度發展的社會，具有小村莊、公社、行政區、縣府或郡縣的結構。秦始皇在全國設立了三十六個郡，後來他的繼位者再增加至四十二個[75]。成年男子會被徵招入伍，此後每年須服一個月的勞役。帝國對鐵、鹽和酒的壟斷是漢朝重要的收入來源，整個帝國僱用了多達十三萬名官員[76]。

中國歷朝歷代的皇帝來來去去，就像羅馬皇帝一樣。到漢文帝（漢代第五位皇帝）統治的時候，面臨高利息的農民失去了他們的土地，被迫走向極端。奴隸市場在漢朝以前早已存在，部分原因可能是國家強迫罪犯參與勞動而發展起來的，其中一些罪犯會被賣給私人業主。一項研究發現：「大量證據顯示，在經濟困難時期，人們會販賣自己的孩子、妻子甚至自己成為奴隸，這些奴隸即所謂的『奴婢』[77]。」

在公元前一四〇年至公元九年期間，為了將土地重新分配給農民，中國皇帝嘗試了十一次變革[78]。最後一次是王莽的改革措施，其中亦涉及貨幣制度改革和引進瑪瑙貝。但農作物歉收和洪水破壞了王莽的治理，就像它們破壞了他的許多後繼者的治理一樣。

雖然羅馬代表團可能有幾次抵達中國，但羅馬與中國之間似乎沒有任何重要的直接接觸。中國的文獻曾提到公元一六六年羅馬皇帝馬可斯・奧理略留・安東尼努斯（Marcus Aurelius Antoninus）派來的代表團，還有後來一個可能是第三世紀、漢朝滅亡後才抵達的代表團[79]。但漢代的大多數文獻都沒有提到比貴霜帝國（Kushan empire，在現今的阿富汗與巴基斯坦）更遠的地方[80]。不過關於中國歷代王朝的消息在歐洲傳開了，例如公元一世紀，一位住在埃及的希臘商人寫到「支那」（Thina）是個生產絲綢的國家。羅馬貴族身上穿的絲綢經過印度或當時統治美索不達米亞地區的波斯安息王朝（Parthian empire）從東方傳入。

羅馬帝國再加上漢朝的統治，創造出那時候世界上最繁榮的全球經濟。當時人們並沒有衡量經濟產出，但歷史學家的許多指標均顯示這個時代非常活躍。首先是鉛的生產。我們可以測量格陵蘭和南極洲的

---

71 Cunliffe, *By Steppe, Desert, & Ocean*, op. cit.

72 約二百萬平方英里。

73 Tamar Haspel, "In defense of corn, the world's most important food crop", *Washington Post*, July 12th 2015

74 David Landes, *The Wealth and Poverty of Nations*

75 Powelson, *The Story of Land*, op. cit.

76 John Keay, *China: A History*

77 E. G. Pulleyblank, "The Origins and Nature of Chattel Slavery in China", *Journal of the Economic and Social History of the Orient*, vol. 1, ro. 2

78 Scheidel, *The Great Leveler*, op. cit.

79 Christopher Ford, *The Mind of Empire: China's History and Modern Foreign Relations*

80 Valerie Hansen, *The Silk Road: A New History*

冰層以及瑞典湖泊沉積物的鉛含量[81]，然後由此推算出過去大氣中的鉛濃度，進而評估經濟活動的程度。

鉛用於鑄造硬幣，提煉一份的銀需要四百份的鉛。鉛也用於製造浴缸和管線。鉛的化學符號「Pb」和英文單詞「plumber」（水管工），皆源自鉛的拉丁文「plumbum」。直到公元前一〇〇〇年左右，大氣中的鉛幾乎都來自於天然資源。後來鉛的蹤跡開始增加，並在公元前二、三世紀和公元一、二世紀達到顛峰。此外冰層地帶也發現到銅的存在，和鉛差不多在同一時期達到顛峰。

第三個指標與在地中海發現沉船有關，我們可以從船上載運的貨物推算日期。經濟活躍的顛峰出現在公元前二〇〇年到公元二〇〇期間，此後迅速往下滑。經濟學歷史家麥迪森推估，羅馬的收入、都市化和居住人口的鼎盛時期發生在公元一六四年左右，在此之後，一場天花瘟疫奪走約六分之一居民的性命。[82]到了第三世紀晚期和第四世紀初期，羅馬帝國的勢力在戴克里先和君士坦丁（Constantine）的統治下短暫復興，但帝國的重心（包含小麥貢品）轉移到君士坦丁堡（Constantinople）或拜占庭（Byzantium）。公元四一〇年羅馬遭洗劫，西方最後一位皇帝在公元四七六年退位，歐洲作為經濟強權的重要性隨之下降，不過正如我們將看到的，亞洲市場依然興盛。

從石斧到絲綢衣裳

人類從狩獵採集開始轉型，最終造就了美索不達米亞人、希臘人、羅馬人和漢人的高度發展社會。文字最初可能只是用來記錄交易細節和糧倉存量，但它卻帶來了荷馬的史詩和希羅多德的史書。在公元前第一個千年時，人類史上出現一些偉大的思想家：佛陀、孔子、老子、舊約先知及希臘哲學家。

這時期的社會基本上不是「市場經濟」。大多數人在多半情況下都是透過自己的資源來滿足他們的大部分需求。他們利用市場的程度，可能頂多是帶來一些剩餘的食物去交換自己不能製作的物品，如工具或鍋子。有些人確實是用工作換取薪水，只是此時的薪水可能是食物而非金錢。這類工作通常是季節性（作物採收）、非經常性（建築）或強迫性（國家強制實施的制度）的工作。

然而，這些文明的創新之處在於城鎮的建立，城鎮的誕生需要另一種不同的經濟配置。羅馬在鼎盛時期可能擁有一百萬名居民，帶動手工業、商店和市場的發展。雖然這時期沒有現代意義的工廠，但擁有工作坊，例如雅典克法羅斯（Cephalus）的盾牌工廠就有一百多名工人[83]。當時有個全球貿易網絡，在英格蘭北部哈德良長城（Hadrian's Wall）服役的羅馬士兵可以吃到印度胡椒，亞洲人則可以使用羅馬硬幣和碗[84]。

這些社會或許沒有刻意規劃他們的經濟，但其推行的政策確實促進了經濟產出。羅馬人修建道路的主要目的可能是軍事用途，但他們修建長達七萬八千公里的道路也可以將貨物運到市場。軍事征服與掠奪帶回了戰利品，擴大了貨幣供應，刺激了消費需求。

我們也不該小看這些文明的悠久歲月。美索不達米亞和埃及文明延續了數千年；西羅馬帝國存在的時間比美國成為獨立國家的時間還長，而東羅馬帝國在那之後又維持一千年之久。雖然漢朝可能已經瓦解，但「中央王朝」（middle kingdom，譯註：英語中對中國的舊稱）的輝煌歲月尚未到來。

---

81 此處提及內容出自《*Journal of Roman Archaeology*》, vol. 18, 2005: François de Callataÿ, "The Graeco-Roman economy in the super long-run: lead, copper and shipwrecks"

82 Maddison, *Contours of the World Economy*, op. cit.

83 Finley, *The Ancient Economy*, op. cit.

84 Cunliffe, *By Steppe, Desert, & Ocean*, op. cit.

斯科特表示，人們認為古代文明的衰落是個悲劇的想法是錯的；把人民的福利與精英的福利混為一談也有誤[85]。一般人或許很樂於擺脫古代城邦所帶來的強迫勞動、稅收、嚴刑峻法和疾病。

但我們也不該對古代文明過度悲觀。根據歷史學家伊安・摩里士（Ian Morris）的推估，遭羅馬人所征服的領地，其人均收入於兩世紀內成長約百分之五十；住宅面積、糧食消耗量以及人類的身高也都有所增加[86]。麥迪森的估計指出，羅馬帝國的人均收入約等於一九九〇年代的五百四十美元，這個數字可能一直到公元十七世紀英格蘭與荷蘭崛起以後才被超越。但羅馬帝國滅亡後，義大利人口減少了三分之一，人均收入減少了一半以上[87]。城鎮也陷入混亂，農民經常面臨武裝襲擊者的威脅，莊稼可能損失或性命不保。隨著歲月流逝，情勢發展聽起來相當悲觀。

但如你所料，即使面對這一切，大多數人仍選擇繼續生產自己的糧食。在大部分的社會中，人們維持這樣農業定居的狀態直到第二個千年後期。因此如果我們不去搞懂農業（下一章的主題），就無法理解古代經濟。

---

85 Scott, *Against the Grain*, op. cit.

86 Ian Morris, *War: What Is it Good For? The Role of Conflict in Civilisation, from Primates to Robots*

87 Maddison, *Contours of the World Economy*, op. cit.

第二章 農業

波士頓的空中花園

波士頓南端九十三號州際公路附近的一個積雪停車場，應該是你最想像不到可能會有農場的地方。但無可否認，這裡確實是非常小型的農場——一個經過改裝設計的貨櫃屋，就是世界上大型商船上常見的那種貨櫃。在這個貨櫃屋裡，你可以找到萵苣、甘藍、鮮花，甚至連山葵都有；所有植物都生長在精密控溫的環境中。

當你走進貨櫃屋時，首先映入眼簾的是一系列的育苗盤，種子已經栽種在裡面（被插入到許多小塊狀的泥炭蘚〔peat moss〕裡）。育苗盤上方是裝滿植物營養劑的塑膠容器，營養劑會透過導管滴入植物盆內。種子在育苗盤中生長兩到三週，然後移至貨櫃屋的後半部，以直立式懸吊著栽培。這種配置省下很多空間，一個貨櫃屋可以種植相當於兩英畝農田的作物。此概念稱為水耕栽培（hydroponics），在人工光源的幫助下讓植物生長在水中。整個運作過程的設計是要盡量提升效率。貨櫃屋裡的裝置設備會從空氣中獲取水分，因此每天使用不到五加侖的水。在傳統農場裡，一顆萵苣需要三點五加侖的水才能生長；在貨櫃屋裡，一顆萵苣只需要零點一加侖的水。每日用電量則為一百二十五千瓦，與當地一到兩個家庭的用電量差不多。

想出這個點子的幕後團隊是波士頓農業科技新創公司Freight Farms，這間公司由布萊德・麥納瑪拉（Brad McNamara）和約翰・佛里曼（John Freedman）於二〇一〇年發想成立。Freight Farms的產品不僅販售給小型農家，也出售給像食物銀行和收容中心（該機構的任務是為他們所幫助的人提供就業機會）這樣非營利的客群。大學和中小學會利用貨櫃農場來進行學生參與活動。正因為這是一家能夠激發員工熱情的公司，所以我的嚮導卡瑟羅巴才願意在如此糟糕的天氣裡冒著暴風雪開車帶我參觀。

水耕栽培農場是世界上的小型奇蹟。雖然不像巴比倫的空中花園那樣，但波士頓的空中花園仍然是一個科技奇蹟。水耕農場可以在一些氣候條件非常惡劣的環境下種植糧食——北極圈以北的阿拉斯加也有類似企業，當地的新鮮農產品可能需要一週的時間才會送達[1]。現階段，由於電力成本考量，直立式農場只適合生產高單價產品，但成本可能會下降。

在有歷史記載的大部分時間裡，大多數人從事農耕畜牧，經濟活動多半與培植作物或飼養牲畜有關。然而在過去二百年間，農業畜牧在經濟上的重要性逐漸降低。一九九五年，根據世界銀行（World Bank）的統計，農業對全球GDP的貢獻為百分之八；到二〇一五年，農業產值僅占全球GDP的百分之三點八[2]。

但實際上，這種比例明顯下降是農業成功的一個衡量指標。倘若生產率沒有大幅提高，就不可能讓大量的工人從農業轉移到製造業和服務業；同樣地，倘若生產率沒有改善，地球不可能養活現今在世的七十七億人口。在二十世紀的前七十年裡，世界上平均每十萬人中有四十九人死於饑荒，但在後來的四十年裡（到二〇一〇年），平均只有四點五人[3]。牧師暨學者馬爾薩斯曾於一七九八年的文章中預言，糧食生產將永遠趕不上人口成長的速度，但事實卻一再證明他的判斷錯誤。

直到一九五〇年，農業此時仍占全球勞動力的三分之二[4]。我們可以根據農業勞動力的比例對世界各國進行分類。若一國的農業勞動力比例低於百分之二十，那麼它可能是個已開發國家，像是希臘的比例為百分之十三、法國為百分之三、德國為百分之一。而在比例尺的另一端有蒲隆地（百分之九十一）、衣索比亞（百分之七十一）及阿富汗（百分之六十二）等國家。中國驚人的發展速度則使農業勞動力比例從一九九一年的百分之五十五，下降到二〇一七年的百分之二十七[5]。

雖然農業人力在全球整體勞動力中屬於少數，但農業用地占了我們土地的很大一部分。在全球一百三十億公頃的土地中[6]，可耕地和林木作物就占十七億公頃，牧場（畜牧業）占三十五億公頃[7]。隨著十九世紀和二十世紀的人口成長，有越來越多土地被劃作耕地而犧牲了森林或荒野。一八五〇年，美國有一億一千八百萬公頃的農田，但到了二〇一二年，農田增加到三億七千萬公頃[8]。

---

1 "Arctic farms defy icy conditions with hydroponics", *Seattle Times*, November 3rd 2016, https://www.seattletimes.com/business/arctic-farming-town-turns-to-hydroponics-for-fresh-greens/

2 資料來源：https://data.worldbank.org/indicator/NV.AGR.TOTL.ZS。

3 Joe Hasell and Max Roser, "Famines", Our World in Data, https://ourworldindata.org/famines. 二〇一〇年到二〇一六年的數字更低，每十萬人中只有零點五人死亡。

4 Giovanni Federico, *Feeding the World: An Economic History of Agriculture, 1800–2000*

5 資料來源：World Bank https://data.worldbank.org/indicator/SL.AGR.EMPL.ZS。

6 一公頃等於二點四七英畝。

7 Federico, *Feeding the World*, op. cit.

8 2012 Census of Agriculture, https://www.agcensus.usda.gov/Publications/2012/Online_Resources/Highlights/Farms_and_Farmland/Highlights_Farms_and_Farmland.pdf

歷史上有四種（或五種）土地所有權的結構。第一種是共同擁有的土地；第二種是土地歸君王和諸多貴族所有，並由農民或農奴來耕種，以作為回報上層階級所提供的公共設施；第三種是向大地主承租土地，以換取現金或部分農作物收成；第四種是歸農民個人所有的土地。不過，第四種在美國和其他地方已經演變成第五種，即土地歸大型農業公司所有。

個體農戶或小耕農對其土地擁有實質所有權，似乎是最有利於農業生產力的制度，只有在此情況下，他們才會進行提高產量所需的長期投資。根據一項針對三個發展中國家之土地權的研究，我們可得到以下的結論：「如果沒有財產權和土地租賃不牢靠，農民就不太會在意土地的使用情況[9]。」相反地，他們會「專注於短期利潤的最大化，而換來了土地加速退化的代價」。二十世紀發生的幾次重大饑荒事件即是與中國和蘇聯的農地集體化有關[10]。在一九七三年到一九九二年秘魯實施農業集體化的期間，秘魯的農業產量增加百分之二十四，但廢除集體耕作之後，聽了別太驚訝，其農業產量增加了百分之一百七十[11]。

所以，早期的土地所有權結構可能是造成經濟成長如此緩慢的最主要原因之一。當地主得以徵收過高的租金或費用時，或者當農民的長期土地權益是處於不確定的狀態時，自然就沒有什麼動力提高作物產量。古老的貴族階級瓦解是農業生產力大幅提升的預先徵兆，而更高的產量是促成工業化的必要條件。

農作物與牲畜的改變

在過去的一萬二千年以來，農業在極大程度上改變了我們的環境面貌。以發展農業為名義，許多森林遭到砍伐、大片土地被用來種植特定作物。在大多數已開發國家中，放眼望去盡是道路、鐵路和運河等人工景觀縱橫交錯。即使在我們以為有「大自然」的地方，其實也是人類以公園、花園和管理林地等方式打造而成的。

人類對於某些物種的偏愛更勝其他。世界上大約有二十五萬種植物，其中約有五萬種是可食用的，但人類習慣吃的只有二百五十種[12]。這其中最重要的是穀類植物，如小麥、稻米和玉米（或玉蜀黍），這些是我們熱量攝取的主要來源。再往前追溯，其他像大麥和小米等農作物也在人類飲食中扮演著重要角色。

經過數千年的人類栽植與篩選，這些作物已經產生變化。湯姆・斯丹迪奇（**Tom Standage**）便寫道：「那是刻意培養出來的技術，完全是人類介入的結果[13]。」以玉米或玉蜀黍為例，它的遠古祖先是大芻草（**teosinte**，蜀黍），一種原產於墨西哥的野生雜草。那時候我們喜歡吃的黃色玉米粒，外面被一層稱為穎苞（**glume**）的硬殼包覆著，這種穎苞在動物的胃裡面很難分解，因此會經由糞便排出，給予穀粒一個營養豐富的生長環境。

在某些基因突變的情況下，會造成一些玉米粒缺少包覆的外殼。在人類出現之前，這種基因突變可能是進化劣勢，但實際情況反而成為是一種優勢。栽種這些植物的阿茲特克人、馬雅人及印加人偏愛無包裹的玉米粒，並拿來當種子播種。他們也比較喜歡玉米穗較大的品種，所以選擇了這個特徵。跟古代玉米的

---

9 Shimelles Tenaw, K.M. Zahidul Islam and Tuulikki Parviainen, "Effects of land tenure and property rights on agricultural productiv.ty in Ethiopia, Namibia and Bangladesh", University of Helsinki, 2009

10 請參見：Frank Dikötter, *Mao's Great Famine: The History of China's Most Devastating Catastrophe 1958–1962*；或Anne Applebaum, *Red Famine: Stalin's War on Ukraine*。

11 Radelet, *The Great Surge*, op. cit.

12 Paul McMahon, *Feeding Frenzy: The New Politics of Food*

13 Standage, *An Edible History of Humanity*, op. cit.

前身（最早發現的玉蜀黍穗軸可追溯到公元前五四〇〇年）相比，現代的品種尺寸較為巨大[14]。若是沒有人類培植，玉米就不會以目前的樣貌呈現。小麥也是經過人類篩選，如此一來種子不會隨風飄散，同時麥穗也能成熟。

上述這種模式在許多地方和許多作物上重複了很多次。稻米在亞洲是非常重要的主食，因此統治者決心改善稻米的供應量。宋朝皇帝真宗聽說，在現今的越南地區有一種稻米品種耐旱且早熟，於是將種子引進中國，進而使得中國人口在公元一〇〇〇年到一二〇〇年間增加了一倍[15]。

類似的情形也出現在牲畜身上。像綿羊和山羊這類的草食性動物是最早經馴化的放牧動物，因為牠們可以自食其力，只要給予一片空間夠大的土地即可。馴化過的動物與人類做了「魔鬼交易」（**Faustian bargain**，又譯作浮士德交易）（當然是在不知不覺中），牠們的需求可以獲得充分滿足，人類可以保護牠們免受掠食性動物的攻擊，並助長牠們繁衍後代，將其基因傳遞給其他後代。但代價是失去自由和壽命縮短。這些動物隨著時間越變越溫和，對人類不再那麼警惕，牠們的腦袋也變得更小，家豬的大腦比野豬小百分之三十三，綿羊的大腦也比牠們的野生始祖小百分之二十四[16]。

馴化的過程也可能費時不長。蘇聯科學家狄米崔・畢勒耶夫（Dmitry Belyaev）在一九五〇年代展開了銀狐實驗，他挑選對人類攻擊性最小的銀狐來進行繁衍。這些幼狐都由飼養員親自餵養並接受撫摸，就這樣繁衍了四代，有些幼狐開始像家犬一樣會對人類搖尾巴。等到第六代，有些幼狐會像狗一樣低鳴、發出嗚咽聲和舔人。畢勒耶夫過世後，柳德米娜・卓特（Lyudmila Trut）繼續進行這項實驗，她發現繁衍到第三十代，也就是五十年後，大約一半的新生幼狐具有被馴化的特質[17]。

成功馴化銀狐提供我們一個線索，讓我們知道人類是如何把狼馴化成狗[18]。這些狗將是非常有助益的看守犬和狩獵夥伴（當然也有一些被吃掉了）。不過事實證明，適合馴化的動物數量有限。

聯合國糧食及農業組織（Food and Agriculture Organization of the UN）僅列出三十九種牲畜。超過一百磅的哺乳動物只有十四種被馴化，而且賈德・戴蒙（Jared Diamond）指出這些哺乳動物分布不均：南美洲只有駱馬和其近親羊駝[19]，北美、澳大利亞和撒哈拉以南非洲（Sub-Saharan Africa）根本沒有符合條件的哺乳動物。戴蒙認為，該情況必定阻礙了這些大陸的經濟發展。

隨著人類在世界各地遷移，身邊帶著自己的農作物和動物，進而對當地原生的動植物群造成毀滅性的影響。最明顯的例子是，十五世紀末歐洲人「發現」[20]美洲後發生的「哥倫布大交換」（**Columbian exchange**）。一五二〇年代，西班牙和葡萄牙開始種植玉米，接著於一五五〇年代傳入中國。每播一粒種子的玉米產量，是種子的一百到二百倍，相比之下，小麥的產量是種子的四到六倍不等。至於與玉米相伴傳入的馬鈴薯，每英畝產生的卡路里是小麥、裸麥和燕麥的二到四倍，適合在不同類型的土壤中種植[21]。

許多農作物也反向傳播至美洲，包含小麥、稻米和橄欖。歐洲人還把他們的牲畜，包含馬、羊、牛、

---

14 Mabey, *The Cabaret of Plants*, op. cit.

15 Chanda, *Bound Together*, op. cit.

16 Melinda Zeder, Smithsonian Institution, "The domestication of animals", *Journal of Anthropological Research*, vol. 68, no. 2, 2012

17 Lyudmila Trut, Irina Oskina and Anastasiya Kharlamova, "Animal evolution during domestication: the domesticated fox as a model", Institute of Cytology and Genetics, Siberian Branch of Russian Academy of Sciences, Novosibirsk, Russia

18 Ed Yong, "A new origin story for dogs", https://www.theatlantic.com/science/archive/2016/06/the-origin-of-dogs/484976/

19 Diamond, *Guns, Germs and Steel*, op. cit.

20 這裡的發現之所以加上引號，原因是這片土地已經有人居住。事實上，維京人早在幾世紀以前就抵達紐芬蘭（Newfoundland），但中世紀歐洲的其他地區並不知道他們的旅程。

21 Standage, *An Edible History of Humanity*, op. cit.

豬和雞帶到美洲，並依照自己的農業方式重新塑造那裡的地貌景觀，在此過程中破壞了當地居民的生活（到目前為止，疾病是最大的殺手，其次是戰爭，在短時間內造成人口比哥倫布〔Columbus〕發現美洲以前減少了百分之五十左右[22]）。雖然很可怕，但從長遠來看，農作物的交換讓世界能夠養活更多的人口，例如在中國，由於玉蜀黍和番薯的出現，人們才得以在不能種植稻米的乾旱地區種植作物，進而有助於人口從一六〇〇年的一億六千萬人增加到一八二〇年的三億八千萬人[23]（現在亞洲菜餚經常用到的原料辣椒，也來自美洲）。

農作物在世界各地傳播的另一種方式，是跟著前述的政治或宗教權威一併傳入。伊斯蘭教的傳播意味著十六種糧食作物，如稻米、香蕉、菠菜、棉花纖維，從印度一路散布到西班牙。種植許多高耗水作物則需要建立廣泛的灌溉系統，這場被稱為「阿拉伯農業革命」的轉型，使更多貧瘠的土地可以耕種[24]。蒙古人亦熱衷於傳播新作物，甚至設立了「棉花推廣局」（cotton promotion bureau）來鼓勵在自己的領地種植棉花[25]。在那很久以後，帝國版圖橫跨全球的英國人渴望得到橡膠資源：一八七六年，亨利．威克翰（Henry Alexander Wickham）從巴西走私了七萬顆種子，接著邱園（Kew，英國皇家植物園）的植物學家設法栽培作物，然後將植株運到斯里蘭卡和馬來亞（Malaya，現今的馬來西亞）的殖民地。到了一九二〇年代，馬來亞成為世界上最大的橡膠生產國[26]。結果證明這是值得慶幸的轉變，因為巴西的橡膠生產從一九二〇年代起遭葉枯病（leaf blight）襲擊而一蹶不振。

養分問題

一般作物從土壤中攝取養分，而土壤的養分需要補充。這對狩獵採集者和使用刀耕火種農業的人來說不成問題，他們利用焚燒清理一塊空地，留下的灰燼可以當作肥料，一旦作物收割完畢，部落便遷移到另一處。但對長期定居的農民來說，土壤養分是個問題。他們很快就發現，每年種植同樣的作物會讓土壤養分消耗殆盡。希臘人和羅馬人透過隔年休耕解決這個問題，休耕地可以用來放牧動物，牠們留下的糞便將作為肥料[27]。

實施輪流休耕制度代表定期會有百分之五十的土地無法種植作物，為提高效率留下很大的進步空間。到中世紀初期，北歐的大部分地區已經採行了三田輪耕制度（但南歐由於缺乏雨水和土壤貧瘠，所以輪作變得更加困難）[28]。按照這個制度進行，會有三分之一的土地在秋天裡種植穀類作物（小麥、大麥或裸麥）；另三分之一的土地在春天裡種植燕麥、大麥和豆類作物（豌豆、豆類和扁豆）；最後剩下三分之一的土地休耕。這種耕作方式使用了三分之二的土地，比先前只使用百分之五十的土地多，而且每年種植期有兩季，不只有一季。燕麥可以拿來餵養馬匹，並有助於耕種。

人類也能夠透過新技術的採用來提高作物產量，例如大約在公元前四〇〇〇年，埃及人開始使用木

---

22 Brendan O'Farrell and Lars Fehren-Schmitz, "Native Americans experienced a strong population bottleneck coincident with European contact", Proceedings of the National Academy of Sciences, December 20th 2011

23 The Maddison Project, https://www.rug.nl/ggdc/historicaldevelopment/maddison/releases/maddison-project-database-2018

24 Andrew M. Watson, "The Arab agricultural revolution and its diffusion 700–1100", *The Journal of Economic History*, vol. 34, no. 1, March 1974

25 Chanda, *Bound Together*, op. cit.

26 同上註。

27 McMahon, *Feeding Frenzy*, op. cit.

28 Powelson, *The Story of Land*, op. cit.

犁（wooden plough），它可以鬆動土壤，讓耕種變得更容易，帶來新鮮的土壤（和養分），並將雜草埋入土裡。早在公元前三世紀，中國人就使用一款由鐵製成的沉重鐵犁，或稱板犁（mouldboard plough），這也是為什麼他們的農業比歐洲更有效率的原因之一。在播種機、除草耙和手推車引進西方之前，中國就已經在使用了[29]。大約在公元一〇〇〇年，歐洲開始廣泛使用鐵犁，使得北方較厚重的黏質土壤得以耕種。這些沉重的犁需要動物來牽引，但古代的馬軛有限制馬呼吸的傾向，因而使牠的拉力受限。在公元五世紀時，中國人發明一種套頸軛具（collar harness），使馬能夠充分發揮力量[30]，這種馬軛在十世紀隨著部落遷移傳到了歐洲。

擁有這些改良的農業技術，加上氣候變暖和東歐農業的擴張，似乎使公元一〇〇〇年到一二五〇年「中世紀盛期」（High Middle Ages）的人口出現成長。但十四世紀的黑死病（或稱鼠疫）讓受影響的地區人口驟降，並擴大了西歐和東歐之間的差距。在西歐，農奴制於十二、十三世紀走向衰落，因為經濟繁榮的關係讓更多地主為供應市場而生產糧食，並將封建義務轉化為貨幣租金（以貨幣形式支付的租金）；十四世紀因為人力大量減少，迫使地主極度渴望招募佃農。到了十六世紀，西歐的農奴制實際上已經消失了。

東歐農民從十二、十三世紀開始享受到更多的自由，尤其是中古時期德人移居遷入該地區後。但在十四、十五世紀，東歐地主應對艱難時期的做法是對農民施加更多的義務，迫使他們淪為農奴。貴族的政治權力加上農民可以逃離的城市相對缺乏，似乎促成局勢如此發展，所以農奴制又持續了幾個世紀[31]。

這種分歧在經濟史上也許非常關鍵，西歐朝向農業生產進步和工業化的方向發展，而東歐卻逐漸落後。傳統說法著重於，工業革命之所以發展起來，是因為十八世紀英國「農業革命」為其鋪路之故。人們原本很讚揚諸如「大頭菜」・湯森（"Turnip" Townsend）、發明播種機的傑斯洛・圖爾（Jethro Tull）[32]，以及霍克漢廳（Holkham Hall）的湯馬斯・科克（Thomas Coke）等地主拓荒者。但自那時以來，人們就不再那麼強調這些人的成就[33]。

然而事實似乎很明顯，英國在這段時期的農業生產力確實獲得提升，不僅有助於人口成長，也讓工人能夠離開農場進入紡織廠工作。部分原因是用於生產的土地數量進一步擴大，休耕地從一七〇〇年的百分之二十，下降到一八七一年的百分之四。額外的土地則用來種植新的飼料作物，特別是大頭菜和三葉草[34]。而部分原因是「圈地」運動的結果，即以前共同耕作的公有地被大地主用籬笆圍起來耕種；據估計，圈占地的作物產量比公有地多出約百分之二十到二十五[35]。

如今我們知道，為什麼土地在重新種植之前需要時間來恢復地力，因為植物需要氮，土壤中的微生物可以從空氣中吸收氮，然後提供給植物。但它們不能每年都如此循環，豆科植物的根部有根瘤，可以吸引類菌體（稱為根瘤菌）並將氮固定下來；其中一部分的氮最終又回到了土壤，這就是為什麼輪作週期加入豆類植物是有助益的。英國農民在十八世紀種植豆類作物，比歐洲大陸的鄰居更有系統地蒐集肥料。

---

29 Easterly, *The Elusive Quest for Growth*, op. cit.

30 中國人已開發出一種胸帶式輓具，比歐洲人使用的款式更好，但公元八世紀才傳入歐洲。

31 Jerome Blum, "The rise of serfdom in Eastern Europe", *The American Historical Review*, vol. 62, no. 4, July 1957

32 由伊恩・安德森（Ian Anderson）領軍的民謠搖滾樂團Jethro Tull，即是以傑斯洛・圖爾的名字命名。

33 請參見：Professor Mark Overton, "Agricultural revolution in England 1500–1850" http://www.bbc.co.uk/history/british/empire_seapower/agricultural_revolution_01.shtml。

34 同上註。

35 Michael Turner, "Agricultural productivity in England in the eighteenth century: evidence from crop yields", *The Economic History Review*, vol. 35, no. 4, November 1982

中國人則使用動物和人類的糞便，後者又稱為「夜香」。他們比歐洲人更有效率；在十三世紀時，巴黎周圍的田地每九年才施肥一次[36]。向土壤添加糞肥之所以有益，是因為糞便含氮，只是氮含量只有百分之一到二。這就是為什麼十九世紀在秘魯附近發現欽查群島（Chincha Islands）會令人如此振奮了，因為那裡數千年來一直是海鳥的棲息地；牠們在某些地方的糞便（或稱鳥糞肥料）堆積厚達二百英尺。這種鳥糞肥的氮含量是動物糞肥的二十倍到三十倍[37]。十九世紀，秘魯出現了相當於淘金熱的現象，由囚犯、奴隸和契約制的中國勞工挖掘鳥糞，並搬到等候的船隻上面。每年多達三百艘船在岸邊等候這種難聞的貨物，到了一八七〇年代後期，鳥糞山已經開採殆盡[38]。秘魯總共出口一千零四十萬噸的鳥糞，並一度享有每年百分之九的經濟成長。

鳥糞肥料用完以後，就需要找尋替代肥料。農業將目光從鳥類轉向科學家。生產人工肥料的關鍵是運用大氣層中百分之七十八的氮氣，但困難點在於怎麼從空氣中提取氮氣，因為氮氣不是非常活潑的氣體。德國物理學家弗里茨·哈伯（**Fritz Haber**）研究發現，氮氣和氫氣能在高溫、高壓及金屬催化劑的作用下合成氨。後來德國巴斯夫集團（BASF）買下這項技術，由該集團另一位化學家卡爾·博施（**Carl Bosch**）研發出工業化生產肥料的方法。這些氨可以製成各種肥料，包含硝酸銨和尿素。沒有它，全球人口數量就不可能達到目前這種程度。

哈伯—博施法（**Haber-Bosch process**）也被應用於更致命的用途，比如製造炸藥和氯氣。德國人在第一次世界大戰期間曾使用過。一九一五年，哈伯慶祝德國在伊普勒斯（**Ypres**）發動化學武器攻擊的那晚，他的妻子拿起丈夫的手槍飲彈自盡了（但並不清楚她的動機是什麼）[39]。德國戰敗以後，這項技術的專利遭到充公，其他國家因而也得以利用。但這項技術非常昂貴，因此直到第二次世界大戰後才普及；氨產量從一九五〇年的三百七十萬噸成長到二〇一〇年的一億三千三百萬噸[40]。製氨法每年需要消耗世界能源的百分之一至二[41]。

農業產出的另一個巨大成長來自於美洲的開放。十九世紀後期，外來者迅速開發北美平原和阿根廷的彭巴草原。由於鐵路、蒸汽船和冰箱的問世，這些貨物才能運回歐洲，結果卻導致歐洲大陸的部分地區出現「農業蕭條」（agricultural depression）情形，因為歐洲舊大陸的農產無法與新大陸的農產相競爭，可能反而刺激了許多歐洲農場工人移民到北美和南美。

新品種種子所帶來的益處

新肥料和耕地面積增加是二十世紀農業成功四大因素中的兩個。第三個是機械化的應用，如拖拉機、聯合收割機等。這些比用馬耕田更有效率，還省下四分之一需要養馬的耕地。如此一來，增加了可供人類食用的糧食數量。

第四個因素是培育種子的新品種。這是為了解決一項大問題：地球表面若種植大量單一的作物，容易有引發植物病變、破壞產量的風險，就像十九世紀馬鈴薯疫病一樣。舉例來說，小麥容易受到一種名為小

---

36 Carlo M. Cipolla, *Before the Industrial Revolution: European Society and Economy 1000–1700*, third edition

37 Standage, *Edible History*, op. cit.

38 The National Museum of American History, "The Guano Trade", http://americanhistory.si.edu/norie-atlas/guano-trade

39 Bretislav Friedrich and Dieter Hoffmann, "Clara Haber, nee Immerwahr (1870–1915): Life, Work and Legacy", March 2016, https://www.ncbi.nlm.nih.gov/pmc/articles/PMC4825402/

40 Vaclav Smil, "Nitrogen cycle and world food production", *World Agriculture*, 2011. 百萬噸（megatonne）等於一百萬公噸或十億公斤。

41 Tim Harford, *Fifty Things That Made the Modern Economy*

麥葉銹病（wheat leaf rust）的真菌襲擊[42]。一九四二年，在墨西哥索諾拉（Sonora）的研究站，一位名為諾曼・布勞格（Norman Borlaug）的科學家開始費力地測試各種小麥品種，試圖培育出一款抗銹病又高產量的小麥品種。這種矮生品系的小麥擁有矮短但更結實的莖桿，可以支撐較大的麥穗。農民花了一段時間才接納新品種的種子，在此過程中也遇到了一些挫折，包括新銹病的出現。但到一九五九年，墨西哥的小麥產量是布勞格抵達墨西哥之前的十四倍。到一九六四年，墨西哥已成為小麥的淨出口國[43]。

後來布勞格先生前往亞洲，試圖說服印度和巴基斯坦政府採納新的品種。原本兩國政府都非常質疑外國供應商的動機，但歷經幾次作物收成慘澹和美國的援助減少而扭轉了想法。但只有播種新種子是不夠的，布勞格在一九六八年時還說服印度建設計畫委員會副主席阿索卡・梅塔（Ashok Mehta）增加肥料產量，以便讓種子能夠茁壯成長。在巴基斯坦，小麥產量從一九六五年的四百六十萬噸增加到一九七〇年的七百三十萬噸；到二〇〇〇年，該國小麥產量超過二千一百萬噸。到一九七四年，印度在穀物生產方面自給自足，到二〇〇〇年，新品種小麥對亞洲、拉丁美洲、中東與非洲的貢獻率分別為百分之八十六、百分之九十和百分之六十六，由此可見布勞格研究成果的重要性。

另一方面，國際稻米研究所（International Rice Research Institute）透過雜交繁育矮種稻米而提高了產量。該品種的稻米稱為「IR8」（又稱為「奇蹟米」），每公頃產量有五噸，或者使用肥料後可達十噸（以前每公頃的產量頂多一噸）。奇蹟米的生產季節相對較短，且更能抵禦病蟲害。印度安德拉省（Andhra Pradesh）的勞烏（Nekkanti Subba Rao）是第一位種植這些種子的農民，人們稱他為「IR8先生」，他後來還研發出耐淹水性的稻米品種[44]。

這場「綠色革命」改變了一個曾多次遭受饑荒困擾的地區。新品種的小麥可以一年種植兩次，或與稻米交替種植；以前一英畝只有半噸產量的土地，現在可以收成兩噸小麥或三噸稻米。布勞格因為他的成就獲得了諾貝爾和平獎和國會金質獎章，與馬丁・路德・金恩（Martin Luther King）和納爾遜・曼德拉（Nelson Mandela）等人齊名[45]。如果沒有綠色革命，保羅・馬喀麥隆（Paul McMahon）預估現在世界上可能會少了二十億的人口[46]。在一九六〇年代後期，末日論者曾提出世界將發生饑荒和「人口爆炸」的警告，但在一九六五年到二〇一五年期間，亞洲人口成長逾一倍，從十九億增加到四十四億，穀物產量也成長兩倍。除了穀物外，在一九八〇年到二〇〇五年之間，農民亦使根莖類作物產量提高了百分之四十[47]。

為人類避免掉饑荒之苦就已是綠色革命帶來的極佳益處，不過不僅如此，綠色革命也帶來了更廣泛的繁榮。根據經濟政策研究中心（Centre for Economic Policy Research，簡稱CEPR）對八十四個國家進行的一項研究發現，農業用地種植高產量作物品種的比例每增加百分之十，人均GDP就會提高百分之十五左右[48]。之所以會有這樣的成長，部分原因是更有效率的農業制度讓工人得以進入製造業或其他生產性更高的經濟領域。

綠色革命似乎放緩了農業擴張的進程，CEPR該研究的作者們總結道：「糧食作物生產力的提高使得農業密集化得以在面積更小的耕地上進行。」而且也沒有跡象顯示出現馬爾薩斯效應，即更多的糧食曾

---

42 銹病有幾種類型，包含黑銹病（black rust/Puccinia triticina）和赤銹病（brown rust/Puccinia recondita）。

43 Noel Vietmeyer, *Our Daily Bread: the Essential Norman Borlaug*

44 50 Years of IR8: A Tribute to the Miracle Rice that Helped India Fight One Of Its Worst Famines by Sanchari Pal, The Better India

45 Vietmeyer, *Our Daily Bread*, op. cit.

46 McMahon, *Feeding Frenzy*, op. cit.

47 Radelet, *The Great Surge*, op. cit.

48 Douglas Gollin, Casper Worm Hansen and Asger Wingender, "Two blades of grass: the impact of the green revolution", Centre for Economic Policy Research, November 2016

產生更多的人口，而更多的人口將消耗更多的糧食供應。同時生育率下降，這或許是因為父母更確定其現有的、營養更好的孩子能存活下來。

當然，綠色革命也並非毫無令人討厭的副作用。灌溉農田消耗了人類百分之七十的用水量，對於像加州或澳洲這樣飽受週期性乾旱之苦的地方是個問題。另外，氮和其他肥料可能會被沖出土壤外並流入河流，導致海洋生態遭到破壞。汲取肥料養分而迅速繁殖的藻類，將擴散形成「藻華」（bloom），扼殺水中其他生物。密西西比河三角洲每年夏天都會出現面積達六千五百平方英里的藻華現象[49]。

我們可以透過科技技術來減少危害程度。在加州，農民使用感應器檢測土壤中的水分，進而調整所需的灌溉量，如此一來可以減少百分之二十的用水量。現在像拖拉機這樣的農業設備都安裝全球定位系統，能夠在特定面積的土地上更有效率地運作，如此可以減少燃料的使用[50]。

現今農場經營也是一種工業化過程。在二〇一六年，世界上擁有將近二百三十億隻雞[51]，比一九六〇年只有四十億隻多出許多[52]。野生的雞一般可以活六年，而圈養的雞在十二週齡之前就被宰殺了。牠們生長在炎熱、受汙染的環境，而且雞腳承受不了雞身的重量，飽受疾病之苦[53]。這種飼養制度相當殘忍。

如果陸地上的問題是殘酷對待牲畜，那麼海洋上的問題就是過度捕撈。工業拖網漁船每天處理一千二百噸的魚，全球魚類資源因而受到威脅。聯合國糧食及農業組織估計，在監測的魚類資源中，有百分之五十二列為已完全開發（fully exploited）、百分之十七為「過度開發」（overexploited）、百分之八為已枯竭或正在恢復中（depleted or recovering from depletion）[54]。由於水產養殖（或稱養殖漁業）的關係，全球魚類消費量突破以往的紀錄，每人平均消費量達二十公斤。在中國，人們食用的魚幾乎有一半是由水產養殖所供應。但養殖的魚往往以較小的魚為食，因而會受到供應壓力的影響。全球暖化正導致海洋變得更熱、更酸，螃蟹和牡蠣等物種的生存將變得更加困難，因為牠們的外殼是由碳酸鹽所形成。面對這些困境，各國針對沿海地區的捕魚權問題採取更加防禦的姿態，對於公海捕魚權的態度也更為激進[55]。

農業發展也不能停滯不前。到二〇三五年，地球上可能會新增十億人口，屆時需要再來一億噸（或比目前產量多百分之三十左右）的米養活他們。這樣一來稻米產量每年需要增加百分之一點二至一點五，但目前產量成長速度只有這個的一半[56]。許多科學家把希望寄託在基因改造作物身上，但這個想法在政治上有爭議，而且某些國家禁止栽種。農作物經過基因改造後可能得以抵禦害蟲或耐殺蟲劑、具有抗洪或抗旱性，也能改造來幫助一些欠缺維生素的人。此外，美國國家科學院（National Academies of Science）於二〇一六年發表的一份報告發現，基因改造作物對於人類或動物健康並沒有危害[57]。而一九九五年至二〇一四年期間另一項關於基因改造作物的整合分析則發現，農民的產量和利潤都因而提高[58]。

馬爾薩斯的論點可能再度回歸。根據二〇一七年發表在《美國國家科學院院刊》（*Proceedings of the National Academy of Sciences*）的一項研究發現，由於全球暖化，農作物產量可能隨著溫度每上升一度就減

---

49 https://www.epa.gov/nutrientpollution/effects-dead-zones-and-harmful-algal-blooms

50 Geoffrey Carr, "The future of agriculture", Technology Quarterly, *The Economist*, June 9th 2016

51 資料來源：https://www.statista.com/statistics/263962/number-of-chickens-worldwide-since-1990/。

52 David Edgerton, *The Shock of the Old: Technology and Global History Since 1900*

53 資料來源：https://www.ciwf.org.uk/farm-animals/chickens/meat-chickens/。

54 資料來源：http://www.fao.org/newsroom/common/ecg/1000505/en/stocks.pdf。

55 "Getting serious about overfishing", *The Economist*, May 27th 2017

56 "A bigger rice bowl", *The Economist*, May 10th 2014

57 Elizabeth Weise, "Academies of Science finds GMOs not harmful to human health", *USA Today*, May 17th 2016

58 "Field research", *The Economist*, November 12th 2014

少百分之三點一到七點四。有些地區可能降雨太多，有些地區可能降雨過少，暖化的天氣可能會增加害蟲數量[59]。

不過，以史為鑑，我們知道對糧食供應量提出末日預言時，應該謹慎小心。本章開頭提到的貨櫃農場例子，即說明人類的聰明才智可以找到新的、更有效的糧食生產方式。但是這個星球上的人類越來越多，意想不到的危機也就越來越大，例如授粉昆蟲（pollinating insects）的減少、水源的汙染，或者一種新的真菌、病毒或細菌的出現，將攻擊我們賴以維生的植物。現在最大的希望是，人類能像過去三百年一樣蒙混過關，但正如下一章所說的，我們並非總是那麼幸運。

---

59 Adam Aton, "For Crop Harvests, Every Degree of Warming Counts", *Scientific American*, August 16th 2017

第三章
亞洲市場（二〇〇年至一〇〇〇年）

氣候災難（如火山爆發或氣候變冷）可能擾亂經濟局勢，但當中央政權瓦解時，經濟也會陷入困境，人們難以進行貿易，更難保護自己的農作物不遭受交戰軍隊的毀損。有時候，這些因素還會相互影響。

以上敘述似乎是發生在公元前二〇〇年到公元前六〇〇年期間的情況，當時發生了巨大的政治動盪。西羅馬帝國的滅亡，包括四一〇年羅馬城遭攻陷和四七六年末任羅馬皇帝退位，都只是故事的一部分。中國花了很長的時間才從漢朝的滅亡中恢復；從公元二二〇年到二八〇年，中國分裂成魏、蜀、吳三國。在西晉短暫統一之後，由於「五胡」（譯註：匈奴、鮮卑、羯、羌、氐）入侵，這個王朝又經歷了一段動盪。公元三一一年匈奴攻破洛陽，與羅馬滅亡的時間點差不多[1]。

人類在歐亞大陸四處遷移。也許是因為氣候變遷的關係，迫使人們為了尋找新的耕種作物或牲畜的放牧地而到處移動。在公元四〇〇年以後，天氣變得寒冷，氣候專家稱這段時期為「汪達爾極小值」（Vandal Minimum），這樣的氣候一直持續到八世紀。根據樹木年輪和書面紀錄都顯示，在公元五三六年

1 John Keay, *China: A History*

時地球發生某個事件（火山爆發或小行星撞擊），對於作物收成產生長期的不利影響[2]。接著在公元五四〇和五四七年可能再次發生火山爆發，而歷史記載公元五四一年也爆發了一場鼠疫。歐洲似乎花了一個世紀才從這些重創的累積性影響中復原[3]。

人口流動產生了連鎖效應。當一個部落遷徙到另一個部落所占領的土地時，後者將被迫去抗爭、遭征服或自行遷移。整體來說，這時候的遷徙是向西移動。因此波斯建造一百二十五英里的城牆抵禦外來侵略者，羅馬也提供資金資助，但面對前進的人潮，這座城牆就如沙堡般脆弱[4]。

但沒想到的是，薩珊帝國統治下的波斯人在這段時期的生存狀況比羅馬人更好。在五世紀末時，來自亞洲大草原的厭噠（Hephthalites，或稱「白匈奴」〔white Huns〕）擊敗了薩珊帝國，並征服北印度。不過薩珊王朝一直到七世紀中葉才滅亡。

至於以君士坦丁堡為首都的拜占庭或東羅馬帝國，可能於公元六世紀在查士丁尼大帝（Justinian）的統治下達到鼎盛時期，查士丁尼成功地再征服義大利和北非的大部分地區。這個以希臘文為主要語言的政權一直延續到一四五三年，但在最後幾世紀裡逐漸走向沒落。

與此同時，印度在笈多王朝（Gupta empire）的統治下享受了一段所謂的「黃金時代」（golden age），從公元四世紀到六世紀中葉，笈多王朝成功地統治印度次大陸的大部分地區。笈多政權擁有相當於同業公會和商會的機構，試圖掌控特定職業的品質、價格和訓練制度。印度數學家正是在這段時期發展出零的概念，以及我們現代的數學系統[5]。後來阿拉伯商人學會這套系統，然後將他們的知識傳入歐洲，所以這套符號被稱之為「阿拉伯數字」。

那時候有一個亞洲貿易體系，將中東地區（波斯人和拜占庭人）、非洲東海岸、笈多王朝統治的印度以及中國串聯起來，即使處於政治動盪時期，這個貿易體系仍具有重要的經濟意義。目前在中國尚未發掘到羅馬錢幣，但已發現到可追溯至公元六世紀的拜占庭錢幣，以及三世紀到七世紀的薩珊錢幣[6]。非洲東岸則發現八世紀和九世紀的中國硬幣[7]。這個時期的主要貿易渠道之一是粟特帝國（Sogdian empire），它是在現今烏茲別克（Uzbekistan）和塔吉克（Tajikistan）一帶曾存在過的伊朗文明。粟特人建立了龐大的貿易中心撒馬爾罕（Samarkand）古城，並與拜占庭帝國、印度人及中國人進行商品（如麝香、絲綢、銀器和奴隸）交易。他們的商業活動似乎在公元五世紀和六世紀達到顛峰[8]。

粟特人是早期在「絲綢之路」（Silk Road，簡稱絲路）行商的人，不過「絲路」這個名詞直到一八七七年才由費迪南・馮・李希霍芬（Baron Ferdinand von Richthofen）男爵創造出來。這個專門用語讓這條貿易路線看起來比現實生活更具實質意義。歷史學家芮樂偉・韓森（Valerie Hansen）寫道：「經過一百多年的考古調查發現，橫跨歐亞大陸之間並沒有一條標記清楚的平面道路，只有幾條零散組成的小徑和沒有標記的步道[9]。」

從中國到波斯和中東的道路艱辛難行，需要先通過在南面青海祁連山脈和北面戈壁沙漠之間的甘肅河

---

2 Dr Tim Newfield, Princeton University, "The global cooling event of the sixth century. Mystery no longer?" https://www.historicalclimatology.com/blog/something-cooled-the-world-in-the-sixth-century-what-was-it

3 Rhys Blakeley, "Worst year in history puts our problems in the shade", *The Times*, November 20th 2018

4 Frankopan, *The Silk Roads*, op. cit.

5 John Keay, *India: A History*

6 Hansen, *The Silk Road*, op. cit.

7 Chanda, *Bound Together*, op. cit.

8 Étienne de la Vaissiére, "Sogdians in China: A Short History and Some New Discoveries", The Silkroad Foundation Newsletter

9 Hansen, *The Silk Road*, op. cit.

西走廊，然後繞過或穿過塔克拉瑪干沙漠（位於現代的新疆），行經群峰的交匯處「帕米爾之結」（Pamir knot），一個被稱為「世界屋脊」之處。大多數商人的生意規模可能屬於地方性，他們將貨物傳給沿途的其他人。一項針對七世紀貿易商隊的分析發現，大多數商隊的人數不到十人[10]。

絲綢是貿易相當重要的部分。這種紡織品具有高價值，亦可當成貨幣使用，例如中國士兵的報酬即是幾卷絲綢，這些絲綢在他們行進時相當有用。公元一一一八年時，中國為稅收目的生產了三百九十萬匹絲綢[11]。據估計，在八世紀上半葉，該路線有超過五萬件絲綢往來[12]。不過黃金、白銀和其他金屬也是很有價值的物品，而且中國人渴望取得中亞草原上的馬匹。中東對於中國陶瓷的需求很大，尤其是在阿拔斯王朝（Abbasid caliphate）時期，中國陶瓷是種時尚的物品。

雖然現在「絲路」這個詞彙很常見，但值得留意的是，大多數貨物可能都是透過海上運輸（事實上，以當前中國政府一帶一路倡議的這個專有名詞來說，前往歐洲和地中海的海上路線也算是一種路）[13]。陸上絲路容易遭受掠奪者的侵擾，而且約在公元七五〇年以後，該路線的運輸量開始下降，直到蒙古帝國時期才再次復甦起來。

南海的沉船殘骸裡發現到大量的陶器，其中一艘有五萬五千件陶器，另一艘也有五十萬件陶器。如此笨重的貨物量難以依靠駝獸來運送。近年來最引人注目的發現之一，是在印尼沿海地區發現的黑石號沉船（Belitung shipwreck）。這艘阿拉伯單桅帆船於公元九世紀從中國返程的途中沉沒，裡面載運了有史以來數量最龐大的唐朝文物。該艘船上有一面大三角帆（三角形的船帆），可以在方向不對時左右搶風轉變航向，與橫帆船相比，這是很大的優勢[14]。

這個時期的亞洲貿易市場可說是真正的大熔爐，參與其中的有馬來人、坦米爾人、阿拉伯人、波斯人以及中國人[15]。到公元九世紀時，波斯灣和中國之間的海上航線已經相當健全，行經印度的馬拉巴爾海岸

（**Malabar coast**）、斯里蘭卡、尼科巴群島（**Nicobar Islands**，蘇門答臘島以北）、馬來半島、麻六甲海峽，沿途經過柬埔寨和越南之後到廣州。從美索不達米亞和波斯開往中國的船隻會從波斯灣離開，接著繞過巴基斯坦和印度沿岸[16]。

這個時代下的中國比歐洲更加富裕且先進。長安是唐朝的都城，城東城西皆有市集。東市有二百二十行，包含餐館和客棧等。根據一份寺院財產的清單，其財產包含阿富汗的青金石、印度的瑪瑙、歐洲的琥珀和斯里蘭卡的珍珠[17]。那個時代任何富含企圖心的商人都會聽過一句話：「去東方，年輕人。」

伊斯蘭族群興起

在人口流動的時期，有個族群的遷移規模特別龐大。公元六二二年，先知穆罕默德（**Mohammed**）及其追隨者離開麥加，前往名為「葉斯里卜」（**Yathrib**，即現在的麥地那）的綠洲。到公元六四四年時，在

10 同上註。
11 St Clair, *The Golden Thread*, op. cit.
12 Étienne de las Vaissiére, "Trans-Asian trade, or the Silk Road deconstructed", *The Cambridge History of Capitalism, Volume 1*, op. cit.
13 Tom Phillips, "The $900bn question: what is the Belt and Road initiative?" *The Guardian*, May 12th 2017
14 資料來源：https://en.unesco.org/silkroad/silk-road-themes/underwater-heritage/belitung-shipwreck. 奇怪的是，這艘船似乎偏離傳統路線。
15 David Abulafia, professor of Mediterranean history, Cambridge University, speaking at the Silk Road seminar at the Legatum Institute, October 25th 2016
16 Janet L. Abu-Lughod, *Before European Hegemony: The World System AD 1250–1350*
17 Hansen, *The Silk Road*, op. cit.

這場歷史上最成功的戰役之一中，這群人已征服了整個阿拉伯半島、部分的薩珊王朝，以及拜占庭帝國的敘利亞和埃及等地區。在七世紀晚期，阿拉伯人將掌控勢力拓展至北非的大部分地區，到八世紀時，他們征服了西班牙的大部分區域和印度河流域（巴基斯坦北部）。公元七五一年，伊斯蘭軍隊在今日哈薩克和吉爾吉斯邊境附近的怛羅斯（Talas）戰役中，擊敗了中國人。很可能就是因為這場戰役，促使阿拉伯人開始採用中國人已經使用的紙張。

除了傳播伊斯蘭教，阿拉伯人也帶來他們的貿易文化（穆罕默德本身就是商人）。隨著時間積累，貿易路線越行越遠時，他們傾向於沿著這條路線建立定居點，如在印度沿海和東南亞。自然而然地，那些早期的商人建立了清真寺、法律機構和市集，以便維護自己的文化和生意。

由此可見，這是擁有自己一套制度和傳統的巨大共同市場。家庭成員自行組成合夥關係，並按照比例共同承擔風險和分享利潤。另一種非正式協議叫做「苛拉德」（qirad），即投資者將自己的資金委託給某個從事交易的人，以換取協定的利潤份額。商人在城鎮中既然有代理人進行貿易，也就會允許使用匯票作為信用擔保，匯票是執票人要求支付款項的書面命令。「哈瓦拉」（hawala，或稱付款命令）與現代支票非常類似，該命令的左上角是要支付的金額，右下角是付款人應支付的日期和姓名[18]。哈瓦拉制度是伊斯蘭世界仍廣泛使用的跨境支付系統。

信用對於這個制度非常重要，因為商人們相信他們的穆斯林夥伴們不會違背自己的承諾[19]，因此以信用進行買賣的情況相當普遍。雖然利息可以免除，但銀行借貸、兌換貨幣以及發行匯票都要收取手續費[20]。當時交易的商品都是典型的高單價商品，阿拉伯人從印度和中國購買胡椒和其他香料、珠寶、布料（絲綢）與瓷器，並回贈珊瑚、象牙和紡織品給對方[21]。

對土地和非穆斯林徵稅是一種鼓勵皈依穆斯林的做法，此外也會徵收進口稅。伍麥亞帝國（Umayyad

caliphate）統治期間，於公元六九一年鑄造了一款名為第納爾（dinars）的金幣。這款硬幣上刻印有阿拉伯文字，以宣揚伊斯蘭教的真理[22]。在國際交易中，第納爾金幣是另一款拜占庭蘇洛德斯（solidus）金幣的競爭對手。目前在斯堪的納維亞和英格蘭已發現埋藏在地下的第納爾金幣。

該時期的伊斯蘭帝國不僅商業日益成熟，而且擁有高識字率和技術創新紀錄。他們渴望學習其他文化。在巴格達，有個學院翻譯了亞里斯多德、柏拉圖（Plato）、希波克拉底（Hippocrates）和蓋倫（Galen）的著作（協助保存這些文獻以供現代讀者閱讀）；亦有醫學、天文學和數學等方面的專科學校[23]。代數和演算法的名稱即源自波斯數學家花拉子米（Muhammad ibn Mūsā al-Khwārismī）的名字。世界早期的化學家賈比爾・伊本・哈揚（Jabir ibn Hayyan）發明了蒸餾技術，即是透過不同沸點分離液體的方法[24]。生活在十世紀末至十一世紀初的海什木（Ibn al-Haytham）是光學領域的先驅，他的經驗主義方法讓一些人稱他為「世界上第一位真正的科學家」。

阿拉伯人熱切地使用紙張，到了公元一〇〇〇年時，紙質裝訂的書籍在穆斯林帝國的不同地區廣泛流通。同樣來自中國的火藥則用於製造武器。伊斯蘭帝國還發明了碾磨穀物的水平式風車和用於導航的六分儀。

---

18 同上註。

19 Albert Hourani, *A History of the Arab Peoples*

20 Abu-Lughod, *Before European Hegemony*, op. cit.

21 Hourani, *A History of the Arab Peoples,* op. cit.

22 資料來源：http://www.muslimheritage.com/article/umayyad-coins-661–750ce。

23 Cunliffe, *By Steppe, Desert, & Ocean,* op. cit.

24 Paul Vallely, "How Islamic inventors changed the world", *The Independent*, March 11th 2006

另一個重要的創新領域是農業：阿拉伯人在旅途中獲得一些農作物，並開始在國內種植，如稻米、甘蔗、棉花、瓜類、茄子和柑橘類水果[25]，因此需要提升灌溉技術，例如建立水車。糧食產量更多，而更有可能供養更多的人口。

依照那個時代的標準來看，上述種種創造出一個大規模、高度發展且繁榮的文明。雖然巴格達於公元七六二年才建都，但到了九世紀，某位哈里發（caliph，譯註：伊斯蘭教的宗教及世俗最高統治者的稱號）曾向拜占庭皇帝吹噓：「我臣子中地位最低階者所治理的最小地區，也比你們整個領土的收益還多[26]。」到公元九〇〇年，巴格達的人口約有五十萬人；十世紀時有本書便將巴格達形容為世界上最繁榮的城市。

關於此說法是否正確，可能取決於時間點。在公元八世紀時，最繁榮城市的稱號應屬於長安；長安是中國的首都，人口數估計在六十萬到二百萬之間。但這座城市於七六三年遭藏人洗劫一空。到了十世紀時，中國又經歷一段動盪時期，分裂成十國[27]。在宋朝（九六〇年至一二七九年）時期，開封府成為人口約一百萬的主要城市[28]。

雖然歷經朝代動盪變遷，但中國仍是許多先進技術的中心。在短暫的隋朝統治時期，中國人將一系列的運河連同長江流域的支流組成為隋唐大運河，以便將南方這個主要的稻米和糧食產區與北方連結起來。隋唐大運河是在早期的邗溝運河基礎上進行修建的，而邗溝運河最早可追溯到公元前五世紀。運河系統可以用來運輸糧食給饑荒地區並為軍事駐守部隊提供補給。在十世紀末時，中國人利用水閘讓大運河達到海拔四十公尺的高度。

隨著中國商人透過陸路與海路遍布亞洲地區，他們的航海能力也跟著提升——發明了磁羅盤、航行使用的尾舵以及水密艙壁（watertight bulkheads，或稱隔艙板）。在陸路上，中國人於公元最初幾世紀已發明出馬鐙和獨輪手推車。接著八世紀時還發明了印刷術，比古騰堡（Johann Gutenberg）早了七百年。如前所述，中國人還發明了套頸軛具，讓馬能搬運更大的量而不至於窒息。在十一世紀和十二世紀時，託新品種稻米的福，人口數增加了一倍。

那麼在這段漫長的時期裡，歐洲又是什麼樣的光景？正如我們在第一章所看到的，鉛遺跡和沉船的考古紀錄顯示，從公元二世紀開始，歐洲的經濟活動開始萎縮，如陶器和屋瓦等製品也不再那麼常見[29]。對大多數人來說，經濟活動減少並沒有為他們的生活帶來多大改變，他們既不仰賴硬幣，也買不起當時國際貿易的重點商品。但其他部分也有下降的跡象，例如森林面積增加，代表耕地面積減少。羅馬的人口下降到了二世紀帝國統治下一百萬人口顛峰的百分之五[30]。新住民移居歐洲，對於原本的居民來說意味著暴力與痛苦。公元一四年，義大利的平均收入是生計水準（subsistence level）的二點二倍，幾乎是英國的兩倍；但到了公元七〇〇年，義大利的平均收入僅比生計水準高百分之二十[31]。

人稱查理曼（Charlemagne）的查理大帝（Charles the Great）恢復了某種秩序，這位法蘭克國王成功地統治西歐大部分地區，包括薩克森（Saxony）、巴伐利亞（Bavaria）和義大利北部。公元八〇〇年時，查理曼獲教皇加冕為「神聖羅馬帝國皇帝」（Holy Roman Emperor），這個頭銜持續了一千年，並表露出對以前穩定時代的某種渴望。查理曼亦建立單一貨幣，一磅銀幣等於二百四十個便士，十二個便士稱為蘇洛

---

25 Hourani, *A History of the Arab Peoples*, op. cit.

26 Frankopan, *The Silk Roads*, op. cit.

27 Keay, *China: A History*, op. cit.

28 Greg Clark, *Global Cities: A Short History*

29 Steven A. Epstein, *An Economic and Social History of Later Medieval Europe, 1000–1500*

30 同上註。

31 Branko Milanovic, *Global Inequality: A New Approach for the Age of Globalization*

德斯或先令，以此作為記帳單位。老英國人會發現這個制度就是一九七一年改採十進位貨幣以前的貨幣基礎。公元九世紀歐洲人開始採用馬鐙（如上所述，馬鐙起源於亞洲），而在十世紀時，釘馬蹄鐵成為騎士時代的重要前兆，因為把腳套在馬鐙裡的騎士比較不容易從馬上摔下來。

卡洛林帝國（Carolingian empire，我們現在的說法）的統一並沒有維持很久，帝國在八四三年分裂成三個部分，大致分為法國西部、德國西部，以及由低地諸國、法國東部、瑞士和義大利北部組成的中央王國[32]。歐洲仍飽受掠奪者和強盜的侵擾，最引人注目的是從海上與河流進行攻擊的維京人，還有從東方侵略的馬扎爾人（Magyars），他們後來定居在現今的匈牙利地區。

在這個危機四伏的世界裡，農民選擇居住在修道院附近是有其道理的，因為修道院有武器和可遮蔽的圍牆，又或者他們也會接受當地軍事領袖或領主的保護。莊園制度（manorial system）又稱私有地（demesne，因此衍生出現代意義的領地〔domain〕一詞），即是循著這條途徑發展而來，在這種制度下，農民提供服務和一部分作物來換取身家安全。對農民來說，領主的苛捐雜稅可能比強盜造成的損失還少。

但農業在這個時代下得到了改善，且耕地面積再次擴大，尤其是在德國移民進入東歐之時。薩克森的鄂圖大帝（Otto the Great）在公元九五五年擊敗了馬扎爾人並征服了義大利，並於九六二年獲加冕為神聖羅馬帝國皇帝，權力中心隨之向東轉移。在這個時期接近尾聲時，歐洲商人開始恢復與埃及和中東的貿易聯繫，但此時歐洲大陸仍是有點落後閉塞的地方。

發展緩慢

在這段期間，亞洲無論是在政治上或經濟上都是世界的中心，但此時亞洲與世界其他地區的繁榮差距，還沒有大到像一九〇〇年歐美地區與世界其他地區那樣的差距程度。人類在公元第一個千年內獲得了一些技術優勢，特別是在農業方面，但整體發展緩慢。事實上，依據麥迪森的估計，世界人口在第一個千年裡成長六分之一，達到二億五千萬到三億四千五百萬之間；亞洲的人均收入成長約百分之十，但西羅馬帝國所涵蓋的區域卻下降。公元一〇〇〇年時人類的預期壽命只有二十四歲，且三分之一的嬰兒在出生後第一年就夭折了。[33]

大多數人過著幾千年以來大致相同的生活：非常辛勞地在土地上種植賴以為生的作物，但作物收成容易遭強盜奪取或被地方大亨課徵某種形式的稅收。很少人會閱讀或寫字，所以知識傳播相當緩慢。出身貧窮的人很可能死於貧窮。當全部居民連養活自己都很勉強的時候，既沒有多餘的勞動力來生產其他類型的商品，也不會有購買商品的需求。此時的「馬爾薩斯陷阱」依然存在，人口只要有任何成長，都會導致生活水準下降，最終導致需求超過糧食所能供應的量。

至於第二個千年即將發生的巨大變化只有一些跡象出現。中國人和阿拉伯人在科學、技術和商業模式上的創新事物逐漸傳播出去，並且將由全球經濟史上具有蒐集癖好的歐洲人成功加以複製。說來諷刺，在一千年之後，歐洲人和美國人會開始抱怨亞洲列強正抄襲他們的技術。

32 令人驚訝的是，中央王國的這些地區到二十世紀仍是領土糾紛的主要問題之所在。

33 Maddison, *Contours of the World Economy*, op. cit.

第四章
歐洲復興時期（一〇〇〇年至一五〇〇年）

為什麼我們比祖先更繁榮富足？世界經濟大約在一八二〇年以後發生了極為劇烈的變化，但在公元第二個千年的前半段時期，我們仍能看到這類發展的一些原由。

在這段時期，航海運輸方面有了長足的進步、城市不斷成長、商業活動也持續發展。在一五〇〇年之前，歐洲人已抵達美洲沿岸，並努力打進亞洲貿易市場，這意味著全球大部分地區首度連結起來。

經濟快速成長的一項必要條件（雖然只有這點仍不足）是人口能夠自給自足。如前所述，在第二個千年的前三個世紀，新的稻米品種讓中國糧食產量提高了。中部美洲文明人工培植出了玉米、辣椒和番茄，這可能是第一個人工培植棉屬植物的文化。他們發展出一套複雜的農業體系，在高地建梯田，在低地建河渠；玉米供養了高密度的人口。但他們還缺少草食動物和輪子[1]。

1 Smil, *Energy and Civilization*, op. cit.

在歐洲，隨著鐵犁和更重的馬軛等技術的進步，輪作制度從兩期變成三期，使得休耕地比例從原本的百分之五十減少到百分之三十三。人們在森林和荒野中開墾出更多的耕地，特別是歐洲大陸的東半部。歐洲在這個階段是向世界其他地方出口原物料的國家，也是奢侈品的進口國（在它還負擔得起的時候）。

這段時期剛開始之際，歐洲重新找回自己的政治實力。歐洲不斷擴張自己的邊界，從十一世紀起，好幾個基督教君王（萊昂〔Leon〕國王、卡斯提爾〔Castile〕國王、亞拉岡〔Aragon〕國王等）從安達魯斯（**Al-Andalus**，穆斯林在中世紀對伊比利半島的稱呼）穆斯林統治者手中收回了更多伊比利半島的領土。這對早期移民來說是個好消息。在一一五〇年代和一一六〇年代，托雷多（Toledo）大主教提供土地，以換取每年十分之一的糧食收成或六分之一的葡萄作為租金，這比起已發展地區所收取的租金更低[2]。

極具野心的第一次十字軍東征促使基督教王國在中東地區建立起來，其中有幾個王國存續了將近兩個世紀。這波占領行動似乎引發歐洲人對新商品的需求，尤其是糖。即使十字軍國家和穆斯林領袖薩拉丁（Saladin）之間的海戰進入最激烈的時候，基督教的商船仍繼續在亞歷山大港（Alexandria）和達美塔（Damietta）進行貿易[3]。

當然，歐洲內部仍有許多衝突，一〇六六年，諾曼第公爵威廉（William of Normandy）成功入侵英格蘭，從而結束了丹麥與挪威王國爭奪英格蘭控制權的戰爭。基本上，這是一個強人才能征服大片領土的世界，只有強人才能保護土地避免外來侵入者的襲擊。

在這個過程裡所產生的政治結構稱為封建制度。在學校教科書和關於英格蘭盛世（merry England，譯註：形容當時的人們嚮往的烏托邦生活）的電影裡常見的經典模式中，都有一個正式的階級制度：國王、男爵或貴族、騎士及農民，每個階級都有自己的權利和義務。理論上，這種制度是固定的：「富人住城堡，窮人守城門，上帝創造貧富尊卑，財富多寡由神安排[4]。」

然而，當時封建制度沒有普及化，現代民族國家也尚未出現。這時期的國王可能聲稱擁有大片土地的所有權，卻無法一直握有控制權，像是城鎮在封建土地結構之外，教堂在某程度上也是如此。而在某些地區和動盪時期，莊園制度可能根本無法運作。

歐洲的中世紀生活

莊園一詞的英語「manor」是指封建領主擁有的土地。領主自己耕種一部分的土地（私有地），其餘的土地由農民來耕種。這些農民當中有些是完全的奴隸，但在諾曼征服英格蘭事件（Norman Conquest）之後，英國的奴隸數量迅速減少。農奴雖不是嚴格意義上的奴隸，但他們的地位卑微，除了勞動服務之外，他們還欠地主租金、遺產稅、結婚費和人頭稅。農奴別無選擇，只能付錢，因為地主亦掌控了當地法院。其他農民擁有較多的權利，但對地主仍有義務。《末日審判書》（The Domesday Book，譯註：諾曼第公爵威廉統治時期製作的關於英格蘭人口和財產狀況的調查紀錄，以便徵稅）發現，英國農奴占人口的百分之四十，小農占百分之三十二，百分之十四是自由人，百分之十是奴隸[5]。

2 Robert Bartlett, *The Making of Europe: Conquest, Colonization and Cultural Change 950–1350*

3 同上註。

4 出自賽西爾・佛朗西斯・亞歷山大所寫的聖詩《萬物皎潔明麗》（All Things Bright and Beautiful）。

5 Epstein, *An Economic and Social History of Later Medieval Europe*, op. cit.

芭芭拉・哈納沃爾特（Barbara Hanawalt）在她的書《束縛的聯繫：中世紀英格蘭的農民家庭》（*The Ties That Bound: Peasant Families in Medieval England*）裡描述了中世紀英國鄉村的生活。典型房屋的架構為由木頭搭建，牆壁用泥炭或「編竹夾泥牆」（wattle and daub，枝條與泥土的混合物）砌成。有火的壁爐會放在屋子的中央，用郊外撿來的木頭當作燃料。至於木柴，農夫有權使用鉤子和彎曲的工具從樹籬或樹上摘下任何樹枝（因此有「不擇手段」〔by hook or by crook〕的說法）。地板以稻草鋪成，用稻草貨板當作床睡，窗戶也沒有玻璃。家庭用品只有幾個鍋子或一張長椅，甚至有些東西也是從地主那裡借來的。

若是居住在村莊，農夫會在屋子旁邊蓋一個花圃，即所謂的「小農場」（croft），可以在裡面種菜、養雞和其他牲畜。飲食方面會有大量的麵包，奶油和起司，如豌豆、豆類和甘藍等的蔬菜，季節水果，河裡面的魚跟一些肉（尤其是羊肉）。他們會保留自己栽種的大部分食物，但有一些也會拿來交換自己沒有生產的物品，如工具。各個村莊內會有自己的工匠，如木匠和鐵匠；各個家庭可以利用紡紗、釀酒或到領主家裡擔任僕人來賺取額外收入。婦女背負了沉重的負擔，她們必須取水和撿拾生火的木柴，照顧家禽，紡織（和縫補衣服），摘採野果和堅果，管理花圃，製作奶油、起司和啤酒，以及擔負所有烹飪和清潔工作。

作物耕作細節因各國而異，但整個歐洲的生活方式都大同小異。大多數人過著勉強糊口的日子，付完伙食、租金和稅金之後，收入所剩無幾。饑荒或疾病可能隨時奪走他們或子女的性命。

在這段時期開始之初，中世紀的歐洲相對於亞洲來說仍然是貧窮的。無論我們是否相信馬可波羅（Marco Polo）的所有故事，這位十三世紀末到中國旅行的威尼斯商人描述了他是如何對沿途所見的豐饒感到驚嘆——從土耳其的地毯到中國的絲綢服飾。中國的陶器比西方生產的任何東西更加複雜，西方花了幾個世紀才趕上；中國的冶金術也更加先進。[6] 後來歐洲旅行者受到鼓舞，紛紛邁向往亞洲的發財致富之路。

事實上，當時歐洲文化最吸睛的一點是它願意向其他地方取經。對於亞洲商品比如香料的需求量很大；引進中國和阿拉伯世界的技術；也許最關鍵的是，在這個時期，歐洲人採用了一些伊斯蘭的商業習慣。

某程度上，這是出於想和伊斯蘭世界進行貿易的渴望。有大宗貨物的貿易活動代表需要航海運輸（因為在十三世紀的英國，透過陸路運輸每行駛八十公里，糧食價格就會上漲百分之十五）[7]，而航海運輸恐有船舶失事以及因海盜劫掠而損失貨物的風險，所以商人努力找尋降低這類風險的方法。其中一種做法是家庭成員合夥關係（**family partnership**）或**compagnia**：字面意思是一起享用麵包（麵包的拉丁文為**panis**）的人。如果包括非家庭成員，那麼這種結構就是合夥經營（**collegantia**或**commendia**）[8]。其中一個合夥人會借錢給行旅商人，航海順利的話可以拿回大部分的利潤，失敗的話得承擔所有損失。

這些就是現代公司行號的起源。關鍵概念在於風險的劃分。有的商人可能懷抱著想法和勇氣去從事冒險的貿易航行，但缺乏資金；有的商人可能沒有時間從事貿易之旅，或者不願從事危及自身安全的航行，但身上有資金可以投入冒險，那麼透過上述這類組織促成兩人的合作，進而發展出（比起其他情況下所能產生的）更多貿易航行。最後歐洲居民能夠購買比以前更多樣化的商品，拜占庭、伊斯蘭和亞洲商人因為這種新的需求來源而能提出更高的價格。地區之間的貿易提高整體的繁榮。

---

6 Abu-Lughod, *Before European Hegemony*, op. cit.

7 Fernand Braudel, *Civilization & Capitalism, 15th–18th Century, Volume 1: The Structures of Everyday Life*

8 Robert S. Lopez, *The Commercial Revolution of the Middle Ages, 950–1350*

義大利城鎮

像「commendia」這類的義大利文詞根透露了「商業革命」的發展方向。如威尼斯、熱那亞（Genoa）、阿瑪菲（Amalfi）和波隆那（Bologna）等一些義大利城鎮引領了這波潮流。威尼斯因得以與拜占庭帝國的君士坦丁堡和埃及的伊斯蘭哈里發進行貿易而獲益。威尼斯於一〇八〇年向拜占庭提供海軍援助，並獲得一份名為「金璽詔書」（Golden Bull）的特別許可證，賦予威尼斯擁有貿易特權和免除通行費[9]。威尼斯亦於一二〇四年的第四次十字軍東征時奪下君士坦丁堡的控制權，隨後建立的拉丁帝國（Latin empire）持續到一二六一年。當時君士坦丁堡因其本身的財富以及與中東地區和亞洲市場的貿易聯繫，而成為極具吸引力的戰利品。義大利西北沿岸的熱那亞則能夠與西班牙南部和北非的穆斯林統治者進行貿易。

威尼斯人往往以鋼鐵和木材等大宗商品，加上販賣奴隸，來換取從東方來的香料和紡織品。威尼斯也能銷售自產的玻璃製品，後來於一二九一年起為避免火災風險，遂將玻璃製造廠遷至潟湖地區的慕拉諾（Murano）（人類福祉中的無名英雄眼鏡即是於十三世紀末問世）。在接下來的三個世紀，慕拉諾成為歐洲主要的玻璃製造中心。

貿易航行是著名的高風險買賣。莎士比亞（Shakespeare）的《威尼斯商人》（*The Merchant of Venice*）裡最吸引人的情節即是講述航海失敗的故事，其中「當我的船進港時」（when my ship comes in，譯註：字面的意思為此中譯，引申為「當我發財〔成功〕時」之意）這段話的靈感，則源自於「貨物安全抵達就是最佳獎賞」的想法。對於投資者而言，解決辦法是如果可以的話，盡量將自己的資金投入更多的航海貿易之中。在威尼斯，船舶和貨物的所有權被劃分成所謂的「loca」股份。許多公民都可以投資，每個人可以持有二十四分之一的locum[10]。locum的所有權可以當成貸款的抵押。

義大利的另一項金融創新是公債（public debt）。威尼斯於十三世紀成立一個所謂「老山基金」（Monte Vecchio）的貸款機關，富裕市民受迫貸款給城市，但他們可以獲得百分之五的年利率。債務可以交易買賣，公民會購買這些貸款作為積蓄管道；在長期零通膨的情況下，擁有百分之五的收益算是相當不錯的交易。這些債券（連同諸多商品）都在位於市中心的里奧托（Rialto）交易所進行買賣。即使在黑死病肆虐期間，威尼斯政府也會定期支付利息，然而一三七九年威尼斯首次暫停支付利息，且在一三八三年時將收益降至百分之四，成為威尼斯衰退的明顯徵兆之一。到一四七〇年代後期，威尼斯政府已經無力償還利息，預定支付的利息延遲了二十年。[11]

當然，君主以前也曾借貸，但對貸款人來說，這絕非毫無風險的投資。如果君主決定不償還，貸方就沒有追索權，因為君主有效掌控了法律體系。一個多世紀以來，威尼斯之所以定期償還債務，正是因為許多城市管理者也是貸款的投資方，他們不想違約。英國與荷蘭在十八世紀也採用相同的概念，好讓他們自身具備財力以對抗法國與奧地利這類歐洲君主專制國家。

商業革命的另一面向是信貸市場（credit market）的發展，特別是匯票部分。這個概念在伊斯蘭世界裡十分常見，並且仰賴那些與其他城鎮和帝國有合作往來或從事代理業務的商人來傳播。舉例來說，佛羅倫斯有位商人欲向君士坦丁堡的另一位商人購買貨品，但直接透過船舶運送金幣或銀幣會有風險；且即使貨款平安抵達，佛羅倫斯商人也未必有把握貨品能夠順利運回。因此，買方會託付國際商人把本票（匯票）轉交給賣方。賣方出貨以後，再向君士坦丁堡的國際代理商收取貨品支付款。買方可以在佛羅倫斯支

9 Abu-Lughod, *Before European Hegemony*, op. cit.

10 同上註。

11 Epstein, *An Economic and Social History of Later Medieval Europe*, op. cit.

付款項，國際商人則憑靠擔任中間商獲取一筆可觀的佣金。信貸供應情況增加，意味著古代索取的高利率開始下降；在十四世紀早期，義大利的年利率約百分之八到十二[12]。

「風險越高，要求的回報也越高」是個很好的經驗法則。窮困人家難以獲得低廉的信貸，因為他們欠缺抵押品（如房子）作為貸款擔保，貸方也擔心他們無力償還；因此他們需要更高的利率來彌補那些違約者造成的損失。同樣的道理，當社會穩定且法治值得信賴，利率往往比戰爭或無政府狀態時更低。

大型商業展覽會

信貸市場進一步發展的領域出現在十二世紀法國香檳（Champagne）所發展出來的國際貿易展覽會上。這些展覽會歸香檳與布里（Brie）地區的伯爵們所管轄，商人前往這些地盤時需繳納過路費和服務費給他們，以換取他們提供的保護。一年有六次展覽會，每次維持兩個月左右；布料是最重要的商品，但香料也頗受歡迎。這些都是高度發展的活動，具有固定的交易時間表，也有所謂「商展保護官」（Guards of the Fair）的官員負責調解，受理投訴案件和執行合約[13]。

每位貿易商都可以從自己家鄉提著一袋袋黃金和銀子到這裡參與買賣活動，但在十二世紀和十三世紀的歐洲，這是個相當危險的做法。事實上，許多貿易商會同時進行買與賣的活動，所以他們可能回程還要拖著自己的硬幣返家。因此銀行家們會到展覽會場進行交易，充當所有買賣的票據交換所；商人最後會得到一筆可以稍後結算的貸方紀錄或借方紀錄，或者直接轉投資到下一場展覽會。透過這種方式，信貸促使更多貿易活動產生，正如一位作者寫道：「信貸讓小額現金投資能夠同時在多個地方運作[14]。」金融創新因而降低了交易成本，讓原本會被囤積的現金得以發揮作用，並讓商人承擔更多風險。沒有信貸，貿易就無法像現在這樣繁榮。

中世紀歐洲普遍缺乏錢幣。這個階段的初期，歐洲在拜占庭和伊斯蘭世界發行的錢幣幫助下才得以生存。後來義大利城鎮的財富與市場信心終於發展起來，發行了自己的金幣，從一二五二年的熱那亞和佛羅倫斯開始[15]，隨後威尼斯在一二八四年也發行了達克特（ducat）。在九六〇年代和一一六〇年代期間，中歐許多地方陸續發現白銀，也因而緩解了貨幣短缺的問題。

漢薩同盟

義大利並不是中世紀歐洲唯一的商業活動中心。波羅的海與北海沿岸的城鎮亦聯合起來，組成名為漢薩（hansa，源自於古德文中對車隊或船隊的稱呼）的商業組織。最早的組織似乎出現在德國北部的呂貝克（Lübeck）和十二世紀中葉瑞典附近的哥特蘭島（Gotland）。在接下來的三個世紀裡，有二百個城鎮加入這個商業行會[16]。這些城鎮具有聯合壟斷作用，他們利用其經濟和軍事力量向其他統治者要求貿易特權和降低稅收。他們穩固地掌制了其所管轄的海域的鯡魚和鱈魚貿易；漁獲直接在船上醃製，這樣就能

12　同上註。
13　Abu-Lughod, *Before European Hegemony*, op. cit.
14　Lopez, *The Commercial Revolution of the Middle Ages, 950–1350*, op. cit.
15　佛羅倫斯流通的硬幣是弗洛林（florin），該名稱後來延用到近代，是英國以前二先令面額銀幣的名稱。
16　Norman Davies, *Europe: A History*

保存以便將來食用。他們會使用一種叫做寇克（kogge）或寇格（cog）的堅固船隻[17]，以及一種稱為胡克（hooker）的平底船來裝載重物[18]。消息亦透過貿易網絡傳播開來，英國人對蒙古入侵歐洲的最初印象是，由於波羅的海捕魚船隊的水手必須轉而對抗入侵者，導致哈威治（Harwich）的漁獲價格大幅上漲[19]。這個行業執行著嚴酷紀律，任何弄丟貨物的船長都會被割掉耳朵，然後關進監獄[20]。

另一個城市發展中心是法蘭德斯（Flanders），那裡的紡織品貿易早在九世紀時便發展起來。儘管羊毛也會從英格蘭和蘇格蘭進口，但該地區還是很適合飼養羊群。在十一世紀的某個時候，法蘭德斯的編織機從臥式變成垂直式，使得生產力提高了三至五倍。紡紗機的採用也提高了紡紗的生產效率。

到了十三世紀，法蘭德斯的紡織品已經外銷到遙遠的敘利亞[21]。一二七七年，第一批熱那亞的船隻抵達布魯日（Bruges），一三一四年威尼斯的槳帆船也隨之而來，義大利人拿香料換取紡織品[22]。到十三世紀末和十四世紀初，比利時根特（Ghent）有三分之一至一半的勞動力從事紡織業[23]。

城鎮的重要性

城鎮通常處於經濟發展的最前線。宋朝時期的中國之所以高度發展，部分原因即是發達的城市網絡；在那個時代，中國約有六百萬人生活在城市裡，約占全球城市人口的一半[24]。當時主要的城市為開封，但在明朝時期（公元一三六八年至一六四四年），北京躍居主導地位[25]。十四世紀的開羅有六十萬人口，阿曼（Oman）、巴林（Bahrain）、亞丁（Aden）及吉達（Jeddah）等城市都是伊斯蘭世界重要的貿易中心[26]。

城市並不生產所有自己所需的糧食，它們需要賺取足夠的收入來購買其他地方的食物，這反而鼓勵了新的貿易與工業發展。城鎮可以設立市集，讓大量的消費者和商人聚集在一起。城市還是人們擺脫封建制度下固定角色的地方。城市也能提供某些糧食安全存放，例如一三七二年遭熱那亞圍困之際，威尼斯保存的大量小米養活了城市居民[27]。然而在這個階段，城市還沒有足夠的力量徹底改變經濟；在一五〇〇年，歐洲大約只有百分之十五至二十的人生活在城市裡[28]。

許多行業都組織了同業團體行會，這項傳統可以追溯到羅馬時代。對於行會到底是經濟發展的助力或阻力，歷史學家們的意見分歧。一方面，行會為工藝師們提供了訓練途經，剛開始先擔任學徒，出師後成為熟練工，最後成為某專業領域的大師。行會也會採取行動維護品質標準；但同理，行會也可能產生聯合壟斷的作用，把擁有新想法的人拒於門外。行會的定義越狹隘，同業聯盟的權力就越大。在一二六〇年代，巴黎有一百零一個行會，其中包含三個製造環扣的獨立團體[29]。由此可見，把中世紀歐洲視為自由市

---

17 作者的名字科根（Coggan），可能就是源自於這個詞根。

18 Fernand Braudel, *Civilization & Capitalism, 15th–18th Century, Volume 3: The Perspective of the World*

19 James Kynge, *China Shakes the World: The Rise of a Hungry Nation*

20 Michael Pye, *The Edge of the World: How the North Sea Made Us*

21 Abu-Lughod, *Before European Hegemony*, op. cit.

22 Braudel, *Civilization & Capitalism, 15th–18th Century, Volume 3*, op. cit.

23 Abu-Lughod, *Before European Hegemony*, op. cit.

24 John Keay, *China: A History*

25 Clark, *Global Cities*, op. cit.

26 John Darwin, *After Tamerlane: The Rise & Fall of Global Empires 1400–2000*

27 Braudel, *Civilization & Capitalism, 15th–18th Century, Volume 1*, op. cit.

28 Epstein, *An Economic and Social History of Later Medieval Europe*, op. cit.

29 同上註。

場的天堂是錯誤的想法，舉例來說，土魯斯（Toulouse）這個城市限制了磨坊主和烘培師傅的獲利，通過反奢侈法來限制特定社會階級穿戴的衣服和珠寶款式，不准窮人獲取高於他們地位的思想。統治階級的主要目標在於維護他們的地位，而非發展經濟[30]。

亞洲的發展

本章到目前為止主要關注在歐洲地區，但在第二個千年上半葉，亞洲也發生了很多事情。在這個時期的初期，宋朝統治下的中國是地球上最先進的文明，他們的技術遙遙領先於歐洲，中國的天文學家計算出世界的圓周長，誤差僅在幾公尺之內，歷代皇帝也有各自的學者和藝術家學院[31]。

最戲劇性的政治轉變是十三世紀蒙古帝國的出現，會出現這樣的發展可能是由於大草原溫和且潮濕的條件，使得部落賴以維生的馬匹和其他牲畜數量增加。蒙古人的軍事力量，包含馬弓騎兵、強大的攻城武器和快速的行動力，讓他們幾乎戰無不勝。屠殺遭占領城市的居民和粗暴殘忍的傳說，讓許多目標未戰先降。在十三世紀，蒙古人征服了整個中國，他們的帝國擴張了亞洲版圖，涵蓋了世界陸地面積的六分之一，擁有全世界四分之一的人口[32]。

歷史上，蒙古人以屠殺著名，但如同在他們前後的許多帝國一樣，蒙古人也意識到貿易的重要性。他們在自己征服的城市裡鼓勵藝術和技藝發展，維持低稅收，並放寬在宗教議題上的限制[33]。蒙古人亦擁有高效率的郵政服務，在精力充沛的馬匹協助下，信差每天可以行進二百五十到三百英里遠。由於他們駭人聽聞的名聲，盜匪活動大大減少；一連串驛站監控著商隊的進出。當時有位編年史家更吹噓地說：「頭上戴著金塊的少女可以安全地在整個國土裡漫遊[34]。」

那個時代的貿易路線可能促使黑死病在極短的時間內從亞洲傳播到歐洲。現在認為這種疾病的徵兆可能最早於一三四六年在裏海的阿斯特拉罕（Astrakhan）出現。翌年，黑死病襲擊了君士坦丁堡，接著歐洲其他地區於一三四八年和一三四九年慘遭疾病蹂躪[35]。疾病的傳播途徑可能是經由蒙古人圍攻義大利商人的聚集地克里米亞的卡法（Kaffa）而散播開來——商人們帶著疾病逃回了家鄉。從黑死病的傳播速度來看，病菌是透過船隻運輸而非陸路移動所散播的。

大多數人認為，這種疾病是由鼠疫耶氏桿菌（Yersinia pestis）所引起的淋巴腺鼠疫（bubonic plague），這是中世紀萬人塚中發現的細菌[36]。然而科學家們已經不再相信這種疾病是由老鼠傳播的理論，常見的人類跳蚤和體蝨才是罪魁禍首[37]。

瘟疫帶來災難性的影響。有些城市如佛羅倫斯和西恩那（Siena），多達百分之六十的人口恐在短短幾個月內死亡。總死亡率可能達到歐洲總人口的三分之一至一半。中東地區也受到嚴重影響，亞歷山大、巴

---

30 同上註。
31 Keay, *China: A History*, op. cit.
32 Abby Rogers, "The 10 Greatest Empires in the History of the World", https://www.businessinsider.com/the-10-greatest-empires-in-history-2011-9?IR=T#2-the-mongol-empire-was-the-largest-contiguous-empire-the-world-has-ever-seen-9
33 Frankopan, *The Silk Roads*, op. cit.
34 Michael Prawdin, *The Mongol Empire: Its Rise and Legacy*
35 Ole Benedictow, "The Black Death: The Greatest Catastrophe Ever", *History Today*, March 2005
36 "Distinct clones of *Yersinia pestis* caused the Black Death", Stephanie Haensch, et al., *PLOS Pathogens*, October 7th 2010
37 Victoria Gill, "Black Death 'spread by humans not rats'", BBC Science and Environment, 15th January 2018 https://www.bbc.co.uk/news/science-environment-42690577

格達和大馬士革（**Damascus**）都相繼爆發疫情，埃及可能有百分之四十的人口死亡。一三三〇年至一四二〇年間，中國人口從七千二百萬減少到五千一百萬人。這場瘟疫至少奪走七千五百萬人的性命，總計死亡人數可能是該數字的兩倍之多。今日若發生具有同樣影響性的流行性傳染病，可能將導致十億至二十億人死亡。世界人口數花了兩個世紀才恢復，尤其是因為這種疾病不斷地復發；英格蘭在一五〇〇年以前又陸續爆發了十四次。

對於任何看過《陰屍路》（*The Walking Dead*）或《末日逼近》（*The Stand*）這種世界末日後戲劇的人來說，中世紀社會在經歷大規模死亡人數之後居然還能正常運作，似乎相當不可思議。然而對於那些倖存下來的人來說，疾病帶來的影響其實是非常正向的。在人口減少而土地面積不變的情況下，租金下降和工資上漲是很自然的事（儘管物價也上漲了）。有位同年代的編年史家抱怨說，勞工短缺的情況嚴重到「地位低下的人對工作不屑一顧，幾乎無法說服他們以三倍的薪資服務顯赫之人[38]」。技術與非技術工人之間的薪資差距下降了，在十四世紀初期，英國木匠的收入是一般勞動工人的兩倍，但到十五世紀初期，前者收入只比後者多四分之一[39]。

這種有利於勞工的轉變並沒有受到當時統治階級的歡迎。在一三四九年和一三五一年間，英格蘭的愛德華三世（**Edward III**）試圖將工資限制在一三四六年疫情爆發之前的水準，但結果沒有奏效。在法國，法王約翰二世（**John II**）於一三五一年允許實質性工資成長三分之一。實質工資在歐洲近代史上經歷了最漫長且最顯著的成長[40]。

黑死病是沃爾特·謝爾德（**Walter Scheidel**）引述來說明社會衝擊減少不平等的例子之一[41]。除了賺取的收入增加，工人們的飲食也更好了。十三世紀末，在諾福克的農獲採收者所攝取的食物裡有一半是麵包，但到了十四世紀末，麵包只占百分之十五至二十，而同時期肉類的攝取比例從百分之四上升到百分之二十五至三十。西歐的農奴制已經式微，封建制度下的義務已經轉化成貨幣租金；黑死病有助於消滅農奴制。相比之下，農奴制在東歐某些地方一直延續至十九世紀，這樣的差異可能時至今日仍具有重大影響[42]。東歐的地主如果不強迫農民工作，似乎就無法賺取利潤。強國樂於與地主勾結來加強他們的權力，而東歐農民不像西歐農民可以選擇逃到城市裡[43]。而且對照之下，在西歐，權力比較分散在多個國家之間，同時人民不論如何總還是可以選擇離開農田，在紡織等產業裡找到工作。

中國退下世界舞台

在十五世紀初期，中國仍是世界上最強大的國家。中國將領鄭和即證明了這點，他指揮了七次大規模的遠洋航行，率領一百至三百艘船艦和二萬七千多名船員，到達越南、印尼、斯里蘭卡、印度，甚至非洲。按照當時的標準來看，這些船艦巨大，比哥倫布的聖瑪利亞號（Santa Maria）大上二十倍。如果當時是鄭和的船隊橫渡太平洋到達美洲，那麼歷史可能大不相同。但這些航行的目的不是征服，甚至不是貿易，而是為了炫耀國威。遠航費用昂貴，且當時的中國也面臨來自蒙古的新威脅（一四二一年，中國首都

38 British Library, “Chronicle of the Black Death”, http://www.bl.uk/learning/timeline/item126557.html

39 Hanawalt, *The Ties That Bound*, op. cit.

40 Epstein, *An Economic and Social History of Later Medieval Europe,* op. cit.

41 Scheidel, *The Great Leveler*, op. cit.

42 Robert Bideleux and Ian Jeffries, *A History of Eastern Europe: Crisis and Change*

43 Karl Gunnar Persson, “Markets and coercion in medieval Europe”, *The Cambridge History of Capitalism*, *Volume 1*, op. cit.

從南京搬到離北方邊境更近的北京），於是到了一四三六年，中國放棄了遠洋航行。

如果這項決定是意料中之事的話，那麼接下來發生的事情將令人驚訝不已：中國人開始閉門鎖國。到一五〇〇年，凡是建造船舶超過兩根桅杆的人都會被判處死刑；一五二五年，朝廷下令沿海當局摧毀遠洋船隻[44]。正好在這個時期，歐洲國家開始向世界各地擴張。在人稱航海家亨利王子（Prince Henry，實際上既不是水手也不是航海家）的贊助下，葡萄牙人於十五世紀開始探索非洲西海岸。葡萄牙人借助一款名為卡拉維爾帆船（caravel）的新船設計，於一四一九年到達馬迪拉群島（Madeira），並於一四二七年到達亞述群島（Azores）。然而令人感到遺憾的是，他們開始販賣奴隸，並在殖民地種植糖。不過他們也在尋找一條繞過非洲抵達亞洲「香料群島」的路線。

香料是利潤非常豐厚的生意，它們在歐洲的價格是亞洲的好幾倍。中世紀的香料貿易在斯里蘭卡和印度馬拉巴爾（Malabar）沿岸經常受到行會的嚴密掌控[45]。香料從當地運往歐洲，途經中東地區會額外增加成本，中間商也會從中分一杯羹。後來土耳其人於一四五三年攻占君士坦丁堡，瓦解了具千年歷史的拜占庭帝國，此舉似乎暫時切斷其中一條貿易路線。因此對於任何能夠找到通往亞洲海上通道的人來說，這裡存在著龐大的誘因。巴爾托洛梅烏．迪亞士（Bartolomeu Dias）於一四八八年成功繞過非洲的南端，並將其命名為「風暴角」（Cape of Storms），後來改名為「好望角」（Cape of Good Hope）。

中世紀時各種航運技術的改善促使歐洲的探險運動得以實現，其中包含先前提到的來自中東世界的大三角帆船或三角帆船，以及取材自中國、能改善駕駛和導航功能的尾舵和指南針。到了十五世紀末，歐洲漁民開始在紐芬蘭沿岸捕撈大鱈魚群；維京人很早就學會如何透過冷凍來保存漁獲[46]。

食物並非探險的唯一目的，事實上歐洲人很清楚中國的財富與能力。一四九二年哥倫布揚帆啟航時，懷抱著見到「中國大可汗」（Great Khan of Cathay）的希望，並期盼讓他加入重新奪回耶路撒冷的愚蠢計畫[47]。哥倫布的遠航經費由西班牙贊助，因為西班牙渴望與葡萄牙人競爭。當然，正如前面所說，哥倫布並沒有「發現」早已被占領的美洲，也沒有在北美大陸登陸，只有在巴哈馬、古巴和伊斯班尼奧拉島（Hispaniola，現今的海地和多明尼加共和國）停留。

到了十九世紀中葉，中國的生活水準遙遙落後於歐洲，關於東西方出現「大分流」（great divergence）的原因引發各界爭辯四起。但其中一項因素肯定是歐洲國家之間的激烈競爭，一來鼓舞各國向外探險，一來也避免各國實施中國那種畫地自限的海運貿易禁令。雖然歐洲人在中世紀仍採用中國的技術，但到了中世紀末期他們開始改良中國技術。中國人發明了火藥，但歐洲人在十五世紀時建造了更大、更好的火炮；中國人研發了印刷術，但歐洲人透過活字印刷術的採用，把印刷術用於出版產業。

十五世紀標誌著中國經濟史上另一個時代的終結——紙幣時代。紙幣最早會出現在同時發明紙張和印刷術的中國，一點也不奇怪，但仰賴紙幣需要一定程度的信任：馬可波羅認為這是忽必烈威望的證明，他的紙上承諾與黃金、白銀具有同等價值。毫無疑問，中國的紙幣在某程度上屬於政府的舉措，其鼓勵商人拿硬幣與國庫交換稱之為「飛錢」的代償票券。到了元朝時期（一二七九年至一三六七年），紙幣成為唯一的法定貨幣[48]。

44　Landes, *The Wealth and Poverty of Nations*, op. cit.

45　Frankopan, *The Silk Roads*, op. cit.

46　Mark Kurlansky, *Cod: A Biography of the Fish That Changed the World*

47　Chanda, *Bound Together*, op. cit.

48　"Paper Money, a Chinese invention?" National Bank of Belgium https://www.nbbmuseum.be/en/2007/09/chinese-invention.htm

有鑒於金屬普遍短缺，紙幣作為一種貨幣肯定有其意義性，紙幣的存在可能刺激了中國經濟發展。然而隨著時間推移，發行紙幣所帶來的便利與好處讓人忍不住製造過多的紙幣，導致通貨膨脹。一貫寶鈔的價值在一三八〇年為一千文銅錢，到了一五三五年則剩不到一文銅錢的四分之一[49]，因此硬幣從那個時期又開始流通。最終新紙鈔已於一四五〇年暫停發行。

回頭來看歐洲，在十五世紀中葉，歐洲曾發生「金銀大短缺」（great bullion famine），原因可能是硬幣流入亞洲（購買奢侈品）和歐洲大陸的銀礦產量下降。但該情況並沒有促使歐洲採用紙鈔，反而引發人們積極找尋貴金屬的來源，刺激了首度前往非洲的遠航，並在十六世紀初期展開對美洲的開發。

印度在中世紀也是一個繁榮的地區。馬可波羅造訪了印度東南部的科羅曼德爾海岸，以及他形容為「地球上最富麗的地方」的坦喬爾（Tanjore，現今的坦賈武爾省〔Thanjavur〕）——這個美名的由來歸功於當地盛產珍珠和寶石（儘管他對於國王坐在地上大感吃驚）。當時這裡屬於從十世紀到十三世紀統治著印度南部的卓蘭王朝（Cholan empire）的一部分[50]。

轉折點

除了數字的完整性之外，本章選擇在一五〇〇年作結束並沒有什麼特別之處。但在第一個千年的上半葉，歐洲的水手們已經抵達美洲和亞洲，並為這兩個地區帶來毀滅性的後續發展。中國不再位居主導地位。西歐的收入在第一個千年的上半葉成長了百分之八十左右，亞洲和東歐的收入卻僅成長百分之二十[51]。由於缺乏準確的統計數據而難以進行嚴謹的比較，因此麥迪森認為，西歐在十四世紀已經趕上中國的腳步[52]，彭慕蘭（Kenneth Pomeranz）[53]則認為，真正的差距直到十八世紀中葉才出現。

但歷史的趨勢已經逆轉。帖木兒（一三三六年至一四〇五年）是最後一個來自歐亞大草原的偉大征服者。十五世紀末和十六世紀初，不同於來自歐亞大陸東部的入侵者（像是蒙古人或土耳其人），從西方來到亞洲市場的歐洲人的武器裝備比當地人更好且更無情。歐洲人曾採用許多在中國發展起來的科技，如火藥和印刷術，但從一五〇〇年開始，引領科技發展的潮流開始轉向。

全球化的貿易體系可能對現代經濟的發展相當重要，但還不足以使生活水準產生巨大的轉變，因此人類需要開發新的能源，這就是我們下一章要討論的內容。

---

49 同上註。
50 Wood, *The Story of India*, op. cit.
51 Ha-Joon Chang, *Economics: The User's Guide*
52 Angus Maddison, *Growth and Interaction in the World Economy: The Roots of Modernity*
53 Kenneth Pomeranz, *The Great Divergence: China, Europe, And the Making of the Modern World Economy*

第五章
追求能源

在過去五百年裡，對新能源的探索已帶領著人們往許多方向走去，走入海洋深處尋找石油和天然氣，走進物質的基本組成以製造核能。有時候，也會朝著不太可能的方向發展。

以不起眼的蛤蜊為例，有些蛤蜊從嘴裡散發出黃綠色的光，這是因為反光細胞反射了黃色和綠色的光，吸收了用於光合作用的紅光和藍光，但這並不是反光細胞的所有功能。每顆蛤蜊內部都有由藻類組成的圓柱體，其類似植物的有機體有助於光合作用的過程，而反光細胞如透鏡般，將陽光廣泛地撒落在藻類之中。

這個過程對於人類也相當有益。在未來，陽光是一種顯而易見的低廉能源，我們或許能夠利用植物所賴以維生的自然光處理過程。有個想法是利用藻類，但藻類往往位於池塘的表面：你需要非常大的表面積來產生能量。如果垂直地疊堆藻類雖然可以占用較少的空間，但陽光只會照射到頂部的藻類。

因此，我們或許可以從蛤蜊身上汲取經驗，創造出能夠更有效分散太陽光線的人工反光細胞。至少，賓州大學材料科學教授楊書和她的團隊是這麼想的。如同在她之前的許多先驅一樣，楊書正試圖將能源使用引導到新的方向。她與學生金惠娜（Hye-Na Kim，音譯）共同研發了一種合成奈米粒子的方法，可以形成能模仿反光細胞行為的微珠[1]。

在美國的另一邊，一座俯瞰金門大橋的山坡校園裡，加州大學柏克萊分校人工光合作用聯合中心的副主任霍勒正研究別種方法。她的團隊試圖找尋利用陽光將水分離成氧氣和氫氣的最佳方法，這樣就可以捕捉氫作為燃料使用。這是個艱辛的過程：首先，試著找到合適的化學物質來當催化劑；接著將催化劑與透明塗層混合，使陽光能夠穿透；最後，將這個過程放大到足夠（且有效）的規模。

用原子力顯微鏡（atomic force microscope）觀察奈米尺寸的物質，可以瞭解到每個顆粒如何呈現，其可以延伸至十奈米或億分之一公尺。顯微鏡顯示電流沿著物質的邊緣流動，所以你會想要一種有很多邊緣的物質。在實驗室裡，我戴著護目鏡看到一盞燈照射在小型晶片上，然後從晶片裡冒出許多氫氣泡泡。這些泡泡只是開始，關鍵是要擴大這個過程的規模，並讓晶片可以使用十年左右。

這項研究到最後或許會成功，也或許會失敗，但由於成功的獎賞非常大，讓人們願意持續嘗試。經由已死亡的有機體所形成的化石燃料，如煤、石油和天然氣，提供了大量的能源，但它們卻是導致全球暖化的溫室氣體中單一最大的排放來源。挖掘這些燃料是一項昂貴又具侵略性的任務，所以科學家們正尋找從太陽、風和潮汐等可再生能源中獲取能源的方法。

能源對於地球轉型的重要性無論怎麼強調都不為過。在一五〇〇年至二〇〇〇年期間，能源使用的實際成本迅速下降，家用暖氣成本下降百分之九十、工業用電下降百分之九十二、陸路貨運下降百分之九十五、海路貨運下降了百分之九十八[2]。沒有這些能源，我們就無法為執行家務的機器提供動力，也無法享用從世界各地帶來的各種商品。無論從字面上或象徵意義來看，我們的生活就不會那麼豐富多彩。

生命的燃料

人類需要能源來完成四項主要任務：提供熱、生產光、發動機器（從簡陋的犁具到電腦）以及運輸。直到不久之前，我們都還用木頭取暖、以蠟燭和蘆葦照明、用動物來推動機器和運輸工具。一七〇〇年以前，水力和風力普遍被用於發動機器（尤其是用來碾磨玉米），但無論是水車還是風車都無法產生足以改變經濟的大規模電力，然而煤炭改變了一切。隨著英國開發煤炭的蘊藏量，其能源使用量和產出在一六五〇年代和一八五〇年代之間增加了十五倍。產出增加本身即代表經濟的直接擴張，並讓其他產業如鋼鐵和鐵路得以蓬勃發展。

改善能源不僅使我們的家更加暖和和明亮，而且使旅行速度加快，並大幅拓展我們得以使用的設備範疇。人類和動物需要進食才有精力做事。在十九世紀末的紐約，拉車所需的役用馬每匹每年需要相當於四英畝大的農田來飼養[3]，因此限制了經濟成長能力。依靠燃燒木材的經濟體需要大面積的森林用地，這些土地既不能種植飼養馬匹所需的燕麥，也不能用來種植餵養人類所需的小麥。雖然可以開墾更多土地成為農田，但最終只剩下邊陲且貧瘠的土地。

關鍵的衡量標準是能源投資報酬率（energy return on investment，簡稱ＥＲＯＩ），即「特定燃料提供

---

1 Ali Sundermier, “Penn researchers working to mimic giant clams to enhance the production of biofuel”, *Penn Today*, November 2nd 2017

2 這裡的數字源自於瓦茨拉夫・斯米爾（Vaclav Smil）的著作《能源與文明》（*Energy and Civilization*），原始研究由羅傑・福奎特（Roger Fouquet）完成。

3 Richard Rhodes, *Energy: A Human History*

給社會的能源」與「在取得和運送能源中所消耗的能源」之間的比例[4]。最早期使用的化石燃料擁有很高的能源投資報酬率；一九一九年，美國石油和天然氣的比例為一〇〇比一[5]。由此解釋為什麼先由煤，然後才是石油改變了全球經濟。然而隨著時間推移，化石燃料也從越來越不便之處開採出來，如北海海底，或是蘊藏在岩層裡（需要採用壓裂法），所以報酬率也隨之下降。舉例來說，從加拿大深層的油砂開採石油，報酬率可能低於三比一，如果把運輸和提煉成本算進去，報酬率可能更低[6]。

最早被開採的化石燃料是煤，係由數百萬年前沼澤森林裡的植物殘骸所形成。中國人早於公元四世紀開始開採煤[7]。英格蘭很幸運地擁有大量的煤礦床，其中一些煤礦靠近地表所以容易開採；在一五六〇年代，這些煤礦的年產量約為十七萬七千噸[8]。但英國人也砍伐了大片林地和面臨木材短缺問題，而建造房屋、船舶以及燃料都需要木材；一五〇〇年至一五九二年期間，倫敦柴薪價格上漲一倍多。於是倫敦人轉而使用煤炭，煤炭消費量從一五九一年的三萬五千噸增加到一七〇〇年的四十六萬七千噸[9]。在那個時期裡，英國煤炭總產量達每年二百二十萬噸。

最大的煤礦床埋藏在地表以下很深的地方，需要挖掘礦坑和隧道，並且男女老少都要從事骯髒、危險和費力的工作才能把煤炭帶到地表上。煤氣或「瓦斯」（damps，與德語的氣體有關）是另一項巨大風險，礦工們對於各類氣體有不同的術語：窒息氣（chokedamp）、沼氣（firedamp）、臭氣（stinkdamp）、白濕氣（whitedamp）和甲烷（methane）。為了處理大量的甲烷或沼氣，某位被稱為引火伕（fireman）的倒楣傢伙就會被派到最前面，在一根長竿的頂端放上一把點燃的蠟燭。蠟燭一引燃沼氣，引火伕就會撲到地上，讓火焰從他的頭頂掠過，唯一的保護措施是將他自己全身衣服浸濕[10]。一氧化碳，又稱白濕氣，是一種無色無味但有毒的氣體；礦工們會隨身帶著一隻籠中鳥，由於鳥類比人類更容易受到氣體影響，所以這些鳥可以起到預警系統的作用，也因此有了「煤礦坑裡的金絲雀」的說法。

水對於礦工的威脅更大；地底隧道容易被積水淹沒，所以需要人力或馬力將水從礦坑抽出，但當時的技術只能有效抽取低於地面四十五到六十公尺深的積水。後來一名叫丹尼斯・帕潘（Denis Papin）的法國工程師於十七世紀晚期發明一款發動機，這個機器是利用水變成蒸氣時所釋放的能量。湯瑪斯・紐科門（Thomas Newcomen）之後改良這項設計，發明一種用於礦坑的蒸汽引擎幫浦，接下來二百年裡，人們一直使用他的機器[11]。

這款引擎幾乎沒有效率，但當時影響之所以不大，是因為動力由煤炭提供，而煤礦正好能夠供應充足的煤炭。事實上，因為可以開採更深的煤礦，所以煤炭產量更多。從經濟的角度來看，紐科門的引擎相較於馬力，能減少六分之五的抽水成本。

到一七一二年紐科門製造引擎之際，許多英國產業已經從木材業轉向煤炭業，從釀酒和製磚到玻璃製造，再到肥皂生產[12]。因此，額外煤炭供應量的開發也促使這類產業在十八世紀更容易擴張。另外，遠距

---

4 Charles A. S. Hall, Jessica G. Lambert and Steven B. Balogh, "EROI of different fuels and the implications for society", https://www.sciencedirect.com/science/article/pii/S0301421513003856

5 同上註。

6 Rachel Nuwer, "Oil sands mining uses up almost as much energy as it produces", *Inside Climate News*, https://insideclimatenews.org/news/20130219/oil-sands-mining-tar-sands-alberta-canada-energyreturn-on-investment-eroi-natural-gas-in-situ-dilbit-bitumen

7 E. A. Wrigley, *Energy and the English Industrial Revolution*

8 同上註。

9 Rhodes, *Energy: A Human History*, op. cit.

10 同上註。

11 同上註。

12 Wrigley, *Energy and the English Industrial Revolution*, op. cit.

離運輸煤炭的需求也刺激了運河、鐵路和航運路線的發展。使用煤炭供暖也導致房屋必須重新設計，因為需要設置煙囪將煙排出室內空間。

歐洲其他工業化較早的地區，如比利時、法國北部和德國魯爾區，也離煤礦床比較近。有項研究發現，位於煤田附近的城市在工業革命之後（但之前不是）經濟成長較快，而且在一七五〇年到一九〇〇年之間，採用燃煤技術的城市占歐洲城市成長的百分之六十[13]。雖然並非所有歷史學家都認同煤炭對於工業革命的重要性，但我們難以想像用其他方式能夠產生如此這般充足的能源。托尼・里格利（E. A. Wrigley）推測，英國在一八〇〇年時有三分之一的土地都被樹木覆蓋，因此才有辦法供應由煤炭所產生的能源[14]。人類之所以有煤炭得以開採，全是因為遠古時代的大自然留下了給後世的禮物，就像那些意料之外收到的遺產之一一樣，讓維多利亞時代小說中的男女主角再度富裕起來。

詹姆斯・瓦特（James Watt）發明一款更有效率的蒸汽引擎，其使用單獨的冷凝器，讓汽缸維持在高溫狀態，從而節省能源。瓦特的引擎實現了旋轉式運動，讓簡單的抽水具有更複雜的用途。但由於瓦特激烈捍衛自己的專利權（與他的合夥人馬修・博爾頓〔Matthew Boulton〕），使得一八〇〇年以前蒸汽引擎的廣泛運用受限。到那時為止，英國只生產了二千二百台蒸汽引擎，其中三分之二是紐科門的引擎，只有四分之一是博爾頓與瓦特的引擎[15]。

這時候水力仍然非常重要，直到一八三〇年，工業從蒸汽和水力裡產生等量的動力[16]。十九世紀上半葉，英國主要的產業之一棉花業逐漸採用蒸汽機。以煤炭驅動的鐵路（以及運輸煤碳的鐵路）改變了距離和時間的性質（參見第十一章）。在十八世紀，煤，或者更確切地說是由煤提煉的焦炭（coke），取代了木炭成為生鐵煉製的熱源，從一七八〇年代起，製鐵技術的進步又進一步讓更好的機器（包含蒸汽機）得以生產[17]。於是良性循環開始運轉：某項產業的進步促使另一項產業的發展。鐵軌上的火車將煤炭運送到各個城市，為棉花廠提供動力。棉花、鐵路和鋼鐵是十九世紀的三大主要產業。

煤炭也在工會運動的崛起中發揮了作用。在危險和艱辛的條件下工作，煤礦工人自然而然會產生共患難的情誼。煤礦主人對底下的礦工幾乎沒有同情心，而且經常無情堅決地鎮壓工會的行動。但與農業和伐木業相比，煤炭生產地通常集中在少數幾個地點，使得礦工有能力擾亂煤炭生產。從一八八一年到一九〇五年，美國煤礦工人參與罷工的次數是其他工人的三倍[18]。十九世紀末到二十世紀初，礦工與鐵路工人（後者也有能力擾亂煤炭供應）在歐美地區組織一些勢力龐大的工會，促使相關勞工的薪資成長更快。

但新能源也會帶來負面影響。這些為英國北部「黑暗撒旦工廠」（**dark satanic mills**）提供動力、為工人住宅提供暖氣的煤炭汙染了城市空氣，建築物被塵垢所覆蓋，居住者的壽命也因肺部受損而減少。直到一九五〇年代，在一九五二年倫敦致命毒霧奪走數千人性命之後，英國才通過一項《淨化空氣法案》（**Clean Air Act**）。現今中國大量使用燃煤嚴重破壞城市空氣品質，促使當局於二〇一三年推動一系列的反空汙措施。

---

13 Alan Fernihough and Kevin Hjortshøj O'Rourke, "Coal and the European Industrial Revolution", https://www.economics.ox.ac.uk/materials/papers/13183/Coal%20-%200%27Rourke%20124.pdf

14 Wrigley, *Energy and the English Industrial Revolution*, op. cit.

15 David Wootton, *The Invention of Science: A New History of the Scientific Revolution*

16 Joel Mokyr, *The Enlightened Economy: An Economic History of Britain 1700–1850*

17 Landes, *The Wealth and Poverty of Nations*, op. cit.

18 Timothy Mitchell, *Carbon Democracy: Political Power in the Age of Oil*

全球照明的發展

作為固體燃料，煤炭是非常有用的熱源，但卻無法成為照明來源。一直到約一八〇〇年以前，整個世界在太陽下山後還是一片漆黑。人類仍仰賴古老的技術，如蠟燭和燈心草來照明，然而事實上蠟燭只有萬分之一的能量被轉化成光[19]。

因此油是更有希望的選擇。麻薩諸塞州南塔克特島（Nantucket）的船隊在海洋中漫遊，尋找鯨油的最佳來源——抹香鯨。一七七四年，南塔克特島的一百五十艘船獵殺了三千頭鯨魚[20]。從松樹採集的松節油（turpentine）也曾作為照明來源，但松節油有股刺鼻的氣味。

上述兩種燃料都無法大規模運用，而煤炭工業再度提供了解決之道，也就是運用煤氣照明。十八世紀人們瞭解到煤氣的可燃性，並於後期發展煤氣的首次實際應用。電池的發明人亞歷山卓・伏打（Alessandro Volta）研發出一款以煤氣為動力的打火機，接著在博爾頓和瓦特手下工作的威廉・默多克（William Murdoch）先是於一七九二年成功用煤氣照亮自己的家，然後於一七九八年點亮製造蒸汽機的蘇霍製造廠（Soho Foundry）。很快地，其他人也看到了這波潛力，一八〇七年倫敦市中心的帕爾林蔭道（Pall Mall）成為第一條使用煤氣照明的街道[21]。巴黎和美國羅德島（Rhode Island）幾乎同時期採用煤氣照明。

工廠老闆也都意識到煤氣照明有其優點；一八〇六年，位於索爾福德（Salford，當時屬於蘭開夏郡〔Lancashire〕）和索沃比橋（Sowerby Bridge，當時屬於約克郡）的製造廠，以及隨後十年內新英格蘭的紡織廠都開始採用煤氣照明。與蠟燭或油燈相比，煤氣照明比較不易引起火災，且工廠老闆們也很高興燈光能讓工作時間變得更長（但工人們並不樂見於此）。於是伴隨獨特氣味的燃氣燈一直使用到二十世紀。

石油是如藻類和浮游生物等微小動物死亡後沉入海底時形成的，在曾經是海洋的內陸地區也發現過石油。自古以來，人類就知道石油的用途，當時是在地表附近地區如焦油坑發現到的。所謂的瀝青是一種黏性物質，用來當作牆壁的黏合物、船舶的防水材料，以及古埃及人的防腐材料。據信瀝青是拜占庭帝國秘密武器「希臘火」（Greek fire）的重要成分，該武器可以在水上燃燒，從而攻擊敵方船艦。

一八五三年，有位名叫亞伯拉罕・葛斯納（Abraham Gesner）的英國醫生成功從瀝青蒸餾出一種可燃液體，並將其命名為煤油（kerosene），取自希臘語中的「蠟」。大家很快就明白煤油是理想的照明燃料：燃燒煤油時的亮度是抹香鯨油的六倍、煤氣燈的四倍，因而激起眾人探尋煤油來源的熱潮。現代石油時代始於一八五九年，當時一位名叫威廉・史密斯（William Smith）的工程師使用萃取鹽的做法，在賓州泰特斯維爾（Titusville）的地底發現石油。根據美國的「獲得（財產等的）規則」（rule of capture），土地持有者有權在自家土地開採出所有的石油，即使可能抽乾位於他人資產底下的蘊藏量；一場盡快生產石油的競賽由此展開[22]。隨之而來的是一個走上繁榮後又步入蕭條的過程：泰特斯維爾一度成為人均百萬富翁最多的城市，但現在卻是個人口不到六千人的小鎮。

到一八六二年，賓州每年生產高達三百萬桶石油，而美國內戰對捕鯨業造成的破壞又進一步強化煤油的競爭優勢。懷抱淘金夢的人紛紛湧入賓州，形成了「盲目開掘油井」（wildcatting）的傳統，即隻身前來的勘探者希望藉此致富。一八八〇年至一九二〇年間，美國煉油量從每年二千六百萬桶激增至四億四千二

---

19 Smil, *Energy and Civilization*, op. cit.

20 Rhodes, *Energy: A Human History*, op. cit.

21 同上註。

22 Daniel Yergin, *The Prize: The Epic Quest for Oil, Money, and Power*

百萬桶[23]。其他地方也成功進行石油勘探：巴庫油田（Baku oil fields）即在現今的亞塞拜然境內所開發，當時隸屬俄羅斯帝國（沙俄）的一部分，而秘魯、波蘭、羅馬尼亞和蘇門答臘也在生產石油。

煤油的風險很高，容易發生火災和爆炸，所以需要一種更安全的照明來源。十九世紀上半葉，科學家們開始認識電與電磁的特性。漢弗萊・戴維（Humphry Davy）早於一八〇〇年代初期就向大眾展示過弧光燈（arc lamp），但直到一八七〇年代弧光燈才開始在公共場所進行商業化使用，例如一八七五年巴黎火車站北站（Gare du Nord）和一八七八年費城沃納梅克（Wanamaker）百貨公司[24]。

但是這種弧光燈太亮、功率太強並不適合家庭使用，一般家庭需要小型的照明燈具。湯瑪斯・愛迪生（Thomas Edison）於一八七八年為白熾燈泡申請了他的第一項專利，但後來才發現一種可以持續一千二百小時的碳化竹絲燈絲，該產品於一八八〇年首度上市[25]。有了燈泡固然很好，但除非家庭有電源，否則燈泡一點用處都沒有，因此後來在一八八二年時，愛迪生在曼哈頓珍珠街興建了一座發電廠。

他的計畫是依靠直流電，但直流電只適用於短距離傳輸，這代表每個社區都需有自己的發電站。另一種選擇是使用旋轉磁鐵在一組繞成線圈的導體中轉動，從而產生交流電（alternating current，簡稱AC）。交流電可以透過長距離的導線傳輸高壓電（所以是低安培電流）而不耗損能量，再透過變壓器將高電壓轉換成家用所需的低電壓（和高安培電流）。愛迪生曾向大眾警告交流電的危險，甚至為紐約州發明了第一把電椅來證明其風險性。但是，競爭對手西屋電氣公司（Westinghouse，創辦人是發明火車煞車器的喬治・偉斯汀豪斯〔George Westinghouse〕）的交流電系統贏得這場戰役。到了一八八八年夏天，西屋電氣已為美國東部沿海城市的電燈提供電力[26]。

雖然連尼加拉大瀑布的水資源也得以利用（到一九〇五年尼加拉發電廠的發電量占美國總發電量的百分之十[27]），但當時的這些發電廠大部分仍以煤炭為燃料。最後，電力終將改變經濟。一九〇二年至一九二九年間，美國用電量成長了十六倍，名目價格下降六成[28]。許多工廠因電力而重新規劃；每台機器都具備自己的電源，而不是仰賴一個由中央動力裝置內皮帶和滑輪所組成的複雜系統。街道也變得更加明亮。

電力屬於一種「通用技術」（general purpose technology），因為電力使許多新的設備和活動成為可能。每個人家裡隨處可見電子機械產品，既有省力的（如洗衣機和熨斗），也有娛樂性的（如電唱機和電視機）。由於電梯能夠帶人們到達最高的樓層，使得建蓋摩天大樓的想法得以實現。

二十世紀上半葉最偉大的故事之一，就是大部分已開發國家的電氣化。美國傳記作家羅伯特・卡洛（Robert Caro）在他為美國前總統林登・詹森（Lyndon Johnson）撰寫的傳記大作第一冊中[29]，就講述了詹森如何花言巧語的遊說政府出借足夠的資金，為其代表的德州極度貧困地區農民帶來電力。後來在一九三九年終於實現，家家戶戶開始替他們的孩子命名為林登。一部名為《蘇聯的電氣化》（*The Electrification of the Soviet Union*）的歌劇靈感即來自共產時代下許多大規模計畫，列寧（Lenin）宣稱「共產主義是蘇聯的力量加上整個國家的電氣化，因為沒有電氣化，工業就無法發展」。這些於一九二〇年展開的計畫包括在蘇聯全國各地興建三十座發電廠，目標是將沙皇時代遺留下來的發電能力提高三倍以上，後來這些目標在一九三〇年代初就實現了。

---

23 Alan Greenspan and Adrian Wooldridge, *Capitalism in America: A History*

24 T. K. Derry and Trevor I. Williams, *A Short History of Technology*

25 “History of the light bulb”, https://www.bulbs.com/learning/history.aspx

26 Rhodes, *Energy: A Human History*, op. cit.

27 同上註。

28 Greenspan and Wooldridge, *Capitalism in America*, op. cit.

29 Robert Caro, *The Years of Lyndon Johnson: The Path To Power*

邱吉爾的險招

二十世紀另一個偉大故事是從燃煤到石油的轉變。以汽油為燃料的內燃機發展是石油需求的主要推動力，但如果忽略輪船從燃煤轉向石油的改變，那就錯了。第一次世界大戰之前，溫斯頓・邱吉爾（Winston Churchill）與費雪上將（Admiral Fisher）決定將海軍艦隊改用石油燃料，石油可以使艦船的速度更快、需要的人員更少，並能讓艦船在海上停留的時間更長。然而對於石油的依賴反倒讓英國人決定確保可靠的石油供應來源，所以安排了英國博馬石油公司（Burmah）接管在波斯的租借地[30]。於是一家名為英國波斯石油（Anglo-Persian）的公司就此成立，英國人持有其中的股權；最後英國波斯石油公司成為現代的英國石油公司（British Petroleum，簡稱ＢＰ）。

在第一次世界大戰期間，石油在供應船艦、飛機、卡車和汽機車燃料方面的重要性顯而易見，導致世界列強開始沉迷於控制石油供應。日本於一九三〇年代在東南亞的擴張計畫（和一九四一年對珍珠港的襲擊），在某程度上是因為日本國內石油蘊藏不足所興起的念頭。德國入侵俄羅斯的目標之一是控制高加索地區的石油供應。一九九〇年薩達姆・海珊（Saddam Hussein）侵略科威特之所以引發了第一次波斯灣戰爭，是因為西方不願見到海珊控制中東石油蘊藏量。

二十世紀上半葉的大部分時間裡，石油生產都是由西方公司掌控著，即安東尼・辛普森（Anthony Sampson）於一九七五年著作中所指的「七姊妹」：英國石油、雪佛龍石油（Chevron）、埃克森石油（Exxon）、海灣石油（Gulf）、美孚石油（Mobil）、殼牌石油（Shell）及德士古石油（Texaco）[31]。這些公司通常在殖民時期獲得當地政府給予的大量特許權，但許多發展中國家的政府在二戰後透過國有化奪回控制權；到二〇一四年，全球最大二十家石油公司中有十五家屬於國營企業，沙烏地阿拉伯的沙烏地阿美

（Aramco）和中國的中石化集團即是兩大例子。

中東地區作為石油生產中心的重要性在二十世紀不斷升高。伊拉克從一九三四年開始大規模生產石油；沙烏地阿拉伯成功打造的第一口油井於一九三八年開始鑽採，最終生產三千二百萬桶石油[32]。二戰之前，中東地區的石油產量占世界產量的百分之五；到一九五九年，產量比例為百分之二十五[33]；到一九七〇年，上升至百分之三十[34]。阿拉伯國家在一九七三年贖罪日戰爭（Yom Kippur War）爆發後展現了他們的能耐，當時石油輸出國組織（Organization of Petroleum Exporting Countries，簡稱OPEC）聯手禁止供應石油給支持以色列的國家，導致原油價格上漲了三倍（參見第十二章）。

但油價上漲促使西方世界更加重視節能，並朝偏遠地區尋找石油。一九七〇年代，英國和挪威有能力在波濤洶湧的北海深處開發鑽油平台，而一九六七年在阿拉斯加北極海岸附近的普拉德霍灣（Prudhoe Bay）發現了大型油田。英國和挪威都不是OPEC的成員，而OPEC石油產量占全球的比例從一九七三年的百分之五十五，減少到一九八六年的百分之三十。但二〇一七年，OPEC在全球石油產量比例又回升至百分之四十；更重要的是，OPEC的石油證實蘊藏量超過八成。其中超過三分之一的石油蘊藏量位於委內瑞拉和伊朗，這兩國與已開發國家之間的關係都有問題存在[35]。

---

30 這家石油公司一直營運到現代，柴契爾夫人（Margaret Thatcher）的丈夫丹尼斯（Denis）曾任董事一職。

31 Anthony Sampson, *The Seven Sisters: The Great Oil Companies and the World They Made.* 其中提及的諸多公司已更換過數次公司名稱。

32 Rhodes, *Energy: A Human History*, op. cit.

33 Peter Mansfield, *A History of the Middle East*

34 E. Roger Owen, "One hundred years of Middle Eastern oil", https://www.brandeis.edu/crown/publications/meb/MEB24.pdf

35 資料來源：http://www.opec.org/opec_web/en/data_graphs/330.htm。

一整個世紀以來，美國一直是重要的石油生產國，加州、印第安那州、俄亥俄州和德州曾一度蓬勃發展。但隨著其他地區的產量增加，美國在全球石油市場的份額從一九四八年的百分之六十四，下降到一九七二年的百分之二十二[36]。一九五〇年代美國地質學家金・哈伯特（M. King Hubbert）曾預測，美國石油產量將於一九六五年至七〇年間達到顛峰，之後就會一直下降。後來石油產量於一九七〇年確實達到一千萬桶的峰值，哈伯特的理論引起人們擔憂世界石油產量可能會在二〇〇〇年代前十年見頂。

水力壓裂法的紛擾爭議

在石油產量見頂之前，有一種新興但具爭議性的化石燃料勘探技術問世。一九九〇年代，一些富有膽識的「野貓開採者」（wildcatters，譯註：美俚語即指盲目開採油井者）試圖從美國地底深處的岩層中釋放天然氣。由於垂直鑽探技術無法用於這類岩層的開採，因此野貓開採者想出一種水平鑽探技術，鑽頭以一定角度穿進地面並逐漸轉向特定地方，接著利用各種液體對岩石進行爆裂，使其碎裂或斷裂。水力壓裂法（hydraulic fracturing）一詞又簡稱「液壓破裂」（fracking）。米歇爾能源開發公司（Mitchell Energy）是採用水力壓裂法的先驅之一，它在德州巴奈特（Barnett）區域發現大量的天然氣蘊藏量[37]。其他如美國東北部的馬賽勒斯頁岩（Marcellus Shale）和奧克拉荷馬州的凱尼（Caney）等區域，都是到二〇〇〇年代才開發的。

在長期仰賴燃料進口之後，水力壓裂技術為美國能源市場帶來了巨大的變化。美國變成世界上最大的天然氣生產國，其產量在二〇〇五年約為十九兆立方英尺，到二〇一七年產量接近二十九兆立方英尺[38]。產量激增導致天然氣價格下跌，從二〇〇八年六月每百萬ＢＴＵ（British Thermal Unit，英制熱單位）高達十二點七塊美元（該年初約八塊美元）左右，跌到二〇一八年四月每百萬ＢＴＵ為二點八美元[39]。因此大幅降低了企業與消費者的能源成本。

這項技術不僅適用於天然氣，也適用於石油。託水力壓裂法的福，美國石油的日產量從二〇〇五年的五百萬桶上升到二〇一三年的七百五十萬桶，再上升到二〇一八年的一千萬桶[40]，石油產量遠比一九七〇年哈伯特所說的石油峰值還多。從地底開採頁岩油的成本高於常規石油開採成本，能源投資報酬率也較低，但儘管如此，水力壓裂法在美國仍受到極大重視，因為可以避免對中東與委內瑞拉等海外產油國的能源依賴。

但在其他地方，水力壓裂技術並沒有那麼受歡迎，如法國、德國和愛爾蘭都明令禁用。有人擔憂這種技術會汙染水源、引發相關地震，以及農村地區可能出現噪音或交通堵塞等問題[41]。就氣候變遷而言，水力壓裂法生產的天然氣已經逐漸取代汙染更嚴重的燃煤，但天然氣仍屬化石燃料。

世界依然嚴重仰賴化石燃料。截至二〇一五年，全球的能源需求有百分之三十二來自石油、百分之二十八來自煤炭、百分之二十二來自天然氣。與一九七三年相比，雖然對於化石燃料的依賴有所減少，但化石燃料仍占整體能源需求的五分之四以上[42]。

36 Yergin, *The Prize*, op. cit.

37 Gregory Zuckerman, *The Frackers: The Outrageous Inside Story of the New Energy Revolution*

38 資料來源：https://www.eia.gov/dnav/ng/hist/n9050us2A.htm。

39 資料來源：https://www.eia.gov/dnav/ng/hist/rngwhhdM.htm。

40 資料來源：https://www.eia.gov/dnav/pet/hist/LeafHandler.ashx?n=pet&s=mcrfpus2&f=m。

41 Adam Vaughan, "Fracking – the reality, the risks and what the future holds", *The Guardian*, February 26th 2018

42 資料來源：Key World Energy Statistics, International Energy Agency https://www.iea.org/publications/freepublications/publication/KeyWorld2017.pdf。

對於富裕國家的人而言，獲取電力是理所當然的事，就算只是短暫停止供電也會造成巨大的不便。但並非所有人皆如此。全球擁有電力供應的人口比例從一九九〇年不到百分之七十二，上升到二〇一六年將近百分之八十八，但仍約有十億人口無電可用[43]。而且許多人即使擁有電力供應但仍面臨穩定性問題，奈及利亞拉哥斯（Lagos）只有不到百分之二十的居民表示擁有全天或大部分時間的電力供應[44]。二〇一九年三月，委內瑞拉面臨長達一週的大停電，連醫院也斷電。結果電力恢復兩週後又發生了停電[45]。

對那些擔心碳排放的人來說，電力使用更加普遍未必是好事。二〇一六年全球發電量將近二十五兆度，達一九九〇年的兩倍多，這波發電量的增長主因出自亞洲：中國發電量占全球總發電量的四分之一（美國發電量約占六分之一）[46]。

核能發電量約占全球能源的百分之五，該比例遠低於一九五〇年代首次採用核電技術時許多人的預期程度。美國賓州的三哩島（Three Mile Island）與烏克蘭的車諾比（Chernobyl）核事故引發了大眾的恐慌，而就在這些擔憂逐漸消散之際，二〇一一年日本的地震與海嘯又導致福島第一核電廠（Fukushima Daiichi）的核能外洩。德國為此加快了關閉核反應爐的計畫。核能發電廠的碳排放量很低，但興建成本非常高，完工時程經常延誤，而且幾乎沒有地方願意容納由此產生的核廢料。

改用再生能源能大幅減少碳排放，因此各國政府補助了兩大最具前景的綠能技術發展——風力發電機與太陽能電池。從二〇〇八年至二〇一六年，這類再生能源獲得約八千億美元的資金[47]。這些能源安裝完畢後，運作的成本非常低。在二〇一八年六月的某段時間裡，英國有百分之七十以上的電力來自再生能源。問題在於風力與太陽光都是間歇性的，這代表像煤炭、石油和天然氣等傳統能源仍需作為備用能源。

朝向再生能源的轉型，或許需要全球經濟發生類似煤炭和石油崛起時的轉變，也可能需要針對傳統能源的碳足跡課徵特別稅收。只有找到一種可以在陽光充足、風力夠大的時候儲存能量的方法，以便在陰雲、無風的日子裡使用，那麼再生能源才得以在能源市場上提高市占率。所以我們需要一款比現在更好、更便宜的電池；又或者，研發蛤蜊和人工光合作用的科學家可能會找出解答。關鍵在於找到既便宜又足夠穩定的能源，又能在不破壞環境的情況下維持經濟運轉。二〇一八年底，英國的再生能源發電量首度超過化石燃料[48]。就在十年前，這樣的結果還看似不太可能實現，但現在顯示是可行的。事實證明，能源悲觀主義者以前的看法是錯誤的。

---

43 資料來源：https://data.worldbank.org/indicator/EG.ELC.ACCS.ZS。

44 Catherine Wolfram, "The developing world is connecting to the power grid, but reliability lags", Energy Institute Blog, May 30th 2017 https://energyathaas.wordpress.com/2017/05/30/the-developing-world-is-connecting-to-the-power-grid-but-reliability-lags/

45 Vivian Sequera, Corina Pons, "Second major blackout leaves Venezuelans fearing power cuts will be the norm", Reuters, March 26th 2019

46 資料來源：Global Energy Statistical Yearbook 2017 https://yearbook.enerdata.net/electricity/world-electricity-production-statistics.html。

47 "Clean energy's dirty secret", *The Economist*, February 25th 2017

48 Adam Vaughan, "UK renewable energy capacity surpasses fossil fuels for first time", *The Guardian*, November 6th 2018

第六章
重大變化（一五〇〇年至一八二〇年）

全球經濟在第二個千年後半葉發生了重大變化是大家都認同的事實，至於從什麼時候開始或發生的原因為何，則尚未達成普遍共識。一八八〇年代，歷史學家阿諾・湯恩比（Arnold Toynbee）在一系列講座（和後來的一本書）裡，讓「工業革命」一詞普及化。我們在學期間所理解到的是，工業革命可追溯至一七六〇年左右，主要發生在英國，而且與一系列發明有關，包括紡織機器（如珍妮紡紗機）和瓦特發明的蒸汽機。

但實際情況比教科書上所描述的更加複雜和具不確定性。十八世紀中葉，大約有七成的人類仍生活在某種「農業帝國」（agrarian empires）中，無論是中國、印度、日本、俄羅斯，還是在哈布斯堡王朝（Habsburg monarchy）的統治底下[1]。「革命」一詞意味著突如其來的變化，但這些變化並非數字（如我們能掌握的統計數據）所呈現的那樣，例如英國的人均經濟成長在一七六〇年後的幾年內並沒有迅速增加，

1 C.A. Bayly, *The Birth of the Modern World 1780–1914*

圖三

更加健康與富裕

英格蘭＊的人均GDP，以二〇一三年物價計算（單位：千英鎊）

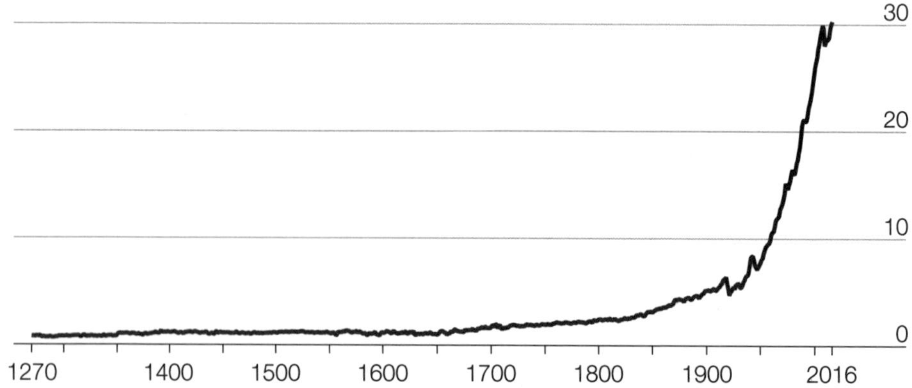

＊一七〇〇年以後的英國

資料來源：S. Broadberry, B. Campbell, A. Klein, M. Overton and B. Van Leeuwen; Bank of England

甚至可能放緩，但這段期間英國的農業已經發生重大轉變[2]。一七七六年出版《國富論》的斯密雖然已經知道蒸汽機，卻似乎沒有把蒸汽機當成新時代即將到來的預兆。如上一章所述，人們在一八〇〇年以前很少使用蒸汽機。這段期間也不只有英國發生變化，歐洲其他地區（和美國一些地區）在十八世紀末出現了工業化的跡象，比方說興建紡織廠、鐵工廠以及大量使用燃煤。

因此，本章將講述從一五〇〇年左右歐洲入侵亞洲和美洲到一八二〇年這段時期內所發生的事件，這段時期即工業化開始變得更加普遍的時候。著名歷史學家麥迪森編製了很棒的經濟發展的估計值，他注意到在一八二〇年左右出現了數據斷層。從一〇〇〇年到一八二〇年間，全球人均收入僅成長百分之五十；一八二〇年到二〇〇〇年間，人均收入成長率激增至原來的二十四倍。到一八二〇年，西歐與北美地區在經濟上明顯與中國和亞洲其他地區拉開差距。十一世紀時西方的收入低於亞洲，但到了一八二〇年，西方的收入是亞洲的兩倍[3]。

工業化的早期階段對人類而言是憂喜參半。麥克勞斯基所謂的「財富大爆炸」過程並沒有真的展開[4]，直到十九世紀下半葉，大多數人才看到生活水準提升帶來的所有好處（見圖三）。然而在這段時期裡前所未有的是，在生活水準沒有**大幅下降**的情況下，各國能夠養活的人口比以前更多。馬爾薩斯曾寫道，人口不斷成長到最後會導致「季節性流行疾病、傳染病、瘟疫和鼠疫等來勢洶洶地撲向成千上萬的人。如果人口減少沒有達成，那麼無可避免的大饑荒將在後頭伺機而動，在猛烈衝擊下讓人口與世界糧食供給形成平衡[5]」。不過事實上這種情況並沒有發生。

在本章涵蓋的三個世紀中，人口出現顯著的成長。在英國，人口數從一七五〇年的五百七十萬人上升到一八二一年的一千零四十萬人。雖然許多人生活窮困，但還可以活下去。歐洲的饑荒越來越少，而瘟疫（或黑死病）似乎漸漸失去影響力。根據麥迪森的統計，一八二〇年全球人口是一五〇〇年的兩倍多[6]。在此期間，全球人均收入成長百分之十八，不過西歐的成長幅度更大，高達百分之五十六。到此時期為止，歐洲人的收入比全球平均水準高出百分之八十；西歐人的預期壽命約三十六歲，而全球平均壽命為二十六歲。另外，歐洲也更加都市化，這段時期歐洲居住在城市的人口比例增加了一倍[7]。

---

2 N.F.R. Crafts and C.K. Harley, "Output growth and the British Industrial Revolution: a restatement of the Crafts-Harley view" *The Economic History Review*, vol. 45, no. 4, November 1992

3 Maddison, *Growth and Interaction in the World Economy*, op. cit.

4 同上註。

5 Thomas Malthus, *An Essay on the Principle of Population*

6 Maddison, *Contours of the World Economy*, op. cit.

7 Jürgen Osterhammel, *The Transformation of the World: A Global History of the 19th Century*

這段時期發生一些驚人的事情，而且到了一八二〇年時人們開始意識到這點。在某種意義上，理解經濟大變革的開端就像推理小說的情節一樣，這裡有很多潛在的嫌疑人，好的偵探會先將這些人都集結在一起，然後再揭穿凶手是誰。

歐洲勢力的擴張

從全球來看，一五〇〇年後最驚人的發展是歐洲崛起成為主導力量（貿易和政治方面皆然）。一四七〇年到一八二〇年間，歐洲商船隊的規模擴大了十七倍[8]。一五〇〇年後，如波羅的海木材等重型貨物的運輸使得大型船隻更顯經濟實惠。荷蘭人發明了福祿特帆船（flute/fluyt），其具有更大的貨艙空間，需要的船員更少[9]。

歐洲殖民者和剝削者抵達美洲，第一次將世界連結起來，造成哥倫布大交換，於是美國的農作物被帶到了歐洲與亞洲，而歐洲的農作物和牲畜則被帶往美洲（參見第二章）。

但歐洲人在西進的同時也向東擴張。葡萄牙人最早打進亞洲市場，並迅速在印度洋建立起一套索討航運保護費的規定。香料吸引歐洲人紛紛前往亞洲，這些香料的產地大部分是非常小的島嶼（即現今印尼眾多群島的一部分），歐洲人發現可以輕而易舉地控制這些島嶼。香料貿易的利潤吸引了競爭對手，首先是荷蘭人，然後是英國人和法國人。葡萄牙霸主發現自己被更強大的霸權擊敗了。

在肉豆蔻的原產地班達群島（Banda Islands），荷蘭人殺害或驅逐了島上絕大多數居民，並將這裡變成奴隸制種植園。他們還砍伐其他地方的樹木，把丁香都集中到安汶島（Ambon）和塞蘭島（Ceram）上種植[10]。如果商船可以避開船隻失事和海盜掠奪的風險而平安地回到歐洲，報酬將會相當可觀；一公斤的胡椒在印度價值一至兩克的白銀，但到歐洲卻要價二十至三十克[11]。

在拉丁美洲，西班牙人找到了他們一直在尋覓的黃金和白銀。當時南美洲最發達的城市是波托西（**Potosí**），一座位於安地斯山脈海拔一萬三千英尺的城市，在十七世紀上半葉的鼎盛時期，波托西擁有十六萬居民。勞工大多是當地原住民，而且他們從事的工作既骯髒又危險，尤其是用汞（毒物）來提煉白銀。從山上挖出礦砂之後，必須使用駱馬載運下山，然後透過海上運輸，不是運回西班牙就是橫越太平洋抵達馬尼拉，以便換取亞洲的商品。這項殖民事業對於西班牙君主國來說也是利潤豐厚，因為王室可以對開採貴金屬徵收五分之一的稅，又稱皇家伍一稅（**quinto real**）。

隨著美洲的白銀資源逐漸枯竭，歐洲人開始將目光轉向種植園制度，從非洲輸入大量奴隸到種植園，從事棉花和糖等原物料的栽培勞動（參見第九章）。征服者剝削被征服者的歷史已有數千年之久，但歐洲人剝削的不同之處在於毫無掩飾的商業性質。荷蘭與英國在亞洲的擴張都是由荷蘭東印度公司（**Vereenigde Oostindische Compagnie**，簡稱ＶＯＣ）和英國東印度公司（**British East India Company**）等形式的公司帶頭前進。這些公司是荷蘭與英國員工致富的工具，主要以犧牲當地人民為代價，例如在孟加拉，英國東印度公司接管了稅收制度，他們的要求迫使許多農民成為強制勞動者。

從長遠來看，歐洲的擴張創造了一個全球體系，在這體系中來自美洲的白銀被用來購買印度洋的香料，最後這些白銀進入了極度欠缺貨幣的中國經濟體中。一七三三年在馬尼拉附近沉沒的聖方濟沙勿略號

---

8 同上註。

9 Douglass C. North and Robert Paul Thomas, *The Rise of the Western World: A New Economic History*

10 Standage, *An Edible History of Humanity*, op. cit.

11 Fernand Braudel, *Civilization & Capitalism, 15th–18th Century, Volume 2: The Wheels of Commerce*

（San Francisco Javier），船上即載有為數驚人的一百二十萬披索（peso，銀幣）[12]。流入歐洲經濟體中的白銀經常被認為是造成十六世紀通貨膨脹的罪魁禍首，但這些白銀很可能透過提振各種商品的需求，對全球經濟發揮貨幣刺激的效果。十五世紀爆發的「金銀大短缺」可能限制了貿易，但美洲流入的白銀解決了這個問題。

彭慕蘭在他的經典著作《大分流》（*The Great Divergence*）中指出，歐洲進行的全球擴張是它在現代能夠超越中國的關鍵[13]。這些殖民地藉由補充額外木材和種植新作物的方式緩解了歐洲的生態限制，並透過殖民者移居海外減輕了人口壓力（從而避免掉入馬爾薩斯陷阱）。到一七九〇年，美國總人口約三百九十萬，其中將近三分之二來自不列顛群島，且近五分之一是非洲奴隸。

部分人士認為，歐洲的發展很大程度取決於對其他大陸的剝削。斯溫·貝克特（Sven Beckert）在他的《棉花帝國：資本主義全球化的過去與未來》（*Empire of Cotton: A New History of Global Capitalism*）一書中指出，十六世紀出現了「戰爭資本主義」（war capitalism），其特徵是「奴隸制度、剝削土著、帝國擴張、武裝貿易，以及創業家對人民和土地主張主權」。艾瑞克·威廉斯（Eric Williams）在《資本主義與奴隸制度》（*Capitalism & Slavery*）一書中表示，奴隸制帶來的利潤被循環利用到紡織業中，如英國城市布里斯托（Bristol）和利物浦（Liverpool）的發展主要得益於奴隸貿易[14]。在亞洲，印度政治家夏希·沙魯爾（Shashi Tharoor）表示：「英國的工業革命是建立在摧毀印度繁榮發展的製造業上面」，尤其是將紡織產業大量轉移至歐洲[15]。

無庸置疑，歐洲人抵達美洲為當地原生住民帶來了災難性的影響。據估計，墨西哥的人口減少了百分之九十，秘魯減少了百分之四十。其中一些人口減少的原因是在如波托西等地進行的軍事活動或粗暴的虐待，但大多數人口損失是疾病所造成的。美洲人從未遇過造成天花、流感或痲疹的病毒，也沒有碰過引發肺結核和霍亂的細菌[16]。這是哥倫布大交換所帶來的明顯不利面。

重要的是，不要把拉丁美洲的前歐洲社會理想化。幾個文明來來去去，生態的衰退或許是造成公元第一個千年「古典時代」崩壞的原因之一。在一五〇〇年，阿茲特克和印加文明都是較近期發展的社會，他們所擁有的技術也比較簡單，沒有發明輪子、船舶或鬆散的文字[17]。他們舉行活人獻祭，並高度仰賴臣民的勞動，因此西班牙人找到許多願意反抗封建領主的結盟者。當然，很諷刺的是，當地部落只不過從現有統治者換到另一個統治者罷了，西班牙人依據委託監護制（encomiendas，譯註：此制度最初出現在羅馬帝國統治下的西班牙，即武力強大者保護弱小者，以換取他們的服務）提出強制勞動的要求。一般來說，西班牙和葡萄牙的殖民者並沒有像在北美那樣以小農身分定居當地，而是以種植園所有者的身分居住下來。因此，這部分對南美洲的經濟發展產生了長遠影響[18]。

從經濟角度來看，歐洲的擴張極具重要性。從一五〇〇年到一八二〇年，美洲、歐洲和亞洲之間形成的聯繫讓全球貿易增長至二十倍，是GDP成長速度的三倍，為今日的全球貿易體系奠定了基礎[19]。正如布里斯托和利物浦等歐洲城市因國際貿易繁榮一樣，新加坡和馬尼拉等亞洲港口也是如此。

---

12 Charles C. Mann, *1493: Uncovering the New World Columbus Created*

13 Pomeranz, *The Great Divergence*, op. cit.

14 Eric Williams, *Capitalism & Slavery*

15 Shashi Tharoor, *Inglorious Empire: What the British Did to India*

16 Mann, *1493*, op. cit.

17 Edwin Williamson, *The Penguin History of Latin America*

18 對這部分的論點，請參見：Niall Ferguson, *Civilization: The West and the Rest*。

19 Maddison, *Contours of the World Economy*, op. cit.

文化變遷

一五〇〇年前後這段時期的特點不僅有歐洲人的海外探險，還有文藝復興，是藝術、建築和哲學迎向百花齊放的時期。在某程度上，文藝復興代表中世紀許多文化對於嚴格基督教核心的一種突破。十六世紀也見證了新教改革，由於歐洲採用印刷機，馬丁・路德（Martin Luther）等人的思想變得更容易傳播。

這些發展對心靈產生重大的影響。中世紀歐洲人往往認為古希臘和古羅馬的哲學家們已經發掘出幾乎所有應該知道的事物，但這些古人對於美洲一無所知，包括美洲當地生長的許多奇特植物，其中幾樣還改變了歐洲農業。簡言之，世界仍有許多新事物等待發掘，而且一般大眾可以從這些發現中獲益。

傳統的權力來源也受到挑戰。新教宣稱，天主教會並非宗教教義上絕對無誤的權威。科學家們對於宇宙也有了更多的認識：哥白尼（Copernicus）、克卜勒（Kepler）和伽利略（Galileo）協助建立起太陽中心理論（**heliocentrism**，又譯日心說、地動說）的原理，即地球繞著太陽轉動。

誠如科學史家大衛・伍頓（David Wootton）所言：「正是那種認為『尚有新發現等待發掘』的假設改變了世界，這些假設讓現代科學和技術成為可能[20]。」十七世紀時，像法蘭西斯・培根（Francis Bacon）之類的哲學家引進一套思考科學研究的系統性方法，艾薩克・牛頓（Isaac Newton）則改變了人們思考宇宙的方式。在十八世紀時，啟蒙運動的思想提倡自由、包容和理性，勝於信仰和訴諸權威。

那麼這一切與蒸汽機或紡織產業有何關聯性？科學進步與十八世紀技術變革之間只有些微的直接關聯性。雖然理解大氣壓力的概念和真空性質對於早期發明蒸汽機的人有所助益，但許多工業先驅沒有接受過正規教育，他們的成功應歸功於獨創性和不斷反覆的試驗。

儘管如此，歐洲社會仍對變革的可能性持開放態度，並接受變革可能帶動物質進步的觀點。麥克勞斯基認為，改善個人與人身自由的「資產階級價值觀」（bourgeois values）是經濟變革的基本動力[21]。喬爾・莫凱爾（Joel Mokyr）表示，資產階級倫理「隱含對進步價值的認可：努力工作和接受教育可以使人變得更好[22]」。這時期與中世紀最重要的差別是，人們認為自己能在社會階層裡向上爬升，並透過經商或貿易邁向成功。

健全制度的出現

以道格拉斯・諾思（Douglass North）為首的經濟學派主張，健全的制度安排是工業革命發生所不可或缺的[23]。經濟成長需要承擔風險，也需要長期資本投資，如果企業家老是擔心他們的獲利可能遭沒收，那麼經濟就不太可能成長。

在小型經濟體中，個人會與自己認識的人進行貿易。那些破壞合作夥伴信任的人會發現他們被排擠在往後的交易之外。若要進行海外貿易，可以透過近親處理。但隨著經濟擴張，再加上人們移入城鎮都市，單靠個人關係進行貿易是不可能的事。

於是建立了法律契約，但需要仰賴公正的法庭來執行，因此這部分需要有個認可商業優勢的政府。正如諾思所提到的：「建立長期保障財產權的可靠承諾，需要一個統治者在行使強制力量時保持寬容和克

20 Wootton, *The Invention of Science: A New History of the Scientific Revolution*

21 Deirdre Nansen McCloskey, *Bourgeois Equality: How Ideas, Not Capital or Institutions, Enriched the World*

22 Joel Mokyr, *A Culture of Growth: The Origins of the Modern Economy*

23 可參見，例如：Douglass North, "Institutions", *The Journal of Economic Perspectives*, vol. 5, no. 1, Winter 1991。

制，或者束縛統治者的權力以防任意掠奪資產[24]。」

在中世紀的商業革命期間，歐洲發展（或仿效）了一連串讓商人進行國際貿易的商業和金融體系。幾個世紀以來，這些金融工具的使用變得更加廣泛；到法國大革命時，匯票的交易量是金屬貨幣流通量的五到六倍[25]。接著荷蘭和英國的東印度公司成立，使商人們更容易為全球貿易網絡融資。

一六八八年英國的光榮革命（Glorious Revolution）迫使專制主義者詹姆斯二世（James II）退出君主政體，並在奧蘭治親王威廉三世（William of Orange）的統治下短暫統一了英國與荷蘭。十七世紀，荷蘭共和國（Dutch Republic）在經濟方面的表現極為成功。從一六八八年起，英國君主制的權力受到限制，議會對國家財政具有龐大影響力，這與在整個十八世紀飽受財政問題困擾的專制主義法國形成了鮮明對比。

在接下來的兩個世紀裡，英國成立了一系列促進經濟成長的經濟機構：保護貨幣的中央銀行、允許企業集資的商業銀行和資本市場、強大的保險市場，以及有限責任公司（limited liability companies，簡稱LLC）。英國也許是由特權階級所統治的，但是許多貴族家族都注意到貿易帶來的經濟機會，尤其是在他們私有土地發現煤炭的地方。英國議會普遍支持工業，而且企業家可以自由創新。相比之下，法國的政府法規卻是如此：三百一十七條規定管理布料的染色、主要集中於維護中世紀的生產技術方面、每件布料都需要經過六次檢查。新發明之所以受限，是因為可能與現有的壟斷商品相衝突[26]。

能源供給充足

在上一章已強調了煤的重要性，英國早期之所以成為工業化國家，是因為其擁有豐富的煤炭蘊藏量，外加當時木材即將耗盡。在煉鐵工業中，亞伯拉罕・達拜（Abraham Darby）使用焦炭（含碳量高的煤）進行煉鐵。焦炭是木炭（木材經乾餾後所製成者）的替代品。如果當時強制依靠木炭作為燃料來源，英國的產鐵量就不會像十九世紀那樣大幅成長[27]。

鑄鐵可以用來製造更好的蒸汽機和建築結構，後者好比達拜的孫子在什羅浦郡柯爾布魯克得爾村（Coalbrookdale）的塞文河（Severn）上所建造的橋樑[28]。

煤、石油和天然氣可以用於暖氣供應、為製造貨物和運輸人員的機器提供動力，這些能源供應電力給我們家中隨處可見的電器設備。沒有這些資源，就不可能實現產業轉型。

技術變遷

技術變遷是經濟成長的「神秘又不安的因素」（X factor）（參見第十七章）。如果沒有新的製造方式和組織生產的方法，經濟就不可能進步發展。在一五〇〇年以前，人類史上有許多技術進展，從控制火到使用輪子，再到鐵犁、指南針，甚至是眼鏡。但在現代，與以前截然不同的是創新的數量之多和傳播的速度之快。

24　同上註。

25　Braudel, *Civilization & Capitalism, 15th–18th Century, Volume 2*, op. cit.

26　North and Thomas, *The Rise of the Western World*, op. cit.

27　請參見：Wrigley, *Energy and the English Industrial Revolution*, op. cit.。

28　Roger Osborne, *Iron, Steam & Money: The Making of the Industrial Revolution*

一部分原因在於這些變化的自我強化性，例如飛梭（flying shuttle）的發明提高了紡織工人的生產率，進而對紡紗原料產生更多的需求。不出所料，珍妮紡紗機、水力紡紗機（water frame）和機械騾（mechanical mule）都在一七六〇年代和一七七〇年代出現，大幅提高了紡織工人的生產力。隨著紡織原料生產效率的提升，製成品的價格開始下跌，進而增加人們對於該產品的需求。製造商也就可以從規模經濟中獲益。

原本採用蒸汽機是為了抽水，但長期以來，生產商一直將水力和風力用於其他用途，例如研磨穀物或處理紡織品。人們具有充分的動機，嘗試改造蒸汽機以便用於其他類似的用途。在一些煤礦井中，為發動機提供動力的煤炭是用鐵軌從礦坑口運出來的；同樣地，這再次促使對蒸汽機進行改造，以便使其能在運煤的鐵軌上運行。鐵製欄杆比木製的好，因而促進對煉鐵工業的需求。更重要的是，印刷術（另一項技術進步）的引入使得有關新技術的知識比過去更容易傳播。

找出嫌疑犯

將經濟變遷歸因於任何單一因素的論點，都會因為相關的數據資料或時間點影響而站不住腳。以艾瑞克．威廉斯的論點為例，他認為奴隸制創造了歐洲工業化的財富。然而，葡萄牙在貿易過程中運輸的奴隸數量是英國的三分之二，卻沒有因此促進製造業的發展；同樣地，法國人在加勒比海的開發比英國更成功；十八世紀，糖在西班牙國民所得（national income）中所占的比例也高於英國[29]。其他地區，如比利時和德國，在當時雖然沒有任何重要的殖民地仍成功實現了工業化[30]。

那麼煤炭是促成經濟變遷的最大因素嗎？儘管許多最早的工業化國家擁有煤炭資源，但到一八〇〇年時蒸汽機的使用頻率還很低，到一八二〇年時大多數的紡織廠仍然使用水力。棉花製造業在英國的擴張中發揮了巨大作用，從一七七〇年不到百分之三的經濟產出，成長到一八三〇年的百分之二十以上[31]，但其他經濟體在實現工業化的過程中卻沒有依賴紡織業。

至於相信自由市場是擴張主要動力的人則需要解釋，為什麼英國的高稅收（相對而言）和限制性立法（如讓組織股份公司的門檻變高的一七二〇年《泡沫法案》〔**Bubble Act**〕），沒有阻礙國家的發展？英國的制度遠稱不上完美；財產權的制度也跟法國或中國差不多[32]。英國經歷了許多政治動盪，包括十七世紀中期的一場內戰。

因此，工業化更有可能是上述所有因素共同影響的結果。早期社會要不是缺乏能源供應、技術專長、自由的勞動力，就是欠缺相關機構認可導致變革無法發生。直到十八世紀，一連串因素結合起來才促成工業化。

如同《東方快車謀殺案》對其劇情轉折的解釋（人人都是凶手）之所以如此令人眼睛為之一亮的原因，就是因為其中各種因素都相互產生影響。舉例來說，在德弗里斯（**Jan de Vries**）提出的「勤勉革命」（**industrious revolution**）概念裡[33]，茶葉或陶器等新產品的出現鼓勵了人們延長工作時間，以賺取收入來購

---

29 請參見：David Eltis and Stanley L. Engerman, "The importance of slavery and the slave trade to industrialising Britain", *The Journal of Economic History*, vol. 60, no. 1, March 2000。

30 直到十九世紀末期，比利時才開始對剛果進行開發（以及暴行）。

31 Beckert, *Empire of Cotton*, op. cit.

32 Robert C. Allen, *The British Industrial Revolution in Global Perspective*

33 Jan de Vries, *The Industrious Revolution: Consumer Behavior and the Household Economy, 1650 to the Present*

買這些商品[34]。當然到目前為止，我們仍難預估過去的工作時間。但英國在一五三六年廢除了四十九個聖日，在接下來兩個世紀裡，荷蘭、法國和奧地利也出現類似節日減少的情況。為恢復週末耗盡的精力而在「神聖週一」（Saint Monday）放假的慣例也有所減少[35]。

德弗里斯援引手錶的例子來做說明，手錶這項新技術對前幾代人來說，似乎是昂貴的嗜好。早在一七〇〇年，只有百分十三的家庭傭人和百分之五的一般受僱工人擁有手錶，但到該世紀末，從他們的財產清單來看，百分之四十的貧民擁有手錶或時鐘。由此產生對這項商品的需求，到十八世紀末，每年生產將近四十萬支手錶，從而創造了就業機會。十七世紀有跡象顯示英國人的生活越來越商業化；倫敦的商店數量從一六六三年的五十至六十家，增加到一七〇〇年的三百到四百家[36]。

歐洲其他地方也出現了同樣的趨勢。一項針對法國人渴望擁有的物品的調查顯示，在十七至十八世紀時，法國人所擁有的家用品種類突然出現激增，其中包括平底鍋、盤子和抽屜櫃。此外，還有新的食品，尤其是茶、糖和像肉豆蔻之類的香料，由於歐洲勢力的擴張，這類商品變得更加普遍。

為什麼是從英國開始出現轉變？在一五〇〇年，大多數人不會選擇英國作為經濟主導中心。那時候見多識廣、拿未來當賭注的賭徒可能會選擇西班牙作為將來的經濟強國，因為西班牙在當時處於開發美國殖民地的有利位置。又或者，他們可能會選擇一五〇〇年歐洲經濟活動中心——低地諸國和義大利北部。在這些經濟競爭對手中，有些因政治緣故而落敗，例如義大利北部城鎮在十六世紀初的戰爭中遭受重創，隨著拜占庭帝國的消失，他們也失去了一些貿易優勢。英國與荷蘭的紡織業在十七世紀超越義大利，西班牙則浪費了其殖民財富，未能發展製造業。

英國曾是一個殖民帝國，擁有獲取原物料資源的管道、保護商人的制度結構、創新文化、豐富的煤炭資源。在十六和十七世紀，英國逐步擺脫了純農業經濟。在新作物、新技術（如在土壤中添加石灰）和土地利用方式的幫助下，英國農業變得更有效率。在中世紀，英國農民已經逐步地獲得更多的自由，可以按照個人意願（至少與其他國家相比是如此）使用土地，因而解放了勞動力，讓其他人可以從事別的工作。到了一七〇〇年，英國只有三分之一的人口從事農業；經銷商人、商店老闆或工匠的人口比例幾乎一樣多[37]。相較之下，在一八四〇年歐洲大陸仍有超過半數的人還在務農[38]。

英國人的受教程度提高了；會簽自己名字的人口比例從一五〇〇年的百分之六上升到一八〇〇年的百分之五十三。從軍事紀錄來看，十八世紀中葉英國男性的身高高於法國和義大利男性，這是英國繁盛的指標之一[39]。從十四世紀法蘭德斯弗拉芒（**Flemish**）紡織工人開始，英國人也比其他國家從技術移民身上獲益更多；在伊莉莎白一世（**Elizabeth I**）授予的五十五項壟斷權中，有二十一項是頒發給外國人或歸化臣民[40]。

十六、十七世紀英國最大的出口商品是羊毛。這項商品已經從單純地向法蘭德斯織布工出口原物料，發展到羊毛紡織品，如一種高品質的紗線——精紡毛紗。紡織產業採取「散作制度」（**putting out system**），

---

34 並非每個人都接受這樣的想法，請參見：Gregory Clark and Ysbrand van der Werf "Work in progress? The Industrious Revolution", *The Journal of Economic History*, vol. 58, no. 3，該內容幾乎沒有發現此現象的證據。

35 Áine Cain, "Here's why people loved Monday hundreds of years ago", https://www.businessinsider.com/why-people-hundreds-of-years-ago-loved-monday-2016-9?r=US&IR=T

36 Braudel, *Civilization & Capitalism, 15th–18th Century, Volume 2*, op. cit.

37 Mokyr, *A Culture of Growth* op. cit.

38 C. Knick Harley, "British and European industrialization", *The Cambridge History of Capitalism, Volume 1*, op. cit.

39 Allen, *The British Industrial Revolution in Global Perspective*, op. cit.

40 North and Thomas, *The Rise of the Western World*, op. cit.

商人將製造過程轉包給家庭代工，通常是婦女。該制度讓許多農業工人多了額外的收入來源，並提供了一個在十八世紀英國工廠開始生產棉織品時容易調整的模式。到十八世紀中葉，蘭開夏郡超過一半的成年男性收入是來自紡織品[41]。

英國人意識到棉質衣物對於羊毛織品的競爭優勢。印度的印花織物〔或稱印花棉布（calicoes）〕對於歐洲消費者極具吸引力，因為棉質衣物比羊毛服飾更輕盈，摸起來也比較光滑。一七〇〇年和一七二一年英國通過了《印花棉布法案》（Calico Acts），禁止印花棉布的進口，但不禁止原物料的進口，因而刺激了國內生產來填補該商品的需求缺口。

但該法案不僅涉及保護國內產業，英國在棉織品生產革命方面的成功也不容忽視。紡織一百磅棉花的所需時間從五萬個小時減少到一百三十五個小時[42]。有些技術是建立在現有技術的基礎上，像是製錶技術可以轉化為製造許多用於紡織機械的齒輪，英國的鐘錶產業也因而繁榮興盛[43]。

英國不僅培育了能夠克服機器生產技術困難的發明家，還能夠提供資金贊助他們的計畫。這些資金大部分來自當地，不過在十八世紀時銀行體系已經發展起來。伯明罕的一個煉鐵家族成立了勞埃德（Lloyds），以這個名稱命名的銀行至今仍然存在。倫敦以外的銀行數量從一七八四年的一百一十九家新增到一八〇八年的八百家[44]。商人們利用匯票作為貨幣，建立起自己的信用體系。英國的經濟繁榮提供政府一個強大的稅收基礎，從而避免其他政權所面臨到的一些問題。一七八八年，英國稅收占國民產出的百分之十二點四，而法國僅占百分之六點八[45]。一七八九年，資金短缺的法國波旁王朝（Bourbon monarchy）為了籌集資金而重新召開議會，隨後爆發一場革命。

英國也有活躍的資本市場，服務那些需要資金的人。一七〇一年，對於投機商人非常瞭解的丹尼爾・笛福（Daniel Defoe）撰寫了一本書，名為《揭露股票經紀人的惡行》（*The Villainy of Stock-Jobbers*

Detected）。一些諸如理查・阿克萊特爵士（Sir Richard Arkwright）等人的迅速致富，鼓勵其他人走上相同的路。在英國的南海泡沫事件（South Sea Bubble）中，南海公司（South Sea company）推行股票並承諾償還國家債務，導致公司結構的發展倒退了一個多世紀。泡沫破裂是那個時代的醜聞，但南海泡沫事件並沒有像同一時期的法國密西西比泡沫事件（Mississippi bubble）那樣，敗壞英國人對於商業的態度。

從制度面來說，十七世紀英國的君主權力受到限制；英國從未享受過為了供養西班牙王室而大量流入歐洲的貴金屬[46]。英國樂於從事對外貿易，一六六〇年代到一七五〇年代間，外貿總值成長了大約百分之一百五十。這類貿易有助於船隊的建立，英國商船的噸位在一六六〇年至一七〇二年間增加了三分之二[47]。

另一個支持英國地位的論點是，英國工資高於其他國家，進而鼓勵僱主使用機器取代昂貴的工人。然而，倫敦政經學院（LSE）茱蒂・史蒂芬森（Judy Stephenson）最近的研究顯示，過去可能誇大了英國建築產業的預估工資[48]。學者們的研究爭議難以解決，部分原因是外界對於十八世紀生活水準的資訊瞭

41 Osborne, *Iron, Steam & Money*, op. cit.
42 Daron Acemoglu and James A. Robinson, *Why Nations Fail: The Origins of Power, Prosperity and Poverty*
43 Allen, *The British Industrial Revolution in Global Perspective*, op. cit.
44 Osborne, *Iron, Steam & Money*, op. cit.
45 Robert Skidelsky, *Money and Government: A Challenge to Mainstream Economics*
46 這波貴金屬流入歐洲的影響有好有壞，因為幾乎沒有為西班牙帶來發展其他經濟的動力。
47 Keith Wrightson, *Earthly Necessities: Economic Lives in Early Modern Britain, 1450–1750*
48 Judy Stephenson, "Real contracts and mistaken wages: the organisation of work and pay in London building trades, 1650–1800", LSE working papers, no. 231, January 2016

解有限。此外，經濟學家亦指出，其他工廠內的許多勞動者都是低收入的婦女和童工[49]。不過無論出自於何種原因，英國人採用新技術的速度比其他國家還快。一七七〇年代，荷蘭、俄羅斯和德國開始使用蒸汽機，但就規模來看，沒有哪個國家可以與英國相提並論。一八〇〇年，英國工程師的數量是工程師數量第二大國比利時的二十五倍[50]。

英國之所以迅速開採煤炭資源用於取暖，部分原因是倫敦周邊的木材越來越缺乏，而當地人口正快速增加：一七〇〇年，英國首都的居住人口為五十萬人，而一五二〇年時只有五萬五千人[51]。一五八〇年代到一六四〇年間，英格蘭北部運往倫敦的煤炭從每年五萬噸增加到三十萬噸[52]。

簡言之，在紡織機械發明和工廠制度發展之前，英國發生了很多變化，經濟確實也出現成長。我們姑且稱其為商業化或原始工業化（proto-industrialisation），但一七〇〇年的英國經濟看起來與中世紀的英國截然不同。

為什麼不是其他地方發展出工業化？

遍及各地的工業化能不能在更早的時候或其他地方發生呢？或者，換句話說，為什麼不是其他地方發展出工業化？中國宋朝在十一和十二世紀使用水力推動紡織機械，也擁有煤炭資源，並且發展了木板印刷術（因而得以製造紙幣）[53]。在技術方面，中國明顯領先於歐洲，而穆斯林世界也比基督教世界更富有且更有內涵。

中國擁有良好的教育體系、成熟的商人階級和龐大的國內市場，這些可以為任何新興產業帶來規模經濟。中國也具有高生產力的農業，得以供應比歐洲更稠密的人口。但當地人似乎不像歐洲人那樣，對海外冒險或新奇事物懷抱高度熱忱。第四章提到了中國當局放棄鄭和下西洋的行動；另一個著名的例子是中國皇帝寫給英皇喬治三世（George III）的信，內容回應了英國來訪的商業使命：「其實天朝德威遠被，萬國來王，種種貴重之物，梯航畢集，無所不有。爾之正使等所親見。然從不貴奇巧，並無更需爾國制辦物件[54]。」

在歐洲，許多相互競爭的國家都希望技術變革能為他們帶來超越競爭對手的優勢，同時也擔心技術變革如果被其他國家採用，可能害自己國家落後他國。中國沒有明顯的當地競爭對手，而且中國領導階層認為經濟變遷的想法可能破壞穩定，所以十八世紀的中國沒有出現像英國那樣推動技術進步的跡象。事實上，如大運河和灌溉系統之類的古老基礎設施在一八〇〇年就出現衰退的跡象[55]。一八五〇年的中國和一七五〇年一樣以農業為主[56]，也許正如羅伯特・艾倫（Robert Allen）所言，這是因為勞動力相對便宜，而能源價格昂貴之故[57]。

中國人對於海外貿易幾乎沒有興趣，也沒有試圖像荷蘭和英國東印度公司那樣，提升中國商人的利

---

49 "The Industrial Revolution Could Shed Light on Modern Productivity", Free Exchange, *The Economist*, August 2nd 2018

50 Allen, *The British Industrial Revolution in Global Perspective*, op. cit.

51 同上註。

52 Wrightson, *Earthly Necessities*, op. cit.

53 Cunliffe, *By Steppe, Desert, & Ocean*, op. cit.

54 以下網站可見到此信的內容：https://china.usc.edu/emperor-qianlong-letter-george-iii-1793。

55 Bayly, *The Birth of the Modern World 1780–1914*, op. cit.

56 Pomeranz, *The Great Divergence*, op. cit.

57 Allen, *The British Industrial Revolution in Global Perspective*, op. cit.

益。對中國來說，更嚴重的問題是，儘管中國擁有豐沛的煤炭蘊藏量（至今仍在開採），但這些資源都在北方，而最富裕的地區卻在南方。中國雖然握有幾塊拼圖，但沒有全部。

與中國一樣，伊斯蘭世界在近代早期幾乎沒有經濟變遷的跡象。鄂圖曼帝國（Ottoman empire）的政治勢力於十六和十七世紀達到顛峰，接著長期步入衰退。稅收承包給投資者，從長遠來看該做法削弱了政府的財政實力。幾乎沒有人願意幫助那些想要進行海外貿易的商人，歷史學家塞維克特・帕慕克（Sevket Pamuk）認為，在解釋伊斯蘭世界落後於西歐的原因時，這項因素比地理、資源或文化更重要[58]。

在一七〇〇年，印度人口為一億四千萬人，而西歐人口為四千萬人。如前所述，印度擁有繁榮的紡織業，透過沿海港口與中東、東南亞和中國建立起重要的貿易聯繫。據估計，十八世紀中葉印度紡織工人的生活水準高於英國同業[59]。印度的蒙兀兒帝國（Mughal empire）採中央集權，但歐洲人不斷蠶食印度次大陸，一六四〇年，英國從當地統治者手中取得了馬德拉斯（Madras）；一六六一年，查理二世（Charles II）迎娶葡萄牙公主布拉干薩的凱薩琳（Catherine of Braganza）的同時，獲得了葡萄牙在印度的殖民地孟買。一六五七年，英國人從皇帝沙賈漢（Jahan）那裡獲得第一份貿易許可，並善用印度政策的分裂性；印度有六百五十多個土邦（princely states）[60]。

英國統治的重心在東印度公司，在接下來兩個世紀裡，東印度公司是許多財富的來源，包括十八世紀身為兩任首相的父親與祖父的湯瑪斯・皮特（Thomas Pitt）的財富，皆源自於此[61]。蒙兀兒帝國的政權由於一七三九年波斯納迪爾・沙赫（Nadir Shah）攻陷德里，以及法國與英國在一七五六年至一七六三年七年戰爭（Seven Years War）中爭奪霸權而有所削弱。英國人摧毀了十八世紀初占全球產量百分之二十五的印度紡織業[62]，封鎖印度的出口市場，到十九世紀，印度國內市場到處都是廉價的英國進口商品。

無論英國人的經濟成就是否歸功於殖民主義，他們肯定損害了印度的經濟發展。正如沙魯爾指出的，一七〇〇年在英國人抵達之前，印度占全球GDP的百分之二十五，而在英國人離開之後的一九五〇年，印度僅占全球GDP的百分之四。經過二百年的統治之後，英國給印度留下二十七歲的預期壽命、百分之十六的識字率和百分之九十的人口生活在貧窮線以下[63]。鐵路建設（而且是由印度稅收提供資金）只是微不足道的補償。

在歐洲，荷蘭或許看似能比英國搶先一步。荷蘭人的土地供應有限，因此不得不提高農業生產率。他們擁有高度發達的金融產業和都市化的人口。荷蘭人比英國人更快搶占亞洲市場，他們擁有強大的海軍，在一六六七年燒毀英國碼頭後讓英國顏面盡失，一六八八年荷蘭人又召集一支軍隊來驅逐英國國王。但荷蘭的國土面積較小，可能讓他們難以開發足夠大的國內市場。荷蘭也缺乏英國的煤炭資源而仰賴泥炭，並且受到法國君主國擴張野心的影響比英國更嚴重。

工業化確實發生在南部低地諸國（現今的比利時），但該地區一直飽受歷史衝突的困擾。十六世紀上半葉，全球有百分之四十的貿易運輸都會行經安特衛普（Antwerp）[64]，但這座城市在荷蘭反對西班牙君主制的長期獨立戰爭中遭受重創。安特衛普於一五七六年被突襲後，就再也無法恢復以往的運輸樞紐地位。

---

58 Sevket Pamuk, "Institutional change and economic development in the Middle East 700–1800", *The Cambridge History of Capitalism, Volume 1*, op. cit.

59 Bayly, *The Birth of the Modern World 1780–1914*, op. cit.

60 Wood, *The Story of India*, op. cit.

61 Keay, *India: A Short History*, op. cit. 一顆名為「皮特鑽石」（Pitt diamond）的巨大寶石，就占其財產的一大部分。

62 Tharoor, *Inglorious Empire*, op. cit.

63 同上註。

64 Clark, *Global Cities*, op. cit.

然而，法蘭德斯保留了其紡織業，並在一七九〇年代非法私運一台英國機器到該地區之後，開始走向機械化。到一八一〇年，法蘭德斯有一萬名工人使用十一萬五千台機器。鑄鐵生產也於十九世紀的頭二十年開始擴大（比利時蘊藏富豐的鐵礦和煤礦[65]）。這是歐洲可以趕上英國發展腳步的早期跡象。

在十九世紀成為經濟和政治強權的德國，在十八世紀還不是一個統一的國家。一六一八年至一六四八年的三十年戰爭（Thirty Years War）使德國的經濟發展受挫，三分之一或更多的人口死於戰爭[66]，農村亦遭侵略的軍隊洗劫。

北美洲將於十九世紀成為世界上最大的工業強權，但它並沒有成為領頭羊。第一批移民在東海岸定居，並致力於發展農業和漁業，隨著人口增加，他們逐漸侵占北美原住民的土地，迫使原住民向西遷移。菸草是第一大出口作物，到一七〇〇年約占出口的百分之八十[67]。殖民地裡幾乎所有的奢侈品和製造品都仰賴英國，這導致許多早期的種植園主人入不敷出，最終欠下英國商人一大筆債務，因而對殖民政權產生不滿情緒。

另一個問題是稅收。殖民地的防禦成本很高，尤其是在一七五六年至一七六三年英法七年戰爭期間，英國政府的債務增加了將近百分之七十。在十八世紀，美國人的富裕程度平均高於英國人的百分之五十[68]，由此解釋了為什麼那麼多英國人想移民，以及為什麼英國認為殖民地定居者負擔得起防禦經費。然而，試圖透過向殖民地定居者徵稅來支付這些防禦費用的做法卻遭到強烈的抵制。說來也怪，引發波士頓茶黨（Boston tea party）抗議的並非稅收，而是東印度公司獲得壟斷地位後進口更便宜的茶葉，因為這對於那些從別處走私茶葉的人來說，他們的收入來源面臨威脅。

美國獨立之後，開國元勛們就國家的經濟方向進行了論辯。湯瑪斯・傑佛遜（Thomas Jefferson）和詹姆斯・麥迪遜（James Madison）支持建立一個農業國家；他們對銀行和政府支出抱持懷疑態度。站在相反陣營的是亞歷山大．漢密爾頓（Alexander Hamilton），他希望減少美國對於外國資本的依賴，支持承擔國家債務與成立國家銀行。他認為，一個成功的經濟體「必須透過可強制執行的契約建立法治、尊重私有財產、創設一個值得信賴的官僚機構來仲裁法律糾紛；並提供專利和其他保障以促進發明」。漢密爾頓有可能隨著一七九七年喬治．華盛頓（George Washington）的退休而失去了權力和影響力，後來在與艾隆．伯爾（Aaron Burr）的決鬥中逝世，但他的經濟遠見卻獲得支持[69]。

美國第一家紡織廠是塞繆爾．斯萊特（Samuel Slater）於一七九〇年創立的，斯萊特是移居美國的英國人，他在英國學會了重要機器的設計。到了一八〇八年，全美國約有一半的工廠屬於斯萊特、他的合夥人或前員工的。傑佛遜在拿破崙戰爭（Napoleonic Wars）期間對英國商品實施禁運，接著一八一二年至一八一五年爆發英美戰爭，又中斷了大西洋兩岸的紡織品供應。到一八一四年，美國共有二百四十三家工廠，分別在十五個州運作，僱用了新英格蘭（New England，譯註：美國東北部六州的總稱）和中大西洋洲地區（mid-Atlantic states）四分之一的勞動力[70]。

美國人的獨創性已經顯露出來了。一七九三年，伊萊．惠特尼發明了軋棉機，大幅提升棉花的供應

65 Joel Mokyr, “The Industrial Revolution in the Low Countries in the first half of the nineteenth century: a comparative case study”, *The Journal of Economic History*, vol. 34, no. 2, June 1974

66 “Population and the Thirty Years War”, HistoryLearning.com, http://historylearning.com/the-thirty-years-war0/social-economic-thirty-years/population-thirty-years-war/

67 Bhu Srinivasan, *Americana: A 400-Year History of American Capitalism*

68 Douglas Irwin, *Clashing Over Commerce: A History of US Trade Policy*

69 Ron Chernow, *Alexander Hamilton*

70 Gordon S. Wood, *Empire of Liberty: A History of the Early Republic, 1789–1815*

量；一八〇七年，羅伯特．富爾頓（Robert Fulton）與羅伯特．李文斯頓（Robert Livingston）推出了第一艘商用蒸汽船服務。

一八〇三年，傑佛遜以一千五百萬美元的低廉價格從拿破崙（Napoleon）手中買下路易斯安那（Louisiana）領地，使美國的國土面積擴大了一倍，為美國的快速崛起奠定基礎。如同義大利城邦被英格蘭、法國和西班牙等民族國家超越一樣，歐洲國家最終也會被一個涵蓋整個北美大陸的超級強權所超越。

分流

無論是否有嚴格意義上的工業革命，現代繁榮的基礎都是在一五〇〇年至一八二〇年這段時間奠定的。使用機器的頻率增加、利用煤炭取代木材和其他類型的能源、工廠制度的出現——這一切都發生在這個時代。西歐與世界其他地區的差距加速擴大，美國也迅速地追趕上來。

其他時代也經歷了技術變革。但這個時期出現一種自給自足（self-sustaining）的過程，即某一產業的變化會連帶關係到另一產業的狀態。如我們所見，需要蒸汽機抽取煤礦坑中的積水、煤（焦炭）的使用提高鐵的產量、品質更好的鐵改良蒸汽機的製造等等；更龐大且更富裕的人口創造出對更多商品的需求，從而實現規模經濟與刺激創新；搬運煤炭的需求致使對運河乃至於鐵路的投資，以此類推。

另一個變化是出現對經濟的系統性思考。中世紀關於貨幣的性質和高利貸的定義有很多爭議。從美洲進口白銀導致的通貨膨脹重新引燃了這場爭議，如同亨利八世（Henry VIII）使英鎊貶值時引發的爭議一樣。人們開始理解現在稱為格雷欣法則（Gresham's Law）的概念[71]，即「劣幣驅逐良幣」（bad money drives out good）；人們會以本身價值低的貨幣購買商品，並囤積最接近純金和純銀的硬幣。

但評論人士開始從更廣泛的角度思考經濟活動。哲學家約翰·洛克（John Locke）主張一種鼓勵儲蓄所需的自然利率（natural rate of interest），並提出「不只是貨幣數量，貨幣流通速度也很重要」的概念[72]。這些議題不僅是理論上的爭議，從這時候起，人們對於經濟的看法開始影響實際政策。因此，任何一部經濟史都必須反映經濟學家當時的想法。

最稱得上創立這門經濟學派的人是斯密。現代譽他為「自由市場的忠貞信徒」，但這種說法是對其觀點的扭曲。在《道德情操論》（*The Theory of Moral Sentiments*）一書中，斯密寫道：「一個人不管多麼自私，他的本性上一定還是會堅持某些節操，這些節操會促使他關心其他人的命運，並認定旁人的快樂對他是必要的，儘管除了因見到他人快樂而感受到的歡愉外，他並無法從中獲得其他任何好處。」然後他在《國富論》中寫道：「若社會上大部分成員陷於貧窮與悲慘，那麼這樣的社會就不可能繁榮與幸福。」

斯密的真正目標是利用國家政策以壟斷的方式支持某些行業。在《國富論》中，他寫道：「消費是所有生產的唯一目的與意義；生產者的利益應該獲得關注，但不該超過也許是促進消費者利益所必要的程度。」他抨擊了重商主義（mercantilism）的觀點，重商主義認為貿易是一場零和遊戲，目的是獲得比其他國家更多的黃金；相反地，斯密認為貿易的目的是進口人們需要或想要的商品。

他強調專業化的好處。其中一例是別針工廠，在工廠內將工作任務分成幾個不同的步驟，並由不同的工人負責，如此一來能夠使別針的產量飆升。貿易也是如此，任何明智的人都不會花時間在家裡製作比外面商店購買價格還高的產品。他寫道：「如果每個家庭的做法都審慎無誤，那麼整個國家的方向就錯不

71 以伊莉莎白一世的財政顧問湯瑪斯·格雷欣爵士（Sir Thomas Gresham）的名字命名。

72 John Locke, *Some Considerations of the Consequences of the Lowering of Interest and the Raising the Value of Money*, found at http://la.utexas.edu/users/hcleaver/368/368LockeSomeConsiderationsAlltable.pdf

了。」在溫室與溫床的幫助下，蘇格蘭可以用比從葡萄牙或法國進口葡萄酒高出三十倍的價格生產自己的葡萄酒，但這麼做有什麼意義呢？

斯密還強調了競爭的好處。在沒有壟斷的情況下，生產者總是面臨著滿足消費者需求的壓力，因此他有句名言：「我們所期待的晚餐可不是出自於屠夫、啤酒商或麵包師傅的仁慈，而是出自於他們對於自身利益的重視。」

斯密解決了當時相關的經濟問題：國際貿易日益重要，國家干預有利於某些產業，但他沒有處理失業、經濟週期或需求普遍不足等問題。這些問題必須由往後的經濟學家來解決。這三個問題都與十九世紀推動經濟成長的產業——製造業有關。

第七章
製造業：崇拜製造商吧！

開車穿過新加坡與馬來西亞之間的邊界，你就會從一個富裕國家離開並駛入了發展中國家。但對馬來西亞南部的柔佛州（Johor）而言，鄰近新加坡的港口、機場和繁華的商業區是一個天大的良機。每天有成千上萬的馬來西亞人往返新加坡工作，使得這個邊境（橫跨柔佛海峽的一條狹窄堤道）成為世界上最繁忙的陸路入境口岸之一，亦是交通的咽喉點。

柔佛州也是一個製造業中心，就像在美墨邊境南方聚集的工廠一樣。馬來西亞已成立依斯干達經濟特區來吸引企業進駐，對於所有工廠和辦公大樓來說，這裡保留了熱帶氛圍，到處都是棕櫚油種植園和會讓行車能見度降至二十碼的暴雨（我去的那天就是）。

該區域的中心地帶是士乃航空城i-Park工業園區（i-Park Senai Airport City），占地二百三十英畝，擁有可容納三千二百名員工的住宿與娛樂設施，來自美國、德國、日本、瑞士和澳大利亞的公司都在這裡設立據點。大門外就有一家美國知名巧克力好時（Hershey）的工廠，以吸塵器和烘手機產品聞名的英國戴森（Dyson）公司在幾公里外也有一個研發中心。

在位於園區內的丹麥瑞聲達聽力集團（Resound GN）裡，可以看到戴著頭巾的馬來西亞婦女排排坐著在組裝助聽器。每個零件都非常細小（整個助聽器也不過兩到三公分長），有些作業人員必須透過顯微鏡才能精準操作電子設備。有些人使用電銲棒固定零件，其他人則負責檢查以確保聽力輔助器正常運作。這就是斯密舉例的別針工廠的迷你版本，每個員工都從事一項專門的工作，每天可以製造更多的別針（或助聽器）。

在另一個空間裡，員工們用雷射在零件上雕刻序號；再到另一個空間，這些零件漆上了一層特殊塗層，使它們更加堅固。有些助聽器固定在耳朵外面，有些設計成耳內型的則需要量身訂製，因為人的耳孔有許多不同形狀和大小。3D列印機可以製作出這些零件，但完成後的成品需要經過打磨除去多餘物質，然後再進行拋光。

這項工作絕對不是零技術性類型，但也算不上該產業的高科技部分。助聽器的電子元件由丹麥總部設計，然後交給位於馬來西亞的工廠組裝。比起支付歐洲員工的薪資（和相關稅收），丹麥公司在馬來西亞組裝助聽器的成本更加便宜，而且組裝工廠距離機場很近，代表助聽器可以在四十八小時內運往澳洲或歐洲。

距離助聽器一百碼（約九十一公尺）遠的地方是德國公司Bericap的工廠，該公司生產各式各樣的瓶蓋（大部分是塑膠瓶蓋），適用於可口可樂（Coca-Cola）、利賓納（Ribena）、瓶裝水、烹調油、番茄醬及機油等。有些瓶蓋比較複雜，例如封裝機油的瓶蓋、藥品專用的兒童安全瓶蓋。二〇一七年，Bericap有望在當年生產十八億個瓶蓋，最後旗下二十三家工廠生產了六百億個瓶蓋，相當於地球上每個男女老少都有將近九個瓶蓋。

這些瓶蓋利用塑膠射出成型機製作後，透過輸送帶傳遞，而廠區內唯一看得到的工人正在密封裝有瓶蓋的紙箱。這是一場真正的全球化行動，製作瓶蓋的塑膠是從韓國和印尼進口的；塑膠射出成型機則是日本和瑞士公司生產；然後，這些瓶蓋將出口到東南亞、澳洲，甚至歐洲。

這裡是現代製造業的中心，就位於亞洲。二〇〇〇年到二〇一五年間，亞洲在全球製造業附加價值（**value added**，又稱增值）的占比從百分之三十五點一，上升到百分之四十七點五[1]。同一時期，中國占比從百分之六點五躍升至百分之二十三點六；美國製造業附加價值的占比則從百分之二十五點一降到百分之十七點七；歐洲占比從百分之十二點一降到百分之九點二[2]。

此轉變令許多西方政治家感到震驚，並將歐美製造業工作機會流失歸咎於此。雖然製造業工作機會在美國經濟的比重從一九五三年的百分之三十二點五，下降到二〇一八年八月的百分之八點五[3]，是不爭的事實，但下滑的趨勢早在共產時代後中國重返貿易體系之前就已開始，而且實際上自二〇一〇年以來已經有所趨緩。技術進步也是製造業工作機會流失的原因。一九八〇年至二〇一五年間，美國製造業產出成長了百分之一百五十，但製造業就業人數卻下降了三分之一[4]，換言之，工人雖減少，但生產效率更好了。這就是農業就業率下降的重演：隨著某個產業變得更有效率，其勞動力比重往往會減少。這些消失的製造業工作機會似乎不太可能恢復。二〇一四年，富裕國家的製造業工作機會有六千三百萬個，但發展中國家則有三億零四百萬個。不過，富裕國家工人的終值（**final value**，原指在給定的利率下，金錢在未來一個

1 附加價值（增值）是一個經濟術語，描述企業將投入（零件或原物料）轉化為產出所創造的額外價值。在匯編經濟數據時，習慣上會避免重複計算。

2 "Changing global production landscape and Asia's flourishing supply chain", HKTDC Research, October 3rd 2017, http://economistspick-research.hktdc.com/business-news/article/Research-Articles/Changing-Global-Production-Landscape-and-Asia-s-Flourishing-Supply-Chain/rp/en/1/1X000000/1X0ABHUR.htm

3 資料來源：https://fred.stlouisfed.org/graph/?g=cAYh。

4 Federica Cocco, "Most US manufacturing jobs lost to technology, not trade", *Financial Times*, December 2nd 2016

特定時間的價值，而此處是指工人產值在未來某一特定時間的數量）增加了三分之二；低價值的就業機會不會重返富裕國家[5]。

由此凸顯了兩個歷史主題。首先，亞洲在全球製造業中的主導地位，代表著歐洲消費者對於印度紡織品和中國陶器的需求回到一七〇〇年前的常態。第二，一七〇〇年後的經濟重心轉向製造業是可以理解的，畢竟這段時期被稱為「工業革命」。但工廠的工作內容可能乏味又沒什麼意義，特別是如果他們都集中心力在製作像馬來西亞出產的瓶蓋那樣的大宗商品。

一項古老的產業

製造業的最佳定義係為將原物料和零件轉化為成品的過程。從這個意義來看，製造業已經延續了數千年之久。鐵、青銅及銅會被鍛造成工具、器具和武器；棉花、羊毛和蠶絲經過紡紗、編織和縫製後成為一件件的衣服；陶土製成陶器後，兼具實用和裝飾意義。

幾千年來，大部分的製造業都是由個人或小團體在工作坊內完成的。「製造廠」（manufactory，簡稱工廠）的現代概念直到十八世紀才隨著紡織廠出現。即使在那個階段，大部分的紡織品生產仍是透過散作制度來進行：商人會將需紡紗的纖維或需編織的布料送去從事家庭代工的家裡。幾星期後，商人再來取回成品，工人們會根據完成的項目數量獲得報酬，也就是論件計酬制。這個制度對商人來說好處多多，商人不需要提供設備或場地，只需要針對圓滿達成的工作項目支付報酬。

那麼，為什麼後來會搬遷到需要花錢租下（或買下）的大工廠內呢？答案是使用新穎且昂貴的機器，沒有工人負擔得起，也不一定能安裝在家中。再加上，僱主們不願冒著機器損壞或遭仿製的風險，為了開拓規模經濟並充分享受專業分工的益處，需要成立工廠。

新機器亦需要動力來源。在早期工廠發展階段，機器的動力來自水車，而且只能在特定地方運作。蘇格蘭的新拉納克製造廠（New Lanark mill）在十九世紀初為工業家先驅羅伯特．歐文（Robert Owen）所擁有，現在是一家酒店，但它至今仍保有為機器提供動力的巨型水車。

對工人而言，改到工廠工作是生活方式的巨大變化。工人們的報酬並非依據自己完成的每件產品，而是依據其投入的時間來支付。陶瓷業先驅約書亞．威治伍德（Josiah Wedgwood）是首位採用出勤卡和打卡鐘的人。工作日很長，輪班時間為十二小時，每週休息週日一天。許多工人買不起鐘錶，必須仰賴工頭領班告訴他們何時可以離開，讓有些不道德的僱主有機會延長工時、縮短午休[6]。另外，很少工人擁有能夠確實叫醒他們的鬧鐘，因而有了對「敲窗人」（knocker-upper）的需求，這些敲窗人會拿著長棍輕敲樓上的窗戶，或用射豆槍（peashooter）達到同樣效果。狄更斯（Charles Dickens）的小說《遠大前程》（*Great Expectations*，又名《孤星血淚》）曾提過這個角色，此項工作一直持續到二十世紀，在一九七〇年代，倫敦東區（East End）仍有一些敲窗人[7]。

從論件計酬改成計時支薪後，僱主開始擔心工人可能會偷懶，所以工人必須接受領班或工頭的監督，他們可以對工人們的小失誤進行懲戒。許多老闆會扣下員工六分之一的工資，並按季度支付這部分工資，

---

5 "Politicians cannot bring back old-fashioned factory jobs", *The Economist*, January 14th 2017

6 有關工人所詳述的事證，請參見：E.P. Thompson, "Time, work-discipline and industrial capitalism", *Past & Present*, vol. 38, no. 1, December 1967。

7 Sitala Peek, "Knocker uppers: Waking up the workers in industrial Britain", March 27th 2016, https://www.bbc.co.uk/news/uk-england-35840393. 可惜都市傳說沒有記載關於敲窗人的敲窗人（也就是叫醒敲窗人的人）的部分。

作為員工良好表現的獎勵。所謂不良行為包含「紗線打錯結」、飲酒曠職等[8]。早期工廠之所以普遍聘僱年輕婦女和童工，一來是因為管教他們比較容易，二來是因為他們的工資比男性員工低廉。

當紡織廠仰賴水力運作時，通常意味著這些工廠興建在小城鎮或農村地區，那麼僱主就必須提供員工住宿。在新英格蘭，工廠會招收農民的女兒，這些農家女兒工作既是為了幫助家庭生計，也是為了存夠積蓄才能結婚。那時候通常已婚婦女是不能工作的。對女性來說，雖然到工廠工作得過著紀律嚴謹和刻苦的生活，但可能還是比從事家務或留在父母家裡更好。

隨著蒸汽機取代水力，工廠開始與城市連結在一起，例如十九世紀素有「棉都」之稱的曼徹斯特。工業城市的發展本身也帶來了問題，民眾生活在擁擠、不衛生的環境下，加上空氣汙染，導致死亡率激增。一八五〇年代，利物浦與曼徹斯特人口的預期壽命只有三十一至三十二歲，比整個英格蘭的平均少了十年左右[9]。

隨著大家都知道「資本主義」以後，上流社會（top-hatted）的廠主與他底下誠惶誠恐的員工便成了「資本主義」定義的典型形象之一。正如卡爾·馬克思（Karl Marx）所定義的，關鍵差別在於工人不再使用自己的工具為自己勞動，而是為資本所有者（也就是購買或資助工廠和紡織機械的人）勞動。工人並沒有獲得全部的勞動果實，因為有一大部分被資本家以利潤或分紅方式竊取走了。

工人們為什麼要忍受這些？從一開始就有很多不幸事件發生。一七八六年英國一家工廠的紀錄顯示，在七百八十名學徒中有一百九十九人逃跑、六十五人死亡、九十六人被送回父母或工頭手中[10]。成年工人要求更高的工資和更好的工作條件，並開始組織工會。英國政府於一七九九年和一八〇〇年通過了《結社禁止法》（Combination Acts），禁止組織工會和集體談判。在一八一一年至一八一六年間，盧德運動（Luddite movement）透過焚燒工廠和毀壞機器，來抗議工人的生活水準下降。盧德分子的抗爭遭到審判和軍事行動的鎮壓，並受到法律限制嚴禁破壞機器。

儘管有些工人抗議，但工廠仍吸引了更多人踏進去。其中一些人是別無選擇，人口激增代表父母希望讓年幼的孩童去工作；有些人甚至謊報自己年齡以便能獲得一份工作。工廠制度的興起也意味著對國內成年紡紗工和織布工的需求減少，而生產效率更好的農業意味著農場所需的人手減少。儘管在工廠工作很辛苦，生活在擁擠、不健康的城市裡也有風險，但勢必有相當多人覺得所獲得的報酬（更高的工資和獨立性）足以讓他們放手一搏。近幾十年來，相同的前景亦吸引了將近二億的中國人從農村轉向城市發展。

不過即使在英國，也是花了幾十年的時間才讓工廠成為紡織業的就業主要模式。截至一八二〇年，美國仍有二十四萬名手搖織布機織工，而工廠工人只有十二萬六千名[11]，但到了一八五〇年，手搖織布機織工僅剩下四萬三千名。

工廠最終成為就業的主要模式，是因為工廠具有許多經濟優勢。與外包體系不同，實業家對於工作的速度和品質握有更大的控制權。採取工廠模式的話還可以控制成本，在需要的時候訂購更多的原物料（大量採購時可以從供應商那裡獲得更好的價格），在銷售低迷的時候減少生產，然後透過運河或鐵路將貨物運送給客戶等。當然，上述一切都是建立在新紡織機器提高生產的基礎上所實現的。

8　Osborne, *Iron, Steam & Money*, op. cit.
9　Peter Razzell and Christine Spence, "Social capital and the history of mortality in Britain", *International Journal of Epidemiology*, vol. 34, no. 2, 2005
10　Beckert, *Empire of Cotton*, op. cit.
11　Osborne, *Iron, Steam & Money*, op. cit.

紡紗成本於一七八五年至一七九五年間下降了百分之九十[12]，由於紡紗成本的降低，製造商能夠進而降低產品成本。在一七八〇年代早期到一八三〇年代間，平紋薄布（muslin，一種精細的棉織布料）的價格下降了百分之七十五[13]，因此更多人可以買到棉質衣物和床單，需求增加又讓工廠實現更大的規模經濟。

零件的標準化是提升製造業生產力的重要環節。這最初是源自於法國武器製造商欲改善武器品質與可靠度的想法，然後被美國維吉尼亞州哈普斯渡口（Harpers Ferry）和麻薩諸塞州春田市（Springfield）的槍枝製造商採用。後來這種技巧運用到其他如機床等產品，成為現代所知的「美國制度」（American system）[14]。在一八五一年的萬國工業博覽會（Great Exhibition）上，原本陶醉於自身位居全球經濟主導地位的英國，看到美國在博覽會所展現的技巧後大感震驚，於是在自己的軍火工業上也採用了類似的做法。

零件標準化降低企業仰賴個別工匠製造產品的需求，並擴大了工人進入工廠的動力。勝家縫紉機（Singer sewing machine）或許是第一個採取標準化的商用產品。雖然英國當局在一七五五年頒發了機械縫紉專利，但直到一八五一年艾薩克．辛格（Isaac Singer）（依據艾利司．哈維〔Elias Howe〕的專利）開業時，這台商用縫紉機才得以完善[15]。勝家是最早的跨國公司之一，勝家的產品為女性省下大批時間和精力，並迅速盛行起來；到了一八七六年，勝家縫紉機已經售出二百萬台。這是全球首批受到重視的品牌之一。

毫無疑問，技術隨著時間發展出各式各樣的消費品和與之相關的製造業品牌，從交通工具（汽車、自行車、摩托車和速克達）到家用產品（吸塵器、洗衣機、收音機、電視、烤箱），再到打字機和個人電腦等適用於工作和居家的機器。

製造商面臨著多重挑戰，他們不僅需要設計出可以使用的產品，還必須使產品兼具吸引消費者的時尚（以及適合消費者家庭的大小與形狀）。他們必須透過廣告和促銷方案讓消費者瞭解產品，而且要以合理的價格供應商品。也難怪少數大企業容易主導許多的市場。對於一家規模較小的製造商來說，最大的希望是成為某一家全球集團的供應商；製造用於洗衣機或汽車的小機械或電子組件。

會有規模化的需求表示從工業化早期就出現一種整合的趨勢。鋼鐵工業需要大量的投資來建造製作產品所需的熔爐，所以工廠的規模龐大：一八七〇年，法國的Le Creuset鋼鐵工廠僱用了一萬二千五百名員工，而一八七三年，德國埃森的克魯伯（Krupp）鋼鐵工廠則有一萬二千名員工[16]。固定成本高昂創造了規模經濟的需求。因為對廠房和設備的投資分散到更多的項目上面，所以每個附加項目的邊際成本就會下降。然而根據同樣的理由，高昂的固定成本使得鋼鐵公司非常容易受到價格下跌的影響，因此美國出現一種操縱價格的趨勢，各家競爭企業聯合起來，最後合併成龐大的壟斷集團——美國鋼鐵公司（US Steel）。蘇聯也將「巨頭特質」（gigantism）視為鋼鐵生產的目標；蘇聯馬格尼托戈爾斯克鋼鐵廠（Magnitogorsk）於一九三〇年代在史達林（Josef Stalin）的五年計畫下成立，目標是成為世界上最大的鋼鐵廠。即使到一九八〇年代末期，該鋼鐵廠仍有六萬三千名員工[17]。

鋼鐵、某些化工產品以及諸如船艦和火車等大型機具的生產，一般都歸類為「重工業」。重工業能提供大量的就業機會，亦是許多發展中國家在二戰後進行工業化時著手投入的產業。發展中國家看到歐美的

---

12 同上註。
13 Beckert, *Empire of Cotton*, op. cit.
14 Andrew L. Russell, "Standardization in history: a review essay with an eye to the future", Johns Hopkins University, http://arussell.org/papers/futuregeneration-russell.pdf
15 Chanda, *Bound Together*, op. cit.
16 Joshua B. Freeman, *Behemoth: A History of the Factory and the Making of the Modern World*
17 同上註。

經驗，見到其龐大的煉鋼廠和汽車廠之後，下定決心要仿效他們。許多國家藉由提高關稅來排擠西方產品，以保護自身的新興產業，這個過程被稱為「進口替代工業化」（import substituting industrialization，簡稱ＩＳＩ）（參見第十二章）。

所需投資的規模之大意味著國家控制了這些產業。保障就業機會的訴求優先於對利潤的追求。這種情況在某些產業中造成長期的產能過剩，例如二〇〇五年至二〇一七年，全球鋼鐵業的過量產能介於三億至七點五億噸。因而造成價格擠壓，使得鋼鐵成為地緣政治糾紛的主要議題[18]。

重工業往往是造成大城市空氣汙染嚴重的工業。一九四〇年代的匹茲堡，空氣汙染已經嚴重到路燈到中午就得點亮[19]。工廠內的生活更加危險，以下是一名工人在一九一九年描述自己的工作情況：

> 把一大袋的煤扛在肩膀上，朝向盛鋼桶內溫度極高的鋼液跑去，你必須在離得夠近但又不燒傷臉的情況下，使盡全身的力氣將袋子扔進盛鋼桶裡然後跑走，因為火焰會竄到屋頂，高溫將所有東西都炸到屋頂。接著你得衝到盛鋼桶旁，拼命地將錳砂鏟入盛鋼桶內，可想而知這項工作會有多熱[20]。

在當時因工作事故而死亡是很稀鬆平常的事。撰寫美國鋼鐵大王安德魯・卡內基（Andrew Carnegie）傳記的作者推估，一八八〇年代在匹茲堡所有男性死亡人數當中，鋼鐵廠致命事故就占了百分之二十[21]。

因此，這些大工廠經常出現勞資糾紛也不足為奇。把這麼多工人聚集在一個地方，亦使工會更容易組織起來，不只是為了獲得更高的工資，也是為了保護工會成員免受意外事故和死亡的傷害。有些工廠的規劃設計相對易於讓抗爭者破壞整個工廠的運作，尤其是那些採用輸送帶的工廠。工人終將能夠改善自身的條件，但這是一場長期鬥爭。

管理工廠的成就

經營如此龐大的工廠需要大量的規劃。舉例來說，機器的動力必須透過一系列的軸和齒輪來傳輸，但這個系統可能發生故障而導致生產過程中斷；原料必須從工廠的某一端（或某層樓）運進來，完成品必須從另一端送出去；工人必須接受培訓，並依據各自的專業任務進行分工。

隨著工業逐漸發展，這些任務變得過於複雜，已經超出最初創立人（或他們的家人）所能監督的程度。費德烈・溫斯羅・泰勒（**Frederick Winslow Taylor**）是首創科學管理的顧問。他花了二十六年的時間，用碼表和筆記本記錄工作中的人們（尤其是在煉鋼廠工作的人），觀察工人們的一舉一動。這些觀察促使他將任務拆解成許多具體行動，訓練員工採取這些行動，並對達成目標的人給予獎勵。蘇聯領導人列寧非常喜歡泰勒的管理做法[22]。泰勒的目標是提高工作效率，防止員工在工作時偷懶，但他的方法被批評為是把工人變成了機器人，而且他對工人們抱持輕蔑的態度，認為典型的鋼鐵工人「愚蠢到連百分比這個詞對他而言都是沒有任何意義的，所以必須由比他自己更聰明的人來訓練他[23]」。很明顯地，泰勒是個有強迫症的人，他在退休後為了尋找完美的草坪而一直觀察草的生長[24]。

18 Michael Pooler and Emily Feng, "Steel industry grapples with curse of oversupply", *Financial Times*, October 29th 2017
19 資料來源：https://www.ranker.com/list/life-in-steel-producing-pitsburgh/nicole-sivens。
20 引文出自："The Steel Business", https://www.pbs.org/wgbh/americanexperience/features/carnegie-steel-business/。
21 Peter Krass. *Carnegie*. 卡內基在面對罷工者時也很無情，我們將在第九章看到。他在晚年成為一位著名的慈善家。
22 "Frederick Winslow Taylor, Guru", *The Economist*, February 6th 2009
23 引自：Emily Guendelsberger, *On the Clock: What Low-Wage Work Did to Me and How It Drives America Insane*。
24 Richard Donkin, *Blood, Sweat & Tears: The Evolution of Work*

當福特於二十世紀早期發明流水式生產線時，人們對工廠管理的擔憂變得更加嚴重。工人只要待在同一地方，零件就會透過輸送帶傳送到他們面前，正如泰勒所說的，工人每天的工作都是簡單而重複的任務。一九三六年的電影《摩登時代》（*Modern Time*）裡，查理．卓別林（Charlie Chaplin）諷刺了工人的命運，有一幕還真的被困在機器的齒輪裡面。但在當時，這些都屬於高薪工作；二戰以後，在汽車生產線上工作是最有價值的職業之一。從一九七〇年代起，西方國家的失業問題就一直是令人擔憂的話題。

日本是美國和歐洲製造商最初面臨到的競爭威脅，它透過豐田汽車發展的「精實生產」（lean manufacturing）帶動系統性轉變，旨在將大規模的生產與汽車工藝結合起來。將不同任務的員工組成團隊，然後鼓勵每位工人在發現問題時停止生產。結果是工人變得更快樂、工作品質提升，管理階層也能透過工人的洞察力獲益[25]。

但精實生產並沒能阻止工業的就業率下降。令人擔憂的是，高薪的工廠工作已經被服務業的「麥工」（McJobs，以麥當勞〔McDonalds〕漢堡連鎖店命名）所取代，這類工作薪水更低、工作條件更差，導致已開發國家的不平等現象加劇。不過一項研究結論指出，「平均而言，在一九八〇年代至二〇〇〇年代間整體增加的不平等現象裡，大約只有十分之一是製造業就業機會下降所造成的[26]」。

目前全球有超過一半的勞動人口從事服務業，但在一九九一年該比例僅為百分之三十三點七[27]。在辦公室或商店工作者的工作與在工廠工作的人一樣「真實」，製造業與服務業之間也沒有嚴格的分際。布魯金斯學會（Brookings Institution）的一項研究估計，約有二千一百四十萬名美國人從事與製造業相關的服務業工作，幾乎是單純從事製造業工作的一千一百五十萬名美國人的兩倍[28]。高性能汽車的軟體編碼（歸類為服務業）行數（程式碼行數）從二〇一〇年的一百萬行躍升至二〇一六年的一億五千萬行。預估到二〇三〇年，軟體將占汽車價值比重的三成[29]。相比之下，波音七八七飛機也才六百五十萬行[30]。蘋果公司

（Apple）既不製造iPhone的零件，也不組裝機身，但仍透過設計和操作系統獲取了大部分價值。

製造業就業機會減少的部分原因是外包趨勢造成的統計失真。製造工廠也需要清潔整理，就像家庭和辦公室一樣。過去製造業者會僱用自家的清潔人員，但現在業者將這項工作外包給清潔公司，工廠的員工餐廳也是如此。這些工作類型看起來從製造業轉向了服務業，但這個轉移效應卻誇大了前者的衰落和後者的興起[31]。

說來諷刺，製造業在GDP所占比重越來越不重要的另一原因是生產效率越來越好，成品的價格也隨之下降。反觀服務業要提高生產力則相對難實現，如經濟學家威廉．鮑莫爾（William Baumol）所言，今天演奏一首莫札特（Mozart）弦樂四重奏所需的音樂家人數和時間長度，跟莫札特在世時一樣[32]。醫療保健和教育也是如此；我們可不希望醫生與教師們匆忙趕工。一九七八年至二〇一三年間，美國平均房價漲幅達百分之一百一十，但同一時期的醫療費用漲幅達百分之二百五十，大學教育費用漲幅達百分之四百

25　"Lean production", *The Economist*, October 19th, 2009

26　Oya Celasun and Bertrand Gruss, "The declining share of industrial jobs", May 25th 2018, https://voxeu.org/article/declining-share-manufacturing-jobs

27　資料來源：https://data.worldbank.org/indicator/sl.srv.empl.zs。

28　"Lean production", *The Economist*, op. cit.

29　Ondrej Burkacky, Johannes Deichmann, Georg Doll, and Christian Knochenhauer, "Rethinking car software and electronics architecture", February 2018, https://www.mckinsey.com/industries/automotive-and-assembly/our-insights/rethinking-car-software-and-electronics-architecture

30　Smil, *Energy and Civilization*, op. cit.

31　"Industrial metamorphosis", *The Economist*, September 29th 2005

32　"An incurable disease", *The Economist,* September 29th 2012

四十[33]。按照目前趨勢走下去，到二一〇〇年，醫療費用恐占英國ＧＤＰ的百分之五十、占美國ＧＤＰ的百分之六十。就定義上來說，也就表示製造業和其他行業所占比例相對較小。

製造業中有一大部分只是在組裝其他地方生產的物品，例如本章開頭提到的助聽器，但這裡並不是創造價值或高薪工作的地方。在法國組裝一架空中巴士（Airbus）的飛機只占飛機總價值的百分之五，真正的價值反而來自於產品的設計，或是來自於那些需要精密工程的部分。

所以這可能表示，價值最高的工作根本不是許多人以往認為的行業。劍橋大學（Cambridge University）有份關於高值化製造業（high-value manufacturing）的報告，援引了糕餅甜點製造商吉百利食品公司（Cadbury Schweppes，譯註：為全球第二大糖果公司、第二大口香糖公司、第三大飲料公司）作為第一個範例[34]。

一些公司發現有必要從製造業直接轉向服務業。ＩＢＭ的全名為「國際商業機器」（International Business Machines），最初是一家生產可以讀取穿孔卡片紀錄設備的公司，後來發展成生產電子打字機和之後的電腦。但一九八〇年代價格低廉的個人電腦問世後威脅到ＩＢＭ的商業模式，於是ＩＢＭ在一九九〇年代和二〇〇〇年代開始銷售其硬體業務，生產個人電腦、印表機和磁碟機。而現在服務與軟體則是ＩＢＭ集團收益的最大部分[35]。

在美國的個人支出中，購買實體商品的比例從一九五〇年的百分之六十以上，下降至二〇一四年的百分之三十六左右，其中購買服務方面的支出占了總額的近三分之二。有人說，西方社會已經達到「物品存量高峰」（peak stuff）[36]。隨著已開發經濟體變得更加富裕，食物方面的支出比例也越來越少；同樣的情況現在可能發生在實體商品方面。民眾現在消費的許多事物都屬於非實體狀態，人們透過串流媒體服務下載音樂，而不是購買黑膠唱片、卡帶或ＣＤ。電影和電視節目也是如此，過去這些是以ＤＶＤ的形式供人購買。據估計，二〇一八年電玩遊戲產業（確實屬於虛擬產業）的收益達一千三百八十億美元[37]。將來消費者會在需要時租一輛汽車，而不是自己買下一輛車，只為了百分之九十五的時間都停放在車位裡。他們會把錢花費在「體驗」方面，比方說度假或和友人聚會。

相比之下，發展中國家幾乎沒有出現「物品存量高峰」的跡象。在中國，新車的銷售量從二〇一〇年的一千二百萬輛[38]上升至二〇一七年的近二千五百萬輛[39]，而且現在仍有很大的成長空間。中國每千人擁有一百三十一輛汽車，而美國每千人擁有八百五十輛[40]。印度還擁有更大的進步空間。隨著發展中經濟體的成長，這些國家似乎遵循一種S型曲線的發展；只要人均收入超過一千美元，消費商品的支出就會快速攀升。根據諮詢顧問公司勤業眾信（Deloitte）的一項研究顯示，二〇一五年至二〇二五年間，全球中產階級將增加五億一千萬人[41]，因此全球製造商在未來幾年仍將擁有大量的客戶。

在現代製造業中，設計和品牌通常發想自富裕國家（包括日本和韓國），而組裝和製造則是在亞洲的發

33 Jonathan Aldred, *Licence to be Bad: How Economics Corrupted Us*
34 Finbarr Livesey, "Defining high-value manufacturing", 2006, https://www.ifm.eng.cam.ac.uk/uploads/Research/CIG/DefiningHVM.pdf
35 Steve Lohr, "Huge payoff for IBM after a shift", *The New York Times*, January 19th 2010
36 Ashling Withers, "Hitting peak stuff – is this the end of traditional consumerism?", *Marketing* magazine, July 11th 2018
37 Kellie Ell, "Video game industry is booming with continued revenue", https://www.cnbc.com/2018/07/18/video-game-industry-is-booming-with-continued-revenue.html
38 資料來源：Arthur Wang, Ting Wu and Tony Zhou, "Riding China's huge, high-flying car market", October 2017, https://www.mckinsey.com/industries/automotive-and-assembly/our-insights/riding-chinas-huge-high-flying-car-market。
39 資料來源：https://www.marklines.com/en/statistics/flash_sales/salesfig_china_2017。
40 Wang, Wu and Zhou, "Riding China's huge, high-flying car market", op. cit.
41 "Emerging market insights: The coming emerging market demand shock", Deloitte, September 2017

展中國家和墨西哥等其他地方。這種搭配模式為西方製造商創造了高利潤，也為其消費者創造了低廉商品。但許多人並不滿意這種模式。擔心失業的不僅是美國和歐洲的工人，亞洲工廠的工作條件也一直存有爭議。二〇〇五年，鞋類製造商Nike發布了一份報告，詳細說明該公司分布在全球七百家工廠的工作條件，其中一些工廠限制白天使用廁所和飲水的次數，而超過一半的工廠工人每週都要辛苦工作六十多個小時[42]。Nike已經通過一項法規試圖改善工作條件，但仍經常面臨抗議情事[43]。二〇一〇年和二〇一一年，替蘋果公司生產iPhone手機零件的中國公司富士康，其工廠內發生了一連串的自殺事件，引發關於血汗工廠的爭議[44]。

一些西方消費者誓言抵制那些透過不公平勞動手段生產的商品，但許多人卻非常樂意購買低廉的T恤、鞋子和電子產品。而且亞洲工人認為，他們應該像歐洲和美國那樣，有機會實現工業化。儘管生活艱辛，但許多亞洲人還是很高興能從農場遷移到城市的工廠工作。發展中國家一直努力阻止世界貿易組織（World Trade Organisation，簡稱WTO）執行勞工標準。

至於應該執行哪些標準也有爭議。宣布強迫勞動和奴隸制為不合法的制度，應該很容易獲得大眾一致同意。但是童工呢？許多孩童在農場工作，而工廠的工作或許更加繁重，但額外的收入可能幫助家庭擺脫貧困。童工比例往往隨著平均收入增加而迅速下降[45]，因此減少童工的最佳辦法可能是讓這些國家本身變得富裕。這種情況最有可能藉由加入全球貿易體系來實現，如同中國那樣。

環環相扣的全球供應鏈

汽車產業是說明現代商業彼此環環相扣的很好例子。通用汽車公司（General Motors）和克萊斯勒（Chrysler）在二〇〇九年瀕臨破產之際，美國政府之所以出手相救的原因之一，是其他為汽車產業提供零組件（如輪胎或車頭燈）的企業也會面臨就業危機[46]。根據汽車與設備製造商協會（Motor and Equipment Manufacturers Association，簡稱MEMA）的估計，截至二〇一八年，美國超過八十七萬一千個工作機會與汽車和卡車製造有關[47]。

此外，這些供應鏈都是國際化的。儘管人們經常談論到美國或德國的汽車產業，但這些製造商仍仰賴全球的供應鏈。零件在組裝成實品之前，可能跨越多個國家[48]，大概有三成至五成的工業製品貿易在個別跨國公司內部進行[49]。許多發展中國家意識到這點，紛紛削減關稅，以便成為全球價值鏈的一部分。根據MEMA的估計，美國生產的汽車約有三分之一的零組件透過進口而來，德國的進口比例則為百分之四十五[50]。為什麼汽車製造商會這麼做？當然是為了削減成本。這就是為什麼對於進口產品徵收關稅將會以某種方式推高國產汽車的價格——要麼就是製造商支付關稅並將成本轉嫁給消費者，要麼就是他們將破壞供應鏈，在國內生產更昂貴的汽車。

---

42 David Teather, "Nike lists abuses at Asian factories", *The Guardian*, April 14th 2005

43 Elizabeth Segran, "Escalating sweatshop protests keep Nike sweating", Fast Company, July 28th 2017

44 Jamie Fullerton, "Suicide at Chinese iPhone factory reignites concern over working conditions", *The Daily Telegraph*, January 7th 2018

45 Gary Burtless, "Workers' rights: Labor standards and global trade", Brookings Institute, September 1st 2001, https://www.brookings.edu/articles/workers-rights-labor-standards-and-global-trade/

46 "In pieces", *The Economist*, February 19th 2009

47 資料來源：https://www.mema.org/about-us。

48 關於此過程的完整解釋，請參見：Richard Baldwin, *The Great Convergence: Information Technology and the New Globalization*。

49 Chang, *Economics: The User's Guide*, op. cit.

50 資料來源：https://www.mema.org/sites/default/files/A_World_Without_NAFTA_0.pdf。

這種環環相扣的關聯性意味著，製造業工作面臨自動化帶來的壓力不僅發生在西方世界。美國民間機構「國家經濟研究局」（National Bureau of Economic Research）的一篇文章推估，每新增一台自動化裝置，就會取代約六點二個工人[51]。工業機器人的銷量已從二〇〇〇年代中期的每年十萬台，上升至二〇一五年的二十五萬台，預計二〇二七年將達到四十萬台[52]。有個經典笑話是，未來的製造工廠將有一個人和一隻狗，人的工作是餵食狗狗，而狗的工作是讓人遠離機器。而未來3D列印技術將可以直接在現場製作小零件，不需要向供應商進貨。

所以這可能表示，發展中國家可能永遠不會創造出像二十世紀的歐美或現今的中國那樣龐大的製造業。如果後者排除不計在內，發展中國家的製造業就業人口比例將低於一九八〇年代的水準[53]。製造業占經濟比重於一九八八年的南韓和二〇〇二年的印尼達到顛峰[54]。其中一些產業將免不了必須在薪資水準和僱用員工之間進行權衡。隨著實際工資上漲，製造商要麼就是將生產地點轉移到成本更低的國家，要麼就是得將原本由工人完成的任務改成自動化。總有一天，那些在馬來西亞中心地區工作的女性將會被機器所取代。

服務產業也將實現自動化，因為客服中心的工作人員將由聊天機器人取代，分析師也會被能夠更快、更精準進行研究的人工智慧程式取代。在接下來的三十年裡，我們不得不發明一連串全新的工作來確保我們的就業。過去我們也這麼做過，如咖啡師、私人教練和社群經營人員，這些職業在三十年前幾乎無人知曉。

---

51 Daron Acemoglu and Pascual Restrepo, "Robots and jobs: evidence from US labor markets", NBER working paper 23285

52 "The growth of industrial robots", Daily Chart, *The Economist*, March 27th 2017

53 Celasun and Gruss, "The declining share of industrial jobs", op. cit.

54 Ryan Avent, *The Wealth of Humans: Work and Its Absence in the Twenty-First Century*

第八章
第一波全球化浪潮（一八二〇年至一九一四年）

十九世紀，工業化從英國蔓延到歐洲許多地區，再到北美和日本。全球化不再局限於數量有限的奢侈品方面，一般人也能開始實際感受到全球化浪潮。到一九一四年，如同約翰・凱因斯（John Maynard Keynes）所形容的，「倫敦的居民可以一邊在床上啜飲著早晨第一杯茶，一邊撥打電話訂購來自世界各地的商品，他可以自己決定購買的數量，並合理預期商品會直接送達家門口[1]」。

本章涵蓋的時間範圍亦見證了交通系統的莫大變化，包括鐵路和蒸汽船，使得世界各地遷徙的人數比以往任何時候都多（參見第九章）。另一項重要發展是以石油、化學製品和電力為基礎的新工業接續出現，這些工業被稱為「第二次工業革命」。

世界上有部分地區是真正可能稱得上「財富大爆炸」的地方。在一八二〇年，美國的人均GDP（按二〇一一年美元計算）為二千零八十美元，但到一九一四年，其人均GDP漲到八千一百零一美元。一八二〇年，英國的人均收入為三千二百四十一美元，遙遙領先美國；到一九一四年，其人均GDP以七

1 John Maynard Keynes, *The Economic Consequences of the Peace*

千九百七十三美元稍稍落後於美國，但漲幅仍達百分之一百五十。法國實際收入的漲幅幾乎是原本的三倍，從一千八百六十七美元上升至五千三百二十四美元。但這些國家與中國形成鮮明對比，中國的人均收入從八百五十四美元降至七百八十六美元[2]。在一九一三年，西歐與北美占全球人口的五分之一，而產量達世界產量的百分之五十一[3]。

重要的是，儘管人口不斷增加，但生活水準仍持續提高。全球人口在一八二〇年時可能才剛突破十億，並在第一次世界大戰前夕達到十八億左右[4]。全球預期壽命從一八二〇年的二十九歲增加到一九一三年的三十四點一歲，而歐洲同時期的增長更為顯著，從三十五點六歲上升到四十六點八歲[5]。

已開發國家在十九世紀也實現了都市化。一八〇〇年，百分之二十三的英國人居住在總人口數為五千人以上的城鎮；到一九一〇年，該比例增加至百分之七十五。同一時期，歐洲整體的都市比例從百分之十二上升到百分之四十一，而美國則從百分之五上升至百分之四十二[6]。相較之下，在一九〇〇年，只有百分之六的中國人居住在城鎮，該比例比三個世紀前還來的少[7]。

最後，勞動人口組織起來加入工會，並開始挑戰資本所有者。「工人階級」的說法和以階級觀點分析社會變得更加普遍，並採用「共產主義」和「資本主義」等詞彙。商業發展出股份所有制。私人公司漸漸成長為擁有龐大規模和權力的公司，如標準石油（Standard Oil）和美國鋼鐵公司。越來越多我們認知裡的現代社會現況紛紛出現。

一個相對和平的時代

拿破崙於一八一五年在滑鐵盧戰敗後，歐洲長達二十三年的衝突紛爭終於結束了；同年，一場中斷跨大西洋貿易的英美戰爭也宣告落幕。下個世紀將會發生許多衝突征戰，包括兩次鴉片戰爭這類可恥的事件，讓英國人成功阻止了中國當局破壞英國利潤豐厚的毒品貿易。

大多數戰爭都是地域性的，並沒有發生像七年戰爭（從北美延伸至印度）或二十世紀的世界大戰那樣的全球性衝突。所幸這些地域衝突征戰都很短暫，普魯士先是在一八六六年擊敗奧地利，然後一八七一年擊敗法國，從而統一德國。十九世紀最具破壞性的事件是內戰，例如中國於一八五〇年代和一八六〇年代的太平天國起義，造成二千萬到四千萬人喪命[8]；美國聯邦政府與南方邦聯之間的衝突，造成約六十二萬士兵死亡[9]。

在長期沒有國際衝突的情況下，加上海盜活動也因英國海軍而變少，因此商人們得以自由地跨境貿易。全球貿易額從一八四〇年到一九一三年成長了七倍，以不同的測量始點來看，貿易在全球GDP比例也從一八二〇年的百分之一上升到第一次世界大戰前夕的百分之八[10]。經濟學家凱文・歐魯克（Kevin

---

2 The Maddison Project, https://www.rug.nl/ggdc/historicaldevelopment/maddison/releases/maddison-project-database-2018

3 Gregory Clark, *A Farewell to Alms: A Brief Economic History of the World*

4 資料來源：http://www.ggdc.net/maddison/oriindex.htm。

5 Max Roser, "Life expectancy", Our World in Data, https://ourworldindata.org/life-expectancy

6 引自：Nicholas Crafts and Anthony J. Venables, "Globalization in history: a geographical perspective", http://www.nber.org/chapters/c9592。

7 Frank Trentmann, *Empire of Things: How We Became a World of Consumers from the Fifteenth Century to the Twenty-First*

8 Keay, *China: A Short History*, op. cit.

9 資料來源：https://www.battlefields.org/learn/articles/civil-war-facts。

10 Jean-Yves Huwart and Loïc Verdier, *Economic Globalisation: Origins and Consequences*

O'Rourke）和傑佛瑞・威廉森（Jeffrey Williamson）認為，直到十九世紀，全球貿易仍由奢侈品主導著，例如一七八〇年代，香料、香水以及像是茶、咖啡這類商品幾乎占荷蘭東印度公司進口商品的三分之二[11]。全球化只有在大宗商品市場逐漸凝聚成一體時才會真正實現，也就是說，除了關稅和運輸成本的影響之外，不同國家的價格都是大同小異。

隨著運輸成本下降，貿易逐漸成長。在一八八〇年至一九一〇年間，日本長崎和中國上海的煤炭運輸成本下降了百分之七十六。在一八三〇年的美國，用貨車將一噸重的貨物運送一百英里遠，需要相當於現今一百七十四美元的費用；到了一九〇一年，鐵路運輸讓價格銳減了八分之七，只要二十二美元，且運送的時間也縮短了。由於蒸汽船的出現，將一蒲式耳（bushel，譯註：穀物、水果等容量單位，一單位的蒲式耳在英國約等於三十六點四升，在美國約為三十五點二升）穀物從芝加哥運送到利物浦的成本，從一八五〇年代後期的三十五美分降至一九一二年的十美分左右[12]。

運輸成本下降帶來了深遠的影響。源自美洲平原的小麥，以及冷藏技術開發後阿根廷彭巴草原的牛肉都被運送至歐洲，結果使工人們可以獲得便宜的食物，並提高他們的實際生活水準。在英國，自由黨能夠於一九〇六年的大選中獲得壓倒性勝利，部分原因即是他們認為保守黨的關稅提案會抬高麵包價格。在當時，自由貿易可能是一種「民粹政策」。

事實上，《經濟學人》雜誌在一八四三年的創刊歸功於一場反對關稅的運動。英國在一八一五年頒布了《穀物法》（Corn Laws），旨在保障英國農業不受外國競爭的影響，穀物價格未達一夸特（quarter，相當於四千八百零一磅或二百一十七公斤）四英鎊不得進口。《穀物法》在支持托利黨（Tory Party，一八三四年更名為保守黨）的地主貴族中很受歡迎，但那些信奉自由貿易的人和斯密站在同一陣線反對關稅，並獲得實業家的支持，因為實業家們明白，昂貴的食物會讓他們支付更高的工資。

一八四六年《穀物法》的廢除造成保守黨分裂，因而鞏固了自由貿易主義者對英國政策的掌控。英國的關稅在一八一五年到一八二七年間已下降了百分之七十，在一八二八年至一八四一年間又下降了百分之五十[13]。正如質疑論者從那時所指出的，自由貿易之所以適合英國，是因為英國在工業化早期處於領先的優勢地位，使得他們的紡織品和工業製品有機會湧入其他市場。一八五〇年代和一八六〇年代，歐洲諸國開始紛紛仿效英國；一八六〇年的《喀布登—謝瓦利耶條約》（Cobden–Chevalier Treaty）將英國的葡萄酒關稅降低了百分之八十，並將法國對英國進口商品的關稅限制在百分之三十以內。儘管這些仍是懲罰性關稅，但英國出口到法國的商品在一八六〇年代增加了一倍多。該條約成為其他國家的典範，義大利在一八六一年至一八七〇年間達成二十四項貿易協議，比利時和法國各達成十九項[14]。

英國模式的顯著成功不僅促使其他國家鬆綁貿易政策，並且採用了金本位制（**gold standard**）。金本位制旨在透過抑制通貨膨脹來保障債權人的資本價值。一國銀行能夠發行的貨幣數量與其黃金儲備有關。銀行客戶可以用他們的鈔票來兌換等值的黃金和白銀。德國在一八七一年統一後採行金本位制，一八七〇年代的法國、義大利、瑞典以及其他國家也相繼採行。美國於一八七三年採用金本位制後，卻得面臨與國內那些主張（金銀）複本位制者的一場長期抗爭。

在英國以外的國家，金本位制持續的時間比對自由貿易的熱情還長。到了一八七〇年代後期，跨大西

---

11 Kevin O'Rourke and Jeffrey G. Williamson, "When did globalization begin?", NBER working paper 7632

12 這兩份數據資料出自：William Bernstein, *A Splendid Exchange: How Trade Shaped the World*。

13 Kevin O'Rourke and Jeffrey G. Williamson, "The spread of, and resistance to, global capitalism", in Larry Neal and Jeffrey G. Williamson, eds, *The Cambridge History of Capitalism, Volume 2*

14 Sidney Pollard, *Peaceful Conquest: The Industrialisation of Europe 1760–1970*

洋食品進口的全面影響日益明顯。從一八七〇年代初期到一八九〇年代後期，英國穀物進口增長了百分之九十，肉類進口增長了百分之三百；十九世紀的最後二十五年在英國是所謂的農業大蕭條時期。不過其他國家也尚未準備好承受相同命運。一八七九年，德國總理俾斯麥（Otto von Bismarck）對穀物徵收關稅，最後小麥關稅達到百分之三十三、裸麥達到百分之四十七。法國對農產品徵收百分之十至十五的關稅、對工業製品徵收百分之二十五以上的關稅[15]。糧食並不是唯一受保護的類別，一八七五年至一八九五年間，歐洲工業製品的關稅亦增長了一倍[16]。然而貿易仍持續成長，一部分原因是經濟正在擴張，另一部分是因為運輸成本降低的速度比關稅上升來得快。

殖民擴張

十九世紀末是歐洲全球勢力達到鼎盛的時期。到了一九一四年，歐洲連同其殖民地、前殖民地如美國（居住著大量歐洲移民）就掌控了全世界百分之八十五的陸地面積[17]。貿易無疑是擴張的主要動機。在保羅．白羅克（Paul Bairoch）所稱的「殖民契約」（colonial contract）中[18]，殖民地只能與殖民帝國貿易、用帝國的船舶運輸他們的貨物，而且殖民地只准生產原物料，不得製造工業製品。目的就是要建立一個壟斷市場，使每個殖民地成為永久的附屬國。

有些殖民地的獲利豐厚。在一八五〇年代，荷蘭的國家預算有三分之一以上是爪哇島（Java）貢獻的[19]。雖然利潤可能是帝國政策的目標，但那並不是唯一目的，樹立威望和錯失恐懼症（Fear of Missing Out，簡稱ＦＯＭＯ）也是很重要的動機。一八七四年至一八八〇年擔任英國首相的班傑明．迪斯雷利（Benjamin Disraeli）將帝國主義視為吸引選民支持的一種方式；這就是他於一八七六年提議授予維多利亞女王（Queen Victoria）「印度女皇」（Empress of India）稱號的原因。一八八〇年代，俾斯麥對於「爭奪非洲」嗤之以鼻，擔憂殖民糾紛只會損害與其他歐洲強權的關係。一八八五年，俾斯麥在柏林會議上屈服於奪取領土的誘惑，部分原因是他發現建立帝國的想法在國內政治上很受歡迎。但到了一八八九年，他又認為殖民地是「一個負擔與開銷」，試圖將德屬西南非轉讓出去。

俾斯麥的勉為其難點出了列寧等人典型批判殖民主義的一個問題，在他們看來，帝國主義是資本主義的「最後階段」。歐洲列強內部的不平等意味著資本家無法在國內銷售他們的商品，因為工人都窮到買不起，所以資本家不得不將目光投向海外市場。

但經濟利益並不像列寧所說的那麼明顯。一項針對英國公司的研究發現，從一八八〇年代中期開始，帝國投資的報酬就低於國內可賺取的報酬，這是因為保護這些殖民地的成本很高，兩名作者便認為：「如果沒有帝國統治，英國納稅人可以減輕負擔，資源也可以轉移到更有生產力的活動上面[20]。」然而，也有其他學者指出，如第一次世界大戰所呈現的樣貌，帝國統治大幅強化了英國的軍事實力，從維多利亞時代後期大英帝國的鼎盛狀態來看，「並沒有浪費金錢」[21]。

---

15 Kevin H. O'Rourke and Jeffrey G. Williamson, *Globalization and History: The Evolution of a Nineteenth-Century Atlantic Economy*

16 Pollard, *Peaceful Conquest,* op. cit.

17 資料來源：https://www.britannica.com/topic/colonialism/European-expansion-since-1763。

18 Paul Bairoch, *Victoires et déboires II: Histoire économique et sociale du monde du XVIe siècle à nos jours*

19 Gareth Austin, "Capitalism and the colonies", *The Cambridge History of Capitalism*, *Volume 2*, op. cit.

20 Lance E. Davis and Robert A. Huttenback, "The political economy of British imperialism: measures of benefits and support", *The Journal of Economic History*, vol. 42, no. 1, 1982

21 Avner Offer, "The British Empire 1870–1914: a waste of money?" *The Economic History Review*, vol. 46, no. 2, 1993

十九世紀末最成功的兩個經濟體是德國和美國。德國在非洲有幾個殖民地，如多哥蘭（Togoland）和納米比亞（Namibia），美國則擁有菲律賓和夏威夷。但這些殖民地似乎都無法帶來龐大的利潤，可見爭奪非洲是個錯誤（不僅是對非洲人而言）。正是因為非洲經濟並不發達，所以不太可能為歐洲商品創造龐大的需求來源。法國在阿爾及利亞（Algeria）和印度支那（Indochina）獲利的同時，也在非洲熱帶殖民地虧損了許多錢[22]。

因此殖民擴張的另一種說法是，歐洲人對於出口其實不感興趣，感興趣的是掌控原物料。最惡名昭彰的例子就在比屬剛果（Belgian Congo），當時比利時國王利奧波德二世（Leopold II）的政權利用強迫勞動制度，生產用於出口的橡膠，沒有達到橡膠採集額度的人就會慘遭士兵截去四肢[23]。南非向英國供應的黃金和鑽石，都是當地居民長期忍受痛苦從地底下開採出來的。一八七〇年代，金伯利（Kimberley）掀起了一波鑽石熱潮，一八八六年在金山（Witwatersrand）發現了世界上最大的金礦。原住民的土地權受到限制，使他們成為白人農民和礦山的廉價勞動力。南非的人均外國投資大約是英國其他非洲殖民地的十一倍[24]。

在第一次世界大戰之後，這種商品推動殖民擴張的論點有了更充分的理由，因為當時石油在軍事用途上日趨重要，而地球上只有少數幾個地方能找到石油。英國與法國爭奪中東控制權正是出於這個理由。

在一九一四年之前，外國投資確實很受歡迎，但在殖民地卻並非皆是如此。法國人熱衷於購買俄羅斯債券，而該選擇的結果是令人遺憾的，因為蘇聯共產黨在一九一七年革命後拒絕履行帝俄債券。一項針對一九一四年英國海外投資的調查顯示，美國是最大的單一投資目的地，其次是拉丁美洲（英國在那裡的領土很小）。若不算歐洲地區、澳大拉西亞（Australasia，譯註：泛指澳洲、紐西蘭和附近南太平洋諸島）和加拿大等相當獨立的自治領（dominion）在內，殖民地投資還不到總投資的三分之一。歐洲、澳大拉西亞和北美等較為開發國家的年報酬率比發展中國家高百分之一[25]。

快速成長的地區不只有大英帝國當前或先前的部分地區。在一八七六年至一九一〇年間，墨西哥的年成長率達到了百分之八，人口成長了一半。墨西哥的發展得益於外界對商品（尤其是金屬）的需求，以及由政變奪權的將軍波費里奧．迪亞斯（Porfirio Diaz）統治了三十五年之故[26]。有一段時間，英國人特別熱衷在阿根廷投資，一八八〇年代阿根廷獲得了英國將近一半的海外貸款。阿根廷在十九世紀末迎來大量的移民（尤其是來自西班牙和義大利的移民），成為一個重要的農業出口國。一八八〇年至一九一四年，阿根廷的年成長率達到百分之五[27]。到第一次世界大戰開始時，按照人均GDP計算，阿根廷在世界上最富裕國家中排名第十位[28]。但此時阿根廷已經出現金融不穩定的跡象，而且到二十世紀、二十一世紀這個情況一直困擾著阿根廷。一八九〇年，英國霸菱銀行（Barings Bank）因發行布宜諾斯艾利斯供排水公司（Buenos Aires Water Supply and Drainage Corporation）的債券而遭受虧損，幾近破產[29]。歐洲投資者面臨到

---

22 Austin, "Capitalism and the colonies", op. cit.

23 Vanessa Mock, "Belgium revisits the scene of its colonial shame", *The Independent*, June 30th 2010

24 Austin, "Capitalism and the colonies", op. cit.

25 John R. Oneal and Frances H. Oneal, "Hegemony, imperialism, and the profitability of foreign investments", *International Organization*, vol. 42, no. 2, 1988

26 Williamson, *The Penguin History of Latin America*, op. cit.

27 同上註。

28 "The eighth default of Argentina: from independence to Elliott Management", ValueWalk, https://www.valuewalk.com/2014/10/argentina-defaults-history/

29 Harold James, "International capital movements and the global order", *The Cambridge History of Capitalism*, *Volume 2,* op. cit.

這些高風險，所以紛紛撤資。

在看起來像一位歐洲作家在為他祖先的行為辯解之前，我們還是先坦承這些殖民列強的意圖很可能既冷酷又不懷好意。這些強權不太在乎自己的行為對被征服國人民所造成的影響，也很少為被征服國的經濟發展做出努力。就印度而言，英國的統治顯然產生了負面影響。雖然這段時期的歐洲幾乎已經消弭了饑荒問題，但印度在十九世紀下半葉英國統治的期間卻經歷了五次大饑荒，總共奪走一千五百萬條人命。英國往往以成本、不願干預自由市場作為理由，或僅是相信馬爾薩斯式的淘汰會將人口數量減少到更令人滿意的程度，來替他們的毫無作為進行辯解[30]。但對於一個自稱是開化文明的基督教國家而言，這些都是可悲的藉口。在二十世紀，於史達林和毛澤東統治下經歷的饑荒事件被視為是駭人聽聞的罪行，而孟加拉饑荒也屬於同一類。一九四三年至一九四四年，孟加拉經歷了一場可怕的饑荒，造成三百萬人死亡，但英國卻仍將孟加拉生產的稻米運往其他地區[31]。

在英國統治下，愛爾蘭發生了另一場可怕的饑荒，因為當時愛爾蘭農業的主要作物馬鈴薯染上了枯萎病而造成大饑荒。起初英國試圖提供救濟，但一八四七年這些措施都失敗了。儘管愛爾蘭在饑荒期間是糧食的淨進口國，但小麥仍在危機中從愛爾蘭運回英國。英國當局確實投入一千萬英鎊用於救濟工作[32]，但他們的援助嚴重不足；死於饑荒的人數高達總人口數的八分之一（一百萬人），另有一百萬人離開愛爾蘭。

此外還有其他的剝削方式。英國人對於中國茶葉產生了極大的熱情，卻沒有什麼商品能吸引中國人交換。東印度公司准許在印度種植罌粟，因此印度人在當地紡織業遭摧毀後就開始種植這種植物（它是製作鴉片的主要原料）。後來英國將鴉片走私到中國，由於這種毒品具有高度成癮性，在中國可以獲得巨額利潤（每箱高達二十倍）。

一八三九年，中國一名官員採取鎮壓行動，要求外商交出二萬箱或二百五十磅鴉片，然後予以銷毀。憤怒的英國因擔心失去龐大生意而派兵攻打中國，迫使中國皇帝開放幾個對外貿易港口，並割讓了香港。有些英國人譴責其政府的做法，像是後來當上英國首相的威廉・格萊斯頓（William Gladstone）曾公開表示：「我們，這些開明、開化的基督教徒，正在追求與正義和宗教信仰不符的目標。」然而在他擔任首相的四次任期內，他都沒有足夠開明或開化地將英國從中國那裡所奪得的東西歸還給中國[33]。

債權人的統治

蘇伊士運河是十九世紀的工程奇蹟之一。欲將地中海與紅海串聯起來的想法，最早可以追溯至古波斯時代，由當時波斯帝國的大流士大帝進行了首次嘗試。後來該想法引起了帝國列強的極大興趣，因為貫通地中海與紅海之後，倫敦到孟買的航程會縮短百分之四十一，到上海的航程縮短了百分之三十二[34]。蘇伊士運河自一八五九年開始建造，至一八六九年正式開通。埃及政府投入了一半的資本，約有四十萬名埃及人從事該工程，每天工作長達十七個小時[35]。有些工人甚至沒有酬勞。

30 Tharoor, *Inglorious Empire*, op. cit.

31 Soutik Biswas, "How Churchill 'starved' India", http://www.bbc.co.uk/blogs/thereporters/soutikbiswas/2010/10/how_churchill_starved_india.html

32 Charles Read, "British economic policy and Ireland c. 1841–1845", unpublished University of Cambridge PhD thesis

33 Brian Inglis, *The Opium War*

34 Clark, *A Farewell to Alms*, op. cit.

35 Osterhammel, *The Transformation of the World*, op. cit.

極度依賴棉花出口的埃及政府難以償還債務，於是在一八七五年時以四百萬英鎊的低價將運河百分之四十四的股份賣給英國。但事實證明，這只是短暫的權宜之計，因為埃及第二年就出現債務違約，讓歐洲人有了控制埃及的藉口。起初是英法聯合統治，但後來由英國單獨統治。到了一八八九年，英國船隻占蘇伊士運河航運總量的百分之七十五，而法國僅占百分之八。《經濟學人》當時評論指出，蘇伊士運河是「用法國的能源和埃及的資金來為英國利益所開鑿的」。後來伊夫林・巴靈（Evelyn Baring）出任駐埃及總領事，同時也是埃及王位背後的實權人物，直到一九五〇年代埃及才擺脫英國的枷鎖。過去埃及雖然一直不是英國的正式殖民地，但也稱不上是完全獨立自主的國家[36]。

鄂圖曼帝國也發生過類似的情況，在十九世紀的大部分時間裡不斷步向衰敗。一八三八年，鄂圖曼帝國簽署了一項商業協議，給予英國和其他歐洲列強僅抽百分之三的關稅就可在境內進行貿易的權利。但蘇丹的財務狀況並沒有因此改善，鄂圖曼帝國於一八七五年宣告破產[37]。後來一八八一年，歐洲人成立了鄂圖曼國債機構（Ottoman Public Debt Administration），該機構發展到最後擁有九千名員工，他們向帝國公民徵稅，以償還積欠歐洲債權人的債務。以上兩個「由債權人統治」的例子在二十世紀引發了許多仿效行動。民族國家曾利用其軍事力量來支持他們的商人，一旦資本開始在全球流動，他們也會給予他們的投資者同樣的支持行動。

迎頭趕上英國的腳步

十九世紀上半葉，英國在全球工業中握有極大的優勢。一八五一年，在英國舉辦世界博覽會炫耀自身國力之際，英國消耗的煤炭量是法國的十倍，產鐵量是德國的四倍，使用的蒸汽動力是法國與德國總和的兩倍[38]。即使到了一八八〇年，全球的工業製品中仍有百分之二十三是英國製造的，而百分之十五是美國，法國、德國和比利時加起來占百分之十八。不過，其他國家正迅速趕上英國的腳步，到了一九一三年，美國在全球市場的占有率達到百分之三十三（英國為百分之十五）（見圖四）[39]。到第一次世界大戰的時候，德國的鋼鐵產量是英國的兩倍多[40]。

在某些例子中，由於工匠人才被吸引到海外，那些有助英國工業化的技術也跟著轉移或被仿效。後來採用技術的國家自然有其優勢存在，當英國花了幾十年的時間研發蒸汽機、發明紡織機械之後，其他國家可以輕易地使用這些機器的最佳改良版本。

歐洲海岸外的幾座島嶼無法讓歐洲維持住領先地位，也是在所難免的事。其他國家意識到貿易為英國帶來財富之後，紛紛渴望效仿英國。美國在十九世紀大幅擴張領土，成為覆蓋整個大陸的國家。自然成長率加上移民，使得美國人口從一八二〇年的九百六十萬增加至一八六〇年的三千一百四十萬。這是一個龐大的國內市場，美國企業可以善加利用國內市場，不用太擔心對外貿易的情況。事實上，在一七九〇年至一八六〇年間，美國政府約有百分之九十的收入都是仰賴關稅。到一八二〇年代後期，平均關稅比例為百分之六十。雖然關稅下降了幾十年，但南北戰爭期間又回升至百分之五十，並在十九世紀剩餘的大部分時

36 Mansfield, *A History of the Middle East*, op. cit.

37 同上註。

38 David Cannadine, *Victorious Century: The United Kingdom 1800–1906*

39 Robert C. Allen, *Global Economic History: A Very Short Introduction*

40 Alexander Watson, *Ring of Steel: Germany and Austria-Hungary at War 1914–1918*

圖四

迎頭趕上

人均GDP，以二〇一一年物價計（單位：千美元）

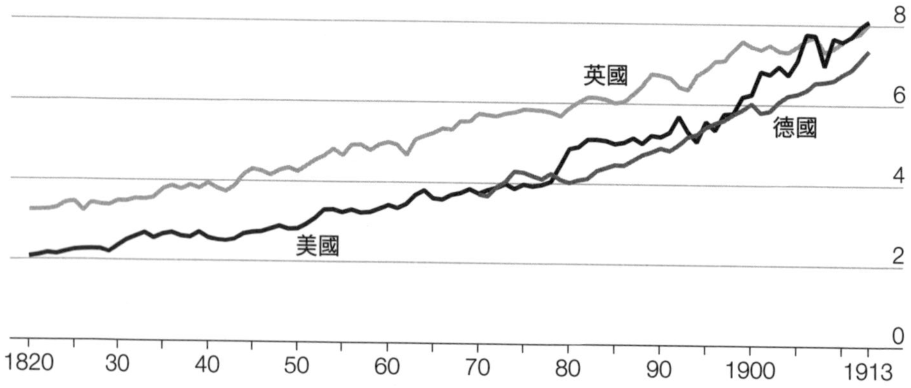

資料來源：Maddison Project Database

間維持在這個水準[41]。

儘管徵收了這些關稅，美國在十九世紀上半葉仍然進口工業製品、出口糧食和原物料，尤其是棉花。到十九世紀中葉，美國的棉花供應量占全球的百分之七十[42]，但製造業的重要性也在提升，勞動力從事製造業的比例從一八一〇年的百分之八，上升至一八六〇年的百分之二十左右[43]。一八二〇年至一九一〇年間，在人口成長、原物料開發和工業發展的相互影響之下，美國實質GDP成長將近四倍[44]。

美國若要開發國內市場，就需要投資基礎建設，尤其在腹地距離遙遠的情況下。正如我們在上一章所看到的，過去在運河和鐵路方面的交通都有規模不小的投資。起初，建造鐵路所需的大部分鐵礦都是從海外進口的，但到十九世紀下半葉，美國開始開發自己的自然資源。一八六〇年至一九一〇年間，鐵產量增長了十六倍，煤炭產量增長了二十三倍；同一時期，鐵路里程數從三萬一千英里增加至二十五萬八千英里[45]。

同樣具重要意義的是，一八五九年在賓州泰特斯維爾的地底意外發現石油之後，帶來的石油生產榮景（參見第五章）。到一八八〇年代，美國不再仿效歐洲的技術，反而在發明和創新方面處於領先地位，如愛迪生發明了燈泡，而且更重要的是創造了發電系統。

在這裡，我們可以回顧一下之前讓英國率先實現工業化的幾個因素：美國擁有能源資源、提倡學習的文化、不會阻礙商業發展的制度。開國元勛們可能（大多）支持小農式的經濟，但他們刻意限制政府的權力，企業因而擁有很大的發展空間。有人可能認為，美國的制度結構過於簡化。美國的銀行體系在南北戰爭之前有一種「西部蠻荒世界」（wild west）的特質，並且經常出現危機和詐欺情事。美國兩度建立中央銀行的嘗試都在政治反對的情況下失敗，美國聯邦準備理事會（Federal Reserve System或Federal Reserve，非正式稱為The Fed，簡稱聯準會）直到一九一三年才成立（參見第十三章）。貨幣短缺意味著國內金錢流通仍使用外國貨幣，直到一八四八年加州發現金礦後，不僅促進當地的快速發展，也以額外貨幣的形式促進貨幣經濟發展。美國在南北戰爭期間發行了一款紙幣「綠鈔」（greenback），並在十九世紀的最後幾十年與黃金（有時也與白銀）掛鉤。

41 Irwin, *Clashing Over Commerce*, op. cit.

42 Srinivasan, *Americana*, op. cit.

43 Irwin, *Clashing Over Commerce,* op. cit.

44 Jutta Bolt, Marcel Timmer and Jan Luiten van Zanden, “GDP per capita since 1820”, in *How was Life? Global Well-Being Since 1820*, OECD, 2014

45 Irwin, *Clashing Over Commerce,* op. cit.

或許最能說明美國經濟實力的是它克服了南北戰爭的影響，這些都是得力於政府的作為。美國在一八六二年頒布的《公地放領法案》（The Homestead Act）讓移居者有機會取得一百六十英畝的土地，只要他們能夠改善這些土地；到了一九一四年，登記申請土地的案件已達到二百五十萬件。該政策在某程度上導致美國用於農業的土地比例，從一八七〇年的百分之十六上升到一九一〇年的百分之三十九[46]。這個國家不僅成為一個自由國度（正如自由女神像代表的意義），更成為一個年輕男女可以發達成功的地方。美國到一九一〇年迎來了另一波更大的移民浪潮，使得總人口達到九千二百萬人，這個階段的經濟規模是英國的兩倍多[47]。很明顯地，身為一個大陸型強權（continental power），美國將比任何歐洲國家擁有更大的影響力。

德國在這個時期是邦國林立的分裂國家。神聖羅馬帝國最終遭拿破崙解散，並於戰爭結束時出現了三十八個政治單位（每個邦國都有自己的關稅）。後來這個國家於一八一八年從普魯士開始拆除貿易壁壘，並於一八三四年建立關稅同盟（Zollverein）。關稅同盟刻意將奧地利哈布斯堡王朝的領地排除在外，因為普魯士與奧地利之間為爭奪德意志的領導權早已征戰多年，而這場抗爭在普魯士於一八六六年獲勝後宣告結束。接著一八七〇年至一八七一年普法戰爭之後，整個德意志邦國在普魯士皇帝的領導下完成統一。

早在統一之前，德國部分地區已經快速步入工業化。一八五〇年代是關鍵的十年，以鐵路的繁榮、股份公司與銀行的創立，以及鋼鐵工業的發展為特點[48]。德國的煤炭產量從一八五〇年的二百萬噸增加到一九一三年的一億一千四百萬噸[49]，到一九一三年時，魯爾區已可供應全國百分之六十的煤炭需求[50]。另外，在肥料的幫助下，德國穀物產量從一八四五年至一九一四年間成長了三點七倍[51]，充足的糧食讓德國能夠孕育不斷成長的人口，總人口數從一八七一年的四千一百萬，躍升至一九一三年的六千八百萬。

由此可見，德國與美國一樣，很快就在某些產業中找到了領先英國的方法。一八五六年，英國人威廉・珀金（William Perkin）發明了第一個人工合成染料苯胺紫（mauve），但德國擁有大批訓練有素的化學家，一八七〇年後迅速擴大了染料工業，主要產品為一種叫做茜草素（alizarin）的紅色染料。如拜耳（Bayer）和巴斯夫等德國企業成為全球化學和醫藥行業的領導者

德意志統一後，經濟迅速繁榮又迅速蕭條，部分原因可能是法國資本的湧入。一八七一年普法戰爭之後，德意志第二帝國要求五十億法郎的賠償，在這裡考量到後來各界批評一九一八年末《凡爾賽和約》（Treaty of Versailles）的巨額賠款，此時的賠償金額值得我們牢記著。在一八七〇年代的前三年時間，與過去七十年來一樣，德國建立了許多鐵工廠、煉鐵廠和機械生產工廠[52]。當時德國股市浮現一片被稱作經濟繁榮時期（Gründerzeit）的榮景，許多詐欺性的股票推銷都與鐵路有關，最後在一八七三年以崩盤告終，同時期的美國也遭遇類似的金融危機。但這些只是暫時性的挫敗，到一次大戰的時候，德國的平均收入（按實際價值計算）比一八五〇年高出四倍[53]。

歐洲大多數國家都走上工業化的道路。在第一次世界大戰爆發之前，奧地利生產了歐洲近百分之十二

46 Greenspan and Wooldridge, *Capitalism in America*, op. cit.
47 Irwin, *Clashing Over Commerce*, op. cit.
48 Fritz Stern, *Gold and Iron: Bismarck, Bleichröder, and the Building of the German Empire*
49 Richard J. Evans, *The Pursuit of Power: Europe, 1815–1914*
50 Pollard, *Peaceful Conquest*, op. cit.
51 Osterhammel, *The Transformation of the World*, op. cit.
52 Stern, *Gold and Iron*, op. cit.
53 The Maddison Project, https://www.rug.nl/ggdc/historicaldevelopment/maddison/releases/maddison-project-database-2018

的煤炭和百分之八的鐵[54]。主要生產亞麻、棉花和刺繡的瑞士是歐洲紡織業的第二大國，僅次於英國[55]。瑞士因缺乏煤炭資源，紡織工廠依賴水力發電。義大利的工業化雖然集中在北部地區，但到一九一三年，義大利已經修建了一萬九千公里長的鐵路[56]。

與此同時，俄羅斯帝國（Tsarist Russia）在亞洲進一步擴張[57]，儘管在實現工業化方面花了更長的時間。俄羅斯當局原本就擔憂工業擴張恐導致社會變遷，從而威脅到他們的統治權威，後來結果證明這個預感沒錯。然而不進行工業化就會有失去大國地位的風險，因此俄羅斯在十九世紀的最後二十年內突飛猛進。一八八〇年至一九〇〇年間，俄羅斯的鋼鐵產量成長了十倍，而在一八八五年至一九九〇年間，工業總產出每年成長百分之五至六，接著一八九〇年到一九〇四年，鐵路里程數增加了一倍[58]。天然資源給俄羅斯帶來龐大的助益，一九〇〇年俄羅斯的石油產量約占全球總產量的三分之一。俄羅斯的出口商品有一半是穀物，只有百分之八是工業製品[59]。不過儘管經濟有所成長，但俄羅斯仍遙遙落後歐洲大陸的其他國家：在一九一三年，俄羅斯的人均GDP只有歐洲平均水準的百分之六十[60]。

日本的崛起

傳聞裡提到，一八五三年美國海軍准將派里（Perry）率領「黑船」（black ships）船隊抵達東京港口時，日本完全是中世紀封建社會的模樣，但事實上，日本已具備早期歐洲現代社會的許多特徵。十八世紀時，日本居住在都市的人口比例高於西歐[61]。在德川幕府時期（或稱江戶時代，一六〇三年至一八六八年），農業生產力因灌溉技術而持續提高，使得日本人口從一六〇〇年的一千八百五十萬人，增加到一八五〇年的三千二百萬人。一八〇一年日本的人口密度為每平方英里二百二十六人，高於英國的每平方英里一百六十六人[62]。一八五〇年日本的實質人均GDP為一千零七十二美元，比同期的中國高出百分之五十[63]。

日本製作服飾、家具和金屬物品（包含武器）等產業的工匠也會組織起來，這些行業的組織方式帶有類似古老歐洲行會的風氣。紡織品的生產方式有的採取外包制度（商人提供原料給家庭生產者），也有僱用多達一百名員工的工廠：據報導，十八世紀末三井商號（Mitsui house）在東京的商店僱用超過一千名員工。日本的金融體制使用如匯票之類的信用工具，還有穀物等大宗商品的期貨交易[64]。

在十五、十六世紀，日本是一個重要的貿易大國，商人們會前往泰國和印度[65]。然而一六四一年後，日本因害怕外國基督教傳教士帶來的破壞性影響，而與世界其他地方斷絕聯繫，所以接下來的兩個世紀只

---

54 Pollard, *Peaceful Conquest*, op. cit.
55 "Textile crafts", Switzerland Tourism, https://www.myswitzerland.com/en-gb/textile-crafts.html
56 Pollard, *Peaceful Conquest*, op. cit.
57 一八六七年俄羅斯以七百二十萬美元的價格將阿拉斯加賣給了美國。如果當時俄羅斯繼續握有在北美的領土，冷戰可能會變得更加緊張。
58 Landes, *The Wealth and Poverty of Nations*, op. cit.
59 Evans, *The Pursuit of Power*, op. cit.
60 Pollard, *Peaceful Conquest*, op. cit.
61 Pomeranz, *The Great Divergence*, op. cit.
62 Clark, *A Farewell to Alms*, op. cit.
63 The Maddison Project, https://www.rug.nl/ggdc/historicaldevelopment/maddison/releases/maddison-project-database-2018
64 G.C. Allen, *A Short Economic History of Modern Japan 1867–1937*
65 Darwin, *After Tamerlane*, op. cit.

有幾個內飛地（譯註：指某個國家境內有塊土地，其主權屬於另一個國家）可以進行對外貿易，而且只開放給中國人與荷蘭人。與中國人不同，日本人自己有白銀供應來源，因此沒有那麼迫切的出口需求，但孤立鎖國代表美國與歐洲列強的軍事優勢將徹底衝擊日本社會。在一八五四年美國第二次叩關日本時，海軍准將派里堅持要與日本簽訂貿易協定，接著一八五八年日本政府再開放五個港口給外國商人，並與法國和英國簽訂條約。

自此以後，日本人展開一連串快速的改革工作。日本廢除了權勢強大的武士階級制度，政府以核發債券方式作為補償（但隨後債券的價值將隨通貨膨脹減少）。再來，一八六八年日本首都遷至江戶（並改名為東京），讓天皇的權力得以強化，這些事件就是所謂的明治維新。日本派遣使節團前往歐美考察歸國後，隨即在國內採行西曆、公制度量衡、新式貨幣制度、合資股份公司（joint-stock company）。日本財務大臣大久保利通（Toshimichi Okubo）推動公路與鐵道建設，並建立了國營軍火製造商、造船廠和紡織廠[66]。日本第一條鐵路於一八七二年正式開通，而且鐵道擴建速度相當快，到一九一〇年全國鐵路里程數已達五千三百七十英里[67]。

紡織業是日本最成功的產業。由於成本低廉和技術的迅速應用，日本在全球棉紡市場的份額從一八七七年的百分之四，提高到一八九二年的百分之三十六[68]。一八七〇年至一九一三年間，出口占日本GDP的比例從幾乎由零上升到百分之七[69]。日本非常迅速地採納電力技術，而且到了一九二〇年，日本製造業所利用的動力有百分五十二是電力，比美國和英國的用電比例還高[70]。

到第一次世界大戰時，日本已經成為一個非常現代化的強國，在一九〇四年至一九〇五年的日俄戰爭中擊敗俄羅斯，充分顯示其軍事力量。日本的GDP在一八八五年至一九一四年間增加了一倍多[71]。一些大型現代化企業集團，如三菱就是在這段時期出現的，其他像三井和住友商事（Sumitomo）等公司則實現了經營多樣化，我們已可預見到這個國家在一九四五年後經濟走向奇蹟的雛形。

現代公司型態的開端

早期的資本家通常是獨自經營，或者以小團體形式，向朋友或家人集資來開業。但是隨著十九世紀經濟的發展，這種模式已不足以因應當時情勢所需。除了自古以來就有的合資企業與合夥關係，還有一種公司模式是國家扶植的公司，例如英國與荷蘭的東印度公司。然而任何需要皇室或政府批准才能成立每家公司的制度，既繁瑣又容易遭到濫用。

在十八世紀早期，隨著新公司的成立，股市出現一陣投機熱潮，主要是為了剝削歐洲的殖民利益。這些投資泡沫快速膨脹然後破滅，導致企業創建事業倒退一個世紀。英國議會曾於一七二〇年通過《泡沫法案》，禁止在未經皇家特許的情況下成立合資股份公司，但十九世紀公司組成模式出現了突破性進展：有限責任公司的概念興起。約翰・米可斯維特（John Micklethwait）和亞德里安・伍爾得禮奇（Adrian Wooldridge）認為這個概念有三個重要面向：公司是一個「法人」（artificial person），具有與真人一樣的

---

66 Kenichi Ohno, *The Economic Development of Japan: The Path Travelled by Japan as a Developing Country*

67 Lewis Freeman, “How the railroad is modernising Asia”, https://trove.nla.gov.au/newspaper/article/5385284

68 Osterhammel, *The Transformation of the World*, op. cit.

69 O’Rourke and Williamson, *Globalization and History*, op. cit.

70 Landes, *The Wealth and Poverty of Nations*, op. cit.

71 Kristine Bruland and David Mowery, “Technology and the spread of capitalism”, *The Cambridge History of Capitalism*, *Volume 2*, op. cit.

經營能力；法人可以向廣大的投資者發行股票；這些投資者可以承擔有限責任。

最後一點特別重要。如果房屋和所有財富都有遭遇損失的風險，那麼很少人會願意去投資由他人掌控的企業；但若向有限責任公司購買一千英鎊的股票，那麼損失頂多一千英鎊，而你有可能會獲利更多。「有限責任」的結構消除大規模虧損的風險，鼓勵更多人投資股票，從而降低資本成本，讓更多公司得以成立，並且促進長期的經濟成長。歷來被視為個人主義濃烈的資本主義，只有在投資者團結一致時才會繁榮。

有限責任形式對於需要大量資金和勞力的鐵路建設極為有用。一八九一年，賓州鐵路公司（Pennsylvania Railroad）僱用的員工人數是美國軍隊的三倍。一八四〇年代中期，英國掀起了鐵路修建熱潮（railway mania），當時英國成立公司仍需要議會通過法案，所以一八四六年短短一年內就通過了二百四十六條鐵路法案[72]。那些在顛峰時期投資鐵路股票的人直到十九世紀末才拿回自己的錢[73]，但這並沒有阻止其他市場的投資者去碰碰運氣。一八九八年，鐵路占紐約證券交易所（New York Stock Excange）全部已發行股票的六成。

有限責任公司一問世就被廣為採用，但直到一九三七年，經濟學家羅納德·寇斯（Ronald Coase）才提出解釋其原因的理論。寇斯認為，關鍵問題在於所涉及工作的複雜性。有些工作任務很容易安排，比方說向鐵匠訂購一對馬蹄鐵，但企業家可能需要完成和協調一連串不同的工作任務才能創造一項產品。透過市場上一系列的交易來安排這項產品完成的過程可能過於複雜且昂貴，而且任何提供貨物和服務的合約都需要涵蓋各種突發事件。聘僱員工來從事不同工作項目，比透過市場交易來得更簡單、成本更低廉，這就是公司存在的原因[74]。

有限責任公司是很好的概念，所以經濟學家提姆·哈福特（Tim Harford）將其列為「締造現代經濟的五十樣發明」之一[75]。但這種公司結構普及後不久，問題就開始浮出檯面。正如先前所說的，大型公司可以從規模經濟中獲益，然而同樣地，這種購買力（和銷售）如果夠大，可能會扭曲市場。

約翰・洛克菲勒（**John Rockefeller**）在一八五九年於賓州發現石油後不久，就踏入了能源市場產業，但他並沒有冒險在前景看好的地方開採石油，而是將精力投注在煉油方面。石油得透過鐵路運輸，因此洛克菲勒經過一番協商後獲得較低的運費，使他能以更低廉的價格擊敗競爭對手，甚至競爭對手在運輸貨物時，他還能從中分一杯羹。到一八七九年，洛克菲勒的標準石油公司已經掌控了美國百分之九十的煉油市場[76]。

另一位實業家卡內基在創辦鐵軌供應企業之前，曾在鐵路公司工作。一八七〇年代，卡內基成立了一家煉鋼工廠，並在高架起重機等創新技術和不斷關注成本的幫助下，成功在鋼鐵工業占據主導地位[77]。一九〇一年，卡內基將自己公司出售給銀行家約翰・摩根（**J. P. Morgan**），作為十家獨立公司合併成美國鋼鐵公司的大規模合併案的一部分；這是第一家市值超過十億美元的公司[78]，該公司擁有二十五萬名員工，

72 Micklethwait and Wooldridge, *The Company*, op. cit.

73 "The beauty of bubbles", *The Economist*, December 18th 2008

74 "Coase's theory of the firm", *The Economist*, July 27th 2017

75 Tim Harford, *Fifty Things That Made the Modern Economy*

76 Yergin, *The Prize*, op. cit.

77 Matthew DiLallo, "Carnegie Steel Company: An early model of efficiency and innovation", https://www.fool.com/investing/general/2015/06/12/carnegie-steel-company-an-early-model-of-efficienc.aspx

78 資料來源：http://www.company-histories.com/United-States-Steel-Corporation-Company-History.html。

其產量占美國鋼產量的三分之二[79]。

這些巨型公司的資本需求遠遠超過單一家族所能提供的程度，因此創辦人不得不向外部投資者出售股份，於是開啟了大型公司的管理和所有權日趨分散的漫長過程。在現代經濟中，股權普遍分散。當然，與窮人相比，富人在股市的持股份額仍然較多，但一般勞工很可能擁有退休金或集體基金儲蓄等形式的「資本」，用於規劃長期投注，例如孩子的婚禮。

現代經濟要解決的問題之一是「委託—代理」（principal–agent）問題，即所有權者和中間人的利益不完全一致。無論是高階主管還是基金管理員都是如此，前者有動機犧牲股東利益來提高自己的薪酬和津貼，後者有動機追求短期報酬以確保留住客戶。

然而，十九世紀後期主要的擔憂是壟斷。壟斷的風險依然存在，人們可能濫用自己的地位來推高價格。幸運的是，十九世紀末是一個技術進步帶動價格迅速下跌的時代。鋼材批發價格在一八六七年至一九〇一年間下降了百分之八十三點五，而美國國內鐵礦石價格在一八九〇年至一九〇五年間下降了一半[80]。競爭對手比消費者更容易遭到壟斷造成的損害。

許多大型企業集團以商業信託（trust，音譯為托拉斯）方式成立，掩飾了企業合併的程度。托拉斯企業引起一些人的反對，他們擔憂托拉斯的壟斷力量和對政客的影響，但遏制壟斷的努力似乎徒勞無功。美國國會雖然在一八九〇年通過了《謝爾曼反托拉斯法案》（Sherman Antitrust Act），但實際上卻很少使用到。標準石油在遭到俄亥俄州最高法院裁定違法壟斷之後，將公司搬到欲吸引控股公司的新澤西州。到一九〇一年，全美國三分之二的公司都將總部設立在該州[81]。後來，德拉瓦州（Delaware）成功地祭出了一些更有利於商業的規範來吸引公司進駐。德拉瓦州之所以至今仍保有對企業的吸引力，原因在於它採行盡量減少稅收和監管的做法；截至二〇一六年，超過六成的財星五百大企業（Fortune 500）設立登記在德拉瓦州[82]。

後來，出現一位難以想像得到的托拉斯強烈反對者。西奧多・羅斯福（Theodore Roosevelt，俗稱老羅斯福）是親商派的共和黨成員，但他仍擔憂「這些代表著我們工業制度發展的特徵：龐大的個人與企業財富、龐大的資本聯合」，並警告說：「國家，以及如果有必要的話還包括國民，應當對由國家創造出來的大企業擁有監督與控制的權利[83]。」一九〇一年老羅斯福繼任成為總統後不久，便對鐵路控股公司北方證券（Northern Securities）提出反托拉斯訴訟，接著一九〇六年又提出一起導致標準石油公司解體的訴訟。

老羅斯福亦採取行動控制其他地方企業的逾矩行為，在一九〇六年推動通過了《肉品檢疫法》（Meat Inspection Act）和《純淨食品和藥品法》（Pure Food and Drug Act），以改善食品工業的狀況[84]。厄普頓・辛克萊（Upton Sinclair）在一九〇四年的小說《魔鬼的叢林》（*The Jungle*）中，揭露了肉類加工業貧乏的衛生標準和工人面臨的危險環境。辛克萊寄了一本自己的書給老羅斯福總統，總統派人調查屠宰場後發現，那裡的工作環境就跟辛克萊描述的一樣惡劣。等到第一次世界大戰時，企業界已經成為一股重要的經

---

79 Micklethwait and Wooldridge, *The Company*, op. cit.
80 Greenspan and Wooldridge, *Capitalism in America*, op. cit.
81 同上註。
82 Suzanne Raga, "Why are the majority of US companies incorporated in Delaware?", http://mentalfloss.com/article/76951/why-are-so-many-us-companies-incorporated-delaware
83 引自：Edmund Morris, *Theodore Rex*。
84 Ricardo Minesotor, "Teddy Roosevelt and trust busting", Foreign Policy, July 3rd 2018, https://foreignpolicyi.org/teddy-roosevelt-and-trust-busting/

濟力量。企業變成跨國公司，在其他國家設立工廠、購買礦山和種植園。美國並不是唯一預見壟斷趨勢的國家，在英國，經過一連串的公司合併，肥皂市場已經被聯合利華（Unilever）的前身利華兄弟（Lever Brothers）所主導；而到了一九〇〇年，德國共有二百七十五個壟斷聯盟在營運[85]。

到一九一三年，外國直接投資（foreign direct investment，簡稱FDI）約四百億至四百五十億美元，占全球投資的三分之一[86]。這些公司的股票在股市上交易，股票的漲跌開始成為觀察經濟信心的指標。最早在一八九六年公布的道瓊工業平均指數（Dow Jones Industrial Average）可能是最知名的指標（雖然不是設計得最好的）[87]，道瓊指數許多原始的股票組成部分，如蒸餾及家牛飼料公司（Distilling & Cattle Feeding Company）和美國皮革公司（US Leather），已經不再獨立存在，但從一九〇七年至二〇一八年，美國奇異電氣公司（General Electric，簡稱GE）一直是道瓊指數的其中一檔，後來由沃爾格林聯合博姿（Walgreens Boots Alliance）取而代之。一家不起眼的藥商取代了強大的工程公司。

第二次工業革命

紡織、鐵路、煤炭、鋼鐵，這些都是與早期工業化階段有關，而十九世紀下半葉出現了所謂「第二次工業革命」的革命。其中一項基本要素是以德國為首的化學工業，但另外兩個最重要的變化是內燃機的發展和電力的使用。

這類工業對經濟的最大影響直到很久以後才真正顯現出來。製造商花了一段時間才明白如何安排其工廠妥當地善用電力，也花了一段時間才開發出以電力運作的家用電器；大多數人直到第二次世界大戰以後才有冰箱或電視。大多數消費者也需要一段時間才買得起汽車。最早利用電力這項新技術的是大眾運輸，在一八九〇年，英國仍依靠二十八萬匹馬來拉動公車和輕軌車（**tram**，即美國的有軌電車〔**trolley cars**〕）[88]，但從一八八〇年代起，電力開始取代馬力。到一九一七年，紐約已關閉最後一條以馬匹拉動的路線。

但隨著汽車、街道電力路燈和第一架飛機的出現，所有事物都增添了一種世界不斷變遷的感覺，讓人覺得如果跟不上最新發明將會淪為平庸國家。英國與德國在一九〇六年至一九一四年間掀起的海軍軍備競賽即說明了這一點。英國以擁有世界上最強大的海軍而自豪，德國則試圖挑戰其主導地位。英國新型主力艦「無畏號」（**Dreadnought**）戰艦裝載重炮並採蒸汽渦輪機發動，可以把以前所有的戰艦都炸出水面[89]。於是工業化毀滅性的一面即將表露無遺，工業化助長了大炮、機關槍和有刺鐵絲網的製造，在西方戰線（**Western Front**）造成不計其數的死亡。

---

85 Evans, *The Pursuit of Power*, op. cit.

86 Geoffrey Jones, *Multinationals and Global Capitalism: from the Nineteenth to the Twenty-first Century*

87 道瓊指數的計算方式是將所有成分股的價格相加後除以總數得出的平均值。所以股價較高的公司在平均值中的權重更大，即使公司的整體市值與名目價格無關。大部分指數採用市值加權，因此一家市值二十億的公司所占的權重，是市值十億美元企業的兩倍。

88 Osterhammel, *The Transformation of the World*, op. cit.

89 Paul Cornish, "The naval race between Britain and Germany before The First World War", January 5th 2018, https://www.iwm.org.uk/history/the-naval-race-between-britain-and-germany-before-the-first-world-war

生活水準

一八四八年是歐洲各地發生一連串革命的一年，其見證了法國國王路易．菲立浦（Louis-Philippe）被推翻、維護君主專制的奧地利貴族梅特涅（Metternich）垮台。這些革命背後的推動力量，有些是追求實施憲政的自由主義人士，有些是希望擺脫君主專制統治的獨立運動。

這一年，馬克思和弗里德里希．恩格斯（Frederick Engels）發表了《共產黨宣言》（*The Communist Manifesto*），這本小冊子以著名的宣言作開頭：「一個共產主義的幽靈，正在歐洲遊蕩」，並譴責無產階級或工人階級的命運，「機器使勞動的差別越來越小，使工資幾乎到處都降到同樣低的水準」。馬克思和恩格斯更表示，工人「並沒有隨著工業的進步而提升，而是日益淪落到自己階級的生存條件以下，工人變成了赤貧者，貧民比人口和財富增長得還快」。

在《共產黨宣言》撰寫之際，工人階級似乎沒有從工業化過程中獲得太多好處。據估計，一七八〇年至一八四〇年間，英國工人的人均產出成長了百分之四十六，但工資（扣除通貨膨脹因素後）僅成長了百分之十二。鑒於早期工廠的惡劣工作條件和城市的衛生不佳狀況，這確實是一樁糟糕的交易。但就在馬克思開始建立他的理論時，情況開始發生轉變。從一八四〇年到一九〇〇年的六十年間，英國的實質工資成長速度超過了每位工人的產出，前者成長了百分之一百二十三，後者成長了百分之九十[90]。

經濟史學家羅伯特．艾倫認為，這種模式的出現是因為十九世紀上半葉的高利潤以犧牲勞動力為代價，來促進資本所有者的發展。然而最終資本所有者將這些利潤進行再投資，從而導致生產力大幅提升，推高了實質工資[91]。不過其他因素可能也有影響。工人們可以移民到實質工資更高的美國和英國殖民地，例如愛爾蘭工人曾在英國農場擔任季節性勞工，他們在饑荒後大量移民，使得英國的實質工資上升。在十九世紀的最後三十年裡，來自新大陸的低廉穀物使糧食價格降低，進而提高民眾的消費力。

工人們也從各式各樣降價的商品中獲益，尤其是低廉的服裝。他們可以在休息日搭乘便宜的火車出遊，參觀大城市時可以走在煤氣燈照明的街道上，這些都是生活水準的改善（雖然有可能沒顯現在傳統的統計數據內）。除此之外，許多因新技術獲益的人不必再將就工廠的工作，例如英國一八五一年人口普查顯示，雖然約有五十萬名棉花工人，但從事家政服務的有一百萬人，在農場工作的有二百萬人[92]。十九世紀末，法國有一半的工人在農場工作。

不平等現象在十九世紀確實有所增加，主要原因似乎是更高的GDP讓一小部分人可以享受更高的生活水準，但並不會迫使其他人的生活低於飢餓點以下。不平等現象大約在一八六七年的英國和二十世紀初的美國達到顛峰；但在那之後，實質工資成長得更快，讓工人的生活水準可以迎頭趕上[93]。最終，大多數人都因為經濟成長而受惠良多。

工會

隨著工業化在世界各地蔓延，工人們開始組織起來爭取更好的工資與工作條件。在英國，工會會員從

90 Robert C. Allen, "Engels' pause: technical change, capital accumulation and inequality in the British industrial revolution", *Explorations in Economic History*, vol. 46, no. 4, October 2009

91 同上註。

92 Cannadine, *Victorious Century*, op. cit.

93 Milanovic, *Global Inequality*, op. cit.

一八八七年的六十七萬四千人增加到一九〇五年的將近二百萬人；在法國，會員人數從一八九〇年的十三萬九千人增加到一九〇二年的六十一萬四千人；在德國，會員人數則是從一八八七年的九萬五千人增加到一九〇三年的八十八萬七千人[94]。

勞資雙方的衝突可能變得非常激烈。一八九二年，卡內基削減了在賓州豪斯登（Homestead）鋼鐵廠工人的薪資，當工人採取罷工行動時，他將工人關在門外，然後換上另一批替補員工。因而引發了一場罷工群眾與皮克頓私家偵探所（Pinkerton detective agency）人員之間的抗爭，造成罷工方九人死亡、皮克頓方七人死亡。州長出動了八千名民兵鎮壓，罷工宣告失敗。

歐洲也經常發生勞資糾紛。一九〇六年，約有四十萬名法國勞工舉行罷工，要求一天工作八小時；一九〇五年至一九一二年間，德國魯爾區的礦工也經常採取行動爭取權益。英國第一次全國性鐵路工人罷工事件發生在一九一一年，翌年發生了第一次全國性礦工罷工事件[95]。這類產業的罷工行動可能特別奏效，因為經濟已經離不開它們了。如果沒有煤炭為工廠提供動力，或者沒有鐵路來運輸貨物，其他產業將很快陷入停擺狀態。在一九一一年鐵路罷工事件中，邱吉爾派遣軍隊進入拉內利（Llanelli），造成六人死亡——幾十年來，這起事件讓許多勞工運動分子一直怨恨他。

女性勞工受到的待遇更差。在英國布萊恩與梅火柴工廠（Bryant and May factory）的火柴女工們分別從冬天的早上八點和夏天的早上六點半就開始工作，一直工作到晚上六點，期間只休息早餐的三十分鐘和午餐的一小時。這份工作必須站著完成，每週薪水四先令，但女工們可能因為說話或未經允許上廁所而被扣三便士[96]。一九一一年，紐約三角內衣工廠（Triangle Shirtwaist factory）發生火災，造成一百四十六名工人喪命（其中一百二十三名為女性）。當時業主為了防範竊盜和他人擅自闖入，而將樓梯間的門都上鎖，導致工人們逃生不及而喪生[97]。

歐洲各地工會日益高漲的好戰情緒令政府憂心忡忡，他們害怕工會恐成為大規模革命運動的基石。這股擔憂促使一些政府在外交政策方面採取更激進的態度，並且利用愛國主義精神來分散工人對於其經濟問題的關注。如果這是目的所在的話，那麼更諷刺的是，第一次世界大戰的動盪反而引發俄羅斯真正的革命，以及其他地方君主專制政體的垮台。但涉及層面更廣泛的問題是，為什麼馬克思關於革命必然發生的預言沒有實現？

答案是：對於大多數人來說，工業化帶來的好處在十九世紀末顯而易見了。最關鍵的部分是，農業產出跟上了人口成長的步伐，所以工廠工人沒有飢餓問題。一項針對二十五個國家農業產出的調查顯示，一八七〇年至一九一三年間，農業產出成長了一倍[98]。十九世紀後期，德國與法國都增加了脫粒機（**threshers**，脫穀機／打穀機）和收割機等機械的使用，同時俄羅斯在一八六〇年代到一九一四年間成功地將其穀物產量提高了將近六倍[99]。

有些政府也提供福利來阻擋社會主義和共產主義的威脅。俾斯麥在一八八〇年代將醫療保險、意外事故保險和退休金引進德國；法國在一八九〇年代和一九〇〇年代引進醫療保險和兒童托育服務；英國在二十世紀的前十年開始提供退休金和失業保險。

94 William A. Pelz, *A People's History of Modern Europe*
95 Evans, *The Pursuit of Power*, op. cit.
96 Simon Heffer, *The Age of Decadence: Britain 1880 to 1914*
97 Donkin, *Blood, Sweat & Tears*, op. cit.
98 Giovanni Federico,"Growth, specialization, and organization of world agriculture", *The Cambridge History of Capitalism, Volume 2*, op. cit.
99 Evans, *The Pursuit of Power*, op. cit.

十九世紀下半葉，預期壽命也開始顯著提高。其中一項原因是科學家發展出細菌致病理論，並意識到衛生條件不佳的可怕影響。這些病學理論過了一段時間才被社會所接受。一八四七年，匈牙利一位名叫伊格納茲・塞麥爾維斯（Ignaz Semmelweis）的婦產科醫生，發現到產褥熱（puerperal fever）是透過醫生傳播，並堅決主張醫生應該洗手抗菌。但是儘管新手媽媽的死亡率大幅下降，他的理論卻沒有獲得廣泛認可。最後塞麥爾維斯精神崩潰，在精神病院遭警衛毆打致死，再也無法知道多年後自己的想法會獲得廣泛認可[100]。

一八五四年，曾撰寫關於霍亂傳播途徑的醫生約翰・史諾（John Snow），成功追查到這種疾病爆發的源頭來自倫敦一台抽水機：當抽水機停止運作後，霍亂的病例就減少了[101]。一八五九年到一八七〇年間，由工程師約瑟夫・巴瑟傑（Joseph Bazalgette）領導的團隊在倫敦地底下設計一個全長五百五十英里（八百八十五公里）的下水道網絡，並與另一個全長一萬三千英里（二萬一千公里）的下水道網絡連結起來。該項計畫遭議會否決了五次，直到一八五八年「大惡臭」（Great Stink）事件後才獲批准，當時泰晤士河散發出來的惡臭已經濃厚到下議院的窗簾都得灑上石灰以掩蓋氣味[102]。美國的城市在一八五〇年代後期開始修建汙水下水道系統，德國和法國則從一八六〇年代開始建造。法蘭克福的下水道系統成功讓傷寒死亡率降低，從一八六八年每萬人當中有八十人，減少到一八八三年每萬人中只有十人[103]。

工人們不僅身體越來越健康，受教程度也越來越高。十九世紀上半葉，各國政府開始對年幼孩童實施教育。到一八四〇年，美國東北部有幾個州達到普遍入學，而到了一八五〇年，五到十四歲美國白人兒童當中，就學者占百分之六十一。唯一入學率較高的地方是普魯士，當時是為了因應早期在拿破崙戰爭中的失敗表現而引進教育，一八五〇年時，普魯士的入學率達到百分之七十三。法國和英國的入學率約百分之五十[104]。

另一個社會重大變遷是中產階級的出現。在挪威，從事專業工作的勞動力比例從一八一五年的百分之六上升到一九一四年的百分之二十二。英格蘭和威爾斯的辦事員（clerk，行政文書）數量從一八七一年的十二萬九千人，增加到一九〇一年的四十六萬一千人[105]。除了辦事員之外，更複雜的新型態經濟也需要更多的律師和工程師。

這些中產階級勞工要求選舉權，在英國，他們透過一八三二年和一八六七年的《改革法案》（**Reform Acts**）獲得了選舉權。在德國，儘管議會制度受到操控，有利於貴族和君主行使有效控制，但從一八七〇年開始，所有二十五歲以上的成年男性都有權在普魯士投票。法國曾於一八四九年採行男性普遍選舉權，但在拿破崙三世（**Napoleon III**）時期再次受到限制，直到一八七一年後第三共和（**Third Republic**）時期才正式確立。這類投票權的擴大很可能是精英們試圖阻止革命的作為，特別是考慮到一八四八那一年所發生的各種革命事件[106]。

中產階級從舊城區（**inner cities**）搬到郊區，因為他們負擔得起通勤的費用，而他們也成了在十九世紀下半葉興起的零售帝國的重要顧客。百貨公司設立展示櫥窗吸引顧客上門，定期舉行促銷活動來刺激

100 資料來源：http://broughttolife.sciencemuseum.org.uk/broughttolife/people/ignazsemmelweis。
101 資料來源：http://www.bbc.co.uk/history/historic_figures/snow_john.shtml。
102 "Subterranean dreams", *The Economist*, July 16th 2013
103 Evans, *The Pursuit of Power*, op. cit.
104 Sun Go and Peter Lindert, "The curious dawn of American public schools", NBER working paper 1335
105 Evans, *The Pursuit of Power*, op. cit.
106 Daron Acemoglu and James A. Robinson, "Why did the West extend the franchise? Democracy, inequality and growth in historical perspective", http://web.mit.edu/daron/www/qje_kuz6.pdf

商機，並提供手扶梯和電梯等便利設施。而且新開的商店規模很大。一八八九年，巴黎樂蓬馬歇百貨公司（Bon Marché）在促銷期間，每天來客數達七萬人，都是受到有銀色噴水池的香水專櫃和蕾絲專櫃所吸引，埃米爾．左拉（Emile Zola）在那裡觀察到，「迷戀物質的慾望讓所有女人瘋狂[107]」。

在一八八八年的美國，理查．西爾斯（Richard Sears）是第一個決定用印刷傳單來銷售其手錶和珠寶的人。到一八九四年，西爾斯擴大了經營範圍，開始提供服飾、樂器以及自行車等商品，並打出「全球最便宜的商家」（Cheapest Supply House on Earth）等口號[108]。西爾斯推出一份商品目錄，以便宜的價格透過郵件寄送到遠離沿海城市的廣大內陸地區家庭，許多人居住在農場，除了販售基本日常食物與用品的店家之外，其他類型的商店都距離他們很遠，但西爾斯的商品目錄讓他們看到了更遼闊的世界。在接下來幾年，《人猿泰山》（*Tarzanof the Apes*）的作者艾德格．萊斯．巴勒斯（Edgar Rice Burroughs）為這份商品目錄撰稿，藝術家諾曼．洛克威爾（Norman Rockwell）也為其設計封面[109]。

這種對於物質商品的熱情引起廣泛的關注。斯密認為消費是「一切生產的唯一目標與目的」，而且如前所述，人們為了買得起茶葉或陶器等新商品，而願意延長工作時間的這個想法，被視為是十七、十八世紀「勤勉革命」的驅動力。但並非每個人都贊成這種物質主義（materialism）的解釋。一八九九年托斯丹．范伯倫（Thorstein Veblen）出版了《有閒階級論》（*The Theory of the Leisure Class*），並在其中創造「炫耀性消費」（conspicuous consumption）一詞，[110]意指消費者購買商品是為了證明自己的財富與地位，有點像園丁鳥在裝飾巢穴吸引配偶那樣。結果導致某些產品只因為其排他性而值得擁有，因此現代所謂的「范伯倫商品」（Veblen goods）指的就是價值上漲會推高需求的商品。

某些評論家談論到大眾消費時，態度總是有些傲慢：一般民眾怎麼敢從購物享受樂趣呢？事實上，這個說法讓人聯想起中世紀禁止購買衣服的《反奢侈法》（sumptuary laws），其設法阻止窮人穿上貴族喜歡的布料和顏色。

工業化的最大好處之一是，它讓公民能夠以負擔得起的價格購買實用的物品。法蘭克・伍爾沃斯（Frank Woolworth）在紐約州猶蒂卡（Utica）開了一家「伍爾沃斯的五分錢商店」（Woolworth's Great Five Cent Store），當這家店經營失利後，他第二年又在賓州蘭卡斯特（Lancaster）嘗試了一次。成功的關鍵是在廉價商店（five-and-dimes stores）以五美分或十美分的價格提供商品，就像今天美國的一美元商店和英國的一鎊商店。一九一二年，伍爾沃斯的連鎖店成功上市，總共有五百九十六家門市；第二年，當時世界最高的伍爾沃斯大樓（Woolworth Building）在紐約落成[111]。後來有位店家稱伍爾沃斯的商業模式是「薄利多銷」（pile 'em high and sell 'em cheap），二十世紀有很多人效仿這套模式，這在二十一世紀的亞馬遜（Amazon）平台上也可見到。

世界上許多知名品牌最早出現在這個年代。南美人長期靠咀嚼古柯葉（coca）獲得主要成分古柯鹼（cocaine）的提振精神效果。美國藥劑師約翰・彭伯頓（John Pemberton）是眾多嘗試製作與古柯葉相關飲料的人之一，他想出一個絕妙的點子，把古柯葉與非洲普遍使用的興奮劑可樂果（kola nut）的萃取液結合起來。可口可樂於一八八六年推出的第一個版本含有微量的古柯鹼，彭伯頓過世後，一位名叫艾薩・坎

107　Trentmann, *Empire of Things*, op. cit.

108　資料來源：http://www.searsarchives.com/catalogs/history.htm。

109　同上註。

110　資料來源：http://www.conspicuousconsumption.org/。

111　資料來源：http://www.woolworthsmuseum.co.uk/aboutwoolies.html。

德勒（Asa Candler）的人成了這款飲料成功上市的推手。到一八九五年，美國各個州都有販售可口可樂[112]。

含糖飲料的發明並不是人類的一大躍進，但可口可樂成為人人都可自由選擇和享用的飲料。據說可口可樂是全世界識別度第二高的英文單詞，僅次於「OK」。

週期循環模式

農業經濟靠穀物收穫來推動，農作物栽種的成敗可以解釋為「天災」的結果。但隨著全球經濟變得越來越商業化和工業化，社會開始出現一種更加獨特的週期循環模式，以繁榮和蕭條的興衰交替著。從一八三〇年代開始，幾乎每十年就會發生一次，其中一些主要在美國，有些則在歐洲。對於這些模式有許多可能的解釋。第一種解釋與商業投資有關[113]。建造工廠和購買機器需要投入大量的初始支出（initial outlay），這部分與僱用工人或購買原物料的計算方法不同，工人可以被解僱，原物料可以出售。企業家只有在確信自家產品有市場的情況下，才會願意承擔固定投資的風險，那麼企業家自然會傾向在經濟繁榮、利潤豐厚的時候進行投資。整體來說，這些投資將為繁榮帶來更大的動力，因為企業家訂購更多的機器、僱用更多的工人。

然而市場最終會變得如此擁擠導致利潤開始下降，是因為企業為了銷售商品進行價格競爭。企業為僱用工人和購買原物料而支付更多的費用，成本將隨之上升。面對這種市場日益衰退的前景，有些企業將會延後投資計畫或裁員，有些公司將會破產。整體來說，這種情況會導致市場對商品的需求減少，經濟週期就會出現逆行。

當時大多數人對於這些只有模糊的理解，但代價卻是由那些在經濟衰退期間失業的工人們所付出，而當時的社會補助政策很少。對他們來說，這個經濟循環的運作似乎既獨斷又殘酷。難怪在第一次世界大戰之後，許多工人開始要求更多的社會保障。

不過在十九世紀後期，歐洲工人有了一種避免經濟困境的方法——那就是前往新大陸。

112 Tom Standage, *A History of the World in Six Glasses*

113 更多專業深入的解釋，請參見：Christopher Freeman and Carlota Perez, "Structural crises of adjustment, business cycles and investment behaviour", http://www.carlotaperez.org/downloads/pubs/StructuralCrisesOfAdjustment.pdf。

第九章 外來移民

迷惘靈魂的靠岸

從曼哈頓南端乘坐觀光船到艾利斯島，這趟旅程的一個亮點是近距離觀看自由女神像，上面題詞寫道：「把你們疲憊、窮困、蜷縮成一團渴望自由呼吸的群眾交給我吧！將你們擁擠海岸上那些被拋棄的不幸人民都交給我，將那些無家可歸、顛沛流離的人們都送到我這裡，我就站在金色大門旁，高舉自由的火炬迎接著[1]。」

一八九二年至一九五四年期間，抵達美國東海岸的移民們也看見同樣壯麗的美景，當時艾利斯島是第一個入境點，超過一千二百萬移民通過這裡。最早的移民檢查中心於一八九七年遭祝融夷為平地，在那之後，移民們踏入的檢查站是一座偌大如城堡般的維多利亞式建築，這座建築至今仍屹立在此。下船後，他們第一個落腳處是行李提領大廳，現在擺滿展示全球移民歷史的陳列櫃。他們能帶多少家當就帶多少家

1 這段話源自於詩人艾瑪・賴薩魯斯（Emma Lazarus）所創作的詩。一九〇三年，這首詩被刻在自由女神像上。

當，孩子因穿上他們所有的衣服而圓滾滾地走路。

但是，當新來的移民走上氣勢宏偉的樓梯時，沉重行李不得不丟棄在大廳裡。當天我的導覽員特里姆解釋，這是第一道考核。醫生會暗中觀察他們攀爬樓梯的過程，看看是不是有任何人出現站不穩的虛弱徵兆。大約有十分之一的移民會被拉到一旁，並標上「PPC」，意思是「潛在的公共負擔」（potential public charge）。醫生們隨身攜帶鈕扣鉤（buttonhooks），用來掀起移民的眼瞼，檢查看看是否有砂眼（是可能導致失明的一種細菌感染）。有些人會被送到醫院，不過這些移民最後也有九成的人獲准入境。

通過醫學檢測的移民接下來要面臨法律稽查人員。稽查員會提出三十一項問題，但最重要的一項是「你是誰？」然後核對每位移民姓名與船上登記冊所記載的是否吻合，展示櫃陳列的登記冊樣品出現墨里根（Mulligan）、凱利（Kelly）和史坦（Stein）等多筆歐洲姓氏，但我的導覽員表示這裡面有許多人的名字遭到竄改，例如我太太的祖父在出生時叫薩利（Sally），到美國變成索爾（Sol）。移民們應該隨身攜帶十五美元，這樣才能展開新的生活；在外匯兌換所成立之前，這可不是件容易的事。據說，一些稽查人員身上會帶著十五美元，交給移民通過考試後再歸還。總而言之，艾利斯島的移民申請駁回率只有百分之二，其中一半是因為健康檢查未通過，另一半是因為法律問題。

如果通過稽核人員的考核，移民就能下樓梯取回行李，然後可以購買到美國任何地方的票。通過艾利斯島移民檢查的人當中，約有三分之一留在紐約眾多新移民聚集區之一，如日耳曼鎮（Germantown）或小敖德薩（Little Odessa）。以前有位不懂英語的新移民本來要去曼哈頓的休士頓街（Houston Street），結果買成前往德州休士頓的票。但他一路南下，成為一位成功的裁縫師。

另一位新移民的故事更離奇。當時他為了躲避當局而乘坐三等艙離開，但他聲稱身上帶有四萬美元的現金。在俄羅斯，他曾是沙皇尼古拉二世（Tsar Nicholas II）的假髮製作師和化妝師。移民申請通過之後，他最初定居在費城，後來萌生了在電影產業運用自己化妝技巧的點子。這號人物就是蜜絲・佛陀（Max Factor）。

自從人類離開非洲後，就不斷地遷徙。有的遷徙目的是要躲避洪水或乾旱；有的動身尋找新的土地耕種或新的海域捕魚；有的離開自己的部落或家族去尋找新的機會；有的是為了逃離前來占領的軍隊和專制的國家；對於一千萬至二千萬淪為大西洋奴隸貿易犧牲品的非洲人來說，他們是迫不得已地遷離家園的；有的像歐洲殖民列強或蒙古帝國一樣，以入侵者身分遷移；有的像艾利斯島上的大多數移民一樣，為了在新大陸尋找新的開始。

所有人類都是移民或是移民的後代，差別只在於我們或我們祖先抵達目前居住家園的日期而已。綜觀歷史，這些人口流動具有重大的政治和經濟意義。

「外來移民」（immigration）和「移居國外」（emigration）這兩個詞彙與民族國家的概念密切相關，就像護照、簽證、關稅和邊境檢查站等的相關事物一樣。在早期的移民歷史裡，人口遷移可說簡單也可謂更加困難。簡單的部分在於，當時沒有需要克服的官僚程序，也不需通過邊境檢查。但更加困難的部分在於，陸地遷徙的速度很慢，自己能夠攜帶的財物或食物等資源可能有限，還得面臨物品可能遭人偷竊的風險。乘船遷徙則會面臨暴風雨或變化莫測的風向與洋流等危險。

所以人們遷徙的話，通常會結伴同行。如第一章所述，這種現象對於羅馬帝國的滅亡產生一定的影響。問題始於匈奴人（Huns）的入侵，目前人們還不清楚匈奴人的真正發源地，但據猜測可能位於現代的哈薩克[2]。隨著匈奴人向西遷移，他們似乎在自己與羅馬帝國之間的部落中造成政治動盪，導致公元三

2 出自非營利公司「古代歷史百科全書」（Ancient History Encyclopaedia）的觀點：https://www.ancient.eu/Huns/。

七六年抵達多瑙河畔的兩個哥德（Gothic）族群——特溫基人（Tervingi）和格魯森尼人（Greuthungi）提出了避難請求。這是接下來三十五年來一連串人口遷徙的開始，這些遷徙活動似乎動搖且壓垮了西羅馬帝國，並造成公元四一〇年羅馬遭攻陷。雖然羅馬人嘗試採用他們過去經常攏絡這些部落的策略，但事實證明這些做法太過頭。以前效忠羅馬帝國中心的地方領主，被迫與部落階級組織打交道。最後帝國的統治局勢，包含其重要的經濟聯繫，都逐漸瓦解[3]。

羅馬帝國的滅亡就是帝國統治雙刃劍的例子。人們很容易把羅馬人視為殖民壓迫者，如法國連環漫畫《亞力高盧勇士歷險記》（*Asterix the Gaul*）即是把羅馬帝國描繪成傲慢的霸主。建立一個帝國必須冷酷與殘暴，但正如歷史學家摩里士所指出，帝國若瓦解可能帶來毀滅性後果[4]。當一國政府無法維持社會秩序，貿易活動就會減少，因為盜匪活動比產業活動的獲利更多。美國前總統雷根（Ronald Reagan）說過，最恐怖的九個字是：「我是政府派來幫你的」，摩里士則說，最恐怖的十個字是：「無政府狀態，我隨時能殺你。」

以侵略形式進行的遷徙是一種非常普遍的歷史發展，所以入侵者的後代很容易遺忘侵略事件。英國人自豪地談論他們源自於盎格魯—撒克遜（Anglo-Saxon）民族，卻輕描淡寫地帶過盎格魯人來自德北什列斯威—荷斯坦邦（Schleswig-Holstein）、撒克遜人來自德國的事實。英國的語言和地名夾雜著德語、維京語和諾爾斯語（還有其他很多外來的）詞彙。創立俄羅斯的羅斯民族（Rus people）最早來自瑞典。

隨著人類移動到世界各地，他們帶來各自的文化和制度結構。英國人在政治上控制了北美洲，西班牙人和葡萄牙人則占領了中美洲和南美洲。在美洲大陸的北方，小型農場主發展出「擁有財產權的民主制」（property-owning democracy）；在西班牙和葡萄牙地區，財產則分配到少數富有的地主身上，民主制度很慢才出現[5]。在歐洲，德國的農民和礦工向東遷移，建造了柏林等城市，並帶來他們的農業技術[6]。

精明的帝國主義者意識到鼓勵國內貿易的重要性，即使只是為了增加稅收收入也好。就像羅馬的侵略在西歐創造了單一貿易區域，伊斯蘭在七世紀和八世紀的擴張亦在中東、北非和亞洲部分地區創造一個貿易區，蒙古帝國在十三世紀和十四世紀的征戰同樣在中亞地區打通貿易市場。在這些帝國的疆域之內，貿易可以成長，帶給人民繁榮：只要農民可以順利收割庄稼，他們怎麼會在乎幾百、幾千英里之外是誰坐在王位上呢？

歐洲對於美洲、亞洲和非洲部分地區的殖民行動，創造出一個龐大的世界市場。當然在這些殖民過程中，讓那些國家遭侵略的當地居民付出慘痛代價，但大部分的帝國主義擴張皆是如此，包括蒙古西征。

強迫遷徙

外來的移民可能是征服者，也可能是遭驅趕出家園的人。一九七二年遭獨裁者阿敏（Idi Amin）驅逐出烏干達的亞洲人，將他們的商業技能和職業規範帶到了英國[7]。另一個在經濟方面非常成功的族群是胡格諾派（Huguenots），他們是一六八五年被逐出法國的新教徒。約有二十萬的胡格諾派教徒大舉外遷，其中五萬人定居在英格蘭，他們在絲綢紡織方面的專業知識推動了英國紡織業的發展[8]。英國央行英格蘭銀

---

3 Peter Heather, "The Huns and the end of the Roman Empire in Western Europe", *The English Historical Review*, vol. 110, no. 435, 1995

4 Morris, *War, What Is It Good For?*, op. cit.

5 關於這種二分法的探討，請參見：Niall Ferguson, *Civilisation*, op. cit.。

6 Cipolla, *Before the Industrial Revolution*, op. cit.

7 Paul Harris, "They fled with nothing but built a new empire", *The Observer*, August 11th 2002

8 Boyd Tonkin, "The Huguenots count among the most successful of Britain's immigrants", *The Independent*, June 18th 2015

行（Bank of England）的首任總裁約翰·胡布隆爵士（Sir John Houblon），其父親即是胡格諾派流亡者。

當然，也有一些不是那麼令人愉悅的例子，例如分別在一四九二年和一六〇九年被逐出西班牙的猶太人和摩爾人（Moriscos，改信基督教的穆斯林）；史達林強制將各種族的人流放到西伯利亞；第一次世界大戰後，穆斯林遷離希臘，基督徒遷離土耳其；以及隨著印度與巴基斯坦分治而出現的大規模人口流動。除了帶給人類痛苦之外，這種破壞亦對經濟造成重大影響，因為商業被迫停擺，人們在逃往安全地帶時不得不拋下自己的財產。

強迫遷移最糟糕的情況，毫無疑問是奴隸貿易。正如本書在其他章節提到的，自古以來就存在各種形式的奴隸制，這些強迫勞動助長了埃及金字塔、中國運河和其他灌溉系統的建造。羅馬人和希臘人擁有大批的奴隸，在十二世紀早期的中國，擁有奴隸是財富的象徵[9]。西班牙的穆斯林征服者捕捉非洲當地人作為奴隸，在公元八五〇年至一〇〇〇年間，可能有二百五十萬非洲人從非洲之角（Horn of Africa）的南方運來，那裡又稱「奴隸海角」（Cape of Slaves）[10]。維京掠奪者則奴役東歐人，這種現象普遍到「斯拉夫」（Slav）成為「奴隸」（slave）的字根。

大西洋奴隸貿易在規模上完全不同，這是殘忍的工業化（industrialisation of brutality）。奴隸貿易從一四四〇年代開始，到十九世紀中期廢除奴隸貿易為止，大約有一千二百萬的非洲人被運送至美洲。在運送非洲奴隸的船上，他們遭受慘無人道的對待，約有一百五十萬人死於運送途中。每位奴隸只有高六十三英寸（一百六十公分）、寬五十二英吋（一百三十二公分）的空間，在這麼擁擠的環境裡，感染疾病是無可避免的。黑奴運輸船上約有三分之一的人死於痢疾，其次是天花[11]。另外一起著名的案件中，黑奴販賣者將一百三十二名生病的奴隸扔進海裡，為的是向保險公司索賠[12]。

推動大西洋奴隸貿易發展的是經濟，而非版圖征服。在十字軍東征期間入侵巴勒斯坦的歐洲基督徒偶然發現甘蔗（甜菜直到十八世紀才開始種植）[13]，並將這種作物帶回來品嘗。伊斯蘭帝國將蔗糖種植拓展到地中海地區，包含北非和西班牙，接著歐洲人因重新占領其中一些領土而接管了蔗糖種植，起初採取強迫農民勞動的做法，但黑死病之後造成勞動力短缺，導致越來越多人改採奴隸勞力，尤其是在克里特島和賽普勒斯島[14]。

葡萄牙人在十五世紀上半葉開始探索非洲西海岸時，發現了馬迪拉群島和亞速群島。他們也開始從非洲販賣奴隸，用黑奴換取歐洲的商品，如紡織品、威尼斯的玻璃、葡萄酒和雪莉酒，以及刀劍等金屬器具[15]。他們在馬迪拉群島上興闢甘蔗種植園，由來自加那利群島（**Canary Islands**）和非洲的奴隸負責耕作。馬迪拉群島經歷了非凡的繁榮與蕭條，蔗糖產量從一四七二年的二百八十噸增加到一五〇六年的一千五百噸，到一五三〇年產量又驟降百分之九十。在這個過程裡，馬迪拉群島（名字意思是「木材島」）的森林幾乎遭砍伐殆盡，因為製糖需要大量的能源[16]。

在發現美洲之後，葡萄牙於一五一六年在巴西首次種植甘蔗，一五五〇年後開始生產經濟作物。起初他們仰賴當地工人，但歐洲殖民者帶來的疾病在當地造成很高的死亡率，於是他們將目光轉向來白西非

9 Chanda, *Bound Together*, op. cit.

10 Paine, *The Sea and Civilization*, op. cit.

11 Hugh Thomas, *The Slave Trade: The History of the Atlantic Slave Trade*

12 "Living Africans Thrown Overboard", http://www.pbs.org/wgbh/aia/part1/1h280.html

13 Robert M. Harveson, "History of sugarbeets", University of Nebraska–Lincoln, https://cropwatch.unl.edu/history-sugarbeets

14 J. H. Galloway, "The Mediterranean sugar industry", *Geographical Review*, vol. 67, no. 2, April 1977

15 Thomas, *The Slave Trade*, op. cit.

16 Jason W. Moore, "Madeira, sugar, and the conquest of nature in the 'first' sixteenth century, Part 1: from 'island of timber' to sugar revolution, 1420–1506", *Review (Fernand Braudel Center)*, vol. 32, no. 4, 2009

的奴隸，因而剛果和恩東加（Ndongo，即今天的安哥拉〔Angola〕）的國王競相爭奪黑奴主要供應者的地位[17]。對於非洲領導者來說，交出那些戰俘或突襲中遭俘擄的其他不幸者是一樁利益非常豐厚的生意。

十七世紀晚期，糖的生產轉移至加勒比海地區，巴貝多（Barbados）、瓜地洛普（Guadeloupe）、牙買加及海地都成為糖的主要產地。這種作物雖然是荷蘭人帶來的（他們占領巴西的一部分），但英國人和法國人很快就控制了這個市場。糖之所以被英國殖民者稱為「白金」（white gold），是因為蔗糖貿易的豐厚利潤，而且由於疾病與虐待幾乎讓當地居民死亡殆盡，因此必須使用奴隸來從事糖的生產工作。

在炎熱潮濕的田地裡工作十分艱辛，因此歐洲人並不想從事這類工作，而在糖廠工作的生活則更加艱困，工人必須用手將甘蔗送進機器裡，所以容易被燙傷。操作機器的工人旁邊會站著一位手持砍刀的奴隸，準備在這位工人受困於機器內時替他截肢。當時一篇報導便指出：「如果被甘蔗碾磨投料機夾住手指，整個人的身體都會被捲進去，然後碾成碎片。一旦任何部位陷入滾燙的糖漿裡，就會像黏膠般被困住，難以挽救其四肢或性命[18]。」

雖然在此之前，許多地區和文化裡都存在奴隸制，但大西洋奴隸貿易的差別在於規模之大、殘暴及工作條件惡劣；此外，種植園主人通常需要男性做苦工。相比之下，阿拉伯奴隸貿易當中有三分之二為婦女和孩童（也是來自非洲的奴隸）[19]，這些人大多從事家政服務，不用忍受種植園或糖廠的惡劣條件。伊斯蘭法律亦規定，奴隸應該得到公正和仁慈的對待，解放奴隸是一種值得讚揚的行為。埃及馬穆魯克王朝（Mamluk）的統治者都是皈依伊斯蘭教並獲得自由的奴隸兵[20]。雖然美國一些奴隸主人偶爾會讓奴隸恢復自由之身，但這類自由人幾乎沒有提高社會地位的可能性。

到十七世紀末，由大西洋貿易帶來的利潤可知，荷蘭人、英國人、法國人和葡萄牙人在西非都有據點和貿易站，且每年輸出二萬四千名奴隸[21]。在一七一三年，英國根據《烏得勒支和約》（Treaty of Utrecht）

接手「奴隸專營權」（asiento），也就是向西班牙殖民地運送奴隸的權利（英國人根據相同協議獲得直布羅陀〔Gibraltar〕）。這個專營權很快就賣給了南海公司，也就是一七二〇年那場著名泡沫事件的主角。

到了十八世紀，大西洋三角貿易的典型格局已經形成。歐洲人乘船到非洲，用工業製品（通常是紡織品）交換奴隸，這些奴隸隨後被帶到美國，交換糖和棉花等原物料，接著這些貨物再運回歐洲。大多數奴隸是向非洲當地商人買來的，並非歐洲人自己抓來的。

後來，在建立起美國這個國家的北美殖民地也開始實施奴隸制：一七〇三年時，紐約百分之四十二的家庭擁有奴隸。但對奴隸需求量最大的是南方各州，因為那裡是糖、菸草和棉花的種植地。查爾斯・曼恩（Charles Mann）認為，輸入奴隸的關鍵因素是歐洲人所帶來的瘧疾[22]。瘧疾盛行地區與非盛行地區之間的分界線，大致與區分蓄奴州和非蓄奴州的梅森—狄克森線（Mason–Dixon line）吻合。歐洲人在農場工作時很容易染上瘧疾，所以殖民者在奴役當地居民時，當地居民也容易感染到。然而，西非與中非約有百分之九十七的人口對間日瘧（vivax malaria，瘧疾中最常見的一種）免疫。唉！這種遺傳優勢還真是可怕的詛咒。

儘管如此，若不是惠特尼發明了軋棉機，將棉花籽從未加工的纖維裡去除，美國的奴隸制可能已經自然衰微。軋棉機的發明讓美國的棉花出口從一七九二年的十三萬八千磅，激增至一八二〇年的三千五百萬

---

17 Thomas, *The Slave Trade*, op. cit.
18 "Conditions in the sugar works", International Slavery Museum, Liverpool, http://www.liverpoolmuseums.org.uk/ism/slavery/archaeology/caribbean/plantations/caribbean35.aspx
19 Maddison, *Contours of the World Economy*, op. cit.
20 Hourani, *A History of the Arab Peoples*, op. cit.
21 Thomas, *The Slave Trade*, op. cit.
22 Mann, *1493*, op. cit.

磅，進而大幅增加了對奴隸勞動力的需求。在一八〇〇年到一八一〇年間，美國奴隸數量增加三分之一，在接下來的十年裡又增加了三分之一[23]。

歐洲人到十八世紀晚期開始對這種奴隸貿易產生一些道德疑慮，主要有兩個影響因素：一是強調人類權利的啟蒙運動，二是福音派基督教（evangelical Christianity）。在法國大革命之後，儘管拿破崙於一八〇二年恢復了奴隸制，國民議會仍授予殖民地黑人公民權。英國從奴隸貿易中獲得豐厚利益，尤其是布里斯托和利物浦等城市，到一七九〇年，前往利物浦的船隻有四分之一左右參與奴隸交易[24]。但福音派基督徒的反對聲浪變得越來越大，約翰．牛頓（John Newton）即是其中一例。他原本是三艘奴隸販賣船的船長，也是奴隸貿易的投資者，並在這段時期寫下了《耶穌聖名何等美善》（*How Sweet the Name of Jesus Sounds*）和《奇異恩典》（*Amazing Grace*）等聖歌[25]。但到晚年，他在一本小冊子《論非洲奴隸貿易》（*Thoughts Upon the Slave Trade*）裡譴責了奴隸貿易，並加入威廉．威伯福斯（William Wilberforce）的廢奴運動。

一八〇七年，該運動成功地廢止這項國際貿易，於是英國海軍開始攔截其他國家的販奴商船。然而，一八二〇年代仍然有五十萬左右的奴隸從非洲運送到美洲，英國的廢奴行動可能只是助長剩餘交易者的價格和利潤罷了。

並非所有非洲人都對這項轉變感到開心。在西非的許多地區，如迦納和奈及利亞，土地屬於全體共同所有，因此奴隸是普遍常見的個人財產[26]。除了在戰爭中被俘虜，人們也可能因為犯罪或無力償還債務而遭奴役。非洲統治者是自願參與奴隸貿易而非不得已加入的。在十七世紀，歐洲人其實向現今迦納地區的非洲商人出售了四萬至八萬奴隸[27]。當英國在十九世紀打壓奴隸貿易時，達荷美（Dahomey）國王蓋佐（Gezo）抗議表示：「奴隸貿易一直是我們人民的統治原則，這是他們榮耀與財富的來源[28]。」

對於英國人轉向廢奴制的做法，無論你是抱持極度懷疑，還是認為在道義上值得稱讚，都可能取決於你的國籍。但請注意，大英帝國一直到一八三三年才廢除奴隸制，而且補償金是支付給奴隸主而非奴隸本身。到一八四〇年，隨著奴隸貿易逐漸減少，送到美洲的非洲人是歐洲人的三倍多[29]。奴隸制繼續在美洲盛行，巴西到一八八八年才廢除奴隸制度，成為美洲最後廢除奴隸制的國家。

這種惡劣貿易帶來的影響是長期的。美國即使廢除了奴隸制，但非裔美國人的權利在接下來一百年內仍受到官方限制。其他部落遭暴力襲擊和數百萬年輕人遭綁架，給非洲國家留下深刻的創傷。一項研究發現，從某一國家掠奪的奴隸數量和該國後來的經濟表現之間呈現負相關：「今日最貧窮的非洲國家也是奴隸最多的地方[30]。」

契約勞工

雖然奴隸受到的待遇最差，但他們並不是唯一一種移居新大陸的「不自由」勞動力。在十七、十八世紀，前往美國的旅費對窮人來說實在負擔不起，以一六五〇年的物價來看，這趟旅費相當於五個月的工

---

23 Thomas, *The Slave Trade*, op. cit.

24 同上註。

25 David Sheward, "The real story behind 'Amazing Grace'", Biography.com, August 11th 2015, https://www.biography.com/news/amazing-grace-story-john-newton

26 John Thornton, *Africa and Africans in the Making of the Atlantic World, 1400–1800*

27 Mann, *1493*, op. cit.

28 Thomas, *The Slave Trade*, op. cit.

29 Mann, *1493*, op. cit.

30 Nathan Nunn, "The long-term effects of Africa's slave trades", *The Quarterly Journal of Economics*, vol. 123, no. 1, February 2008

資[31]，所以另一種選擇是簽訂契約，以換取免費乘船的資格，移民必須工作數年，通常是四到七年。契約工作到期後，如果能夠倖存下來，他們就可以成為財產所有人（property owners）；畢竟，殖民者人口有限但土地眾多（那時候沒人在乎當地居民的權利）。在殖民統治的第一個世紀，約有三分之一到一半的歐洲移民是以契約勞工的身分抵達北美殖民地的[32]。

契約勞工到十九世紀出現了新的型態，開始有許多亞洲的契約勞工，特別是來自印度與中國。五千多萬的印度人和中國人移民到東南亞、非洲、澳大利亞和美洲[33]。即使在那個時候，外界仍將這種契約僱傭的做法視為奴隸制的替代品。與奴隸貿易一樣，運送或僱用契約勞工的人往往忽略這些勞工的最大利益。運送中國勞工的船之所以稱為「棺材船」（coffin ships），是因為在航行途中死亡的人數很多——載運契約勞工的船隻，其死亡率遠高於同一航線上載運乘客的船隻[34]。而契約勞工抵達之後，當地工作條件很差，例如在千里達島（Trinidad）的印度勞工被監禁在環境不佳、擁擠的營房，許多人患有痢疾、霍亂和瘧疾[35]；在古巴的外來勞工當中，有半數未能在契約期內存活下來[36]。

這些契約勞工修建鐵路、在碼頭搬運貨物、在礦坑裡工作。他們就跟奴隸一樣，從事一些當地人不願意做且又髒又危險的工作。他們也會遭受到一些與奴隸一樣的懲罰，凡是企圖在契約結束之前逃跑或只是對監工不尊重的人，都會遭到毆打或被戴上鐐銬[37]。這些工人確實拿得到工資，而且契約最終（在八年或十年後）也到期了。一八七〇年代從模里西斯（Mauritius）返鄉的印度勞工，其帶回來的現金平均相當於四年的收入[38]。然而，並非所有人都如此幸運。有時候契約勞工不得不與同一僱主簽訂新的合約，否則將被驅逐出境。這種契約勞動的制度可能比奴隸制好，但在某些情況下兩者其實沒什麼差別。

契約勞工改變了許多國家的人口結構。印度裔占模里西斯人口的一半以上、幾乎占斐濟人口的一半，以及約占一些加勒比海群島人口的三分之一[39]。印度民權活動家穆罕達斯·甘地（Mohandas Gandhi）開始為他在南非的同胞爭取權益；散居在許多東南亞國家（如新加坡）的華裔族群，成為貿易界的重要組成分子，並與其他國家建立起貿易連結。

一群渴望自由呼吸的人

如果將奴隸、契約傭工以及囚犯合併計算，到一八二〇年，超過五分之四的新大陸移民是沒有自由的。但從那時起，一切都轉變了。在接下來到一八八〇年的六十年裡，超過五分之四的移民是自由勞工[40]。這是歷史上一次人口大規模的遷移。移民美國的人數從一八二〇年代的每年平均不到一萬三千人，

---

31 Timothy Hatton and Jeffrey Williamson, *Global Migration and the World Economy: Two Centuries of Policy and Performance*

32 Mann, *1493*, op. cit.

33 Hatton and Williamson, *Global Migration and the World Economy,* op. cit.

34 Chanda, *Bound Together*, op. cit.

35 Sherry-Ann Singh, "The experience of Indian indenture in Trinidad: living conditions on the estates", University of the West Indies, St Augustine, http://www.caribbean-atlas.com/en/themes/waves-of-colonization-and-control-in-the-caribbean/daily-lives-of-caribbean-people-under-colonialism/the-experience-of-indian-indenture-in-trinidad-living-conditions-on-the-estates.html

36 Paine, *The Sea and Civilization*, op. cit.

37 Evelyn Hu-Dehart, "Chinese coolie labor in Cuba in the nineteenth century: free labour or neo-slavery?", *Contributions in Black Studies*, vol. 12, 1994

38 Hatton and Williamson, *Global Migration and the World Economy*, op. cit.

39 Chanda, *Bound Together*, op. cit.

40 Hatton and Williamson, *Global Migration and the World Economy*, op. cit.

增加至一八五〇年代的每年平均二十七萬五千人。在整個十九世紀，有六千萬歐洲人移居到其他大陸[41]。

推動人口大遷移背後可能有三個因素。首先，由於蒸汽船的問世，橫渡大洋的旅行變得便宜許多。從一八四〇年代初到一八五〇年代後期，往返英國和紐約之間的乘客票價下降了百分之七十一[42]，票價下降讓低收入的工人可以移居國外，就像一九七〇年代興起的套裝旅遊讓歐洲勞工可以到國外度假一樣。鐵路的引進亦使潛在移民從歐洲內陸到大西洋或地中海港口的成本變得更低。

第二個因素與工資有關。由於十九世紀中期工資上升，工人們發現支付跨大西洋的費用（或是去澳大利亞的費用）變得更容易了。但是即使工人可以獲取較高的工資，也遠低於在新大陸所能賺取的收入；在一八四六年，美國的實質工資比英國高出百分之八十九[43]。

然而，單純的經濟問題並非驅使勞工前往新大陸的唯一因素。一八四〇年代大饑荒之後產生的絕望情緒，讓許多愛爾蘭人跨越大西洋前往美國；迫害和偏見也讓猶太人在十九世紀末逃離俄羅斯帝國。

第三個因素相對較為良性。預期壽命的迅速提高（因為有更好的衛生條件、食物供應等）代表歐洲有很多青壯年人口，但相對來說，土地資源也會隨人口增加而變少。相反地，美國、加拿大、阿根廷、澳大利亞和其他「新大陸」國家擁有大片的土地和相對較少的人口，所以人口遷移是合情合理的。發展到最後，舊大陸與新大陸之間的差距開始縮小。在十九世紀末，歐洲的薪資水準開始趕上美國的步伐，同時新大陸的土地價格也開始飆升[44]。

隨著時間演進，移民的來源地發生了變化。十九世紀初，英國與德國為移民的主要來源地，後來則還有源自斯堪的納維亞半島、義大利、奧匈帝國、俄羅斯、西班牙及葡萄牙等地的移民。人口遷移的規模相當驚人，在二十世紀第一個十年裡，英國、義大利和瑞典的總人口中有百分之三的人移居外國，而該比例在西班牙為百分之五，在葡萄牙更是高達百分之七。而同一時期，流入阿根廷的移民數量相當於現有人口的百分之四十三[45]。

人口遷移不免會引發政治反應。一八五〇年代，美國見證了美國人黨（American Party）的迅速崛起，其源自於一個具有入會儀式和暗語的秘密組織。成員們發誓用「一無所知」（I know nothing）來回答所有問題，這個組織後來又稱為「一無所知黨」（Know Nothing Party）。該政黨要求對移民實施二十一年的歸化期，並禁止所有天主教徒擔任公職。在鼎盛時期，該政黨有一百多名國會議員和八名州長，後來由於奴隸問題而分裂[46]。

種族歧視甚至比反天主教更為普遍（而且，反天主教的動機可能是對一八五〇年後大量湧入的愛爾蘭和義大利移民的厭惡）。利用中國工人修建橫貫大陸的鐵路，令那些擔心自己工資因此而被壓低的工人感到不安，因而引發一波反華情緒；一八七一年洛杉磯發生一起種族騷動事件，導致十七至二十名華人移民喪生。在工會的施壓下，美國於一八八二年通過了《排華法案》（Chinese Exclusion Act），禁止中國勞工移民美國，後來一八九二年再延長禁令時限，最後在一九〇二年成為永久性法案[47]。其他歐洲殖民者定居

---

41 Huwart and Verdier, *Economic Globalisation*, op. cit.

42 Hatton and Williamson, *Global Migration and the World Economy*, op. cit.

43 同上註。

44 同上註。

45 Jeffrey Frieden, *Global Capitalism: Its Fall and Rise in the Twentieth Century*

46 Lorraine Boissoneault, "How the 19th-century Know Nothing Party reshaped American politics", Smithsonian.com, January 26th 2017, https://www.smithsonianmag.com/history/immigrants-conspiraciesand-secret-society-launched-american-nativism-180961915/

47 Chinese Exclusion Act (1882), "Immigration to the United States, 1789–1930", Harvard Library, http://ocp.hul.harvard.edu/immigration/exclusion.html

的國家也通過類似的措施，例如一九〇一年的白澳政策（White Australia Policy）。

上述這些措施都未能減緩十九世紀末和二十世紀初從歐洲湧入艾利斯島和其他地方的大批移民人潮。美國的外國出生人口（foreign-born population）比例在一八九〇年達到百分之十四點八，在一九一〇年達到百分之十四點七。在二十世紀前十年裡，外國出生人口總數增加了三百二十萬，創下當時的歷史新高[48]。

整體來看，這是歷史上最大規模的人口流動之一。北美洲的居民創造了世界最大的經濟體，而北美平原和南美洲大草原（South American pampas）的開闢，再加上蒸汽船與冰箱的發展，改變了全球的糧食供應。

移民潮戛然而止

移民數量在第一次世界大戰期間驟減，理由很明顯。一來，歐洲各國政府都亟欲招募年輕人加入國家軍隊，而不是看著人口移居國外；二來，由於英德兩國海軍相互交戰，橫渡大西洋變得更加危險。

戰爭結束後，隨著邊界重新劃定，立即湧現了大量難民，其中最大一波人口移動發生在一九二三年，當時希臘與土耳其的人口互換協議涉及了一百六十萬人。但戰前的經濟移民模式並沒有恢復。在戰爭年代，美國工業被迫在沒有歐洲移工的情況下繼續運作，所以僱用了更多的女性和來自南方農村的非裔美國人。在一九一六年至一九七〇年間，約有六百萬非裔美國人由南方遷至北方的芝加哥和底特律等城市[49]。

到了一九二〇年代，全球移動人數遠低於戰前水準。移民人數下降可能有很多原因。美國與歐洲的薪資差距並沒有一九〇〇年前那麼大，加上經濟大蕭條（The Great Depression）爆發後，美國對求職者來說也不再那麼具有吸引力。另外，那時候是一個民族主義情結越發濃烈的年代，對外國人的猜疑也增加了。正如國與國之間的貿易關係在一九三〇年代中斷一樣，人口流動也因而停擺。

人口遷移在第二次世界大戰之後開始恢復。由於勞動力短缺，西德在一九五〇年代採取「客籍勞工」（**Gastarbeiter**）計畫，其中以土耳其人為最大宗。而法國和英國等殖民強權，在兩次世界大戰期間從自己的殖民地徵召士兵與勞工，例如之後成為越南領導人的胡志明就曾在巴黎和倫敦工作過。隨著一九四五年後帝國衰退，歐洲殖民者紛紛返鄉，各國政府有時也會徵求殖民地公民加入宗主國，包括從牙買加乘坐「帝國疾風號」（**Windrush**）前往英國的一群人，不過這群人數量遠不及來自南亞的移民，尤其是從旁遮普和孟加拉來的。法國的移民主要來自阿爾及利亞、摩洛哥和突尼西亞等北非國家[50]。

在第一次世界大戰後將近五十年的時間裡，美國實施相當嚴格的移民政策。一九二一年的移民法案採取人數管制措施，並建立了配額制度，設計成有利於現有的移民族群（歐洲裔）。這種情況在一九六五年開始有所改變，作為終結種族歧視所推動的民權法案的一部分[51]，《移民和國籍法》（**Immigration and Nationality Act**）同意在大致相等的基礎上接受所有國籍的移民。

這項法案產生了重大的長遠影響，由此衍生出「連鎖移民」（**chain migration**）效應，即當勞工的公民身分一旦確立，就會把自己的親戚一起帶過來。在外國出生的美國公民比例在一九七〇年降至百分之四點

48 Fred Dews, "What percentage of US population is foreign born?", Brookings Now, October 3rd 2013

49 "Great Migration", History.com, March 4th 2010, https://www.history.com/topics/black-history/great-migration

50 Pieter C. Emmer and Leo Lucassen, "Migration from the colonies to Western Europe since 1800", European History Online, http://ieg-ego.eu/en/threads/europe-on-the-road/economic-migration/pieter-c-emmer-leo-lucassen-migration-from-the-colonies-to-western-europe-since-1800

51 Tom Gjelten, "The Immigration Act that inadvertently changed America", *The Atlantic*, October 2nd 2015

七的低點，到二〇一〇年卻上升到百分之十二點九[52]。在一九六〇年，每八位移民當中有七位來自歐洲[53]，到了二〇一〇年，這個比例下降到只剩八分之一。美國的移民超過半數來自墨西哥和拉丁美洲其他地區，百分之二十八來自亞洲[54]。

普遍而言，國際移民大幅增加，但規模仍不及十九世紀晚期。一九六〇年，約有七千九百萬人居住在出生國以外[55]，到了二〇一七年，這個數字已經上升到二億五千八百萬[56]。美國是最熱門的移民目的地，在第三個千年的頭十五年裡，每年吸引約一百萬移民。但與維多利亞時代相比最大的變化是，歐洲已經從人口的移出國變成淨移入國，西班牙、德國、義大利以及英國都吸引大量的人口流入。

就某部分來說，移民是為了經濟誘因而來，例如富裕國家的實質工資一直高於非洲。但經濟並非唯一因素；約有一億一千一百萬人在發展中世界裡遷居，其中許多人是因為中東與非洲的衝突而被迫移居國外。

在敘利亞內戰期間，約有六百萬人逃離敘利亞，其中半數以上的人逃到土耳其，超過四分之一的人逃到鄰國黎巴嫩和約旦（兩國總人口數約一千四百五十萬）[57]。但媒體關注的是抵達歐洲的敘利亞難民，還有搭乘不適合航行的船隻穿越地中海而不幸溺斃的移民潮。聯合國難民署（UN High Commissioner for Refugees）估計，二〇一六年全球流離失所的人數達六千萬，創下一九四五年後的紀錄[58]。十九世紀和二十世紀初的事件重演，人口遷移再次引發政治反應：反移民政黨在歐洲獲得廣泛支持，而川普（Donald Trump）當選美國總統的部分原因，就是他的反移民立場。

移民對經濟的影響

大量移民湧入對當地勞工的薪資不利，似乎是顯而易見的影響。畢竟在其他條件相同的情況下，供給增加會導致價格下跌。但其他條件並非相同，如果說，工人變多會導致薪資下降，那麼全球人口從十億增加到七十億怎麼沒有造成大規模的貧困呢？答案很清楚，每位工人也是需求的來源。每位移民都把賺來的錢，用來消費當地的商品和服務。

經濟學家談到了「勞動總量」（**lump of labour**）的謬論，也就是認為需完成的工作只有固定數量的想法。學者曾用此謬論來主張女性應該遠離勞動力市場，留給男性更多的工作機會，或者年長的員工應提前退休，為年輕人創造就業機會。

移民可能對非技術性勞工的實質工資產生影響。哈佛大學（**Harvard University**）經濟學教授克勞蒂亞・戈爾丁（**Claudia Goldin**）曾對十九世紀末和二十世紀初美國移民的影響進行研究，發現外國出生的人口比例每增加一個百分點，工資就可能下降百分之一到一點五[59]。移民潮亦可能促使美國東部的勞工往中西部和西海岸移動。

---

52 Dews, "What percentage of US population is foreign born?", op. cit.

53 同上註。

54 Audrey Singer, "Contemporary immigrant gateways in historical perspective", Brookings Institute, September 5th 2013

55 Phillip Connor, "International migration: key findings from the US, Europe and the world", Pew Research Center, December 15th 2016, http://www.pewresearch.org/fact-tank/2016/12/15/international-migration-key-findings-from-the-u-s-europe-and-the-world/

56 The International Migration Report 2017, UN Department of Economic and Social Affairs

57 資料來源：UNHCR。敘利亞境內另有六百六十萬人流離失所。

58 Tom Nuttall, "Looking for a home: special report on migration", *The Economist*, May 28th 2016

59 Claudia Goldin, "The political economy of immigration restriction in the United States, 1890 to 1921", in *The Regulated Economy: A Historical Approach to Political Economy*, Claudia Goldin and Gary D. Libecap, eds

然而，英國雖然在二〇〇四年後因新國家加入歐盟而迎來大批移民，但研究並未發現移民與當地人就業變化之間的任何重要關聯，無論是針對一般民眾或年輕人之類特定族群。服務業中非技術性勞工的薪資可能會有些微跌幅，但在過去十年來，這種影響大約只有百分之一。在地方層級中，移民人數的增加與醫療服務的等待時間增加沒有關聯性，以英語為母語的學童成績也沒有受到影響[60]。此外，移居世界各地的人通常都有非比尋常的幹勁和進取心，根據一項針對「獨角獸企業」（unicorns，估值達到十億美元以上且尚未上市的新創企業）的調查，結果發現半數以上是由一位或多位移民所創立的[61]。

對全球經濟整體而言，移民無疑是一大好處。貧窮國家的勞工移居富裕國家時，其生產力會提升許多：他們擁有更好的工具，享受更好的制度，這些制度能夠確保他們的勞動有所回報。比起在一個困苦的國家裡建立更好的制度，不如將勞動力從一國轉移到另一國家還來得容易些。有項研究估計，一個勞動力完全自由流動的世界將比現在富裕七十八兆美元，平均每人收入將增加一萬美元[62]。但由於政治的緣故，勞動力的自由流動是不可能會實現的；事實上，即使是那些極力主張資本和商品自由市場的政治家，也鮮少願意提倡人員流動的自由。

60 Jonathan Portes, "How small is small? The impact of immigration on UK wages", National Institute of Economic and Social Research, January 17th 2016

61 Farhad Manjoo, "Why Silicon Valley wouldn't work without immigrants", *The New York Times*, February 8th 2017

62 "A world of free movement would be $78trn richer", *The Economist*, July 13th 2017

第十章

世界大戰與大蕭條（一九一四年至一九四五年）

近代史上，很難想像有哪段時期會比一九一四年至一九四五年這三十年更加悽慘黯淡。在第一次世界大戰期間死亡的人數可能高達一千九百萬人，第二次世界大戰期間的死亡人數則約六千萬人，其中包括那些因戰爭而遭受疾病和饑荒的人。前後兩次戰爭期間更爆發了史上最嚴重的經濟倒退——大蕭條。

這是一個拒絕全球化、高舉民族主義的時代。一九一三年，出口占全球GDP的百分之十四，一九二九年略低於百分之十二，但一九三五年卻驟降至百分之五。全球經濟直到一九七四年才恢復到大蕭條之前的水準[1]。按照實際價值計算，國際貿易在一九一四年至一九四四年間停滯不前[2]，商品、資本與人員的流動也不那麼自由。外國直接投資占全球總產值的比例，從一九一三年的百分之九下降到一九六〇年的百分之四點四[3]。同時，美國拒絕接受移民，採取嚴格的配額制度將亞洲人排除在外。

1　Esteban Ortiz-Ospina, Diana Beltekian and Max Roser, "Trade and globalization", Our World in Data, https://ourworldindata.org/trade-and-globalization

2　Bernstein, *A Splendid Exchange*, op. cit.

3　Geoffrey Jones, "Firms and global capitalism", in *The Cambridge History of Capitalism, Volume 2*, op. cit.

關於第一次世界大戰的爆發，輿論出現許多相互矛盾的理論，人們將衝突歸咎於英國、德國、法國和俄羅斯，或是更普遍的原因如帝國主義。最具說服力的解釋以「意外搞砸，並非蓄意」（cock-up rather than conspiracy）的概念為主。每個大國都採取強硬的外交立場，希望迫使其他國家選擇讓步，但過度自信與驕傲的兩相結合意味著強權是一步步邁向戰爭的「夢遊者」（sleepwalkers）[4]。

歐洲統治者可能誤以為，戰爭都會像十九世紀中葉的普奧戰爭和普法戰爭那樣迅速地落幕，然而美國南北內戰的情況可能才是更貼切的前例，儘管北方享有經濟與軍事優勢，但這場戰爭卻仍拖延了四年之久。

股市本應以「群眾的智慧」（wisdom of crowds）為導向，因為投資者會利用自己的判斷來評估市場前景。但正如歷史學家尼爾．弗格森（Niall Ferguson）所指出的，市場對於一九一四年六月二十八日奧匈帝國皇儲法蘭茲．斐迪南大公（Archduke Franz Ferdinand）遇刺幾乎沒有任何反應，而這起事件正是引發第一次世界大戰的導火線。直到七月二十一日，奧匈帝國對塞爾維亞王國發出威脅，認為幕後行刺者是塞爾維亞的特務，投資者才開始有所回應。到了七月二十七日，奧匈帝國股市不得不關閉，其他市場也迅速跟進，倫敦與紐約證交所在八月一日關閉[5]。

若說這場戰爭是資本主義蓄意的陰謀，那也是件非常奇怪的事，因為貿易和金融市場立即遭到中斷。一九〇九年，諾曼．安吉爾（Norman Angell）在其出版的《大幻覺》（*The Great Illusion*）一書中表示，戰爭的代價太大，歐洲國家無法承擔。他對成本代價的看法正確，但戰爭還是爆發了。富可敵國的羅斯柴爾德家族（Rothschild family）在歐洲各地握有銀行業務利益，所以努力避免戰爭發生，但他們的苦心卻換來反猶太主義的謾罵。在大多數德國商人和銀行家都反對戰爭之際[6]，事實上俄羅斯有逾半數的海外債務是掌握在德國債權人手中的[7]。如果「全球主義者」（globalist）這個詞在一九一四年出現的話，他們肯定會被這個詞當面打臉。無庸置疑，軍火製造商肯定樂見戰爭的前景，因為他們在一九一四年還只是工業的一小部分。

掌握主要權力的政治家，往往是來自貴族或中上階級的人，他們的動機多半是威望或權力投射問題，而並非經濟。事實上，假如他們意識到為了支付戰爭費用必須增加稅收的程度，就會感到驚訝不已。一九一四年到一九一八年的戰爭期間，國家作用變得越來越大，而且再也沒有退回到以前的水準。

這場戰爭導致政府對私部門的干預變得比以前多。英國政府支出占國內GDP的比例從百分之十提高到尖峰時期的百分之七十，就連比較後期才參戰的美國，其支出也從一九一六年國內GDP占比不到百分之二，上升到百分之二十五[8]。美國拋棄了自由市場的做法，在一九一七年成立戰爭工業委員會（War Industries Board），該委員會有權設定生產配額和分配原物料。

奧匈帝國和德意志帝國這兩個同盟國（Central Powers）被迫實行更嚴格的計畫制定，因為他們面臨到的可是兩個戰線的戰爭。一九一六年，德意志帝國將領們根據興登堡計畫（Hindenburg programme）設定軍火目標，提出生產成本所需費用，並保障實業家有固定的利潤率。德意志帝國在糧食供應方面遭遇嚴重困難。一九一六年至一九一八年間，英國的海上封鎖使德國的乳製品進口減少了百分之八十、肉類進口也

4　請參見：Christopher Clark, *The Sleepwalkers: How Europe Went to War in 1914*。

5　Niall Ferguson, "Earning from history? Financial markets and the approach of world wars", Brookings Institute, https://www.brookings.edu/wp-content/uploads/2008/03/2008a_bpea_ferguson.pdf

6　Niall Ferguson, *The Pity of War: Explaining World War I*

7　Stern, *Gold and Iron*, op. cit.

8　Esteban Ortiz-Ospina and Max Roser, "Public spending", Our World in Data, https://ourworldindata.org/public-spending

銳減了百分之九十左右，但此時，德國將製作肥料所需的氮用來製造軍火，拖曳馬也被送到前線。一九一五年，德意志帝國禁止穀物與麵粉的自由買賣，麵包也實施配額制度。一九一六年，配額制度範圍擴大到其他類型的糧食[9]。在戰爭結束以前，德國人都必須吃一種叫「K-Brot」的雜糧麵包，裡面有馬鈴薯、燕麥、大麥，甚至麥稈[10]。

經濟可能是這場戰爭的決定因素。在戰爭開始之際，西方協約國（The Western Allies）法國、英國和俄羅斯就擁有比對手德奧同盟更多的經濟資源，再加上有美國助其一臂之力。在機關槍和彈藥發展方面，協約國更是輕而易舉地超越同盟國[11]。

對三大王室而言，這場戰爭帶來的不是榮耀，而是統治的終結。哈布斯堡家族成員出任神聖羅馬帝國皇帝，最早可追溯到一二七三年，並從十五世紀開始，哈布斯堡王朝就一直把持著這個皇位。作為奧匈帝國的統治者，哈布斯堡王朝掌管著歐洲第二大國家，直到一九一八年奧匈帝國戰敗解體。羅曼諾夫家族（The house of Romanov）自一六一三年以來，一直統治著歐洲最大的國家俄羅斯，末代沙皇在一九一七年被推翻，然後連同其家人一併遭處決。霍亨索倫王朝（Hohenzollerndynasty）從一七〇一年開始在普魯士王國稱王，一八七一年起成為德意志帝國的皇帝。最後，德意志皇帝威廉二世（Wilhelm II）於一九一八年退位，流亡至荷蘭。

第一次世界大戰的規模相當龐大。論人數，敵對雙方總共約有六千五百萬人參戰[12]；論戰火，戰爭期間雙方互轟了十五億枚炮彈[13]，光是英國就擁有五千艘商船，載運超過一千三百萬噸的物資[14]。十九世紀在製造業所展現的優秀創造力，現在卻轉向製造致命武器——大炮、步槍、炸彈、槍彈和毒氣。事實也證明，攻擊毀滅效果奇佳。

不僅如此，戰爭也投入龐大的財力與人力成本。德英法三國在這場戰爭的支出超過一千億美元，他們的國債總額增加了七百億美元。在維多利亞時代，英國國債因採行嚴格的財政清廉政策而有所抑制，但戰爭期間卻上漲十一倍[15]。

儘管租稅負擔（tax burden，譯註：是指納稅人應履行納稅義務而承受的一種經濟負擔）大幅增加，但英國仍欠下這些債務。英國嚴重依賴海外供應，尤其是美國。為了籌措資金應付開支，英國變賣了大約四分之一戰前持有的外國資產。德法兩國幾乎所有戰時支出都是透過舉債籌款而來，因為他們確信只要戰勝，就可以從戰敗國那裡回收這些開銷成本。

金本位制度在戰爭開打期間停止運作。英國央行暫停了鈔票兌換成金幣的功能，而且再也沒有恢復金本位制。取消金本位制讓各國政府得以出動印鈔機，來因應龐大軍費。流通的紙鈔和硬幣量在英國幾乎增加了一倍，在法國增加為戰前的將近五倍，俄羅斯增加為戰前的十二倍。狂印鈔票的結果必然導致快速的通貨膨脹：法國和英國的物價翻倍增長，德意志帝國物價漲幅達三倍，奧匈帝國物價漲幅高達十一倍

---

9 Matthias Blum, Jari Eloranta and Pavel Osinsky, "Organization of war economies", https://encyclopedia.1914–1918-online.net/article/organization_of_war_economies

10 資料來源：https://www.iwm.org.uk/history/rationing-and-food-shortages-during-the-first-world-war。

11 Stephen Broadberry and Mark Harrison, *The Economics of the Great War: A Centennial Perspective*

12 資料來源：https://scottmanning.com/content/world-war-i-troop-statistics/。

13 Eleanor Beardsley, "WW1 munitions still live beneath Western Front", NPR, November 11th 2007, https://www.npr.org/templates/story/story.php?storyId=16131857&t=1540290769223

14 Jordan Golson, "How WW1's U-boats launched the age of unrestricted warfare", *Wired*, September 22nd 2014

15 Ferguson, *The Pity of War*, op. cit.

以上[16]。

某些經濟損失透過政府的行動得以減輕。美國經濟是一次大戰的最大受益者，因為它能為歐洲盟友提供物資。一九一四年一次大戰開打時，美國正陷入經濟衰退，但後來經濟開始繁榮，失業率從一九一四年的百分之七點九，降到一九一八年的百分之一點四。由於許多身強體壯的男性從軍入伍，所以市場上對勞動力的需求很大，例如到一九一八年初，德國失業率已降到百分之零點八。

戰爭期間，許多婦女第一次踏入職場。在德國，女性就業率上升了百分之四十五[17]。在英國，女性的勞動力參與率從一九一四年的百分之二十四，上升到一九一八年的百分之三十七，這表示勞動人口增加了二百萬人。一九一七年，英國約有百分之八十的軍火是由婦女製造的，她們亦擔任公車和電車的售票員，另外還有二十六萬名婦女加入「陸軍團」（land army）在農場裡工作[18]。廣大女性們的貢獻在一九一八年獲得了回報，年滿三十歲的婦女均可享有選舉權[19]。

然而歐洲人民的苦難似乎還沒結束，一九一八年爆發了一場「西班牙流感」（Spanish flu），橫掃整個歐洲大陸（西班牙只是第一個報導流感消息的國家，因為當時西班牙是沒有參戰的中立國，媒體審查限制較少）。這波流感疫情少則五千萬人，多則可能達一億人死亡，是參戰人員傷亡率的好幾倍。隨著士兵們待在擁擠壓迫的壕溝裡，流感迅速在部隊中傳開，等到他們休假返家，病毒也一併帶了回去。另外，糧食短缺也可能使人更容易受到感染[20]。

當戰爭終於落幕時，全球經濟已經發生轉變。大量的人力流失以及在法國與比利時的資本損耗，使得歐洲列強遭受重創。俄羅斯捲入一場內戰，實際上已經退出了全球經濟。美國在經濟上則擁有無可匹敵的主導地位[21]。

被肆意揮霍的和平

美國的戰時總統伍德爾．威爾遜（Woodrow Wilson）提出了十四點和平計畫，內容包括航海自由和消除貿易經濟壁壘等概念。威爾遜於一九一九年抵達法國參加凡爾賽和平會議（又稱巴黎和會）時，被崇拜他的群眾譽為英雄，但威爾遜的理想主義碰到了兩個瓶頸。首先，戰勝國法國和英國決心要為其損失爭取賠償，並確保德國不能再威脅他們；其次，持久和平需要美國承諾繼續參與歐洲事務。然而，即使威爾遜可能希望如此，美國公眾卻不這麼想，威爾遜試圖讓國會批准美國加入「國際聯盟」（League of Nations，聯合國的前身），但最後以失敗告終。努力尋求支持的過程對他的健康造成損害，其後繼任者為共和黨人沃倫．哈定（Warren Harding），哈定在競選時奉行孤立主義政策。

凡爾賽會議也失敗了。由於《凡爾賽和約》不僅奪走德國的領土，並將發動戰爭的責任全怪罪在德國身上，這種遭到不平等對待的感覺助長了希特勒（Aldof Hitler）的崛起。於是一九三九年，歐洲再次陷入戰爭。凱因斯在其著作《〈凡爾賽和約〉的經濟後果》（*The Economic Consequences of the Peace*）一書中抨

---

16 同上註。

17 Blum, Eloranta and Osinsky, "Organization of war economies", op.cit.

18 Ellen Castelow, "World War One: women at war", Historic UK *History Magazine*, https://www.historic-uk.com/HistoryUK/HistoryofBritain/World-War-One-Women-at-War/

19 投票年齡在一九二八年時降到二十一歲。

20 "The centenary of the 20th century's worst catastrophe", *The Economist*, September 29th 2018

21 如同在塞拉爾（W. C. Sellar）與耶特曼（R. J. Yeatman）在其經典著作《一〇六六年那堆事》（*1066 and All That*）內寫道的：「美國因此成為頂尖國家，歷史在一次大戰後畫下一個句號。」

擊了賠償的概念，他認為對協約國經濟最有助益的是一個強大的德國，並非衰弱的德國。但是當時群眾情緒高漲，無人正視凱因斯的警告。畢竟，德國在一八七一年後曾堅持要求法國給予巨額的賠償金（參見第八章），而且如果一九一八年是德國戰勝，應該還會再次要求法國賠償的。

戰後不久，許多已開發國家經歷了一段非常嚴峻的「通貨緊縮」經濟衰退期。根據美國民間機構國家經濟研究局的數據，在美國，衰退情況從一九二〇年一月持續到一九二一年七月[22]。產量下降百分之九左右，失業率達到百分之十九[23]，這些是實施緊縮貨幣政策後的表現（由於當時以聯準會為首的中央銀行試圖結束戰時的通貨膨脹，因而採行緊縮貨幣政策）。他們的做法顯然相當奏效，消費者物價（consumer prices）下降了百分之十三至十八，躉售物價（wholesale prices）下降百分之三十六。財政政策亦緊縮，各國政府紛紛試圖降低因戰時開支而飆升的赤字。在英國，政府支出從一九一七年至一九一八年的二十七億英鎊，降至一九二〇年至一九二一年的十億英鎊[24]。

最後，聯準會調降利率，美國經濟迅速反彈。不過，儘管美國可能經歷了「喧囂的二〇年代」（roaring Twenties，譯註：係指一次大戰後一九二〇年代進入經濟繁榮、百業興旺的時期，民眾普遍樂觀積極），但其他國家的情況就沒有那麼好了。一九二一年六月，英國失業人口數超過二百萬，直到第二次世界大戰以前，失業人口都沒有低於一百萬[25]。此外，勞資關係不佳。戰爭期間屬於公有制的採礦事業在戰後歸還給私人企業，一九二六年，業主們要求降低工資和延長工時。當礦工拒絕接受業主要求時，業主採取鎖廠對抗，因而招來一場大罷工（general strike，或稱總罷工）。約有一百七十萬名工人參與罷工，但群眾情緒幾乎沒帶有什麼抗爭性，警察和罷工群眾甚至舉辦了一場足球比賽。罷工行動持續九天後，除了礦工以外，所有工人都取消罷工，礦工再繼續堅守立場六個月。但最後，他們都被迫接受業主的條件。

近來的歷史學家對於戰間期（inter-war）的英國經濟表現進行了修正主義式的潤飾[26]，其認為在一九一三年到一九五〇年間（選擇這段時間是為避免戰爭期間對經濟判斷有誤），雖然英國的人均產量（output per worker）增長可能比美國或加拿大差，但比法國、德國、義大利及荷蘭還好[27]。另外，一九二〇年代低落的經濟表現也被一九三〇年代相對較好的經濟表現所抵銷。但與一九一四年前相比，英國在出口市場上面臨到更多的競爭，尤其是來自美國的競爭；過去推動英國於十九世紀崛起的產業，如紡織、鋼鐵和造船業等，也面臨到海外生產商的威脅。就生產率而言，英國遠遠落後於美國。

戰後的德國不僅受到《凡爾賽和約》的羞辱，並遭到意圖革命的左派和右派的準軍事暴行所破壞。簽署《凡爾賽和約》的社會民主黨（Social Democratic Party）人從未得到保守勢力的原諒，其中包括許多退伍軍人。而且新的威瑪共和國（Weimar Republic）面臨一個看似不可能的任務，德國經濟因戰爭和喪失領土而嚴重衰退，一九一九年時工業產出和糧食產量都不到戰前水準的一半[28]。在資源減少的情況下，政府必須設法為遣散的士兵提供福利措施，同時又得支付戰爭賠償。當時「透過大量印鈔來支付賠款」的誘惑力實在很大，但換來的卻是通膨飆升、貨幣貶值。在一次大戰前，一美元可以兌換四馬克；但到一九一九

---

22 資料來源：https://www.nber.org/cycles.html。

23 "The searing Twenties", *The Economist*, November 8th 2014

24 A.J.P. Taylor, *English History 1914–1945*

25 同上註。

26 請參見：David Edgerton, *The Rise and Fall of the British Nation: A Twentieth-Century History*。

27 Barry Eichengreen, "The British economy between the wars", https://eml.berkeley.edu/~eichengr/research/floudjohnsonchaptersep16-03.pdf

28 Richard J. Evans, *The Coming of the Third Reich*

年底，一美元可兌換四十七馬克，再到一九二二年十一月，一美元價值三百六十三馬克[29]。

史上著名的惡性通貨膨脹（hyperinflation）就這樣展開了，這起事件至今仍影響著德國的經濟態度。在通膨最嚴重的時候，工人需要用手推車和購物籃來搬運薪資；物價上漲的速度飛快，快到你吃完一餐的帳單可能就比原先菜單上的價格還要高出許多。一九二三年十一月的某天，一條麵包的價格從二百億馬克漲到一千四百億馬克[30]。到那個階段，二千三百三十億馬克才值一美元。惡性通膨帶來的經濟影響使中產階級的積蓄蒸發，吞蝕了技術勞工賺取的薪資紅利，這兩個憤怒不滿的族群之後成為希特勒的重要支持者。波蘭、匈牙利和奧地利也遭遇類似的通膨問題。

惡性通貨膨脹以前就發生過，例如在美國南北戰爭期間的南方邦聯。而在第二次世界大戰剛結束後不久，以及在辛巴威和委內瑞拉等現代發展中國家裡，都曾經再次發生。到最後，貶值的貨幣變得一文不值，人們開始轉向使用其他替代貨幣，比方說美元。

後來，德國在新貨幣「帝國馬克」（Reichsmark，又名國家馬克）發行的幫助下，並透過名為「道威斯計畫」（Dawes Plan）的國際協議，實現了經濟穩定。道威斯計畫減輕德國的償債義務，同時提供一筆外國貸款（美國贊助其中一半的資金）[31]。於是接下來十年便確立了模式：德國在美國貸款的幫助下得以維持運轉，而美國貸款反過來又有助於維持賠償。有一段時間，德國的情勢看起來充滿希望，所以在一九二八年德國大選中，希特勒的納粹黨僅獲得百分之二點六的選票。

撐過漫長戰爭的法國，人力和財力都損失慘重。在一九二〇年代初期，重建費用由法國政府借款來資助，所以法國法郎不斷地貶值。一九二五年和一九二六年，法郎兌美元匯率跌至四一一比一，一法郎僅值二美分多一點[32]，但在一九一三年（戰前），法郎兌美元匯率為五比一，或一法郎價值二十美分[33]。資本流向海外也是必然之事，因為法國投資者預估政府將提高稅收以減少赤字。

後來一九二六年，法國總理雷蒙・普恩加萊（Raymond Poincaré）在不徵收財富稅的情況下削減了赤字，經濟危機才得以解除。法國法朗兌美元回升至二五比一，匯率大致平穩下來後，法國開始吸引大量黃金，增加黃金儲備。這些「正統」政策的成功使法國非常致力於金本位制，並在一九二八年重新回歸金本位制。

相比之下，美國似乎度過了一個無憂無慮的一九二〇年代。從一九二一年到一九二九年間，美國實質成長率平均為每年百分之五。許多家庭在這個時期開始使用電力，並添購諸如熨斗、吸塵器、收音機等家電用品，當然還有汽車。產業勞工的實質薪資在一九二〇年代成長了將近百分之二十五[34]。

所有這些都是在沒有任何通貨膨脹壓力的情況下實現的。由於先前爆發的通貨緊縮，使得美國一九二八年底的物價水準遠低於一九二〇年初的水準，相當於一九二一年底的物價水準[35]。因此，美國聯準會（一九一三年成立的中央銀行體系）幾乎沒有必要提高利率或增加信貸門檻。寬鬆的信貸加上蓬勃發展的經濟，共同推動了股市的繁榮：紐約證券交易所的每日成交量從一九二五年的一百七十萬股，增加到一九二九年的四百一十萬股。有些投資者只需支付購買價格的百分之十就可以購買股票，剩下的百分之九十是

---

29 同上註。

30 Liaquat Ahamed, *Lords of Finance: The Bankers Who Broke the World*

31 Barry Eichengreen, *Golden Fetters: The Gold Standard and the Great Depression 1919–1939*

32 Barry Eichengreen, *Globalizing Capital: A History of the International Monetary System*

33 Philip Coggan, *Paper Promises: Money, Debt and the New World Order*

34 David M. Kennedy, *Freedom from Fear: The American People in Depression and War 1929–1945*

35 資料來源：https://inflationdata.com/articles/inflation-consumer-price-index-decade-commentary/inflation-cpi-consumer-price-index-1920-1929/。

靠借貸。股票經紀人的貸款額從一九二〇年初的十億美元，增加到一九二九年高峰期的八十五億美元[36]。

市場大漲時，借錢買股票似乎是完全不用動腦的事。道瓊工業平均指數從一九二四年初的九十七點八點增至一九二九年的三百零七點九五點：股價在五年內翻了三倍[37]。一九二九年九月三日，道瓊指數漲至當時歷史最高的三百八十一點；企業部門在一九二〇年代的表現不錯，但並沒有理想到如此程度。股票最好的長期估價指標是週期性調整後的本益比（price-earnings ratio，對股價和公司每股盈餘進行比較，為了考量經濟週期的影響，取十年為一週期的平均值）。一九二〇年初的本益比為六倍，到一九二九年九月本益比攀升至三十二點六倍，換句話說，如果你買了一個股票投資組合，每家公司都把所有利潤付給投資者，那麼你要花將近三十三年的時間才能回本。這樣一個比率顯示市場對利潤增長非常樂觀；這個比率數字直到一九九〇年代網際網路繁榮時期才被超越[38]。

股票市場並不是一九二〇年代美國投機買賣的唯一來源。佛羅里達州出現土地買賣熱潮，同樣是靠訂金來融資；投資者可以支付一筆不可退還的頭期款，剩餘款項在三十天內付清[39]。許多投資客不打算支付剩餘款項，所以希望在三十天到期之前將自己的賭注轉賣，這就是所謂的「比傻理論」（greater fool theory）。房地產泡沫在一九二六年破滅，其經濟餘波主要是地方性，但是由此可見，寬鬆的信貸往往會推高資產價格，我們需要一次次地汲取這個教訓。

蘇聯上台

俄羅斯參加第一次世界大戰是為了保護其斯拉夫盟友塞爾維亞，但俄羅斯的潛在力量讓德國人非常擔心，因此他們想出一個從側翼包圍法國軍隊的計畫，在西線速戰速決後再返回東線迎擊俄國。但他們大可不必這麼擔心，因為結果顯示，沙皇尼古拉二世領導的俄羅斯政府儘管擁有大批人力，但在發動戰爭時卻毫無效率可言。更糟糕的是，沙皇沒有確保向城鎮運送充足的麵包。隨著戰爭持續拖延，止戰的希望渺茫，罷工變得越來越普遍。在彼得格勒（Petrograd，譯註：聖彼得堡〔St Petersburg〕在一九一四年到一九二四年的舊稱）的駐軍部隊也加入罷工後[40]，沙皇於一九一七年三月退位。

沙皇被推翻後，一個臨時政府成立，但它犯下了致命錯誤——選擇繼續戰爭。士兵們紛紛逃離戰場，很多人回到自己的農場，從舊貴族手中奪走土地。經濟危機進一步惡化，城市房價在一九一七年三月至十月間翻漲了一倍多[41]。事實證明，臨時政府是一個沒有追隨者的領導當局，所以布爾什維克（Bolsheviks）才能夠在十一月相對輕鬆地奪取政權[42]。

布爾什維克領袖列寧急欲鞏固權力，接受了德國人嚴苛的和約。根據一九一八年三月簽署的《布列斯特—立陶夫斯克條約》（Treaty of Brest-Litovsk），俄羅斯失去了供應其一半穀物、煤炭和鐵的領土。隨後爆發了與反共勢力的內戰，疾病與營養不良奪走了八百萬人的性命。到一九二一年，即使收復了一些先前

---

36 Ahamed, *Lords of Finance*, op. cit.

37 資料來源：https://fred.stlouisfed.org/series/M1109BUSM293NNBR。

38 這些數據取自於耶魯大學（Yale University）教授勞勃・席勒（Robert Shiller）和他的網站：www.irrationalexuberance.com。

39 “Florida’s land boom”, https://fcit.usf.edu/florida/lessons/ld_boom/ld_boom1.htm

40 聖彼得堡歷史上多次易名，第一次世界大戰期間從「聖彼得堡」改成「彼得格勒」；等到後共產主義時代改為「聖彼得堡」之前，它將再次從「彼得格勒」改成「列寧格勒」（Leningrad）。

41 Robert Service, *The Penguin History of Modern Russia: From Tsarism to the Twenty-First Century*

42 當時俄羅斯沒有採用現行格里曆（Gregorian calendar，又稱公曆、國曆、西曆），所以根據他們的曆法，爆發革命的時間在十月（因此稱之為十月革命）。

遭德國人奪走的領土，俄羅斯的工業產量仍只有戰前水準的八分之一。

布爾什維克藉由將工業、銀行和交通收歸國有，來實施他們的計畫[43]。但在一九二一年面臨到海軍兵變，列寧放棄了共產主義的純正性，並通過「新經濟計畫」。農民可以保留部分產品在市場上出售，也可以僱用自己的勞工。私人還可以經營商店和一些輕工業。隨後，農業生產和整體經濟都出現了復甦跡象。

然而列寧於一九二四年逝世，其繼任者史達林最終還是拋棄了新經濟政策。史達林傾向快速工業化和推行集體農業。固執的史達林確信，富農階級（kulak）阻礙了糧食供應。於是他在一九三〇年制訂一項計畫，將六萬名富農送往勞改營，並將另外十五萬名富農流放到西伯利亞和哈薩克等地[44]。任何拒絕參加集體農場的人都可能受到鄰居的譴責。在一九三〇年代早期，由於沒收了烏克蘭的穀物，加上祭出禁止農民遷徙尋找糧食的政策，導致大約四百萬至五百萬人死亡，占烏克蘭人口的百分之十三，這起事件被稱為「烏克蘭大饑荒」（Holodomor）[45]。結果農業產量在一九二九年到一九三二年間下降了四分之一，許多農民寧可宰殺牲畜也不願意將牲畜交給政府[46]。直到一九五〇年代中期，農業產量才持續恢復到一九一四年以前的水準[47]。

相較起來，蘇聯的工業化計畫是大為成功。第一個五年計畫訂定了不切實際的目標，有些直到一九六〇年才達成。但一九二八年至一九四〇年間，蘇聯工業產出成長了百分之一百七十。人民被迫離開農場，投入製造業：同期的非農業勞動力成長百分之一百九十[48]。蘇聯把重點擺在重工業、鋼鐵、混凝土和拖拉機。投資的GDP占比從一九二八年的百分之八上升到一九三九年的百分之十九。蘇聯在第二次世界大戰中能夠戰勝德國的原因之一就是，儘管失去了領土，但蘇聯工業仍可生產大量的坦克與彈藥。

許多左派觀察家對俄羅斯的工業成長印象深刻，並將蘇聯與遭受大蕭條打擊的西方國家進行對比，如果沒有革命事件發生，俄羅斯可能會迅速發展起來。過去有項研究將史達林的政績與和事實相反的狀況作比較，假設一九一三年前俄羅斯帝國的統治狀態延續下去，那麼情況會有什麼差別？研究發現，一九二八年至一九四〇年間，福利損失（以總消費量計算）約百分之二十四[49]，而且這個數字還沒有算到古拉格（gulags，譯註：是一九一八年至一九六〇年間蘇聯國家安全部門下的一個機構，負責管理全國的勞改營，全稱為「勞動改造營管理總局」）的人力成本。

金本位制復活

這場戰爭造成了許多經濟、金融及物質方面的破壞，所以政策制訂者渴望恢復戰前的狀態，尤其是在戰時通貨膨脹飆升之後，他們更希望看到金本位制的回歸。戰後物價的迅速上漲和下跌令人不安，由此可見浮動匯率是造成不穩定的原因之一。此外，當時固定匯率被認為是紀律良好的表現，可以防止政府欺騙債權人，以貶值的貨幣償還債務。在英國，許多人認為，拿破崙戰爭後恢復金本位制的決定是英國十九世紀成功的關鍵。

43 Service, *The Penguin History of Modern Russia*, op. cit.
44 資料來源：http://www.orlandofiges.info/section10_RevolutionfromAbove/TheWaragainsttheKulaks.php。
45 "Stalin's famine, a war on Ukraine", *The Economist*, September 30th 2017
46 Frieden, *Global Capitalism*, op. cit.
47 Service, *The Penguin History of Modern Russia*, op. cit.; 一九三〇年是不尋常的一年。
48 "What there is to learn from the Soviet economic model", *The Economist*, November 9th 2017
49 Anton Cheremukhin, Mikhail Golosov, Sergei Guriev, and Aleh Tsyvinski, "Was Stalin necessary for Russia's economic development?", October 10th 2013, https://voxeu.org/article/stalin-and-soviet-industrialisation

然而，回歸金本位制會有嚴重的問題。戰前的金本位制之所以奏效，是因為美國、英國和德國等大型經濟體之間維持大致相等的均勢（法國稍微落後），而且各國願意合作以維持該體系的運轉。但這種互助合作的精神被戰後巨額賠償和戰時債務之類的糾紛所破壞，現在金塊分配也不平均。歐洲三大經濟體英國、法國和德國的黃金儲備只有戰前水準的一半，而到了一九二三年，美國的黃金儲備是這三個國家總和的三倍[50]。

歐洲各國央行因為缺乏黃金，於是轉而持有其他國家的貨幣（有人稱之為「金匯兌本位制」〔**gold exchange standard**〕）。相較於戰前外匯存底占總儲備的百分之十五點九，到一九二八年底時，其占比已來到百分之二十四點五[51]，這會造成潛在的不穩定因素。如果一個國家脫離了金本位制，他們的貨幣就會貶值，進而降低其他國家的儲備價值。面對這種威脅，市場誘惑是出售任何看起來有麻煩的國家的貨幣，增加惡性投機的風險。

第二個問題是：許多國家的債務和物價水準因戰爭而大幅提高。想回到戰前匯率的難度，就好比你暴飲暴食了半年，然後試圖重新穿回你的運動裝備。尤其是英國，一直執著要回到戰前英鎊兌美元的匯率，但自一九一三年以來，英國相對於美國經濟的競爭地位已經明顯下滑。凱因斯在他另一篇評論的文章中寫道，英國在一九二五年決定重新加入金本位制，當時利率高達百分之十，相當於削減了百分之十的薪水[52]。

戰前運作的金本位制也有一定程度的虛張聲勢。考量當時英國在國際貿易上的突出地位，它的黃金儲備其實相當少。在危機時刻，例如一八九〇年霸菱銀行破產（參見第八章），英國央行也是仰賴他國的幫助。由此可見，國際合作是維持金本位制運作的必要條件。

但戰後，國際間合作推動金本位制的目標更難實現。鑒於美國強勁的經濟實力，當前的聯準會是世界上最重要的央行。但美國政治採取孤立主義路線，所以聯準會必須謹慎小心，避免表現出將其他國家的利益置於美國利益之上的樣子。一九二七年，聯準會降息零點五個百分點以緩解英鎊的壓力。降息給股市帶來額外的刺激，並標誌股市最急劇攀升的開始。在接下來的兩年裡，股票市場幾乎翻倍。

在那之後，國際合作變得更加不易，尤其是當紐約聯準會主席、英國央行的親密盟友班傑明・斯壯（**Benjamin Strong**）在一九二八年病逝之後。而大蕭條的種子很可能就是在那一年播下的。出於對股市投機買賣的擔憂，聯準會四度升息，利率從百分之三點五上調至百分之六，並從銀行體系中回收流動資金。法國重返金本位制的時候，收購了三億美元的黃金，占全球黃金儲備的百分之三[53]。

當時，凱因斯在一封信中警告：「我不禁感到目前所有的風險都站在商業蕭條的這邊。如果利用高價抑制投機行為的時間過長，這些高價很有可能成為新投資的阻礙，進而導致普遍的商業蕭條[54]。」（我們不能過度讚譽他的成功預測，因為他在一九二九年大崩盤中也虧損了很多錢。）

美國限制性政策的最初影響在海外也感受得到。德國一直依賴美國的紓困貸款，但由於這筆資金受到高利率和飆升的股價所吸引而留在美國國內，逐漸停止供給，結果造成德國失業人口從一九二八年一月的一百三十萬人，上升到次年年初的一百九十萬，到該年春天，失業人口又增加到二百五十萬[55]。在英國，由於黃金儲備減少，英國央行在一九二九年二月將利率調升為五點五個百分點，儘管當時的失業人口為一

---

50 Ahamed, *Lords of Finance*, op. cit.

51 Peter H. Lindert, *Key Currencies and Gold, 1900–1913* (Princeton Studies in International Finance, no. 24)

52 John Maynard Keynes, *The Economic Consequences of Mr Churchill*

53 Eichengreen, *Golden Fetters*, op. cit.

54 引自：Robert Skidelsky, *John Maynard Keynes: The Economist as Saviour 1920–1937*。

55 Evans, *The Coming of the Third Reich*, op. cit.

百五十萬人。面對類似的問題，德國央行將利率上調至七點五個百分點。這就是金本位制的邏輯，維持匯率比經濟健全更重要。

根據道威斯計畫的安排，德國將於一九二九年開始提高賠款支付的金額，賠款達到相當於GDP的百分之五。當年早些時候的協商幾乎破局後，德國才同意於三十六年內每年支付五億美元，約占GDP的百分之四，後續一連串的賠款要到一九八七年才結束[56]。這種延長承諾的概念很荒謬。短短幾個月的時間，債權人就同意暫時削減還款，即便如此，德國仍需要一筆貸款支付一九三〇年的賠款。

華爾街股災與後續影響

信貸緊縮阻礙了全球經濟發展。美國的商品出口量在一九二九年三月之後開始下滑，而美國工業生產量卻在同年七月達到高峰[57]。根據國家經濟研究局的說法，美國的經濟衰退實際上從一九二九年八月就開始[58]。接著不久，九月三日，股市達到歷史最高點。同月，英國金融家克拉倫斯．哈特里（Clarence Hatry）的商業帝國突然瓦解（他因詐欺被判十四年有期徒刑），而且隨後引發的恐慌情緒可能讓一些英國投資者為了彌補虧損，選擇減持美國市場的股票[59]。

華爾街股市的大規模拋售發生在十月下旬。十月二十三日星期三，美國股市下跌了百分之四點六，然後第二天，也就是人們所稱的「黑色星期四」，交易量創下歷史紀錄，股市下跌了百分之十一。接著下個星期一和星期二都出現更大的跌幅，道瓊指數跌至二百三十點，比九月初的高點低百分之四十[60]。而那些用保證金購買股票的人則拼命拋售以減少損失。

華爾街股災對經濟大蕭條的影響性，仍有待商榷。股市大崩盤事件如此戲劇性，以至於可能只是一個

後此謬誤（**post hoc ergo propter hoc**）[61]的案例：只是因為股市大崩盤先爆發，並不代表股災造成了經濟大蕭條。隨著同年十月和十一月的工業產量下滑，似乎顯示股災對經濟產生了直接影響，但聯準會盡其所能地提供幫助、調降利率並向銀行體系挹注流動性資金。到一九三〇年四月，沒有任何一家公司或銀行倒閉，股票交易價也落在一九二九年初的價格左右[62]。

所以最大的問題可能不是股市，而是民族主義的抬頭。早在華爾街股市崩盤以前，美國國會就在討論是否提高關稅。儘管一九三〇年有一千零二十八位經濟學家在《紐約時報》（*The New York Times*）聯合上書反對《斯姆特—霍利關稅法案》（**The Smoot-Hawley Tariff Act**），但國會最後仍批准該法案。該法案將實際關稅稅率從百分之三十五點六五提高到百分之四十一點一四，漲幅雖不多，但由於關稅採均一稅率制定，所以在後來通貨緊縮中，隨著物價下跌，關稅影響也會跟著增加。實際關稅稅率高達到百分之五十九[63]。

目前並不清楚《斯姆特—霍利關稅法案》對大蕭條有多大的影響，但它其實是不必要的措施。正如一千零二十八位經濟學家所指出的，美國工廠已生產占其國民消費百分之九十六的工業製品，如果美國還想

---

56 Ahamed, *Lords of Finance*, op. cit.

57 資料來源：https://fred.stlouisfed.org/series/INDPRO。

58 資料來源：https://www.nber.org/cycles.html。

59 Ahamed, *Lords of Finance*, op. cit.

60 Kimberly Amadeo, "Black Thursday 1929: what happened, and what caused it", The Balance, May 15th 2018

61 後此謬誤係指這樣的推論不正確：因為A事件發生在B事件之前，A事件必然是B事件的原因。

62 Kennedy, *Freedom from Fear*, op. cit.

63 Irwin, *Clashing Over Commerce*, op. cit.

讓其戰時盟友償還債務，這些國家需要擁有向海外銷售商品的能力，但關稅提高讓這個目標變得更加困難。加拿大、義大利、西班牙、葡萄牙和瑞士都以自己的關稅進行報復，國際貿易開始每況愈下。

隨著已開發國家陸續轉向貿易保護主義路線，亞洲和拉丁美洲的獨立國家自然也會往更加民族主義和孤立的方向邁進。這些國家開始沒收外國擁有的資產；一九三八年，墨西哥將美國和英國的石油公司收歸國有。即使在仍受英國統治的印度，其鋼鐵自產量也從一九一九年的百分之十四上升到一九三八年的百分之七十[64]。第二次世界大戰結束後，這種民族主義路線依然存在，而且是報復性的。拉丁美洲國家受到大蕭條的嚴重打擊，該地區有十個國家的出口下降了一半以上。智利的出口量下滑百分之八十三，人均收入減少了三分之一[65]。

危機在一九三〇年期間加速惡化，當時英國、德國和美國的工業產量分別下降了百分之二十、百分之二十五和百分之三十[66]。銀行開始倒閉，在一九三〇年的最後兩個月裡，美國有六百家銀行機構倒閉。最嚴重的是位於紐約布朗克斯區（Bronx）的美國銀行（Bank of the United States），其倒閉的部分原因是，有關當局似乎不太願意為這家擁有四十萬儲戶（主要是猶太人）的銀行紓困。

當時美國政府還沒有引進存款保險制度，因此銀行債權人的理性反應是，趕緊將資金撤離陷入困境的銀行，以防謠言屬實（譯註：當時一個不實謠言引發美國銀行的擠兌潮）。不過擠兌潮可能讓不實謠言成真，而一家存款減少的銀行將被迫要求企業償還貸款，導致該地區出現一波企業倒閉潮。

歐洲也出現了問題。一九三〇年三月，由於社民黨拒絕削減失業救濟金，德國聯合政府垮台。總統興登堡（Hindenburg，戰爭期間的將領）藉此機會成立了「專家內閣」，借助總統的權力進行統治。這屆內閣由海因里希・布呂寧（Heinrich Brüning）帶領，他過去是一位希望恢復君主制的軍官。布呂寧實施了通貨緊縮措施，削減政府開支，包含失業救濟金在內[67]。但這些舉措只會讓失業人士更加憤怒，因此後來在一九三〇年九月大選中，納粹黨獲得六百四十萬張選票，成為德國議會（Reichstag）的第二大黨，反民主黨派和共產黨則共同獲得了將近三分之一的選票。

隨後，金融混亂也造成影響。一九三一年五月，奧地利主要銀行信貸銀行（Credit-Anstalt）倒閉。法國阻止國際間對該家銀行的援助，因為擔心德國與奧地利之間組織關稅同盟的計畫。同年七月，德國第二大銀行（Danatbank）也倒閉了。與美國銀行破產一樣，其結果是市場信心遭受打擊。

同樣在一九三一年七月，一個委員會建議英國政府透過削減公共開支來因應預算赤字，其中包括削減百分之二十的失業救濟金。這個方案給少數派的工黨政府帶來巨大的壓力，畢竟推選工黨執政的目的並不是要讓工人階級陷入貧困。後來內閣會議同意了大約一半的削減計畫，包括削減百分之十的福利。這是英國典型的妥協政治，儘管內閣僅以十一比九的票數通過。

英國央行堅稱，為了恢復投資者信心和維持與黃金掛鉤，需要進一步削減政府開支。但央行拒絕告訴政府實際的黃金儲備量，而且央行總裁蒙塔古・諾曼（Montagu Norman）出現反常行徑，在七月二十九日以「感覺不適」為由離開辦公室，當時可能已處於精神崩潰的狀態，好幾個月沒有回到工作崗位。迫於壓力，工黨領袖拉姆齊・麥唐納（Ramsay MacDonald）在八月同意加入由保守黨主導的聯合政府。英國政府強制削減開支，但儲備量仍不斷減少，加上蘇格蘭因弗戈登（Invergordon）的海軍叛變引起恐慌。一九三一年九月十九日，英國放棄金本位制。前工黨部長希德尼・韋伯（Sidney Webb）感嘆道：「沒人告訴我

---

64 Frieden, *Global Capitalism*, op. cit.

65 Michael Reid, *Forgotten Continent: The Battle for Latin America's Soul*

66 Ahamed, *Lords of Finance*, op. cit.

67 Evans, *The Coming of the Third Reich*, op. cit.

們可以這麼做（放棄金本位制）。」

這是一個極具意義性的時刻。許多國家認為，英國擁戴金本位制是其成功的關鍵因素。如果英國退出金本位制，那其他國家為什麼還要堅持下去？戰後採行金本位制的國家一度達到四十七國；但到一九三二年底，只有七個主要國家堅守金本位制[68]。在民主國家裡，要求選民忍受經濟困境以保障少數債權人族群的財富是一項艱巨的任務。

擺脫保護本國貨幣的需求、拋棄金本位制的國家可以且確實調降了利率。就其本身而言是給予經濟一個復甦的機會，同時這些國家也因貨幣貶值獲得出口市場的優勢，只要他們的競爭對手不貶值的話。整體來說，退出金本位制的影響是鬆綁全球貨幣政策，從而幫助全球經濟復甦。

這場危機也帶來一連串關於主權債務的常識大爆發。自一九一九年以來，美國一直頑強地拒絕接受「德國欠協約國的賠款」與「協約國欠華府的債務」之間的任何關聯性。但一九三一年六月，比眾所描述更具干預色彩的美國總統赫伯特．胡佛（Herbert Hoover）提議，各國政府之間的債務、賠償全面延期償還。法國遲遲不肯同意延期償付的提議，迫使德國放棄金本位制。雖然胡佛的延期償付提議於一年後到期，但在一九三二年洛桑會議（Lausanne conference）上，英國與法國同意暫緩德國的還款計畫。後來德國從未再支付一毛錢，法國也拖欠了對美國的貸款。

整體來說，戰間期的政治家們被一九三〇年代的危機搞得措手不及，經濟崩潰的規模超出他們的理解範疇，完全不知道答案。他們需要新的領導人。

小羅斯福與新政

一九二九年八月至一九三三年三月，美國工業產量下降了百分之五十五，批發價格下跌了百分之三十七。美國失業率從一九二九年的百分之四點六，上升到一九三二年的百分之二十四點九[69]。汽車產量下降了三分之二，商業投資也減少，同時GDP下滑了四分之一（見圖五）。從一九三〇年至一九三三年，美國每年有一千多家銀行關門大吉[70]，隨著存款消失得無影無蹤，貨幣供應量亦減少了三分之一[71]。大宗商品價格受到的打擊尤其嚴重，小麥價格在兩年內下跌了三分之二[72]。

由此產生了一個問題，經濟學家歐文·費雪（**Irving Fisher**）將其定義為「債務型通貨緊縮」（**debt deflation**）。農民的收入取決於農作物的價格水準，因此下降了大約百分之六十五[73]，但是他們債務的名目價值是固定的。業主也面臨同樣的問題，他們的租金收入下降，但債務支付款卻沒有改變。人們自然而然地傾向出售資產來償還債務，但賤賣資產只會使價格更進一步下滑，使得通縮問題變得更加嚴重。

---

68 Eichengreen, *Golden Fetters*, op. cit.

69 Irwin, *Clashing Over Commerce*, op. cit.

70 David Wheelock, “The Great Depression: an overview”, https://www.stlouisfed.org/~/media/files/pdfs/great-depression/the-greatdepression-wheelock-overview.pdf

71 Milton Friedman and Anna Jacobson Schwartz, *A Monetary History of the United States, 1867–1960*

72 Rasheed Saleuddin, “Agricultural markets and the Great Depression: lessons from the past”, May 7th 2014, https://www.cam.ac.uk/research/features/agricultural-markets-and-the-great-depression-lessons-from-the-past

73 Nicholas Crafts and Peter Fearon, “Lessons from the 1930s Great Depression”, *Oxford Review of Economic Policy*, vol. 26, no. 3, October 2010

圖五

經濟大蕭條

美國人均GDP，以二〇一一年物價計（單位：千美元）

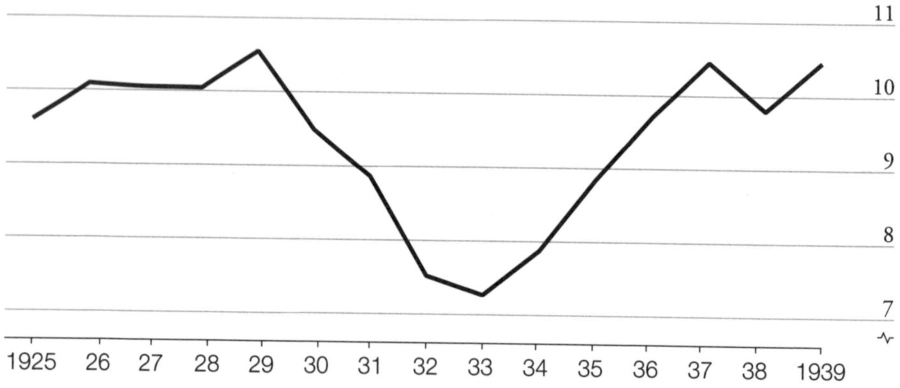

資料來源：Maddison Prject Database

德國遭受到類似情況的經濟災難，轉而向納粹黨求助。一九三二年七月，納粹黨以拿下百分之三十七的選票成為議會中的最大政黨。一九三三年一月底，希特勒被任命為總理，但當時保守派政治家認為他們可以掌控他。

相比之下，一九三二年十一月，美國人民投票選出一位截然不同的人物，富蘭克林．羅斯福（Franklin Roosevelt，俗稱小羅斯福）。他是來自上流社會的美國人，在一九二〇年代罹患過小兒麻痺症，但一九二九年至一九三二年間仍擔任紐約州長。小羅斯福對於自己的判斷信心十足，沒有明確的政策立場。一九三二年美國總統大選期間，小羅斯福的幕僚提交了兩份講稿給他，一份支持高關稅，一份反對高關稅，結果小羅斯福要幕僚「將兩份講稿整合起來[74]」。小羅斯福的這番話最能說明他的路線：「除非我的理解錯誤，否則，這個國家需要且必須鍥而不捨的大膽試驗。按常理，我們會採用並嘗試新的方法，如果失敗，就坦誠接受錯誤，然後繼續嘗試其他方法。但最重要的是，要有所嘗試[75]。」

不過並不是所有方法都行得通，小羅斯福的一些措施就曾被最高法院推翻。但他擁有向公眾傳達其信心的能力，他在就職演說中發表了著名的宣言：「我們唯一需要感到害怕的是恐懼本身。」隨後透過電台進行「爐邊談話」（**fireside chats**），對全美人民解釋他的政策。在民主似乎搖搖欲墜之際，小羅斯福政府至少是一個努力為普羅大眾服務的光輝典範。

小羅斯福上任後的首要任務是處理銀行業務問題。在他宣誓就職之前，密西根州長已於二月十四日宣布全州銀行放假。這是一個沒有信用卡、簽帳卡或任何電子支付形式的時代，消費者和零售商仰賴現金或支票交易，而支票通常需要銀行兌現。其他州的儲戶沒有坐等自己的銀行倒閉，而是盡快將現金提領出來，反而造成更多的財政困難。等到羅斯福在三月四日就職那天，當時四十八個州中有二十八個州強制銀行休假，另外十個州的部分銀行已經關門[76]。

小羅斯福上任後立即關閉所有的銀行，有一段時間，經濟只能依靠借據勉強應付過去；一些城市甚至發行了自己的地方貨幣。九天後，銀行獲准分成三個階段重新開業。金融最健全的銀行率先重新開放，其次是政府提供金融支持的銀行，而體質最差的銀行則永久關閉。小羅斯福在三月十二日的爐邊談話中解釋了銀行重新開業的前因與後果。顯然他的談話很有說服力，因為翌日銀行重新開業時，民眾在出納櫃台大

74 Robert Dallek, *Franklin D. Roosevelt: A Political Life*

75 同上註。

76 William L. Silber, "Why did FDR's Bank Holiday succeed?" https://www.newyorkfed.org/medialibrary/media/research/epr/09v15n1/0907silb.pdf

排長龍是為了存錢而不是領錢[77]。

在小羅斯福上任後的前一百天裡，一連串政策緊鑼密鼓地推展，這是歷屆美國總統難以企及的紀錄。提供緊急救濟給窮人，如設置施粥所和發放毛毯；制定創造就業機會的工作方案；成立田納西河谷水利發電管理局（Tennessee Valley Authority）以便提供電力和就業機會給貧困地區；建立農業調整管理局（Agricultural Adjustment Administration）以便協助提高農作物價格。最後經濟活動復甦起來，從小羅斯福總統就職到該年年底，工業產業成長了百分之二十八[78]。

最重要的一步是，放棄金本位制。小羅斯福上台後暫停黃金出口，並於一九三三年四月宣布放棄與黃金掛鉤，他的一位幕僚表示：「這是西方文明的終結。」但美國股市在接下來幾天裡攀升了百分之十五，總算打破通貨緊縮惡性循環（deflationary spiral）。從小羅斯福宣布放棄金本位制到一九三七年十月間，通貨膨脹率平均每年為百分之三點二[79]。最後，小羅斯福將黃金價格訂在每盎司三十五美元，與一九三三年之前的二十點六七美元相比有了大幅的提升。實際上，這是美元的一次大規模貶值。

但如果小羅斯福的目的是向經濟注入需求，就像凱因斯所建議的那樣，那麼他的做法就不能始終如一。小羅斯福早期的另一項措施是削減十億美元的公共開支，包括減少聯邦僱員百分之十五的薪水。相比之下，《全國工業復興法》（National Industrial Recovery Act）旨在讓私人企業提高最低工資，賦予工會更多談判加薪的權利，而且鼓勵企業聯合組織同業聯盟以便提高售價。

後面這項法案標誌著小羅斯福政策與過去的重大突破。許多總統，如卡爾文·柯立芝（Calvin Coolidge，任期為一九二三年至一九二九年），都認為聯邦政府應該盡可能減少干預，但小羅斯福卻是天生的行動主義者，他於一九三五年通過的《社會保障法》（Social Security Act）為美國奠定了福利國家的基礎，該法為六十五歲以上的人提供養老金，但不包含自僱者或農場工人；該法更引進了失業救濟金。理論上，養老金是從工人薪資裡扣除而來，而實際上，人們付出的與他們從該計畫中所得到的並不完全相符，且社會安全信託基金（Social Security Trust fund）會一直投資政府債券——這是對未來納稅人的一種要求。但小羅斯福宣稱：「我們把工資提撥款放在那裡（社會安全信託基金），是為了薪資提撥者在法律上、道德上和政治上都有權領取養老金和失業救濟金。有了這些稅收，沒有哪個該死的政客能廢除我的社會安全計畫[80]。」歷史會證明他說的沒錯。

小羅斯福的其他重要改革包括：引進存款保險制度，減少銀行擠兌的誘惑；祭出《格拉斯—史蒂格爾法》（**Glass-Steagall Act**），將銀行的商業業務與投資業務分開；成立證券交易委員會（**Securities Exchange Commission**）來監督金融產業。此目的是為了確保銀行業務中風險最大的部分（與資產交易相關）不會拖垮吸收存款和發放貸款的傳統業務。

但在小羅斯福的第二任期時開始出現問題。由於他的一些立法遭到否決，沮喪的他公布了一項計畫，將理念相近的法官安插進最高法院，反倒使國會聯合起來反對他。在聯準會緊縮貨幣政策的同時，稅收增加，一部分是為了資助社會安全基金[81]。結果一九三七年，經濟再度陷入衰退，從一九三七年八月到一九三八年一月，工業產量下降了百分之三十[82]。這是二十世紀第三次最嚴重的經濟衰退，ＧＤＰ下滑百分之

77　同上註。
78　Irwin, *Clashing Over Commerce*, op. cit.
79　Greenspan and Wooldridge, *Capitalism in America*, op. cit.
80　引自：Dallek, *Franklin D. Roosevelt*, op. cit.。
81　Patricia Waiwood, "Recession of 1937–38", https://www.federalreservehistory.org/essays/recession_of_1937_38
82　Eichengreen, *Golden Fetters*, op. cit.

十，失業率又攀升到百分之二十。後來，經濟自一九三八年恢復，原因是當時的政策再度鬆綁：由此可見，在經濟復甦期間過早採取緊縮政策會帶來顯著的風險。

納粹上台

大蕭條或許將希特勒拉上台，但這並不是因為納粹黨有什麼成熟的經濟計畫。直到一九三二年春天，他們才將創造就業設為核心政策[83]。一九三三年六月，德國政府宣布一項公共工程計畫，但內容也只是上屆政府建議的政策延伸。起初政府將精力擺在農村地區的土地淨空，但刺激經濟的大部分預算被轉用於建設機場和兵營等軍事基礎設施。

經常被視為希特勒任內偉大經濟成就的高速公路，也有其軍事目的：讓軍隊迅速抵達德國邊境，因為畢竟在一九三〇年代，德國很少人擁有汽車。希特勒或許提倡國民汽車，但當時政府連一輛福斯汽車（Volkswagen）都無法交到平民消費者手上[84]。這些公路建設也沒有完善地創造就業，一年過後，只有三萬八千名工人參與建設工程[85]。

一九三五年至一九三八年間，德國將近一半的產出主要源自於重整軍備，但這對於創造工作機會方面還是頗具成效，到一九三六年底，失業率下降了四分之三，失業人數降至一百五十萬。舉例來說，德國飛機工業的員工人數從一九三二年的三千二百人增加到一九三五年的五萬四千人，再增加到一九四二年的二十五萬人。經濟成長主要集中在重工業方面，而不是民生消費品；一九三五年的私人消費仍低於危機前的水準[86]。

儘管如此，隨著希特勒在外交政策上的成功（德國在一九三六年重新占領萊茵蘭〔Rhineland〕），失業率下降可能更強化了他對德國人民的吸引力。反對派舉步維艱，因為工會已經瓦解，許多左派支持者也都被送進了勞改營。德國商界踴躍贊助納粹黨，希望以此削弱工人的權力，而他們為此付出了稅金和嚴格監管的代價，各個產業被迫組織同業聯盟。出口能獲得補貼，進口將受到限制，官僚主義油然而生，進口商需要許可證才能取得商品。事實上，一個戰時體制下的政權已經就定位。但隨著經濟復甦和外國競爭受到限制，利潤出現了成長，德國一九三八年的進口額比大蕭條前的水準低了百分之五十九[87]。

儘管德國人民有工作，但他們在一九三八年的實際工資遠低於納粹剛上台時的水準，而且他們的牛奶、雞蛋和肉類的消費量也比大蕭條之前還少[88]。戈培爾（Joseph Goebbels）和戈林（Hermann Göring）也都承認，這是大炮而非奶油的政策。此外，這個政權的殘暴行徑很快就顯露出來，一九三三年四月一日，政府宣布抵制猶太企業，那些受希特勒威脅得繳納重稅的猶太人試圖逃離德國。一九三四年，納粹黨內左派分子在「長刀之夜」（Night of the Long Knives）遭肅清，數百人被謀殺。更糟糕的事情接踵而來，達豪（Dachau）集中營於一九三三年三月開放，短短一個月後，就有四名猶太人囚犯因「試圖逃脫」而遭槍擊；五月，衝鋒部隊將四名工會官員毆打致死。一場可怕的惡夢開始了。

83 Adam Tooze, *The Wages of Destruction: The Making and Breaking of the Nazi Economy*

84 同上註。

85 同上註。

86 同上註。

87 "Foreign trade in German economy", CQ Researcher Online, https://library.cqpress.com/cqresearcher/document.php?id=cqresrre1939030900

88 Frieden, *Global Capitalism*, op. cit.

干戈再起

一九三九年的世界大戰爆發並不像一九一四年那樣令人感到意外。希特勒的領土擴張野心從一開始就很明顯，其他國家見狀也開始重新武裝。在亞洲，日本自一九三一年入侵滿州以來，就一直處心積慮設法控制中國；隨後在一九三七年發動全面侵華戰爭。經濟因素是引發戰爭衝突的重要動機。日本意識到自己缺乏原物料資源，尤其是石油，而由於印尼擁有石油以及其他地方出產農產品，於是東南亞成了誘人的目標。

一九四一年七月，在日本進駐法屬印度支那（French Indochina）後，美國凍結日本資產，並對日本實施禁運，封鎖了日本大部分的石油進口。這些舉措引發日本進攻珍珠港的預謀，欲藉此消除美國這個威脅。最初的戰爭勝利讓大量領土都落入日本的掌控之中，日本財務大臣賀屋興宣（Kaya Okinori）表示，日本將「奉行所謂的剝削政策」。在戰爭的高峰期，日本成功壓榨法屬印度支那四分之一左右的GDP[89]。

德國的戰爭目標之一是「生存空間」（Lebensraum），這是一項領土擴張政策，德國人可以在強占來的土地上定居（而當地居民遭驅逐或滅絕）；這些領土還可以為戰勝國提供糧食。在戰爭之前，德國百分之六十的石油供應仰賴進口，因此入侵蘇聯的決定某程度是出於攫取高加索地區石油供應源的渴望，其他目標則是更傳統的掠奪洗劫；一九三八年德國併吞奧地利時，其外匯存底翻漲了一倍[90]。

納粹殘酷地剝削其占領的國家。一項研究發現，在一九四三年戰爭的高峰期，德國壓榨法國百分之五十五點五的GDP。占領時期的總支出約為法國一年GDP的百分之一百一十一，這個數字遠高於兩次世界大戰期間德國的戰時賠款金額[91]。其他估計顯示，德國從所有被占領國家剝削來的金額，相當於其國內稅收的百分之四十。而不幸的波蘭同時遭德國和蘇聯占領，在戰爭期間，波蘭失去了百分之六十五的工業廠房，三分之一的鐵路路線以及一半以上的牲畜[92]。

遭占領的歐洲經歷過幾次嚴重饑荒的時期，如一九四一年到一九四二年的希臘大饑荒、一九四四年至一九四五年的荷蘭饑荒，以及戰爭結束後的德國饑荒等。一九四一年被占領的波蘭，平均每日攝取的熱量大約只有九百卡路里（健康飲食的熱量攝取：男性約二千五百卡路里，女性約二千卡路里）[93]。另外，如第六章所述，孟加拉在英國（不當）統治期間也歷經一場可怕的饑荒。

經濟資源對於第二次世界大戰同盟國的勝利具有重大影響。單英法兩國（不納入帝國時期的話）的GDP只有德國、義大利和日本這些軸心國的百分之七十，但到了一九四二年，美國和蘇聯都加入了同盟國的行列，所以儘管德國占領了歐洲大部分地區，同盟國現在的GDP仍比軸心國多百分之三十。在軍火方面，同盟國更具優勢，軍火產量比軸心國多百分之一百五十[94]。

---

89 Gregg Huff and Shinobu Majima, "Financing Japan's World War II occupation of Southeast Asia", https://www.economics.ox.ac.uk/materials/working_papers/2504/huffmajima109.pdf

90 Tooze, *The Wages of Destruction*, op. cit.

91 Filippo Occhino, Kim Oosterlinck and Eugene White, "How occupied France financed its own exploitation in World War II", NBER working paper 12137, https://www.nber.org/papers/w12137.pdf

92 Pollard, *Peaceful Conquest*, op. cit.

93 Iris Kesternich, Bettina Siflinger, James Smith and Joachim Winter, "The effects of World War II on economic and health outcomes across Europe", https://www.ncbi.nlm.nih.gov/pmc/articles/PMC4025972/

94 Mark Harrison, "The economics of World War II: an overview", in *The Economics of World War II: Six Great Powers in International Comparison*, Mark Harrison, ed.

對那些直接受到戰爭影響的國家而言，第二次世界大戰造成的經濟衝擊更具殺傷力。德國GDP在戰爭初期雖然有所成長，但到了一九四五年，GDP比一九三九年的水準還低了將近百分之二十。日本也出現類似情況，一九四五年的GDP比一九三九年低了百分之二十二。法國的GDP降幅將近一半，義大利則達三分之一[95]。

反觀美國，戰爭提供了巨大的經濟刺激，效果比任何新政計畫都來得有效。與戰爭相關的產品，如飛機、船艦、坦克、槍炮等，其產量的GDP占比從百分之二成長到百分之四十。從一九三九年到一九四五年，實質GDP成長了一半以上；失業率也從一九四〇年的百分之十四點六下降到一九四五年的百分之一點九；而政府的任務從一九三九年占GDP的百分之九，迅速擴大到一九四三年占GDP的百分之四十七[96]。

如同第一次世界大戰，一九三九年至一九四五年的戰爭讓更多女性加入勞動力市場，主要是為了填補男性徵召入伍後多出來的人力空缺。這時期具有象徵意義的美國形象是「鉚釘女工蘿西」（Rosie the Riveter），這是出自於政府在人力招募宣傳海報上所採用的漫畫人物。在戰爭結束時，許多婦女又失業了。儘管如此，到了一九五〇年，美國婦女從事有償工作的比例仍比一九三九年高出約十個百分比[97]。在接下來的幾十年裡，將有更多的女性踏入職場。

好消息

雖然地緣政治氛圍可能不太愉快，但我們在一九一四年到一九四五年這個時代見證了新的技術創新，也看到先前技術進步的普及。而美國工廠正是在這個時候為了善用電力優勢而進行改造。到一九三〇年代中期，航空客運公司使用的飛機，比萊特兄弟（Wright brothers）研發的飛機動力大上一百三十倍[98]。第一批合成氮肥於一九二〇年代開始販售，這項發展大幅提高了農作物的產量。農作物生產力提高的另一個原因是拖拉機的使用；在一九一四年以前，幾乎沒有農民使用這種機器，但到了一九四五年，美國已經有逾二百萬台機器投入農業用途。到了一九四四年時，拖拉機總共為勞工省下了十七億個工時[99]。

從這個時期開始，消費者開始從更廣泛多元的產品中獲益，尤其是在美國。第一家自助服務商店由「小豬搖擺」（Piggly-Wiggly）連鎖店創辦人克拉倫斯・桑德斯（Clarence Saunders）於一九一六年開張。克拉倫斯・博得艾（Clarence Birdseye）在一九二六年發明了冷凍食品，並於一九三〇年代開始銷售[100]。第一台冰箱在一九一六年以九百美元的價格售出，比一輛福特T型車（Ford Model T）還要貴，但到了一九三七年，美國每年生產將近六百萬台冰箱[101]。一九一四年以前發明的空調開始在全美普及，到一九三〇年代後期，大多數電影院都安裝了空調。第二次世界大戰後，空調讓美國人口能夠遷往南部和西部。另一個

95 同上註。

96 Christopher Tassava, "The American economy during World War II", Economic History Association, https://eh.net/encyclopedia/the-american-economy-during-world-war-ii/

97 Claudia Goldin, "The role of World War II in the rise of women's work", NBER working paper 3203, https://www.nber.org/papers/w3203.pdf

98 Smil, *Energy and Civilisation*, op. cit.

99 Alan L. Olmstead and Paul W. Rhode, "The diffusion of the tractor in American agriculture 1910–1960", NBER working paper 7947, www.nber.org/papers/w7947

100 Robert Gordon, *The Rise and Fall of American Growth: The US Standard of Living Since the Civil War*

101 Barbara Krasner-Khait, "The impact of refrigeration", *History Magazine*, https://www.history-magazine.com/refrig.html

促進人類舒適生活的物品是沖水馬桶，美國人使用室內沖水馬桶的比例從一九二〇年的百分之二十上升到一九四〇年的百分之六十[102]。第一台電視機在一九二〇年代問世，接著一九三〇年代開始播出一些電視節目，但這時候的觀眾還很少。

許多新材質被研發出來。美國杜邦公司（DuPont）於一九三九年首次生產尼龍材質的絲襪，第一批四百萬雙絲襪在推出後四十八小時內被搶購一空。但尼龍的供應因戰爭而暫時中斷，等到一九四五年恢復銷售時，在匹茲堡排隊購買的人多達四萬名，足足排了一英里遠[103]。

第二次世界大戰亦見證了盤尼西林（penicillin，即青黴素）的大規模生產、合成橡膠的引進（以因應戰時短缺），以及雷達和微波等新技術的發展。在戰時條件下，生產力獲得長足的進步，在加州列治文（Richmond）的造船廠，生產一艘船所需的時間從三百五十五天縮短到十二天。戰爭結束後，這些技術都應用到消費品上面。

最後，工人們也能夠在大戰期間獲得更好的工作條件。在歐洲，每週工作時數從一次大戰前的五十六小時降到一九二九年的四十八小時，而每年兩週的特休假也變得越來越普遍[104]。對於那些設法保住工作的勞工來說，通貨緊縮也意味著他們的實際工資在大蕭條期間普遍上漲[105]。

經濟學反思

大蕭條是對傳統經濟學認知的一次挑戰。雖然以前也發生過短期的經濟混亂，但當時的經濟體系已經顯示出它能夠適應衝擊。正如胡佛任內的財政部長安德魯・梅隆（Andrew Mellon）所言，「腐敗」將從這套體系中被清除出去。效率低下的企業會倒閉，但新公司會出現，然後僱用被解僱的工人。如果價格太高，商品就會降價，直到找到買家。如果薪資太高，工人就會降低工資，直到找到工作為止。

但大蕭條顯示，這些情況都不會自動發生。凱因斯在一九三六年出版的《就業、利息與貨幣的一般理論》（*General Theory of Employment, Interest and Money*）一書中概述了可能原因。當公司解僱員工或削減薪資時，這些工人的金錢就會減少；如果整個經濟體都出現這種情況，可能會出現普遍的需求不足。

那麼，為什麼新企業沒有湧現？也沒有僱用那些失業的工人呢？問題在於經濟未來前景的不確定性，從而導致投資的獲利能力（**profitability**）也無法確定。當經濟陷入困境時，這種不確定性就變得更大，因而無論利率水準如何，企業都不願投資。他們可能更願意償還債務或持有現金。凱因斯將其描述為「流動性陷阱」（**liquidity trap**）。

相反地，凱因斯表示，政府應該介入干預並刺激需求。從短期來看，政府的借貸能力沒有實際限制，因為投資者傾向將政府債券視為安全資產。然後政府可以僱用工人從事如建築之類的工程項目，這些工人就會把薪資花費在其他地方，從而提振對私人企業商品的需求。從某種意義上來說，如何僱用工人並不重要；他揶揄道，政府也可以把五英鎊的鈔票埋起來，然後等私人企業把它挖出來。政府支出的結果將是「乘數效果」（**multiplier effect**），即創造的需求大於刺激的規模。實際上，這種情況確實發生了，但令人遺憾的是，重整軍備的支出是結束大蕭條最有效的手段。

---

102 Frieden, *Global Capitalism*, op. cit.

103 St Clair, *The Golden Thread*, op. cit.

104 Michael Huberman, "Labor movements", *The Cambridge History of Capitalism, Volume 2*, op. cit.

105 Barry Eichengreen and Tim Hatton, "Interwar unemployment in international perspective", IRLE, http://www.irle.berkeley.edu/files/1998/Interwar-Unemployment-In-International-Perspective.pdf

正統的經濟學家對凱因斯的理論非常不滿，尤其是因為其理論規定國家要比以往扮演更重要的角色。批評者認為，政府支出不僅效率低落，而且還會「排擠」私人企業。後來的理論家認為，一九三〇年代的政策錯誤並不在於缺乏財政刺激，而在於央行未能阻止銀行倒閉和貨幣供應萎縮。一些人表示，消費者會對減稅或增加公共支出的消息做出應對之舉，是因為預期到未來將不得不提高稅收來支付這些開銷。這就是所謂的「理性預期」（rational expectations）理論，然而不是經濟學家的人是否會按照這種思路去思考，似乎值得懷疑。

雖然凱因斯的著作是在新政早已實施之後才出版，但他的思想大致為戰後時代定下了基調。政治家不希望看到一九三〇年代的情況重演，而凱因斯主義提供了一套選擇方案。經歷兩次世界大戰後，政治家也更容易接受政府參與經濟的想法。

斯堪的納維亞半島早已確立了這種基調，在一九三〇年代，瑞典制定了創造就業計畫、失業與醫療保險、生育與育兒照護、學校午餐補貼以及更高的養老金[106]。在戰後時期，瑞典模式對歐洲人來說比美國模式更具吸引力。

106 Frieden, *Global Capitalism*, op. cit.

第十一章
極其重要的運輸網

在紐約中央車站宏偉的大理石大廳上方，有一條玻璃走道，從這裡你可以俯瞰每天經過車站的七十五萬名乘客。當每位乘客都朝著不同方向匆匆離去時，不禁令人聯想到螞蟻窩裡忙碌的景象。就像每隻螞蟻走在明顯隨機的路線上都有自己的目的，一般乘客也知道如何在這個占地四十九英畝的空間，從迷宮般的人行道和隧道裡找到他們的最佳路線。在早上尖峰時段，每隔四十七秒就有一列火車進站，讓通勤者可以抵達在曼哈頓的工作地點。

如果過去主事者想做什麼就做什麼的話，那我們可能就看不到中央車站這個宛如大教堂般的大廳。一九六一年，他們曾要求將天花板降到十五英尺，並在中間安裝三個保齡球道[1]。對通勤者（和一些電影導演）來說，他們的提議所幸被否決了。

如果沒有中央車站（載運從北方來的乘客）或其姊妹站賓州車站（**Penn Station**，運送從新澤西和長島來的通勤者），紐約就無法正常運作；事實上，沒有龐大的地鐵系統，紐約也難以運作。光是卡車和貨車

1 James T. Patterson, *Grand Expectations: The United States 1945–1974*

就把曼哈頓的街道擠得水洩不通，更何況這還沒把數百萬輛汽車司機算進去。

很少有通勤者會停下來思考他們每日交通行程背後所需要的協調工作。在他們頭頂上方，中央車站的六樓，有一個房間坐滿調度員，監控著車站四十二條軌道上列車的進出站情形。當我在參觀時，一輛列車正繞著車站周圍的「環形」迴車道行駛，這樣就能改變行駛方向——非常罕見的畫面。

從經濟角度來看，為了促成通勤者的交通行程，背後可是經過了好幾個數不清的階段。首先，火車是由日商川崎重工業（Kawasaki）和加拿大運輸設備製造商龐巴迪（Bombardier）兩家公司所製造的；鐵路號誌系統來自法國跨國公司阿爾斯通（Alstom）；軌道旁供電系統則是由瑞典和瑞士跨國集團ＡＢＢ提供。不過，這一切只是剛開始。照亮中央大廳天花板上黃道十二宮圖的ＬＥＤ燈由日本東芝（Toshiba）公司製造，周圍的大理石雕刻來自義大利，一九九〇年代翻修車站時，專業的修護人員也是來自義大利（在翻修以前，中央車站的天花板被香菸的煙霧燻黑，車站也是許多流浪漢的聚集場所，很少通勤者願意在此逗留）。如今，中央車站成為一個旅遊勝地，每天有一萬人來這裡只是為了吃午餐，而不是為了趕火車。

上述提到的燈、列車及電力公司，都仰賴從地底下開採出來的原物料——鋼鐵、鋁、銅線。必須有人設計和製造火車座椅，包括座椅套所需的布料。也需要建造為車站供電的發電機（位於地下室深處），當然還有由化石燃料（必須從地下鑽採）產生的電力。車站裡供應的食物，其材料來自世界各地。所有原物料都必須靠輪船或卡車運到車站，接著我們又進到另一個層級：必須有人建造輪船與卡車，貨物運輸的貨櫃也是。此外，也得有人建造貨物卸貨的港口和卡車行駛的道路。總而言之，數百萬名工人可能在某個階段或其他階段裡參與了運送每一位通勤者上班的過程。

我們的全球運輸系統載著人們去工作，也運送人們去度假，讓人們可以探親，並為人們帶來世界各地的貨物。隨著財富擴散到全球各地，越來越多人能夠出外旅行。二〇一七年搭乘飛機的人次約為四十億，幾乎是二〇〇五年的兩倍[2]。就火車而言，每年延人公里數（passenger-kilometres）約為三兆公里，中國和印度各自都超過一兆公里。但與汽車行駛公里數相比，這兩個數字都相形見絀；美國人每人每年平均駕駛約一萬八千公里[3]。

交通運輸的變化對世界和經濟的發展產生了難以置信的影響。在六萬多年前，首批船隻讓人類可以從亞洲抵達太平洋島嶼[4]。幾千年來，海運是迄今為止運輸大宗貨物最便宜的方式。後來船隻的設計逐漸改良，正如我們在第四章所提到的，新增了船帆、方向舵、指南針等。到了十二世紀，中國的造船技術已經非常先進，採用鐵釘、具有水密艙壁的雙層船殼以及救生艇[5]。十五世紀晚期和十六世紀，更先進的船艦和航海技術讓歐洲人來到亞洲和美洲，並使歐洲人主宰了印度洋貿易。

鐵路和蒸汽船將美國的農產品帶到歐洲，然後把歐洲移民帶回美洲。鐵路的出現也讓人們第一次可以出外旅行度假。火車促使工人搬到郊區；「通勤者」（即長途跋涉去工作的人）的概念，在維多利亞時代以前還無人知曉。

第一條通勤鐵路線於一八三六年開始運行，從倫敦東南部的格林威治（Greenwich）到倫敦大橋（London Bridge）。「通勤」一詞出自美國鐵路公司，當時他們為經常搭乘的旅客提供乘車減免或折扣優

---

2 Hugh Morris, "How many planes are there in the world right now?", *The Daily Telegraph*, August 16th 2017

3 資料來源：https://afdc.energy.gov/data/10309。

4 Sarah Gibbens, "Human arrival in Australia pushed back 18,000 years", *National Geographic*, July 20th 2017

5 Cunliffe, *By Steppe, Desert, & Ocean,* op. cit.

惠。但早期許多倫敦通勤者搭乘的是馬車或公共汽車，而不是火車[6]。

汽車為城市的擴張帶來新的動力。美國人居住在郊區的比例從一九四〇年的百分之二十上升到一九六〇年的百分之三十三，一九四八年至一九五八年間建造的一千三百萬棟住宅中，有一千一百萬棟位於郊區。巨大的貨櫃船讓貨物運輸更加低廉，從而促進世界貿易量和全球化。飛機將遊客和商人帶到世界各地，促進了跨國公司的發展。以上這些形式的運輸都需要大量的能源，進而帶來進一步的經濟變革（參見第五章）。

在人類大部分的歷史裡，只有兩種運輸貨物和人員的方式。第一種是陸路運輸，靠步行或借助馱獸，如駱駝、馬或驢子。除了專門靠馬匹行動的信使服務（如蒙古人擁有的），其他陸路運輸方式都緩慢耗時，且不僅成本昂貴，風險也很大。另一種運輸是透過河川、海洋與運河，這也是緩慢且具有風險（遭遇海盜搶劫或沉船）的方式，但成本低廉，船隻還可以攜帶更多大型物品。

鐵路、內燃機和飛機等動力運輸交通工具的發展，才是真正的革命。就像中央車站每天所做的那樣，一座大城市必須把數百萬人從他們的家送到工作地點，然後再載回來，並將交通干擾降到最低。少數幸運兒可能住家離工作地點很近，可以步行去上班（有些人會冒著塞車風險騎車上班）。但絕大多數人必須開車、搭乘公共汽車、列車（地下或地上）或渡輪往返工作地點。運輸系統一旦中斷，在經濟上相當於心臟病發作。在為這本書做研究的時候，我在波士頓經歷過一場暴風雪，許多辦公大樓和商店都關閉了，街道上唯一的車輛大概只剩下除雪機，從早到晚賣力地執行永遠做不完的任務。

鐵路的發展與被稱為工業革命的經濟變遷交織在一起。由於火車引擎需要煤來發動，列車需要在鐵製軌道（後來以鋼鐵製作）上行駛，所以鐵路的發展促成礦業和鋼鐵工業的發展。反過來看，事實上煤炭工業亦激發了修建鐵路的想法。

大約從一三五〇年開始，人類或馬匹就開始在木製軌道上運輸貨物；在軌道上移動一輛手推車所需的能源，是在崎嶇不平道路上運輸所需能源的六分之一[7]。蒸汽機最初是用來抽取煤礦井裡面的水，後來在康沃爾的一位工程師理查・特里維西克（Richard Trevithick）想到一個聰明的點子，把蒸汽機放到軌道上，並成功地以每小時五英里的速度搬運九噸重的貨物[8]。煤炭生產提供了改善運輸的強大動力，因為煤炭需要從單一地點（煤礦山）運送到各個城市[9]。通常被視為鐵路發明人的喬治・史蒂芬森（George Stephenson），製造了在斯托克頓（Stockton）至達靈頓（Darlington）路段運輸煤炭的蒸汽機車；法國最早的鐵路（由馬牽引）位於煤炭產區。

煤炭並不是當時唯一的新興產業。像利物浦—曼徹斯特鐵路線的建立，是因為那時候需要將棉花從利物浦的港口運到曼徹斯特的紡織廠。鐵路也與另一項革命性技術的發展有關——電報。一八四八年，英國約有一半的鐵軌旁設有一台電報機[10]。

運送煤炭和棉花是一回事，載運乘客又是另一回事了。那時有些人擔心高速旅行會損害乘客的眼睛，或者使人精神錯亂。第一次鐵路事故沒多久就發生了，在一八三〇年利物浦—曼徹斯特鐵路開通那天，內閣大臣威廉・霍金森（William Huskisson）穿越鐵軌要跟威靈頓公爵（Duke of Wellington）講話，結果被喬治・史蒂芬森的蒸汽機車「火箭號」（Rocket）撞上身亡。

---

6 Simon Webb, *Commuters: The History of a British Way of Life*

7 Rhodes, *Energy: A Human History*, op. cit.

8 Christian Wolmar, *Blood, Iron and Gold: How the Railways Transformed the World*

9 Wrigley, *Energy and the English Industrial Revolution*, op. cit.

10 Tom Standage, *The Victorian Internet: The Remarkable Story of the Telegraph and the Nineteenth Century's Online Pioneers*

不過，人們很快就克服了對「鐵馬」的恐懼。利物浦—曼徹斯特鐵路運營的第一年，就有五十萬人次搭乘出遊，其中一些人還專程去參加賽馬會。這項技術的傳播速度很快：巴爾的摩與俄亥俄鐵路（Baltimore & Ohio railway）的首段路線也於一八三〇年開通，比利時和德國的鐵路於一八三五年開始營運，而奧地利帝國是一八三八年，義大利與荷蘭則是一八三九年[11]。因此，貨物運輸變得更便宜。在德國，一八五〇年透過鐵路運輸一噸貨物的價格，是一八〇〇年道路運輸成本的四分之一。鐵路運輸大幅提升了經濟效率，能跨越全國各地的貿易也變得更具吸引力[12]。

由於人們對新技術的熱情極其高漲，以至於許多國家出現了「鐵路修建熱潮」，投資者紛紛將大量資金投入新路線的開發。在一八三〇年代，英國的鐵路計畫投資一度相當於GDP的百分之八。但當時太多路線、太多競爭的行駛路線，所以他們都沒有成功。一八四五年後，鐵路股下跌了三分之二，跌破一八三五年以前的水準；投資失利的人包括查爾斯．達爾文（Charles Darwin）和勃朗特姊妹（Brontë sisters）[13]。

美國的鐵路建設工程則涉及了赤裸裸的欺騙與政府在背後的支持。國會相信鐵路會帶來進步，卻不願意向選民徵稅來支付建設費用，所以他們透過給予土地來補貼企業公司。只要公司每修建一英里的鐵路，就能得到一萬二千八百英畝的土地和其地下任何的鐵礦和煤礦。聯合太平洋鐵路（Union Pacific）獲得的土地範圍，相當於新罕布什爾州和新澤西州的總面積[14]，而這片土地實際上是從美洲原住民那裡沒收來的，所以政府並未花到任何錢。

美國南北戰爭結束後，鐵路運輸出現一波繁榮時期（由於南方相對欠缺鐵路網絡，戰鬥力因而削減）。全國鐵路系統從一八六五年的三萬五千英里，增加到一八七三年的將近七萬一千英里，在此期間，當第一條橫貫大陸鐵路（First Transcontinental Railroad）在猶他州海角點（Promontory Point）交會時，美國東西海岸象徵性地連接在一起。但和英國一樣，投資者高估了鐵路需求。一八七三年的金融恐慌導致債券普遍違約，到一八七八年，鐵路股價下跌了百分之六十[15]。

拿起手錶對時

鐵路不僅影響我們的旅行方式，亦改變我們對時間本身的測量。在鐵路剛開始營運時，時間是由地方層級訂定的而不是國家層級，例如東安格利亞（East Anglian）的時鐘比倫敦的快幾分鐘，而位於英格蘭西南部的普利茅斯（Plymouth）則晚了二十分鐘。在那個時代，時間不一致並未造成什麼實際困難。任何一個擁有手錶的人在到達一個新的地方後，都會透過觀察城鎮上的時鐘來調整手錶時間。但是載客火車需要一個時刻表，這樣才能規劃各站行程，因此鐵路公司改採國家標準時間（根據格林威治皇家天文台的時間）。有一段時間，許多地方仍然區分地方時間和「鐵路時間」，直到議會於一八八〇年頒布一項《時間法案》（Time Act）才實施時間標準化[16]。

美國的時間系統也同樣混亂，伊利諾州和密西根州各有二十七個不同的時區。這個國家的火車長途行

---

11 Wolmar, *Blood, Iron and Gold*, op. cit.

12 Evans, *The Pursuit of Power*, op. cit.

13 Edward Chancellor, "Bubbles: a Victorian lesson in mania", *Financial Times*, April 11th 2010

14 Richard White, *Railroaded: The Transcontinentals and the Making of Modern America*

15 同上註。

16 Simon Bradley, *The Railways: Nation, Network and People*

駛，不僅要設法應付各種時間差，還要處理因技術不成熟、地理和氣候多變所造成的既存不確定性，使得火車變得非常不可靠；「跟時刻表一樣愛撒謊」這句話成了一種普遍說法[17]。一八八三年，鐵路公司同意採用標準時間，美國有四個時區（額外一個時區是加拿大的），但國會一直到一九一八年才通過標準時間[18]。

鐵路旅行起初對一般工人來說太昂貴了。為減輕負擔，英國規定鐵路每英里只需支付一便士。後來，許多都市中心架設輕軌或有軌電車，這些運輸工具比火車便宜、比公車能載運更多的人。有軌電車和火車讓工人上班更方便、更便宜，也讓工人得以逃離維多利亞時代城市擁擠與不衛生的環境。

倫敦於一八六三年一月開通了世界上第一條地下鐵路；在開始營運的第一年裡，大都會線（Metropolitan line）以每趟路一美分的票價運送了九百五十萬名乘客。剛開始，由於火車是靠蒸汽發動的，通風條件很差，所以搭乘體驗非常不舒適。三十多年後，匈牙利才成為第二個修建地下鐵路的國家，布達佩斯地鐵於一八九六年開通[19]。

鐵路並不是美國的第一次運輸革命。與英國一樣，在此之前，人們也曾掀起一陣瘋狂修建運河的熱潮。運河是一項古老的技術，從公元前五世紀起，運河是中國交通系統的主要組成部分。一六八一年，法國人開通了長一百五十英里、連接比斯開灣（Bay of Biscay）與地中海的朗格多克運河（Languedoc canal），目的是為了避免繞行西班牙的長途跋涉[20]。但工業革命為運河建設帶來新的動力：大型貨物需要長途運輸，布里奇沃特運河（Bridgwater canal）將煤炭從布里奇沃特公爵（Duke of Bridgwater）的礦坑送到曼徹斯特，據估計，曼徹斯特的煤炭成本因而降低了百分之五十[21]。在鐵路問世之前，水路運輸比陸路運輸的成本更低廉（但道路建設在十八世紀末獲得改善，倫敦與愛丁堡之間的往返時間縮短了大約一半）[22]。

美國第一個重要的基礎建設項目是伊利運河（Erie canal），其目的是將五大湖區與哈德遜河連接起來，進而連接紐約。這項建設的構想大部分是由政府推動的，並由紐約州州長德威特・柯林頓（Dewitt

Clinton）從立法機構籌措資金。這條運河全長三百六十三英里，沿途行經山區，累積高度差達六百英尺，工程非常複雜，以至於這個項目被稱為「柯林頓的愚昧」（Clinton's folly）。但最後運河成功開通。在一八二五年運河完工以前，一噸價值四十美元的麵粉透過陸路運輸，大約需要三週的時間才能從水牛城運送到紐約，運費為一百二十美元；透過運河，只要八天的時間，而且運費為六美元[23]。由此產生的運河交通大大地促進了紐約的港口和整個城市的發展。

運河是運送大宗貨物的一種廉價方法。英國擁有超過三千公里的運河，阿姆斯特丹、布魯日和威尼斯的運河網絡是熱門的旅遊景點。但運河的速度終究比不上鐵路，運河的黃金時代到一八五〇年就落幕了。

汽車

如果說鐵路在十九世紀創造了一場運輸革命，那麼在二十世紀，汽車是一項更具變革性的科技，它開創了龐大的製造業、改變了城市的布局，並建立起自己的汽車戲院（drive-in movies）和得來速取餐（drive-through restaurants）等次文化。一八八五年，卡爾・賓士（Karl Benz）在德國曼海姆（Mannheim）

17 Wolmar, *Blood, Iron and Gold*, op. cit.
18 Randy Alfred, "Nov 18, 1883: Railroad time goes coast to coast", *Wired*, November 18th 2010
19 Webb, *Commuters*, op. cit.
20 Rhodes, *Energy: A Human History*, op. cit.
21 同上註。
22 Mokyr, *The Enlightened Economy*, op. cit.
23 John Steele Gordon, *The Business of America*

製造了第一輛汽油動力汽車。大約同一時間，另一位德國人戈特利布·戴姆勒（Gottlieb Daimler）透過在特製車架上安裝汽油發動機，製造出一輛摩托車[24]。早期的車輛還很簡陋，但這個構想很快就被其他先驅者開發出來，比方說法國的阿爾芒·標緻（Armand Peugeot）和埃米爾·勒瓦索（Emile Levassor）。最初，汽車是貴族和富商的玩物，當密西根州的福特推出T型車時，汽車才進入大眾市場。

如同其他早期許多汽車產業的領導者，福特既是有遠見的商人，也是一個非常討厭的人物。一九二〇年，福特出版了一系列以《國際猶太勢力：世界的首要問題》（*The International Jew: The World's Foremost Problem*）為題的小冊子，後來希特勒在其著作《我的奮鬥》（*Mein Kampf*）中引用了福特的觀點。到了一九三九年，福特在希特勒生日那天寄給他一張五萬美元的支票，並在次年聲稱是「國際猶太銀行家」導致戰爭的爆發。路易·雷諾（Louis Renault）是另一位反猶太主義者和納粹通敵者；英國汽車製造商威廉·莫利斯（William Morris）資助了自封為英國納粹首領（Führer）的奧斯瓦爾德·莫斯利爵士（Sir Oswald Mosley）；飛雅特汽車（Fiat）創辦人阿涅利（Giovanni Agnelli）則支持義大利獨裁統治者墨索里尼（Benito Mussolini）[25]。

或許，在一個快速擴張的產業中成為先驅，會讓人產生一種自以為了不起的錯覺。但其實產業先驅能夠成功，運氣和技術都很重要。福特的第一個汽車生意失敗，然後又被他的第二家公司（後來成為凱迪拉克汽車公司〔The Cadillac Motor Company〕）解僱，他的第三次事業集中在福特T型車的生產，這是一款相當簡陋的車。但T型車很便宜，而且在福特引進自動化生產線後，價格變得更親民。這個想法可能是他在前一年視察大型零售商西爾斯公司（Sears）的配送系統時所想到的，當時他們使用輸送帶加快商品的流動速度[26]。採用裝配線使效率顯著提升，裝配過程也得益於福特生產的是一輛簡單的汽車；組裝一個車身底盤所需的時間從七百四十八分鐘降到九十三分鐘[27]。

福特從中發現到一個良性循環。更高的生產速度意味著更低的成本，而更低的成本意味著更高的銷量，所以又進一步降低了成本，如此反覆循環。T型車的實際價格下降了百分之八十，銷量從每年一萬輛上升到一九二五年的二百多萬輛[28]。T型車的總銷量達到一千六百五十萬輛，直到一九七二年，這個銷量紀錄才被福斯的金龜車（Volkswagen Beetle）所超越[29]。

早年，福特以善待員工著稱，發送聖誕獎金給員工，並於一九一三年將工資提高到每天五美元。但這是某種魔鬼交易，員工們不准坐在工廠的地板上或聊天，主管甚至會到員工家裡查看監督他們的行為。一九三〇年代，福特公司僱用的打手會毆打甚至槍殺勞工運動人士[30]。

到那個階段，福特也已經失去了在這個產業的主導地位。消費者的品味逐漸變得更加複雜，他們想要的不僅是樸素、單一顏色的T型車[31]。競爭對手將許多早期的品牌整合到通用汽車公司的旗下。當時通用汽車公司的艾弗雷德．史隆（Alfred P. Sloan）是新型的企業領袖，他不是產業先驅而是一個總經理。他開發了一系列品牌，從雪佛蘭（Chevrolet）到凱迪拉克，迎合各式各樣的客戶，花錢打廣告宣傳，並且制定

---

24 Steven Parissien, *The Life of the Automobile: A New History of the Motor Car*

25 同上註。

26 John Steele Gordon, *The Business of America*, op. cit.

27 Srinivasan, *Americana*, op. cit.

28 Avent, *The Wealth of Humans*, op. cit.

29 Parissien, *The Life of the Automobile*, op. cit.

30 同上註。

31 福特有句名言：「顧客可以將這輛汽車漆成任何顏色，只要是黑色就好。」

年度車型更新計畫，鼓勵客戶購車升級[32]。

作為世界上最繁榮的經濟體、擁有龐大的國內市場，美國開始主導汽車產業；一九五〇年，美國生產了世界上四分之三的汽車。但其他國家也開發了自己大眾市場的車型，從福斯金龜車到雪鐵龍（Citroën）2CV，再到象徵英國「搖擺倫敦六〇年代」（swinging Sixties）的寶馬迷你（Mini）。

汽車很快就成為現代文化中不可或缺的一部分。通過汽車駕照考試對美國青少年來說是種成年禮，能給予他們擺脫父母控制的自由。代表性品牌在流行音樂裡廣受讚頌，例如美國搖滾樂團海灘男孩（The Beach Boys）在其歌曲中提到福特的雷鳥（Thunderbird），唱道：「就盡情玩、玩、玩！玩到老爸把她的雷鳥收回去」；流行歌手王子（Prince）也唱起：「小紅跑車」（little red Corvette）的讚歌（譯註：Corvette是雪佛蘭一款經典跑車）；搖滾歌手查克．貝里（Chuck Berry）則唱出駕車的樂趣，即使「沒什麼特別的地方可去」。汽車被許多人視為一種個人宣言；跑車象徵無憂無慮的享樂主義，勞斯萊斯（Rolls-Royce）或凱迪拉克是在社會上成功的標誌。

這些汽車需要大量的基礎建設來支撐。一九〇五年，加油站在美國問世，一九一三年，第一座免下車的加油站在賓州匹茲堡開張[33]（譯註：在此之前加油都是提油桶來裝，再倒入汽車油箱裡）。第一家汽車旅館於一九二五年在加州建成，但汽車旅館這個詞彙在一九四五年後才開始普遍使用。一九五一年，房屋建築商凱蒙．威爾森（Kemmons Wilson）在度假時，因適合住宿的選擇不多而感到沮喪，於是他創辦了連鎖的假日酒店（Holiday Inn），以佛瑞．亞斯德（Fred Astaire）和平克．勞斯貝（Bing Crosby）主演的電影來命名。他為每間房間都配置了空調和電視，是第一家擁有餐廳和游泳池的酒店。加盟連鎖（franchising）概念使其酒店得以推廣到全國各地。到一九七〇年代初，這家連鎖酒店已經擁有超過二十萬間的客房[34]。

除了需要落腳的地方，駕駛們也需要吃點東西。一九四七年，第一家得來速餐廳在密蘇里州設立，而得來速漢堡連鎖店「盒子裡的傑克」（Jack-in-the-Box）於一九五一年成立（麥當勞到一九七五年才設立了得來速餐廳）[35]。雖然擁有自家停車場的購物中心早在一九〇七年就已經出現，但第一家封閉式購物中心則到一九五六年才於明尼阿波利斯（Minneapolis，那裡的冬天可能非常寒冷）開設。到了一九八七年，購物中心占美國零售總額的一半以上[36]。為了滿足娛樂需求，第一家汽車戲院於一九三三年開張，不過這個休閒活動要到一九五〇年代才會真正興起；其中一家汽車戲院的停車場可以容納二千五百輛汽車[37]。

以上這些創造出美國城市郊區的熟悉樣貌——在冗長的高速公路上，到處都有加油站、汽車經銷店、速食餐飲店以及小型或露天購物中心。這些商店為居住在郊區的數百萬人提供所需。郊區購物中心的數量從一九四六年的八間，拓展到一九五〇年代的四千多間[38]，但它們也掏空了城鎮中心，因為交通堵塞和缺乏停車位讓駕車者望之卻步。那些買不起車或體弱多病不能開車的人就沒那麼幸運：美國許多城市提供的大眾運輸資源相當有限。

---

32 Parissien, *The Life of the Automobile*, op. cit.

33 Kat Eschner, "A short picture history of gas stations", Smithsonian.com, December 1st 2017, https://www.smithsonianmag.com/smart-news/short-picture-history-gas-stations-180967337/

34 David Halberstam, *The Fifties*

35 Brad Tuttle, "10 things you didn't know about the fast food drivethru", MSM.com, November 25th 2014

36 Richard A. Feinberg and Jennifer Meoli, "A brief history of the mall", *Advances in Consumer Research*, vol. 18, no. 1, 1991

37 "First drive-in movie theater opens", History.com, November 13th 2009, https://www.history.com/this-day-in-history/first-drive-in-movie-theater-opens

38 Patterson, *Grand Expectations*, op. cit.

最重要的是，汽車時代需要大量的道路。回到一九一九年，當時年輕的德懷特・艾森豪（Dwight Eisenhower）中校參加了一個由美國陸軍車輛組成的跨國車隊，從一個海岸到達另一個海岸共花了六十二天；途中許多路段都是泥土路和山路。身為二戰期間同盟國的最高指揮官，艾森豪非常讚賞德國的高速公路，因此他在一九五三年當上總統時，改善國家道路便成為最優先事項，尤其是對國防來說。一九五六年，他成功推動一項計畫，透過徵收燃油稅來資助州際高速公路系統。最後，四萬六千英里長的高速公路落成，貨物和人員都可以在整個美國大陸上流通[39]。

這些早期的道路建設計畫都是政府資助的基礎建設如何促進經濟成長的典型例子，但到了某個時間點，這些建設對經濟成長的報酬開始出現遞減。許多像洛杉磯這樣的現代城市都是圍繞著汽車建造的，但後來卻為交通堵塞苦惱不已。汽車使用率迅速增加的發展中國家也出現類似問題，泰國、印尼、哥倫比亞和委內瑞拉的交通壅塞程度都超越美國，莫斯科、聖保羅和波哥大更是登入十大最擁擠城市之列[40]。

建造更多的道路似乎是解決問題的辦法，但研究顯示，更多道路只會促進更多的交通流量；如果一個城市在一九八〇年到一九九〇年間增加了百分之十的道路面積，那麼交通流量就會增加同樣的數量[41]。這是「公有地的悲劇」（tragedy of the commons）的例子：在試圖行使各自的自由時，每個司機的決定導致交通擁擠。世界各大城市的駕駛人每年因塞車損失將近一千美元[42]。

事實上，自一九五〇年代以來，我們對於汽車的熱情開始有所消退，許多汽車愛好者認為這時期是汽車的黃金年代。那時候，汽車燃料很便宜，美國汽車設計師可以盡情發揮他們的想像力，創造出看起來像鯊魚牙齒的水箱護罩、尾翼如火箭的大型汽車。但在接下來的幾十年裡，我們對汽車狂熱所衍生出的壞處開始浮現出來。一九六五年，羅夫・納德（Ralph Nader）出版了《任何速度都不安全》（*Unsafe at any Speed*）一書，內容詳細描述了許多汽車過往的危險紀錄，當時汽車缺乏安全帶、安全氣囊及其他後來認為是標準配備的裝置。一九六七年，英國開始對於駕駛飲酒實施法律規範，美國各州也在一九七〇年代末陸續效仿。這些安全措施確實降低了道路死亡率，美國的道路死亡人數在一九六〇年代末達到每年五萬五千人的高峰，而按照每英里行駛的死亡人數來看，自那個時期以來，死亡率已經減半[43]。

一九七〇年代也出現了重大變化，贖罪日戰爭（阿拉伯國家和以色列之間的戰爭）之後，油價飆升鼓勵了省油汽車的發展。福特和通用汽車生產的「高耗油汽車」的市場份額漸漸被規模較小的日本進口汽車所取代，政府也鼓勵製造商改善汽車的燃料消耗。但小型車的流行並沒有維持太久，一九九〇年代油價再次走低時，消費者開始購買運動型休旅車（SUVs）和小廂型車等大型汽車。但這些都是相當「四四方方」（boxy）的汽車，一點也不像一九五〇年代那些花俏的車款。

近幾十年來的重大發展是汽車在發展中國家的迅速普及，尤其是在中國。二〇一七年全球汽車銷量為七千九百萬輛，是一九九〇年代平均銷量的兩倍多[44]。但在富裕國家，汽車銷量趨勢可能朝反方向發展，年輕人難以負擔擁有汽車的費用，他們可以依靠租賃車服務，如Uber、短期租車或共享汽車來完成他們行程需求。未來，自動駕駛汽車可能會提供另一種選擇。

---

39 David A. Pfeiffer, "Ike's interstates at 50", *Prologue Magazine*, vol. 38, no. 2, 2006, National Archives, https://www.archives.gov/publications/prologue/2006/summer/interstates.html

40 Kirsten Korosec, "The 10 most congested cities in the world", *Fortune*, February 6th 2018

41 Adam Mann, "What's up with that: building bigger roads actually makes traffic worse", *Wired*, June 17th 2014

42 "The hidden cost of congestion", graphic detail, *The Economist*, February 28th 2018, https://www.economist.com/graphic-detail/2018/02/28/the-hidden-cost-of-congestion

43 Elena Holodny, "Traffic fatalities in the US have been mostly plummeting for decades", Business Insider, April 20th 2016

44 資料來源：https://www.statista.com/statistics/200002/international-car-sales-since-1990/。

當然，汽車並不是道路上唯一的機動車輛。卡車或貨車在將貨物直接運送到零售商和我們家門口的過程中扮演著重要角色。根據美國貨車運輸協會（American Trucking Association）的統計，單美國就有三百六十萬重型貨車，每年運輸一百零五億噸貨物，占國內運輸貨物總量的百分之七十一[45]。其他國家同樣依賴這些道路巨人，在撰寫本書的同時，巴西經濟因卡車司機抗議燃油價格上漲而受到重挫[46]。二〇一五年，在大雨沖毀肯亞蒙巴薩（Mombasa）的部分道路後，貨車因道路堵塞排起長達三十英里的車隊，一共持續了三天[47]。

包山包海的貨櫃

一位貨車運輸巨擘透過了簡單的創新，幫助轉變二戰後的國際貿易本質，即推出規格統一的金屬貨櫃。沒有貨櫃，本書開頭提到的菲力克斯托港和新加坡港就無法像現在這樣高效率地運作。過去舊式碼頭以簡陋而堪用的模式運作，貨物亂七八糟地堆放在貨艙裡，然後又凌亂地卸貨。一艘船可能要花一個星期或更長的時間在卸貨上面。

碼頭工人（或稱裝卸工）的工作是個搶手的工作機會，但這項工作既危險又不穩定，工人們每天都在門口排隊找工作。此外，勞資關係不佳，罷工事件也頻傳：碼頭工人的薪資就能消耗掉一次遠洋航行的一半成本[48]。事實上，某個學術研究發現，「二戰後貨物搬運的勞動力密集程度，幾乎等同於維多利亞時代初期[49]」。

後來，一九五〇年代有位名叫麥爾坎．麥克林（Malcom McLean）的商人試圖解決該產業效率低落的問題。他希望將其公司卡車的集貨箱直接裝上船，但這需要全面改變船舶的設計、碼頭的運作以及碼頭工人的工作條件，而這些肯定會遭到工會的反對。於是他在新澤西州的紐沃克（Newark）建造一個新港口，與曼哈頓隔河對望。一九五六年四月二十六日，第一艘貨櫃船「ＳＳ理想號」（SS Ideal-X）開往德州休士頓。重新設計後的船需要安裝起重機來裝卸這些箱子，所以集貨箱的大小規格必須一致。最初，貨櫃規格依照二十英尺長的ＴＥＵ（**twenty-foot equivalent unit**，二十英尺等量單位）標準箱設置，但現代貨櫃通常是四十英尺長（或二個ＴＥＵ大小）。

直到一九六〇年代中期，貨櫃運輸才真正盛行起來。越戰推動了貨櫃運輸的發展，因為美國軍方發現，使用金屬集貨箱可以將運輸成本降低一半。長期下來節省的運輸成本更多，從每噸的五點八六美元降到十六美分，此外船舶卸貨時間不到一天，減少了閒置時間。偷竊率大幅下降，降低保險成本，操作貨櫃船所需的船員也減少了。在一九六六年之後的十年裡，工業製品的國際貿易成長速度是製造業產出或全球ＧＤＰ的兩倍以上[50]。有些人預估，二十世紀下半葉，貨櫃箱在增加全球貿易方面會比國際關稅削減協議更具影響力。事實上，分析顯示，採用貨櫃箱的已開發國家之間的貿易在二十年間成長了將近九倍[51]。

---

45 資料來源：www.trucking.org。

46 Dom Philips and Sam Cowie, "Brazilian president sends in army as truck protest paralyses country", *The Guardian*, May 25th 2018

47 Ross Logan, "Think your commute's bad?", *Daily Record*, November 21st 2015

48 Marc Levinson, *The Box: How the Shipping Container Made the World Smaller and the World Economy Bigger*

49 Daniel M. Bernhofen, Zouheir El-Shali and Richard Kneller, "Estimating the effects of the container revolution on world trade", CESIfo working paper series no. 4136, March 2013

50 Levinson, *The Box*, op. cit.

51 Bernhofen, El-Sahli and Kneller, "Estimating the effects of the container revolution", op. cit.

面對這些轉變，工會掀起了勝利無望的抗爭極力反對，但未受重視。菲力克斯托港能迅速崛起，要歸功於工會對倫敦港口採取的貨櫃禁令。反過來看，這些轉變也意味著製造業公司的搬遷，他們不再需要為了靠近碼頭而在大城市租用昂貴的空間，結果導致曼哈頓和東倫敦等地區的藍領工作機會大幅減少。

如果沒有貨櫃運輸，那種跨國公司經營的全球供應鏈就不可能運作。事實上，企業也不可能維持低庫存；現在企業之所以能維持最低庫存量，是因為他們知道自己可以迅速補給貨源。所有這些發展都源自於一個不起眼的金屬貨櫃箱。

搭乘私人飛機的富豪

如果我們能傳送曾曾祖父母到未來時空，什麼場景最令他們感到驚訝和恐懼？當然，道路龐大的交通流量和速度可能是其中之一，但最令他們目瞪口呆的景象莫過於在頭頂上飛行的巨型金屬物體，而且沒有任何明顯的推進裝置。

一九〇三年，萊特兄弟在北卡羅萊納州進行的首次動力飛行僅維持了三十七公尺。差不多過了五年時間，才有一架飛機順利飛行一公里遠，但在那之後，飛機開始迅速發展；一九〇九年七月，路易．布萊里奧（Louis Blériot）駕駛飛機成功橫渡了英法之間的英吉利海峽，飛行里程約三十一英里。在第一次世界大戰期間，軍方看到了飛機的偵察潛力，於是第一架戰鬥機和轟炸機誕生了。

戰爭落幕後，航空的商業用途還不明顯。早期的飛機不夠堅固，無法載運人員。但航空郵件服務在一九二五年後問世，首位飛越大西洋的飛行員查爾斯．林德伯格（Charles Lindbergh）於一九二九年指導泛美航空（Pan Am）第一次送件到南美洲的服務。到一九三〇年代末期，道格拉斯 DC-3 已可載二十一名乘客，好萊塢童星雪莉・坦波爾（Shirley Temple）是第一位在飛機上買臥鋪票的乘客[52]。早期的航空公司意識到湯瑪斯・派辛格（Thomas Petzinger）所說的「航空經濟學的第一法則」：如果飛機無論如何都要起飛，任何以乘客或貨物形式出現的額外裝載量幾乎都是純利潤[53]。

在商業航空發展的早期階段，飛行被視為是一項極具魅力的生意，人們會盛裝打扮後搭乘，不過當時只有富人才負擔得起。後來這一切在一九七〇年代發生了重大轉變，美國總統卡特（Jimmy Carter）在一九七八年簽署了《空運管制解除法》（Airline Deregulation Act），終結了美國政府對航線與票價長達四十年的嚴格管控。一九六〇年，美國航空公司載客數達六千二百萬人次，到二〇一七年，載客數將近十億人次[54]。

英國第一個套裝旅遊是一位名叫弗拉基米爾・雷茲（Vladimir Raitz）的俄羅斯流亡者在一九五〇年發明的，他為遊客提供六小時的行程（包含中途加油），前往科西嘉島（Corsica）的一個營地[55]。一九六〇年代，航空公司克拉克森（Clarksons）開通飛往西班牙的廉價航班，刺激了白色海岸（Costa Blanca）的大量發展。起初，外匯管制禁止英國人攜帶超過五十英鎊出境，因而限制了市場發展。但趨勢很明顯，波音七四七等大型客機的引進，使航空公司和旅遊公司都能擴大規模經濟。

航空業或許取得了巨大的成長，但並沒有因此獲得龐大的利潤。或許是世上最成功投資家的華倫・巴菲特（Warren Buffett）曾揶揄道：「如果當時有遠見的資本家出現在小鷹鎮（Kitty Hawk），他會幫後人一

52 資料來源：https://library.duke.edu/digitalcollections/adaccess/guide/transportation/airlines/。
53 Thomas Petzinger, *Hard Landing: The Epic Contest for Power and Profits That Plunged the Airlines into Chaos*
54 資料來源：https://www.bts.gov/newsroom/2017-traffic-data-us-airlines-and-foreign-airlines-us-flights。
55 "The package holiday revolution", History extra, https://www.historyextra.com/period/victorian/the-package-holiday-revolution/

個大忙，把萊特兄弟幹掉[56]。」航空事業發展牽涉到龐大的成本：必須購買（或承租）飛機並加以維護；機場的降落位置；大量的員工。燃料成本可能非常不穩定，在面對經濟衰退和恐攻事件時，乘客數量也無法確定。航空公司有固定的起降時刻表，所以無論飛機是否滿載，都必須起飛。

航空界中許多領先企業已經不存在，如泛美航空、環球航空（TWA），或是併入英國航空（British Airways）的英國海外航空（BOAC）（它們因自身的不足之處而得到一些諷刺的稱呼，如泛美航空是「選另一家航空公司」〔Pick Another Airline Mate〕、環球航空是「試著走到對面」〔Try Walking Across〕、英國海外航空是「不如騎駱駝」〔Better On A Camel〕）。易捷（EasyJet）、瑞安（Ryanair）和捷藍（JetBlue）等廉價航空公司已經蠶食了傳統航空的業務。非西方航空公司也陸續出現，如總部設在杜拜的阿聯酋航空（Emirates）和中國南方航空公司。如今，對大多數乘客而言，搭乘飛機已經不是一件多麼光鮮亮麗的事情；機艙座位擁擠，又要支付自帶行李的額外費用。

然而，飛行產業確實帶來巨大的經濟影響。飛機不只是用於載運乘客，聯邦快遞（Federal Express）、UPS和其他物流公司將大量包裹運送到世界各地。在UPS位於肯塔基州路易斯的集散站，每十七秒就有二千個包裹送達，在一百五十五英里長的輸送帶上嘎嘎作響地轉動。每天約有二百五十個航班起飛，在一些先進自動化設備的幫助下，他們可以在二十分鐘內完成裝卸工作[57]。多虧這些物流中心，我們可以從世界各地訂購貨物，預計物品在幾天內送達，因此促進了網路購物的發展，傳統零售商則受到了威脅。

起飛就能跨越大西洋的能力，破壞了舊式遠洋客輪的生意，搭乘郵輪至少要花四天的時間，但航空客運的到來給予人們參觀世界各國的機會。在毛澤東統治下，只有少數享有特權的人才能離開中國。即使在二〇〇〇年，中國人出境旅遊的人次也只有一千零五十萬，但到了二〇一七年，出境旅遊人次達到一億四千五百萬。

並非所有人都認為全球旅遊成長是有利的。航空旅遊因為燃料的燃燒和在大氣中留下的凝結尾跡（vapour trails，又稱飛機雲）而導致全球暖化；成群結隊的遊客在熱門景點遊走會破壞景觀、趕走野生動物；美麗的海岸線已經變成混凝土和霓虹燈的長排商店街。在航空時代，像SARS這樣的疾病變得更容易傳播。但這行業有很大的經濟影響力。二〇一六年，世界旅遊觀光協會（World Travel and Tourism Council）估計，旅遊業創造了一億零九百萬個工作機會，對全球GDP的直接貢獻為二兆三千億美元[58]。數億人期待著一年一度的假期，這是擺脫工作壓力、曬曬太陽、享受異國文化和美食的機會。即使在五十年前，這對大多數工人來說都是不可能的事。

事實上，汽車、卡車、火車、飛機和貨櫃船的結合，意味著一般人可以居住在離工作地點更遠的地方，可以到更遠的地方度假旅行，也可以從比以往更遠的地方購買商品。全球化確實是動態的，更多改變正在發生，無人駕駛汽車和貨車將減少道路運輸的死亡人數；電動汽車將使我們的街道汙染變得更少；無人機和路面行駛機器人將運送我們的貨物；更重視在家工作的想法將減少每天上下班的需要，我們的後代子孫可能根本不懂什麼是「尖峰時間」。

---

56 Buffett, in the annual letter to Berkshire Hathaway shareholders, 2007

57 "Plumb centre", *The Economist*, February 22nd 2014

58 資料來源：https://www.wttc.org/-/media/files/reports/economic-impact-research/2017-documents/global-economic-impact-and-issues-2017.pdf。

第十二章

從奇蹟走向萎靡不振（一九四五年至一九七九年）

二戰後的三十年是西方世界日漸繁榮的時期。在法國，人們稱這段時期為「黃金三十年」（**Les trentes glorieuses**），在西德則是「德國經濟奇蹟」（**Wirtschaftswunder**）。失業率維持在低水準，幾乎沒有出現經濟衰退。過去五十年來所發明的消費品終於進到了大多數家庭裡。

之所以如此，是因為已開發國家避免了第一次世界大戰之後的許多錯誤政策。一九四三年後，德國即將戰敗的事實顯而易見，同盟國開始計畫戰後的解決方案。最先要解決的問題之一是貨幣制度。完全回歸金本位制似乎是不可能的事，尤其是因為美國經濟比以前更具主導地位，但政治家也擔心採用浮動匯率會引發混亂。

於是，各國在新罕布什爾州山區布列登森林（Bretton Woods）的飯店正式舉行一場會議。美國財政部長亨利・摩根索（Harry Morgenthau）在開幕式上表示：「我們來這裡是想找出辦法，消除這場戰爭之前的經濟弊病——競爭性貨幣貶值和破壞性阻礙[1]。」根據俄羅斯國家安全局（ＫＧＢ）的檔案，英方代

1　引自：Armand van Dormael, *Bretton Woods: Birth of a Monetary System*。

表是頂尖經濟學家凱因斯，美方代表是傳遞機密資訊給蘇聯的財政部官員亨利・迪克特・懷特（Harry Dexter White）（懷特並不是共產主義者，但他可能天真地以為自己是在幫助世界和平）。

凱因斯支持一個雄心勃勃的計畫，在該計畫裡，貿易逆差和順差並存的國家將面臨制約，而不像金本位制那樣，所有壓力都落在貿易逆差國身上。貿易餘額（trade balances）將透過清算聯盟進行流動，有點像遊戲大富翁裡面的銀行，由它監督整個體系運轉。清算聯盟的帳目將以一種稱為「**班科**」（bancor）的人工貨幣來維持，這是為了避免美元占據主導地位的方法。巨額赤字的國家（逆差國）將被迫使其本國貨幣貶值，而擁有盈餘的國家（順差國）將被要求使其本國貨幣升值。

但美方對此抱持懷疑態度，原因很明顯，因為美國會是順差國家，而其他許多國家（包含英國在內）將出現貿易逆差，所以凱因斯的計畫聽起來就像是其他國家從美國購買商品，然後支付假貨幣作為回報。

後來取而代之的是國際貨幣基金組織（International Monetary Fund，簡稱ＩＭＦ），其作用是在國際間充當收支困難國家的最後貸款人。懷特確定該基金的規模會比凱因斯預期的要小很多；再者，美國人也擔憂，一個龐大的基金將使美國不得不為世界其他國家提供資金。

這套做法的第二個組成要素是世界銀行。世界銀行最初成立的目的是為戰後重建提供貸款，但馬歇爾計畫（Marshall Plan）取代了此作用（見下文），最後世界銀行變成專門貸款給發展中國家，特別是為基礎建設項目提供資金。於是，世界銀行總裁由美國人擔任、ＩＭＦ總裁由歐洲人擔任的慣例很快就形成了。

由此產生的匯率制度是採用更靈活的金本位制。當時大多數貨幣都與美元掛鉤，美元與黃金掛鉤的匯率為每盎司三十五美元，其他央行可以按照這個價格將美元兌換成黃金。最重要的是，各國可以靈活地讓本國貨幣貶值（或升值），而不需要完全退出這個體系，藉此避免了基於保護貨幣而採取嚴格通貨緊縮政策的必要性（這種僵局在一九二〇年代和一九三〇年代初期曾令政策制定者苦惱不已）。歐洲國家在戰後一片混亂之中，自然會努力創造出口產品，因此一九四九年集體貨幣貶值。

所有的貨幣體系都面臨到三難困境（trilemma），即各國可以選擇其中兩種方式，但不能三種都選。這三種方式分別為固定匯率、獨立的貨幣政策以及資本自由流動。在金本位制中，貨幣（匯率）是固定的，資本可以自由流動，但為了維持貨幣掛鉤（currency peg），政府必須調整貨幣政策，不管國內經濟狀況如何，利率將隨著政策調升或調降。

布列登森林體系（Bretton Woods system）選擇了不同的組合，即匯率是固定的，各國擁有調整自己貨幣政策的自由（有些限制）。如此一來，這個體系能夠發揮作用的唯一途徑就是限制資本的流動。若不限制的話，投資者就可以自由地將資金轉移到利率最高的國家，有把握不會因貨幣貶值而面臨虧損。於是，外匯管制阻止了這類投機活動。

同盟國沒有回歸戰時的保護主義政策，而是以自由貿易為目標。一九四七年，二十三個國家的代表簽署了《關稅暨貿易總協定》（General Agreement on Tariffs and Trade，簡稱GATT），該協定根據最惠國待遇原則運作，這代表兩個簽署國之間的貿易壁壘有任何減少，都將擴大到所有成員。一九四九年和一九五一年，《關稅暨貿易總協定》又進行了幾輪談判，到第二年，大多數歐洲和北美國家的進口關稅約為戰前水準的一半[2]。

二戰過後，德國被劃分為四個區域，分別由美國、英國、法國和蘇聯管理。美英法對於西部地區，也就是後來的西德，並沒有強制索取貨幣賠償（一些專利和商標被沒收，美國還招募了像華納．馮．布朗

2　Frieden, *Global Capitalism*, op. cit.

〔Wernher von Braun〕這樣的德國頂尖科學家）[3]。但蘇聯由於先前在德國占領期間遭受極大損失，所以從東德帶走大量的物資，同時也帶走了自己的一批科學家。

另一個重要的發展是美國開始扛起全球角色，與一九二〇年代和一九三〇年代的孤立主義形成了鮮明對比。美國很機警地意識到，更加繁榮的歐洲將成為美國出口的一個有利可圖的市場，也擔憂西歐經濟若崩潰，恐導致共產主義進一步擴張。於是，在杜魯門（Harry Truman）總統任內擔任國務卿的退役將軍喬治・馬歇爾（George G. Marshall），提出了一項援助歐洲計畫。西歐國家熱切地接納這項計畫，但東歐各國政府在蘇聯的指示下拒絕了援助。最後馬歇爾計畫在一九四八年至一九五二年間提供了一百三十億美元的援助，約占美國GDP的百分之五[4]。實際上，美國人借錢給歐洲人來填補他們的貿易逆差，然後歐洲人又用這些錢來購買美國商品。

對於日本，美國人也拒絕採取「迦太基式的和平」（Carthaginian peace，譯註：為了「和平」不惜趕盡殺絕）。戰爭期間日本已經遭受到嚴重破壞，包括可怕的原子彈轟炸，摧毀了廣島和長崎。日本損失百分之八十的船艦、三分之一的工業機械，以及將近四分之一的陸上運輸系統[5]。美國允許天皇繼續在位，但清除了軍隊並制定和平憲法。推行土地改革是為了促進小佃農的發展而犧牲大地主利益，婦女也獲得更多的權利[6]。但解散財團（財閥）的提議被淡化，拆除國家工廠的計畫也遭擱置。日本經濟一度陷入困境，戰後三年內物價上漲十三倍[7]，但後來一九五〇年至一九五三年的韓戰提振了日本經濟，因為當時日本工廠供應裝備給美國軍隊。美國於一九五二年結束對日本的占領，但仍保留一些駐軍基地，大部分在沖繩。

歐洲的復甦

二戰剛結束時的情勢十分糟糕。在匈牙利，其惡性通貨膨脹甚至超越了威瑪共和國的程度，匈牙利的通貨膨脹率一度達到百分之四京一千九百兆（也就是四一九後面有十五個零，譯註：quadrillion為千兆，十的十五次方），央行則發行了面額最高一萬京（譯註：quintillion為百京，十的十八次方，原文為100 quintillion，即十的二十次方）的帕戈（pengő）紙鈔（也就是一後面有二十個零）。

在許多德國城市，包括柏林、漢堡、多特蒙德（Dortmund），半數以上的房屋遭摧毀，一千八百萬至二千萬人無家可歸。社會混亂意味著飢餓是相當普遍的情況，一九四七年春天，居住在德國城市裡的人每天只攝取八百卡路里的熱量[8]。在蘇聯，三萬二千家工廠被破壞，而南斯拉夫則損失了三分之一的工廠資源[9]。在一九四五年，德國有多達一千七百萬人流離失所，其中超過三分之一是被迫為納粹工作的外國勞工。二戰過後，約有一千一百七十萬德國人被趕出位於波蘭和捷克的家園[10]。

3 納粹德國用來襲擊倫敦的V1型和V2型火箭的幕後黑手就是馮．布朗，他後來加入美國太空計畫。就像歌手湯姆．萊利爾（Tom Lehrer）唱的那樣：「一旦火箭升空了，誰管它們落在哪裡？／那可不是我的事，華納．馮．布朗如是說。」

4 Stephen D. King, *Grave New World: The End of Globalisation, The Return of History*

5 David Pilling, *Bending Adversity: Japan and the Art of Survival*

6 資料來源：https://history.state.gov/milestones/1945–1952/japan-reconstruction。

7 Pilling, *Bending Adversity*, op. cit.

8 Barry Eichengreen, *The European Economy Since 1945: Coordinated Capitalism and Beyond*

9 Keith Lowe, *Savage Continent: Europe In The Aftermath of World War II*

10 同上註。

如此大規模的破壞帶來了一些好處。極右派政治家對這一代人來說已經名譽掃地，任何軍事冒險的想法也不再被採信（至少在歐洲大陸是如此）。數百萬人可以離開軍隊，從事更有生產力的工作；他們也可以離開農場。一九五〇年，西班牙、葡萄牙和希臘有一半的勞動人口務農；同樣地，務農人口在奧地利占三分之一的人、在法國近百分之三十、在西德將近四分之一[11]。隨著這些國家轉向工業和服務業發展，這些工人的生產力大幅提升。西德也在二戰結束後接收了約八百萬工人，而在一九六一年東德建造柏林圍牆之前，又有三百八十萬名工人湧入西德。

歐洲也享受著能反映出過去戰爭年代投資損失的追趕式成長（**catch-up growth**，又稱補償性增長）時期。到一九四九年，所有參加馬歇爾計畫的國家（除了西德和希臘）其工業產量都高於一九三八年的水準。隨著工業更換被破壞和過時的設備之後，投資熱潮也開始出現。在西德，固定投資總額的GDP比重從戰前的百分之十一上升到百分之十八；同一時期的法國，其比重也從百分之十二上升到百分之十七[12]。

西德必須解決戰後的貨幣混亂，所以需要在二十五年內第二次發行新的貨幣，一九四八年，德國馬克（**Deutschmark**）取代了帝國馬克。改革同時鬆綁了關鍵消費項目的定額配給，其後續效應非常顯著，該年度下半年的工業產量即成長了百分之五十。隨著一九五〇年代歐洲經濟加速發展，歐洲各國能夠在追趕美國技術與方法時獲得大幅提升的生產力；在這十年內，西德、義大利和法國的年均成長率分別為百分之六點四、百分之五點九和百分之四點三[13]。

過去在國防方面投入如此多的資源，以至於歐洲消費者一直無法購買多數美國人享受得到的商品，比方說汽車；事實上，在一九五〇年，許多歐洲家庭連室內馬桶都沒有，因此歐洲擁有大量被壓抑的需求等待市場滿足。西德在一九四八年只有二十萬輛汽車，但到一九六五年達到九百萬輛[14]。

在資本財（**capital goods**，資本貨品）生產的推動下，西德經濟體變成一個出口機器。德國體系中有個歷久不衰的特點，即大型製造商與一群較小的**供應商**（Mittelstand，也就是中小企業）之間有著密切關係。法國經濟比德國更注重規劃，所以在汽車製造方面特別成功，這要歸功於雪鐵龍、標緻（Peugeot）以及雷諾（Renault）的功勞。義大利在汽車製造商飛雅特、化學公司（如艾迪生〔Edison〕）以及時尚產業上都有自己的優勢。荷蘭擁有電子集團飛利浦（Philips）、成功的化工產業，並從一九五〇年代末起享受天然氣帶來的榮景。由此可見，西歐整體經濟普遍繁榮。

共同市場

在二十世紀初，歐洲人覺得他們主宰了世界，唯一挑戰他們力量的是美國，而美國基本上是歐洲移民的家園。但一九四五年後，情勢似乎截然不同，這時候的東歐由蘇聯統治。在歐洲列強裡，俄羅斯雖然相對來說是個局外人，但至少在沙皇統治下，它的皇室家族與其他君王是有血緣關係的。相比之下，史達林是一個更加陌生且危險的領導人，其擁有足以打敗西歐人的強大軍隊，如果西歐沒有美國的原子彈保護傘的話。俄羅斯還在整個歐洲大陸經營一個間諜網絡，其中包含西德總理威利・勃蘭特（Willy Brandt）的私人秘書君特・紀堯姆（Günter Guillaume）等知名人物。

因此如果歐洲要復甦，各國需要相互合作。一九四九年，在美國的鼓勵下，第一步是建立一個歐洲支

11　Tony Judt, *Postwar: A History of Europe Since 1945*

12　Eichengreen, *The European Economy Since 1945*, op. cit.

13　同上註。

14　Davies, *Europe: A History*, op. cit.

付聯盟（European Payments Union），提供融資來幫助解決暫時性的貿易逆差。更重要的進展發生在接下來的一九五〇年，歐洲煤鋼共同體（European Coal and Steel Community）成立，即歐盟（European Union）的前身。其成立的目的是為了替煤、鋼創造單一「共同市場」，有六個國家加入這個共同體——比利時、法國、義大利、盧森堡、荷蘭和西德。後來這六國根據《羅馬條約》（Treaty of Rome），於一九五七年成為歐洲經濟共同體（European Economic Community，簡稱ＥＥＣ）的創始成員國。

該條約旨在讓這六國消除所有國內關稅，並建立一個共同的對外貿易政策，也就是關稅聯盟。該目標花了一段時間才完成，因為各國國內關稅直到一九六八年才完全取消[15]。從一開始，歐洲經濟共同體就有複雜的政治結構：一個設在布魯塞爾的委員會（實際上是行政機構）、一個在史特拉斯堡（Strasbourg）和盧森堡之間輪換的議會（重複的工作成了不必要的開支）、強制執行規定的歐洲法院（European Court of Justice）[16]，還有一個研討解決政府間協議的部長理事會（Council of Ministers）。

歐洲經濟共同體不僅有經濟目的，還有政治目的。由於歐洲經濟更緊密地聯繫在一起，因此這個共同體希望國家之間的戰爭將永遠不可能發生。德國和法國之間也有一些交易；德國希望自己的製造商有關稅豁免權，法國希望自己的農民獲得財政支持，因而產生一九六二年的共同農業政策（Common Agricultural Policy，簡稱ＣＡＰ），該政策為糧食生產商提供補貼，並保護其免受外來進口的威脅。共同農業政策一直是歐洲計畫中最具爭議的項目之一，對消費者和納稅人來說成本高昂，有時還會導致生產過剩，例如一九七〇年代的「奶油山」（butter mountain）和「葡萄酒湖」（wine lake）現象。

英國一開始選擇退出歐洲經濟共同體，部分原因是它覺得與大英國協（Commonwealth，曾是帝國一部分的國際組織）和美國的關係更密切。此外，英國在兩次世界大戰中都沒有被侵略，所以不認為有共同安全的需求。一九六〇年，英國與奧地利、丹麥、挪威、葡萄牙、瑞典和瑞士成為歐洲自由貿易協會

（European Free Trade Association，簡稱ＥＦＴＡ）的創始成員國[17]。與歐洲經濟共同體一樣，歐洲自由貿易協會的目標是消除關稅壁壘，但它不具歐洲經濟共同體的政治目的，單純是一種貿易協定而已。

然而作為一個經濟區，歐洲自由貿易協會永遠無法與歐洲經濟共同體匹敵。除了葡萄牙之外，所有成員國與歐洲經濟共同體的貿易額，都超過了成員國之間的貿易額，一九六〇年代上半葉，英國與歐洲經濟共同體的貿易成長速度，比與其他歐洲自由貿易協會成員國的貿易成長速度更快[18]。因此一九六二年，英國政府申請加入歐洲經濟共同體，卻遭到法國總統戴高樂（Charles de Gaulle）的拒絕[19]。英國仍擔憂自己的生活水準將落後歐洲，於是一九六七年再次申請，結果又遭到戴高樂的第二次否決。直到一九七三年戴高樂卸任後，英國才終於在同年加入（與丹麥和愛爾蘭一起）。加入是為了阻止英國經濟表現惡化：一九五〇年，英國人均ＧＤＰ幾乎比歐洲經濟共同體六個成員國的平均水準高出三分之一，但到了一九七三年時，英國人均ＧＤＰ已經比這些國家低了百分之十[20]。

---

15 同上註。

16 歐洲人權法院（European Court of Human Rights）是獨立機構，與歐盟無關。

17 "A short introduction to 50 years of EFTA", http://www.efta.int/sites/default/files/publications/fact-sheets/General-EFTA-fact-sheets/efta-50-years.pdf

18 Eichengreen, *The European Economy Since 1945*, op. cit.

19 戴高樂曾懷疑英國與美國的關係；他在戰爭期間與小羅斯福起衝突，因而深惡痛絕美國的強權。戴高樂於一九六六年斷然退出北約。他的態度在英國（戰爭期間曾提供庇護）和美國都不受歡迎。在被告知法國希望所有美國軍隊撤出法國時，國務卿迪安・魯斯克（Dean Rusk）在詹森總統指示下，詢問是否也包含二戰期間埋葬在法國墓地的六萬名士兵。

20 Nauro Campos and Fabrizio Coricelli, "Why did Britain join the EU? A new insight from economic history", February 3rd 2015, https://voxeu.org/article/britain-s-eu-membership-new-insight-economic-history

在戰後不久的那段時期，英國投入相當大的努力來修復自己的地位，透過定額配給限制國內消費並著重海外貿易，到一九五〇年，英國生產的產品占全球製造業出口的百分之二十二[21]，但是英國仍遭受國際收支問題、英鎊危機以及勞資關係不佳的困擾。到這段時期的尾聲，英國被稱為「歐洲病夫」（the sick man of Europe），並不得不在一九七六年時向ＩＭＦ尋求協助。

社會市場經濟

二戰後的政治家們決心避免引發另一段像大蕭條那樣的艱困時期。首先，經濟政策旨在維持低失業率；其次，政府建立起一套福利制度來保護社會的赤貧人口。美國兩黨的共識推動了政策轉向大政府干預的立場。共和黨於一九五三年重新奪回美國總統寶座時，艾森豪並沒有試圖取消小羅斯福任內推行的任何福利計畫。

在歐洲，二戰後許多主要政黨自稱是基督教民主主義派（Christian Democrat）。儘管樂於跟美國結盟，但基督教民主派也擔憂自由市場可能造成嚴重破壞，反倒成為共產政黨招兵買馬的利器。法國和義大利的共產黨勢力在戰後四十年裡特別強大。

在二戰之前，歐洲模式已經在荷蘭和瑞典等小國出現。其中一個特點是，主要企業僱主和工會對於薪資的協商會議提升到國家層級，這是為了避免引起代價高昂和激烈的勞資糾紛。各大銀行與公司之間的關係密切，在各自董事會中都有列席參加的代表。政府允許私人企業經營但稅收很高，如此既限制了不平等的範圍，亦為福利國家提供資金。這種模式儘管有些限制但保障了私有財產權，例如房租上漲受限時，租客不會被房東隨意驅逐。一位德國歷史學家如此描述這種模式：「為達到社會可接受的結果，市場作為分配機制的性質被改變了[22]。」

歐洲各國政府也擁有很大一部分的產業。二戰後，英國的礦坑和鐵路收歸國有，同時發電廠和鋼鐵產業（這些產業在民營和國營之間輪替了幾次）也國有化，而郵局和主要航空公司早已是國營的。法國將公用事業公司和汽車製造商雷諾收歸國有，以報復業主涉嫌與納粹勾結。一九六〇年代，許多國家都致力於在航太和電子等領域中打造「國家冠軍企業」（national champions），並堅信在這方面的投入將能縮短歐洲與美國的差距；在某種程度上，這激發了英法聯合研製超音速客機協和號（Concorde）的誕生。政府也鼓勵企業合併，希望大企業能從規模經濟中獲益[23]。

亞佛列．穆勒—阿瑪克（Alfred Muller-Armack）創造了「社會市場經濟」（social market economy）一詞，這個結構走的是介於社會主義和自由放任經濟的中間路線。該結構亦試圖平衡經濟效率與收入再分配的目標[24]，而福利政策是維持這種平衡的重要部分。

澳大利亞、加拿大和紐西蘭等英國定居殖民地（settler colonies）出現了各式各樣的社會市場經濟。在殖民時期，澳大利亞透過向英國出口羊毛而使得經濟繁盛起來，直到十九世紀下半葉發現一系列礦產資源，促成黃金、鉛、鋅和銅出口的發展。在第一次世界大戰之前，澳大利亞已實施養老金制度，而更多的

21 Edgerton, *The Rise and Fall of the British Nation*, op. cit.

22 Horst Siebert, *The German Economy: Beyond the Social Market*

23 Geoffrey Owen, "Industrial policy in Europe since the Second World War: what has been learnt?", 2012, The European Centre for International Political Economy, http://eprints.lse.ac.uk/41902/1/Industrial_policy_in_Europe_since_the__Second_World_War_what_has_been_learnt%281sero%29.pdf

24 Roger Backhouse, Bradley Bateman, Tamotsu Nishizawa and Dieter Plehwe, eds, *Liberalism and the Welfare State: Economists and Arguments for the Welfare State*

福利項目（包括失業保險）則是在第二次世界大戰期間引進的。

加拿大的經濟基礎建立在原物料上，起初是魚、皮草和木材，後來是小麥。加國經濟在大蕭條期間遭受重創，但在第二次世界大戰期間，由於軍事支出（包括美軍基地），經濟出現反彈。二戰後，經濟在亞伯達（Alberta）發現新油田的幫助下持續繁榮。加拿大政府推出了免費育兒和養老金等福利措施，並於一九五七年和一九六六年通過的措施中引進公共資助醫療體系，正好與南方鄰居（美國）的私人醫療保險制度形成鮮明對比。

紐西蘭在二戰後經濟繁榮，人均GDP在經濟合作暨發展組織（OECD，以下簡稱經合組織）中排名第五[25]。該國在一九三八年引進一系列福利措施，包括養老金、失業津貼和疾病補助。上述三個自治領都吸引了大量來自英國的移民，而且在戰後的繁榮時期，都因能夠向已開發國家出口原物料而獲益。

縮小高低薪資落差的「大壓縮」（the Great Compression）

在戰後時期，西方經濟體內的不平等情況急劇減少。自從人類將經濟重心從狩獵採集轉向農業，不平等就成為社會的一部分。謝爾德的悲觀評估指出，減少不平等通常需要四種衝擊性事件：大規模動員戰爭、革命、國家失能和致命的流行病[26]。換句話說，解決不平等比不解決還嚴重。

在早期階段，工業化似乎增加了社會不平等。當整體經濟成長時，資本所有者、大量生產紡織品的工廠和開採煤炭的礦場獲得了大部分收益。法國經濟學家托瑪・皮凱提（Thomas Piketty）認為，造成不平等的關鍵等式是資本報酬率高於經濟成長率（其公式為$r>g$）。資本在這個意義上等於財富；如果擁有土地、設備或金融資產的報酬，大於GDP的成長，那麼富人（也就是擁有大部分資本的人）將變得越來越富裕[27]。

但這個趨勢似乎隨著工業化的發展出現了一些變化。英國和美國的不平等現象分別在一八六七年左右和二十世紀初達到高峰[28]，設計GDP指標的經濟學家賽門．顧志耐（Simon Kuznets）認為，不平等現象會隨著社會變得富裕而減少。接受教育、能夠從事高技術工作的人更多，他們也會要求當局採取對自己有利的收入再分配政策。

為了資助兩次世界大戰而徵收高稅收，顯然削弱了不平等現象。英國在一九一四年以前就已經開始徵收遺產稅，戰爭期間也徵收一些大型鄉間別墅作為學校或療養院使用。另外，從一九一四年至一九四五年間，法國房地產最貴的前百分之零點零一，其市值下跌了百分之九十。美國於一九四五年後占領日本時，對日本徵收最高稅率為百分之九十的財產稅，並將最富裕的五千戶家庭的七成財產轉讓給政府[29]。

戰後的稅收依然很高。美國所得稅的最高邊際稅率到一九六二年仍有百分之九十一[30]，而英國在一九七〇年代後期的最高稅率為百分之八十三，投資收入的最高邊際稅率為百分之十五，總稅率達到百分九十八。這是一個許多富人努力避稅的時代，例如滾石合唱團（Rolling Stones）走避到法國錄製《大街上的流浪者》（*Exile on Main Street*）專輯，瑞士銀行的保密法則為富人提供一個隱匿財富的庇護所。

25　資料來源：https://www.eastonbh.ac.nz/2002/08/new_zealands_postwar_economic_growth_performance_comparison_with_the_oecd/。
26　Scheidel, *The Great Leveler*, op. cit.
27　Thomas Piketty, *Capital in the 21st Century*
28　Milanovic, *Global Inequality,* op. cit.
29　Scheidel, *The Great Leveler,* op. cit.
30　資料來源：https://taxfoundation.org/us-federal-individual-income-tax-rates-history-1913–2013-nominal-and-inflation-adjusted-brackets/。

稅收並不是減少不平等的唯一因素。在勞動力市場中，一九四五年後的薪資差距逐漸縮小，無論是從教育程度、工作經驗、地區或職業方面來衡量。主要原因似乎是，對非技術性勞動力的需求增加（隨著經濟擴張和失業率下降），而技術性勞工的供應增加（因為民眾的教育程度提升）[31]。

整體而言，美國前百分之一富人的收入占總收入的比例於一九二九年達到高峰，將近百分之五十，然後在一九四二年到一九七〇年代末的大部分時間裡下降到百分之三十至三十五。而到我們這個時代末期，不平等現象再度開始擴大[32]。

超級大國的地位

有些美國人將戰後時期視為黃金時代（但非裔美國人並不這麼認為，他們的公民權利仍遭剝奪），美國具有壓倒性的經濟優勢；在戰後不久，美國的製造業產量占全球的一半，產出了百分之六十二的石油和百分之八十的汽車[33]。以戰前的標準衡量，經濟成長幅度相當驚人，一九四六年至一九七三年間，美國經濟每年成長百分之三點八[34]。

雖然從戰時軍需生產中學到的技術在私人產業得到應用，但生產力仍有很大的進步空間。除了在自由貿易和海外援助方面採行開明政策外，美國亦通過《美國軍人權利法案》（**GI Bill**，幫助退役軍人進行再培訓）和增設大學等措施，培養了一批受過良好訓練的勞動力。一九七〇年獲得學士學位的人數，幾乎是一九五〇年的兩倍。

在這個時代，美國人擁有電視、冰箱和電唱機；人們搬到郊區居住，開著車前往購物中心和速食餐廳；購買的汽車也越來越精緻。人們可以放有薪假，然後開車去佛羅里達或新澤西海岸的渡假勝地。汽車和鋼鐵產業的藍領勞工可以獲得較高的薪水，足以供養家庭和購買房子（在一九五〇年，就業的女性只占百分之二十九，但到了一九七〇年，該比例上升到百分之四十二）。由於社會安全體系開始運作，退休勞工可以依靠國家的養老金過活，同時許多人可以獲得公司退休金。美國的生活方式為全世界的消費者樹立了標準，如同美國的電影和流行音樂所體現的那樣。

日本奇蹟

戰敗的日本也有了一線希望。與西德一樣，日本的軍國主義已經失去人民的信任。和平憲法意味著日本把國防留給美國，而將精力集中在經濟建設方面。日本政府不打算把經濟成長的工作只交託給市場，所以一九四九年成立了通商產業省（Ministry of International Trade and Industry，簡稱ＭＩＴＩ，即現今的經濟產業省）來協調經濟活動。一九五〇年代，通商產業省優先發展煤炭、鋼鐵等傳統重工業，而一九六〇年代開始支持電子和汽車等其他產業。獲青睞的公司可享有稅收優惠、最佳地點，以及比其他公司更快擴張的權限[35]。

---

31 Claudia Goldin and Robert Margo, "The great compression: the wage structure in the United States at mid-century", NBER working paper 3817, https://www.nber.org/papers/w3817.pdf

32 Timothy Noah, "The United States of inequality", *Slate*, http://www.slate.com/articles/news_and_politics/the_great_divergence/features/2010/the_united_states_of_inequality/introducing_the_great_divergence.html?via=gdpr-consent

33 Patterson, *Grand Expectations*, op. cit.

34 Wooldridge and Greenspan, *Capitalism in America*, op. cit.

35 Ezra Vogel, "Guided free enterprise in Japan", *Harvard Business Review*, May 1978

經濟學家對於通商產業省是否發揮了促進經濟成長的關鍵作用有所爭辯，因為官僚們往往不受其監管企業的歡迎，尤其是在接下來的幾十年裡。如今是全球最成功的汽車製造商之一的本田公司，過去曾被通商產業省阻止進入汽車產業[36]。但由於日本有以團體意向（意見一致）為重的傳統，因此很少公開討論這些爭執。日本政策之所以相對穩定其原因在於，儘管自二戰以來日本首相的平均任期只有兩年左右，但戰後的大多數時間都是自由民主黨（Liberal Democratic party）執政的局面。

日本經濟在許多方面成就顯著。一九五〇年至一九六五年間，日本鋼產量成長了八倍以上。在一九五〇年代，日本索尼公司（Sony）研發了電晶體收音機，這是一系列流行電子創新產品中的第一項。在一九六七年至一九六八年間，日本超越法國、英國和西德，成為自由世界的第二大經濟體[37]。

過去有段時間，「日本製造」在西方市場上是廉價、劣質品的代名詞，但後來日本受到品管大師愛德華．戴明（W. Edwards Deming）的影響，他強調製造業容易因統計變異而出現品質下滑。著重於減少變異的管理可以提高產品整體的品質，而提高產品品質的責任可以交給員工小組或團隊（參見第七章）[38]。到了一九七〇年代，日本產品的品質大幅提升，這種競爭威脅讓對手美國感到十分驚訝。在一九五〇年，美國汽車工人的生產率是競爭對手日本的三倍，到一九八〇年，日本已經遙遙領先[39]。

毛澤東與中國

對中國來說，十九世紀和二十世紀初是一段令人悲傷的時期，不僅經濟被西方超越，又遭受鴉片戰爭和被迫開啟通商口岸的屈辱。一九一一年，中國在年幼的小皇帝被廢黜後成立了共和國，而遺憾的是，結果帶來的並非民主，而是長期的「軍閥割據」，沒有一個中央政權。這時期登場的主要角色是蔣介石與他的國民黨。儘管蔣介石是一位冷酷的領導人，但面對日本入侵和共產黨的叛亂，他仍須艱難地鞏固自己的權威，經濟因此受到影響，第二次世界大戰期間，通貨膨脹急劇上升。一九四六年，上海的生活費用是中日戰爭剛開始時的九百倍[40]。

戰後，蔣介石逐漸失去對國家的控制，一九四九年，毛澤東領導下的共產黨奪取了政權。此時毛澤東承襲的中國已經元氣大傷。一八二〇年，中國人的收入與歐洲持平，但到一九五〇年，根據麥迪森的估計，中國人的收入只有歐洲水準的十分之一[41]。

結果毛澤東原來是一位殘酷的思想家。從他早期的作風就可初見端倪，當時上海有百分之九十九的商人都被判定至少有一項罪行，並有五百人遭處決。革命後的死亡人數估計達八十萬到五百萬之間[42]，毛澤東說過：「越殺人就越要革命。」和史達林一樣，毛澤東支持快速工業化和集體農業政策。從一九五五年到一九五六年，農戶集體化的比例從百分之十四上升到百分之九十二[43]。

毛澤東統治期間最致命的荒唐政策之一是「大躍進」，這是一九五八年推出的一項計畫，旨在迅速提高工業產量、超越西方經濟體。計畫內容包括在農村後院設置熔爐，讓農民拿鍋碗瓢盆和門把來煉製

---

36 Pilling, *Bending Adversity*, op. cit.
37 同上註。
38 "W. Edwards Deming", *The Economist*, June 5th 2009
39 Greenspan and Wooldridge, *Capitalism in America*, op. cit.
40 Jonathan Fenby, *The Penguin History of Modern China: The Fall and Rise of a Great Power*
41 Maddison, *Growth and Interaction in the World Economy*, op. cit.
42 Fenby, *The Penguin History of Modern China*, op. cit.
43 同上註。

鋼鐵。隨著農夫被迫離開農場從事強迫勞動工作，饑荒開始蔓延。一九五七年到一九六一年間，稻米和小麥的產量下降了約百分之四十[44]。這個計畫還有一個瘋狂插曲，就是撲殺麻雀的運動（因為麻雀會吃穀物），人們製造大量噪音讓麻雀無法休息，麻雀就這樣死去，也無法再捕捉那些侵蝕農作物的害蟲。歷史學家馮客（Frank Dikötter）梳理了中國歷史記載，估計多達四千五百萬人死亡，飢民靠吃人和吃泥巴維生。毛澤東無情地回應道：「大家吃不飽，大家死；不如死一半，給一半人吃飽[45]。」

一九六六年，毛澤東發動了文化大革命，目的是要把「資產階級和修正主義分子」趕出共產黨。年輕人加入紅衛兵，羞辱地方領導人，將他們監禁起來或從城市趕到鄉下。紅衛兵狂熱地宣揚毛主席的思想（詳見他的《小紅書》），隨處可見毛澤東的照片。實際上，他是中國史上最有權威、最可怕的皇帝。

不過，有些修正主義者讚揚毛澤東，指出在他執政期間，中國每年經濟成長將近百分之三，但這些大部分是二十世紀上半葉經濟表現慘澹後所出現的追趕式成長。從一九五〇年到一九七三年，中國的人均GDP成長了百分之八十七；而在流亡蔣介石統治下的台灣，這個數字同期成長了四倍，在日本則成長六倍[46]。中國只有在毛澤東的繼任者領導下才能享受到類似的成長速度。

蘇聯與東歐

在當年對抗納粹德國的戰役中，蘇聯的損失最為慘烈，大約有二千六百萬人死亡，其中居住在納粹占領區的一千一百萬人通常是因勞役或挨餓致死。但蘇聯政權的殘暴行徑也不遑多讓，戰爭期間將六十萬人送進勞改營，其中一些人的罪行不過是欣賞美國吉普車這類微不足道的小事[47]。

如果蘇聯公民期盼戰爭勝利後能換來史達林的統治鬆綁，那麼他們可要大失所望，因為蘇聯戰後的經濟重點仍是工業而非農業，著重於投資財（investment goods，如工業設備）而非消費財（consumption goods，如民生用品）。蘇聯亦對農民課徵重稅，一九五二年的城市平均薪資也低於一九二八年的水準。在一九五三年，也就是史達林逝世那年，勞改營仍關有五百五十萬的蘇聯公民[48]。

二戰結束後，蘇聯繼續占領原先在東歐占領的地區，並在一些有逐漸獨立跡象的國家扶植共產主義政府，如捷克。蘇聯在其占領的領土上也同樣強調工業化，要求其中的每個國家制定一個五年計畫。為了抗衡馬歇爾計畫的號召，史達林於一九四九年成立經濟互助委員會（Council for Mutual Economic Assistance，又稱 Comecon），將東歐整合起來。在接下來四十年的大半時間裡，共產主義陣營國家的貿易往來對象都以同陣營成員為主。

與西方一樣，蘇聯與東歐在戰後也出現經濟復甦，到一九四九年，大多數國家的工業產量都超過了戰前水準[49]。由於工人被動員加入實際上仍屬戰時經濟的煤炭和鋼鐵等重點產業，所以失業率大幅下降。然而從長遠來看，如果蘇聯陣營的每個國家都生產同樣類型的商品，那麼它們該出售給誰呢？缺乏市場價格信號也意味著沒有動機生產消費者所需的商品，例如匈牙利製鞋業在一九五〇年代生產了十六款鞋子，但這不是根據需求所製造的，而是根據哪種款式最容易製造[50]。

---

44 同上註。

45 Dikötter, *Mao's Great Famine*, op. cit.

46 Maddison, *Contours of the World Economy*, op. cit.

47 Service, *The Penguin History of Modern Russia*, op. cit.

48 同上註。

49 Frieden, *Global Capitalism,* op. cit.

50 Eichengreen, *The European Economy since 1945*, op. cit.

於是，蘇聯陣營幾度嘗試改革，包括賦予地方管理者更多的權力、在某些領域允許價格自由市場，但幾乎沒有鼓勵私人市場的發展。事實上，姑且不論產品品質如何，管理者都有生產更多產品的動機。每當改革偏離得太遠，看起來像在挑戰共產政權或教條時，改革進程就會遭到打壓，例如一九五三年的東德、一九五六年的匈牙利和一九六八年的捷克。

東方陣營的軍事力量以及其在重工業和太空競賽方面的成績，引起了許多觀察家的注意，以為蘇聯比過去更加強盛。保羅・薩繆爾森（Paul Samuelson）是那個時代最具權威的美國經濟學家之一，但他一直高估了蘇聯的經濟潛力。他在一九六一年出版的大學教科書中預測，蘇聯的國民所得將於一九八四年或一九九七年超越美國；而在一九八〇年的版本中，他的預測改成二〇〇二年或二〇一二年[51]。蘇聯擁有豐富的資源確實獲益匪淺，尤其是在一九七〇年代油價大幅上漲的時候，但即便如此，東西陣營消費者之間的生活方式仍有很明顯的對比。

發展中國家

在戰後不久，無論是南韓還是台灣，都不可能成為快速成長的經濟體。一九五〇年，南韓的人均GDP為八百五十四美元（以一九九〇年的美元計算），台灣則為九百二十四美元[52]。這個時候，北韓即將入侵南韓並展開長達三年的戰爭，而台灣正在適應撤退來台的統治政權。即使在一九六〇年代早期，南韓的平均收入也比海地或衣索比亞低百分之三十。一九五〇年代，南韓採取了進口替代政策，雖然沒有帶來多少經濟成長，卻帶動了國內工業的發展。從一九六二年起，政策主要轉向推動出口，在一九六二年到一九七九年間，南韓出口年增率接近百分之三十四，而國民生產總值（GNP）的平均成長率為百分之九點三。製造業和採礦業的經濟比重從一九五〇年代中期的百分之十二，上升到一九七〇年代後期的百分之三十，農業的比重則下降了一半以上。南韓的煉鋼、造船和汽車製造產業開始迅速擴張。

南韓的經濟發展並不是一個自由市場故事，南韓政府大舉投資基礎設施建設，並為重點產業提供補貼、減稅、低利率貸款和進口保護措施。產業往往是由被稱為「**韓國財閥**」（**chaebol**）的大型企業集團組織起來，而這些財閥與政府的關係密切。同樣值得注意的是，這種經濟擴張是在南韓走向民主轉型之前實現的。或許，南韓成功的關鍵因素是注重對外開放（outward-looking）、政府與企業的合作，以及教育程度良好的勞動力[53]。正如戴倫．艾塞默魯（Daron Acemoglu）和詹姆斯．羅賓森（James A. Robinson）在其著作中指出的[54]，以經濟政策的成效方面來看，沒有比兩韓更好的對照案例了。在韓戰之前，朝鮮半島長期擁有共同的文化和語言，大部分工業在北方。後來南韓成為世界上最富裕的國家之一，並最終成為民主國家；北韓則是世襲獨裁國家，以鎮壓、饑荒和貧窮為特徵。

與南韓一樣，台灣靠一九六〇年後的出口擴張來推動經濟的大幅成長。早期出口以相對簡單的產品為主，如服裝和鞋類；後來台灣開始生產更精密的項目，如半導體和電子產品[55]。政府頒布的十九點財經改革方案提振了出口發展，在某種程度上來說，該方案的重點在於效仿日本的做法，同時也是因為需要找到

---

51 詳細的內容，請參見：Acemoglu and Robinson, *Why Nations Fail*, op. cit.。

52 Maddison, *Contours of the World Economy*, op. cit.

53 Kwan S. Kim, "The Korean miracle (1962–1980) revisited: myths and realities in strategy and development", https://kellogg.nd.edu/sites/default/files/old_files/documents/166_0.pdf

54 Acemoglu and Robinson, *Why Nations Fail*, op. cit.

55 Jinn-Yuh Hsu and Lu-Lin Cheng, "Revisiting economic development in post-war Taiwan: the dynamic process of geographical industrialization", *Regional Studies*, vol. 36, no. 8, 2002

新的收入來源以取代美國的援助。最後，台灣在一九六〇年代和一九七〇年代的經濟成長率約每年為百分之十[56]。

從英國（和後來的馬來西亞）手中獲得獨立的城邦國家新加坡，以及一直由英國統治到一九九七年的香港，若要比較的話，那就是他們的經濟比南韓和台灣更加成功。新加坡與香港的成功在很大程度上要歸功於那些決心讓企業繁榮發展的政府，並且採取對外開放的經濟路線。或許這是合乎常理的發展，因為這兩個地區都擁有可以成為貿易中心的大型港口。這些發展中國家（和地區），再加上日本，為其他追求繁榮的國家提供了一個有吸引力的發展模式。一九五〇年，亞洲的人均GDP還不到拉丁美洲和東歐的三分之一，甚至比非洲還低，但到一九七三年，亞洲的GDP實質成長了四倍[57]。

印度的戰後經濟歷史顯然是好壞參半。一九四七年，該地區在一個混亂的過程中脫離英國獨立，印度次大陸因而分為三個部分：印度本身、穆斯林為主的巴基斯坦和東巴基斯坦，而東部地區最終分裂成孟加拉。這三個國家在獨立後人口驟增，如印度人口在一九四七年為三億四千五百萬，到一九九九年達到了十億[58]。如同第二章所述，從一九六〇年代後期開始，由於布勞格研發的種子和化肥使用的增加，使該地區獲益於「綠色革命」。在印度，因為霍亂等疾病的死亡人數下降，一九五〇年一九六八年間，出生時的預期壽命從三十二歲突然大幅上升到五十一歲。

印度的戰後領導人賈瓦哈拉爾．尼赫魯（**Jawaharlal Nehru**）是國家計畫經濟的忠實信徒，並於一九五一年推出一系列五年計畫中的第一個。他的目標是發展重工業，讓國家控制經濟的「制高點」（**commanding heights**）。但印度與南韓、台灣的主要差別在於，尼赫魯對海外貿易的興趣缺缺，而是仰賴外國為重要的進口提供資金。新企業也面臨到過度的監管（即所謂的「許可證體制」（Licence Raj））[59]，這一切種種使得印度的經濟成長遠遠落後中國，更別說東南亞的新興國家（**South-East Asian tigers**）。在一九五〇年代末和一九六〇年代末這兩個時期，印度每年的人均成長率都有達到可觀的百分之二以上，但在一九六〇年代初和整個七〇年代，印度年度收入成長率都不到百分之一[60]。經濟學家賈格迪什・巴格沃蒂（**Jagdish Bhagwati**）認為，印度的社會主義計畫體系並沒有讓更多的人獲得商品和服務，只是讓政商關係良好的人可以享受特權[61]。

拉丁美洲的戰後歷史充滿著軍事政變和民粹主義政治。如第七章所述，當時最受歡迎的政策是「進口替代工業化」（ＩＳＩ），其目的是發展以前帶給西方繁榮的製造業，並減少對價格波動大的原物料的依賴。重點產業獲得補貼支持的同時，政府的角色也會擴張，並為中產階級創造就業機會[62]。從某程度來說，這套策略的成功在於將資源從農業轉移到製造業。在一九五〇年代和一九六〇年代，拉丁美洲的經濟成長率每年都有百分之五以上[63]；然而人口也在迅速成長，尤其是城市地區，若以人均計算的話，成長率只有百分之二點六。此外，「進口替代工業化」政策產生了效率低落、製造劣質品的公司。到一九七三

---

56 Kelly Olds, "The economic history of Taiwan", Economic History Association, https://eh.net/encyclopedia/the-economic-history-of-taiwan/

57 Maddison, *Contours of the World Economy*, op. cit.

58 K. Srinivasan, "Population and development In India since independence: an overview", http://medind.nic.in/jah/t04/s1/jaht04s1p5g.pdf

59 Niranjan Rajadhyaksha, "The economics of Jawaharlal Nehru", Mint, https://www.livemint.com/Opinion/TMk7svMzmR8sJHayMAXW1M/The-economics-of-Jawaharlal-Nehru.html

60 Robert Fogel, "The impact of the Asian miracle on the theory of economic growth", NBER working paper 14967, https://www.nber.org/papers/w14967.pdf

61 Jagdish Bhagwati, *In Defense of Globalization*

62 Reid, *Forgotten Continent*, op. cit.

63 Victor Bulmer-Thomas, *The Economic History of Latin America Since Independence*, second edition

年，拉丁美洲出口的工業製品只占其生產的百分之三至四，而當時的台灣則為百分之五十[64]。

戰後的拉丁美洲也有不平等問題的困擾；最富裕的五分之一（百分之二十）人口享有百分之六十的收入，同樣比例在已開發國家只有百分之四十五[65]。拉丁美洲也為改革土地分配做了一些嘗試（除了古巴之外，古巴在一九五九年落入卡斯楚〔Fidel Castro〕的共產黨手中），但成效不彰。在古巴，前十分之一（百分之十）富者的收入份額，在一九六〇年代時從將近百分之四十降到百分之二十三[66]。

直到一九七〇年代，拉丁美洲的問題才真正開始顯現出來。薩爾瓦多・阿葉德（Salvador Allende）在一九七〇年以獲得百分之三十六的選票當選為智利總統，他著手展開迅速國有化的計畫（包括銀行體系），並加速沒收大地主的財產。工資大幅上漲，公部門的就業率在三年內上升了百分之四十；到一九七一年，公部門赤字占GDP的百分之十五。資金都是靠印刷貨幣而來，到一九七三年，赤字占GDP的百分之三十，通貨膨脹達到百分之六百[67]。隨後發生一場政變，空軍轟炸總統府，阿葉德自殺，由將軍奧古斯圖・皮諾契特（Augusto Pinochet）接管政權。

阿根廷也有類似的經驗。陸軍上校胡安・裴隆（Juan Peron）是該地區最著名的民粹主義者，他於一九四五年至一九五五年期間執政，後來在一場政變中被趕下台。後來他在一九七三年大選中重新掌權，引發一波腥風血雨，最終導致了一九七六年針對其遺孀（也是繼任者）伊莎貝爾・裴隆（Isabel Peron）的政變。到這個階段，阿根廷的通貨膨脹已經達到百分之七百五十[68]。就跟智利一樣，新政權對反對派採取了殘酷手段，施以嚴刑拷打和處決，讓許多家庭絕望地尋找「被失蹤」的親人。

一九一四年的阿根廷是世界上十大最富裕的國家之一，但戰爭和大蕭條對其重點商品（肉類和穀物出口）造成毀滅性打擊。在一九四五年後，就在世界再次開放貿易之際，裴隆讓阿根廷轉向保護主義路線。在過去一個世紀裡，阿根廷經歷了數次高通膨，屢次拖欠債務。

在一九七〇年代尾聲，拉丁美洲模式的缺陷已經相當明顯：債台高築、企業效率低落、國家過度管控（例如在一九七九年，巴西政府擁有國內三十家最大企業中的二十八家）[69]。一九八〇年代將證明這些是災難性的缺陷。

至於非洲，即使到現今，其取得的經濟成就也相當有限。除了南非和辛巴威（當時的羅德西亞〔Rhodesia〕）之外，非洲大陸基本上都在設法擺脫歐洲殖民者的統治。但這些新獨立的國家仰賴大宗商品出口，並往往由「竊盜統治」（kleptocracy，譯註：某些統治者或統治階級利用政治權力的擴張，侵占全體人民的財產與權利，以增加自身的財產及權力）的獨裁者所治理。一九五〇年至一九七三年的人均成長率為百分之二，低於世界的平均水準，只有西歐成長率的一半。

布列登森林體系瓦解

一九六〇年，一位名叫羅伯特・特里芬（Robert Triffin）的經濟學家向美國國會預言，布列登森林體系終將走向瓦解，其論點涉及美元在國內與國際角色之間的矛盾。美元是布列登森林體系的核心，因為其

64 Frieden, *Global Capitalism*, op. cit.
65 Bulmer-Thomas, *The Economic History of Latin America*, op. cit.
66 同上註。
67 Reid, *Forgotten Continent*, op. cit.
68 “A century of decline”, *The Economist*, February 17th 2014
69 Bulmer-Thomas, *The Economic History of Latin America*, op. cit.

他國家都與美元掛鉤，這表示世界上其他國家的央行都希望累積美元作為外匯存底的一部分（若逢危機，即可出售美元並購入本國貨幣來支撐匯率）。

但央行如何累積美元儲備？答案是，讓他們國家保持經常帳盈餘（current account surplus，或稱經常帳順差），藉由商品出口大於進口，就能從國外獲得美元。如果所有國家都這樣做，那麼美國將不得不出現經常帳赤字（current account deficit，或稱經常帳逆差），可是貿易逆差又會削弱外國對美元穩定的信心，最終這樣的矛盾將使該體系瓦解[70]。

粗略地說，危機就是這樣展開的：布列登森林體系給予其他央行將美元兌換成黃金的權利（與美元掛鉤），但到了一九六六年，外國央行和政府持有一百四十億美元的美元儲備，而美國持有一百三十二億美元的黃金儲備，可是其中只有三十億美元可以支付給外國人，剩下的資金將用於支撐國內貨幣供應[71]。

在那時，美國正在推行擴張性財政政策（支出超過稅收收入），因為總統詹森試圖資助越戰和他的「向貧窮宣戰」（war on poverty）政策，其政策內容包含聯邦醫療保險（Medicare）和醫療補助（Medicaid）等計畫。美國當局嘗試各種方法阻止美元外流。在一九六三年和一九六四年，美國通過了利息平衡稅（Interest Equalisation Tax），使美國人購買海外資產的吸引力下降。但這只是變相鼓勵一個新的金融市場發展起來，外國人可以在這個新市場相互借貸美元。隨著越來越多人知道，這個歐洲美元市場（Eurodollar market）迅速成為全球資本的聚集地，並成了倫敦發展為國際金融中心的關鍵因素。

然而一九六六年後，問題開始倍增。私人投資者開始要求將他們的美元兌換成黃金。一九六七年，面對不斷出現的貿易赤字，英國在布列登森林體系下第二次將英鎊貶值。第二年，美國停止用私人持有的美元兌換黃金。ＩＭＦ創設一種新的複合式貨幣「特別提款權」（Special Drawing Right），當作美元的替代品。但市場壓力仍未消滅，因為沒有黃金，外國投資者將美元兌換成德國馬克和日圓[72]。

從某種意義上說，這是必然之勢。布列登森林體系是在二戰結束時建立的，當時歐洲和日本經濟崩潰而美國占據主導地位。最終，德國和日本的經濟復甦（尤其是日本），他們的匯率本來就該升值以反映其經濟轉變。一九六一年，德國馬克與荷蘭盾重新升值，但升幅還不夠多，一九六九年的馬克升值也是如此。作為該體系的支柱，美國是唯一一個實際上受制於傳統金本位制的國家，但美國政治家們並不希望為了維護國際協議而緊縮國內政策，進而威脅到他們的連任前景。

一九七一年，美國總統尼克森停止美元對黃金的兌換，並對進口商品徵收百分之十的附加稅，以此迫使其他國家將本國貨幣升值。同年年底，《史密松寧協定》（Smithsonian Agreement）使美元貶值（將黃金價格抬升到每盎司三十八美元），並允許其他國家貨幣兌美元的匯率在一定範圍內波動。但尼克森不願調整美國政策讓《史密松寧協定》有效運作，他曾向幕僚說過一句經典的話：「我才不在乎什麼里拉（義大利貨幣）呢！[73]」到一九七三年，美元兌其他貨幣的匯率都是浮動的。

歐洲人根本不喜歡浮動匯率的想法。共同市場背後的動機是整合歐洲經濟，使各國之間的貿易更加容易，但進出口商發現，如果貨幣匯率是浮動的，交易就會更加困難。從德國進口零件的法國製造商可能會發現，由於法郎兌德國馬克的匯率下跌，價格大幅上漲。另一種情況是，同意以法郎支付的德國製造商可能會發現，收到的款項比以馬克計價的還少。

70 “System in crisis (1959–1971): The dollar glut”, https://www.imf.org/external/np/exr/center/mm/eng/mm_sc_03.htm

71 “System in crisis (1959–1971): The incredible shrinking gold supply”, https://www.imf.org/external/np/exr/center/mm/eng/sc_sub_3.htm

72 “System in crisis (1959–1971): Searching for solutions”, https://www.imf.org/external/np/exr/center/mm/eng/mm_sc_04.htm

73 The Watergate tapes, Nixon library, https://www.nixonlibrary.gov/sites/default/files/forresearchers/find/tapes/watergate/wspf/741-002.pdf

一九七二年，歐洲經濟共同體的六個成員國正式成立了「蛇形浮動機制」（snake），允許他們的貨幣在有限範圍內相互波動（以貨幣波動的型態命名）。英國加入兩個月後又退出。這項機制的根本問題在於，西德的經濟實力比起其他絕大多數的成員國要強上許多，馬克也呈現自然升值的趨勢。雖然馬克兩度重估，法國還是在一九七四年和一九七六年再次退出該機制[74]。由此證明，第一次調整歐洲匯率的嘗試是失敗的。

美國經濟學家米爾頓·傅利曼（Milton Friedman）主張，浮動匯率可能是對於固定匯率制度的一種改良，前提是在採行靈活匯率的同時，還要有一種能夠控制通膨的政策機制。首先，他是自由市場的堅定信仰者，因為與央行總裁或政治家相比，自由市場更有可能確立最合適的匯率。其次，固定匯率制度需要對薪資和物價進行大規模調整，他寫道：「相較於仰賴構成國內價格結構的眾多價格的變化，不如讓一個價格——也就是外匯價格——來變化要簡單得多[75]。」總而言之，自一九七〇年代以來，主要的全球貨幣——美元、日圓和馬克（後來的歐元）已經開始相互浮動。

布列登森林體系的瓦解是全球經濟的分水嶺。幾千年來，黃金和白銀一直扮演著貨幣的角色，在理論上，紙鈔只是對這些金屬的一種所有權，但現在，最後剩下的一層連結（與美元或黃金掛鉤）已經消失。每個國家都有「法定貨幣」（fiat money），即政府宣布的貨幣。債權人不再確信他們能夠得到相同價值的貨幣。

事實上，這種變化已經持續很長一段時間，聯準會沒有足夠的黃金來支撐每一美元的發行，因此如果大眾樂於使用一種只有少量黃金支持的貨幣，那麼使用完全沒有黃金支持的貨幣就不是什麼重大轉變。

同樣不清楚的是，為什麼全球貨幣數量應該與礦工能找到的黃金和白銀掛鉤。英國愛迪生勳爵（Lord Addison）表示，他不相信「從南非的地下挖出黃金，並將其提煉後埋藏在美國地窖裡，就能實際增加世界的財富[76]」。

但讓人們擔憂的是，一旦擺脫了匯率釘住制（**pegged exchange rate**，即固定匯率制），政府可能輕易地讓本國貨幣貶值，讓通膨飆升。從黃金價格的角度來看，這種情況確實發生了。一九七〇年，黃金價格為三十五美元，因此一美元可以買到三十五分之一盎司的黃金，但在撰寫本書的時候，黃金價格為一千二百三十二美元，因此一美元的價值還不到一盎司黃金的千分之一。

石油輸出國組織和通貨膨脹

布列登森林體系瓦解之後，許多人擔心的通貨膨脹幾乎立即發生。在美國，通貨膨脹率從一九七〇年的百分之五點八上升到一九七四年的百分之十一點一，到一九八〇年又升到百分之十三點五[77]。英國的年度通膨率從一九七〇年的百分之六點五上升到一九七五年的百分之二十二點七，直到一九八三年才降到百分之五以下[78]。日本的通貨膨脹率則在一九七四年達到百分之二十三[79]。

74 Eichengreen, *The European Economy since 1945*, op. cit.

75 Milton Friedman, "The case for flexible exchange rates", in *Essays in Positive Economics*

76 引自：Coggan, *Paper Promises*, op. cit.。

77 資料來源：https://www.minneapolisfed.org/community/financial-and-economic-education/cpi-calculator-information/consumer-price-index-and-inflation-rates-1913。

78 資料來源：https://fred.stlouisfed.org/series/CPIIUKA。

79 資料來源：https://inflationdata.com/articles/historical-inflation-rates-japan-1971–2014/。

是什麼原因導致這些價格的上漲?中央銀行在那個時代還不具有獨立性，聯準會主席亞瑟・勃恩斯（Arthur Burns）發現，在尼克森總統的反對下難以採取緊縮的貨幣政策。一九七一年和一九七二年，美國貨幣供應成長超過百分之十二，而一九七三年至一九七九年，短期實質利率為負利率（通膨高於利率）。在英國，鬆綁對銀行貸款和信用創造（credit creation，譯註：是指銀行透過吸收活期存款、發放貸款，進而增加銀行的資金來源，擴大社會貨幣供應量）的管制後，貸款出現爆炸性成長，特別是房地產方面的貸款；一九七三年和一九七四年的貨幣供應量分別成長了百分之二十三點六和百分之二十五點五。英國的短期實質利率從一九七〇年到一九七九年為負利率，而一九七五年為百分之負十三[80]。

許多政府沒有採取緊縮的財政或貨幣政策，而是選擇了對薪資和物價實施法定或自願性質的限制。一九七一年，尼克森總統下令凍結薪資和物價九十天。與此同時，英國進行一系列的收入政策，有時是強制性的，有時是在與工會談判後敲定的，其目的是效仿西德資方與工會之間達成全業界協議的案例。但這種方式會衍生許多問題，因為沒有政府能夠控制海外供應商的價格，因此任何依賴進口商品的零售商或製造商將不得不消化成本的增加。如果這些廠商負擔不起，他們就會乾脆不提供產品，結果造成普遍性短缺。為此，各國政府可能提供豁免給某些企業，但這樣做只會激怒工人，他們看到物價上漲，卻不得以加薪作為補償，因此罷工情況將會倍增。此外，收入政策可能在短期內抑制了通貨膨脹，可是一旦政權鬆綁政策，物價和薪資又會開始上漲。

通膨也會受到經濟學家常說的「外生事件」（exogenous event）的推動。一九七三年十月六日，在猶太人節日贖罪日（Yom Kippur，禁食自省的日子）那天，埃及和敘利亞同時對以色列發動攻擊。這場戰爭爆發之前，以色列在一九六七年的衝突中迅速取得勝利，並占領了加薩走廊、西奈、約旦以及敘利亞的戈蘭高地（Golan Heights），因此導致了巴勒斯坦反對占領的一連串長期抗爭，並一直持續到現今。

以色列軍隊在一九七三年被打得措手不及，因而轉向美國求助，但此舉卻引起中東阿拉伯國家的不滿，其中許多是石油輸出國組織的成員國。因此他們的第一步是宣布對以色列的主要盟友美國和荷蘭實施石油禁運，然後再要求提高他們出口的石油價格。不出三個月，價格就增加到原來的四倍[81]。

油價上漲對西方的石油消費國來說是一個重大衝擊。在美國，汽油價格長期低廉，大眾已經習慣開高耗油的大型車，因而加油站出現了汽車大排長龍等待加油的景象，有些加油站只願意幫老顧客加油（不過這場危機對日本汽車製造商來說是好消息，他們生產的節能小型車開始擴大市場份額）。美國祭出每小時限速五十五英里的規定，尼克森還要求每個家庭在冬天時把恆溫器調到華氏六十八度（攝氏二十度），部分城鎮還關掉了聖誕燈。在英國，礦工罷工使油價上漲問題變得更加複雜，政府實施每週工作三天來應變。

對政策制定者來說，石油輸出國組織的行動帶來一個難題。顯而易見，高油價推升了整體通膨率，因此典型的政策因應措施是提高利率，試圖再次拉低通膨。但更高的油價對西方消費者來說也是另一種稅收。於是資金從歐美人的錢包裡流出，流進了中東石油生產國的金庫。其結果就是，企業和消費者在國內的可消費支出減少了，進而導致西方經濟疲弱不振。從一九七三年中期到一九七五年春天，美國經歷了五個季度的ＧＤＰ下滑，同時通貨膨脹正急劇上升[82]。

---

80 Edward Nelson, “The great inflation of the Seventies: what really happened?”, Federal Reserve Bank of St Louis, https://files.stlouisfed.org/files/htdocs/wp/2004/2004-001.pdf

81 “Reinventing the system (1972–1981): Opec takes center stage”, https://www.imf.org/external/np/exr/center/mm/eng/mm_rs_02.htm

82 Kimberley Amadeo, “Stagflation and its causes”, The Balance, https://www.thebalance.com/what-is-stagflation-3305964

經濟疲軟加上物價上漲會產生一個混成詞：停滯性通貨膨脹（stagflation）。此現象讓經濟學家重新思考他們的想法。以前經濟學家考慮過失業與通膨之間的平衡關係，也就是所謂的菲力普曲線（Phillips curve，以提出它的經濟學家之名來命名）。在二戰後的三十年裡，政策制定者的目標是在不引發通貨膨脹的情況下，盡可能維持低失業率。

我們在第十六章會看到，這場危機最終導致經濟政策的轉向，部分原因是受到傅利曼的貨幣主義和小政府思想的推動。危機亦造成凱因斯主義政策議程的倒退，在一九七六年工黨會議上，英國首相詹姆斯・卡拉漢（Jim Callaghan）宣布（由他的女婿暨經濟學家彼得・傑伊〔Peter Jay〕所撰寫的）：

> 我們過去以為可以用錢擺平衰退，可以靠減稅和擴大政府開支來增加就業。但我坦白告訴你們，這套做法不管用了，而且以過去採行的情況來看，它只有在戰爭以來經濟引起更嚴重的通貨膨脹，緊接著出現失業率大幅升高的情況下才奏效。

社會氛圍萎靡不振

戰後的三十年或許是經濟快速成長的時期，但這部分的成長並沒有自動轉化成選民的幸福感。一九六〇年代的年輕人尤其喜歡抗議。一九六八年，法國爆發的一連串學生示威和野貓式罷工（wildcat strikes，譯註：沒有經過工會同意的自發性行動）令人擔憂，法國總統戴高樂一度逃到德國的一個軍事基地。

在美國，社會氛圍低迷有兩大原因。非裔美國人的民權抗議活動始自一九五〇年代，過去一個世紀以來，他們在前蓄奴州被剝奪了投票權，只有低劣的飲食條件、交通工具和教育設施。雖然一九六〇年代開始矯正這種不公平的現象，但許多非裔美國人仍感覺自己遭到種族主義和歧視。第二個原因是越戰，美國許多年輕人受徵召到亞洲，打一場連他們都不相信有勝算的仗（富裕的白人可以免服兵役，所以重擔幾乎全落在非裔美國人身上）。反戰情緒蔓延，在一九六八年民主黨全國代表大會上，示威群眾遭到芝加哥警察的毆打和毒氣攻擊；一九七〇年，肯特州立大學（Kent State University）四名手無寸鐵的學生遭國民兵（National Guard）槍殺身亡，當時他們正抗議美國對柬埔寨展開的轟炸行動。

美國在這個年代裡發生了三起重大暗殺事件：一九六三年的總統約翰·甘迺迪（John F. Kennedy）、一九六八年他的胞弟羅伯特·甘迺迪（Robert F. Kennedy，小名為鮑比〔Bobby〕），以及一九六八年的民權領袖馬丁·路德·金恩。恐怖主義也在一些地方爆發。在北愛爾蘭，被多數派新教徒視為二等公民的天主教徒展開長期抗議活動，並迅速惡化成臨時愛爾蘭共和軍（provisional IRA）和敵對心覺組織的槍擊和爆炸事件。巴勒斯坦人挾持多架商用客機，殺害了參加慕尼黑奧運的以色列運動員。在義大利，恐怖分子發動一連串的攻擊行動，包括綁架和謀殺前總理阿爾多·莫羅（Aldo Moro）；西德出現「巴德—麥霍夫集團」（Baader-Meinhof Gang，或稱赤軍團）。美國則有激進組織「氣象人」（Weathermen）和「共生解放軍」（Symbionese Liberation Army）。

政治家們努力地處理這些事態的發展，畢竟以建立福利國家而言，他們希望勞工不會受到經濟循環變化莫測的影響，並且能消除社會大眾的不滿。正如我們已經發現到的，這時候的經濟不平等程度遠低於現代歷史上的任何時候，但這是一個「權利」政治的時代，不僅以美國的民權運動為特點，還有女權主義的興起，以及當時稱為「同性戀解放」（gay liberation）的運動。讓人感覺物質主義已經不足以因應這個時代，因為許多人開始追求提高他們的社會地位、開始追尋他們選擇的生活方式。

一九六二年，瑞秋・卡森（Rachel Carson）出版的著作《寂靜的春天》（*Silent Spring*）引發環保運動的興起，這本書講述了殺蟲劑對野生動物的不利影響。現代工業造成的汙染也日益受到關注。一九五六年，在發生一連串致命的霧霾事件之後，英國通過了《淨化空氣法案》，禁止在城市裡燃燒煤炭等具嚴重汙染性的燃料（對於倫敦永遠籠罩在霧霾中的這種想法始終難以被抹除），而美國分別在一九六三年、一九六七年和一九七〇年通過了類似的法案。水汙染則是另一個難題。一九六七年，托尼峽谷號油輪（SS Torrey Canyon）在英國康沃爾郡附近海域觸礁，十萬公噸原油流入英吉利海峽，淤泥覆蓋了當地海灘[83]。兩年後，克里夫蘭的凱霍加河（Cuyahoga river）因汙染嚴重引發火災[84]，尼克森總統因此設立了美國國家環境保護局（Environmental Protection Agency）。

除了汙染之外，許多人還擔憂資源稀少的問題。一九七二年，智庫羅馬俱樂部（The Club of Rome）出版了《成長的極限》（*The Limits to Growth*）一書，內容預言人類使用的資源將於二十一世紀開始消耗殆盡，導致「人口和工業生產力發生迅速且不可遏止的衰退」（這本書在後來幾年遭受很多嘲笑，但由於關鍵時刻要到二〇七〇年才會出現，所以至今尚未證實作者的觀點是錯誤的）[85]。一九六八年出版的《人口炸彈》（*The Population Bomb*）一書則抱持更悲觀的論點，但其對一九七〇年代和一九八〇年代會爆發大規模饑荒的預測則是錯誤的。因此這個鮮明的教訓告訴了所有的專家，把預測時間點設定在遠一點的未來，這樣萬一預測被證明是錯誤時，你也不會發現。

工會在戰後幾年中最具影響力，這是拜低失業率和支持組織工會權利的政府之賜。一九六〇年代，通用汽車和克萊斯勒在美國的工廠發生罷工事件，紐約和佛羅里達的教師也掀起罷工潮。英國亦飽受罷工的困擾，包括郵政工人、建築工人和礦工；最後一次罷工在一九七四年推翻了保守黨政府。當時有人私下抱怨這個國家難以管治。

一九七九年，正派但最後連任失敗的總統卡特向美國公眾發表一場演說，其內容與政治家們喜歡傳遞的樂觀消息相去甚遠。卡特談到了「信任危機。這是一場衝擊我們國家意志、靈魂和精神的危機。從我們越來越質疑自身生命的意義中、從我們喪失對國家的目標中看到這場危機[86]」。後來這場演說被稱為「萎靡的演說」（**malaise speech**），並對卡特的聲望沒有什麼助益。意識型態的潮流正在轉向，西方的經濟將朝著一個新的方向發展，權力從政治家轉移到管理央行的技術官僚手中。

---

83 Bethan Bell and Mario Cacciottoio, "Torrey Canyon oil spill: the day the sea turned black", BBC News, March 17th 2017, https://www.bbc.co.uk/news/uk-england-39223308

84 先前就多次發生火災，只是這次意外終於引起大眾關注，請參見：http://edition.cnn.com/2008/TECH/science/12/10/history.environmental.movement/index.html。

85 Donella Meadows, Dennis L. Meadows, Jorgen Randers and William W. Behrens III, *The Limits to Growth*

86 "Examining Carter's 'Malaise Speech', 30 years later", NPR, July 12th 2009, https://www.npr.org/templates/story/story.php?storyId=106508243

第十三章
中央銀行：貨幣與技術官僚

無論有沒有宗教信仰，我們每天都會涉及一些有關信任的活動。當我們去上班時，我們相信週末或月底一到就能領薪水；領到薪水時，它可能是現鈔，或者更常見的是，在我們稱為銀行帳戶的電腦裡出現一筆入帳項目；當我們使用現金、信用卡或銀行轉帳方式花掉這些錢時，店家會相信這些鈔票、塑膠卡片和電腦進帳是有價值的[1]。

我們對於金錢價值的集體信任似乎合理，是因為這個體制的有效運作。每個人都樂於接受紙鈔和塑膠，是因為他們知道其他人也願意接受。世界各國央行是這個信任的最高捍衛者，就像金髮女孩（Goldilocks，譯註：出自格林童話一個追求凡事恰到好處的角色）一樣，央行必須確保流通貨幣不能太多，以免造成通貨膨脹；也不能太少，否則會導致經濟衰退；貨幣必須維持在「恰到好處」的數量。

從二〇〇八年金融危機以來的十年裡，各個央行的權力有所增加，他們購買了數兆美元的資產，試圖恢復經濟活動。美國聯準會主席、歐洲中央銀行（European Central Bank，簡稱ＥＣＢ）或英國央行總裁

1　本章是根據本書作者在《經濟學人》的文章所撰寫的，請參見："The history of central banks", April 27th 2017。

的每句話，都被投資者奉為圭臬。他們的預測會影響金融市場，他們的政策變化將左右房屋持有人和企業的貸款成本以及儲戶的報酬收益。在決定全球經濟表現方面，主要央行總裁比大多數首相和總統還要具有影響力。

央行肩負的任務並不容易。各國央行可能因為以下情況遭受抨擊：貨幣條件過於緊縮，導致經濟陷入困境；幫助迷途銀行紓困；推升資產價格，增加富人財富。在某種意義上，這些批評反映了一個潛在問題：各國政府要求央行一次追求多個目標，要求央行必須穩定貨幣、打擊通膨、保護金融體系和振興經濟。而事實證明，想要同時實現所有目標往往是不可能達成的事。

世界上最早的央行是一六六八年在瑞典成立的瑞典中央銀行（Sveriges Riksbank，又名瑞典國家銀行。在一九六八年慶祝成立三百週年時，瑞典央行設立了諾貝爾經濟學獎）。但我們現在所知的中央銀行是以英國央行為模型，英國央行的成立是為了處理金融危機的權宜之計。在一六八九年的「光榮革命」中，奧蘭治親王威廉三世成為英國與荷蘭的統治者，英國人請求他推翻詹姆斯二世——一位似乎決定重新引進天主教的斯圖亞特（Stuart）國王。詹姆斯二世曾與荷蘭的敵人法王路易十四（Louis XIV）結盟，因而威廉三世也樂於利用英國的經濟和軍事實力，不過他需要資金。

於是，以威廉．帕特森（William Paterson）為首的一群銀行家同意借給威廉三世一百二十萬英鎊，以換取成立英格蘭銀行和發行鈔票的權利。與王室的合作有助於紙鈔成為可接受的支付方式，這點至今仍是中央銀行的「魔力」。貨幣正是因為與國家有所關聯才具備普遍可接受性，關於這部分可追溯到公元前六世紀，當時統治者開始把他們的頭像刻在硬幣上。硬幣個人化是一種維護權威的方式，但它之所以有效，一部分是因為商人和消費者認為君主有權強制執行硬幣的可接受性，例如可以拿它們來繳稅。當時各大強國發行的硬幣，如雅典的貓頭鷹古錢幣、古羅馬貨幣、拜占庭金幣，都在其原產地以外的地方流通。

國家與貨幣之間的關係可能是一把雙刃劍。早期的硬幣通常是由貴金屬製成，將君主的頭像刻在硬幣上是一種品質保證的方式。但手頭拮据的君主們也意識到，這或許是賺錢手段。假設一枚面額十單位的硬幣只有八單位的金或銀含量，額外的兩單位可以作為利潤保留下來。

攜帶黃金和白銀既厚重又有風險，因此紙鈔最初的功能是為了取代攜帶硬幣的麻煩，其代表對銀行金庫裡黃金和白銀的所有權。後來由於紙鈔（以及其他形式的紙幣，如信用狀）使用起來非常便利，銀行很快就發現他們持有的大部分黃金和白銀都還留在金庫裡。每天被領出去的只有一小部分，所以銀行可以把這些「多餘」的錢借出去賺取利潤，此即銀行「部分準備金制度」（fractional reserve）的本質，也是現代銀行體系的精髓。

各國央行也可以採取類似的操作方式。從十八世紀初到一九一四年的大半時間裡，英國都是在金本位制下運作，如果客戶願意的話，他們可以把鈔票換成金幣。其他國家則在十九世紀加入金本位制。當客戶在商業銀行從事這些交易時，央行作為這個體系的後盾，將黃金保存在自己的金庫裡。當商業銀行資金短缺時，他們會向央行求助。但是央行並沒有為每一張發行的紙幣提供確切的黃金價值；他們也無須這麼做。

從某種意義上說，這種靈活性長期下來破壞了這個體系。一九一三年以後，美國發行的鈔票中有百分之四十必須由聯準會持有的黃金作為擔保，這表示，其中百分之六十沒有黃金擔保，而這個體系在大蕭條之前一直運作良好。但如果能靠百分之四十的黃金維持運作，那麼為什麼不能降到百分之二十？或是百分之五？當黃金不再作為後盾時，人們還是繼續使用鈔票，那麼最後，貨幣的可接受性是取決於人們對央行（和其背後的政府）的信任。

有一群「紙鈔學派」（Chartalists）的經濟學家認為，由於政府有能力要求公民以政府選擇的貨幣納稅，因此國家擁有強大的權力。國家還可以決定某種貨幣作為這個領土的法定貨幣。此舉將使公民不得不持有該種貨幣，而且實際上，他們很可能使用該種貨幣進行大多數交易。由此可見，貨幣根本不需要有什麼內在價值（例如與黃金的掛鉤）[2]。

健全貨幣的守護者

在央行歷史的前兩個世紀裡，像這種貨幣沒有價值的想法屬於異端邪說。那時候央行的主要工作之一就是確保貨幣的健全，而只有在白銀或黃金之類的貴金屬作為後盾時，貨幣才會健全。沒有貴金屬支持，政府和銀行就會任意發行紙幣，到最後，這些錢將變得一文不值，正如第四章所提到發生在中國元朝的情況（在元朝統治下，中國是第一個試用紙幣的國家）。

中央銀行最早試用紙幣的例子似乎也證明了這點。在路易十五（Louis XV）統治（一七一五年至一七七四年）初期，有位名叫約翰．羅爾（John Law）的投機分子說服法國攝政王允許他建立一家國家銀行，並下令所有的稅收和收入都必須使用它發行的紙鈔支付。這個想法是為了減輕法國王朝的負債壓力，隨後銀行接下國債，並說服投資者將政府債務換成密西西比公司（Mississippi Company）的股份（該公司當時聲稱準備利用法國在美國的資產）。

這是財務工程的早期案例。後來，密西西比公司的股價暴漲，「百萬富翁」（millionaire）一詞就是在這個過程中創造出來的。羅爾是法國社會名人，他的策略關鍵之一是股份可以用分期付款購買，所以最初可以用少量股票累積一大筆金額。但每次分期付款到期，泡沫都會受到考驗；人們必須有足夠的信心來支付更多的錢。一切都取決於上漲的價格，一旦股價停止上漲，投資者就沒有動力支付下一筆分期付款，並興起各種拋售的念頭。

整棟大廈都建在沙土上，或者更確切來說，是建在沼澤地上。當時，法屬密西西比領地沒有黃金或貴重商品，有的只是很多蚊子。羅爾只能採取一些情急之下的非常手段，比方說據傳在前往殖民地的路上，讓列隊行進的流浪漢帶著工具經過市街遊行（譯註：他們在街上高喊口號去美洲淘金，營造密西西比公司的財富指日可待的假象）。但是股價一旦下跌，整個體系就崩潰了。羅爾逃離法國，法國人開始對大筆金融交易產生長期的不信任，並且對黃金特別鍾情。

在英國，有個類似的騙局則是對英格蘭銀行的強化產生了長遠影響。堪比密西西比公司的南海公司也是同意購買政府債權以換取其股份，差別在於，南海公司確實擁有一個有利可圖的資產——向西班牙美洲殖民地出售奴隸的權利。不過，南海公司的股價走勢與法國密西西比公司一樣：「如火箭般迅速上漲，如棍子般直直下跌。」就連艾薩克．牛頓也一頭栽進這波狂熱潮，讓他不禁道出其經典名言之一：「我能計算天體的運動，卻無法預測人類的瘋狂。」

南海公司的泡沫破滅，使得英格蘭銀行毫無疑問地成為英國首屈一指的金融機構。在十八世紀英國崛起成為全球強權的期間，英格蘭銀行都發揮著重要作用。由於英國與荷蘭的財務狀況健全完善，所以可以採取低利率貸款，這樣政府不僅更容易為軍事支出項目融資，產業也能因獲得廉價資本而受惠。

也因為英格蘭銀行的財務狀況相當良好，所以華盛頓在獨立戰爭期間一直是該行的股東。另一位革命領袖亞歷山大．漢彌爾頓（Alexander Hamilton）寫道：英國具有「龐大的信用結構，單憑這點，她（英

2　L. Randall Wray, “The Neo-Chartalist approach to money”, The Levy Economics Institute, July 1st 2000

國政府）就能威脅到我們的獨立[3]」。美國獨立後財政一片混亂，其發行的第一種貨幣「大陸券」（the Continental）受到惡性通貨膨脹的影響。漢彌爾頓相信，經過改革的金融結構，包括中央銀行在內，將能創造穩定的貨幣和更低的貸款成本，使得經濟（和新興的製造業）更容易蓬勃發展。

但反對派認為，銀行權力過於強大，而且可能只代表北方債權人做事。只有三位來自南方州的國會議員投票贊成銀行的特許經營；只有一位來自北方州的議員投下反對票。

中央銀行是新共和國成立後的前半個世紀裡最具爭議的問題之一。一八一一年，第一家銀行的特許經營權沒有獲得續簽，接著一八一六年美國第二銀行（Second Bank of the United States）成立，結果也引起許多人的不滿。民粹主義者安德魯·傑克森（Andrew Jackson）在一八三六前否決第二銀行的特許經營權展延，所以美國一直到一九一三年都沒有一家中央銀行。

回過頭來看英國，英格蘭銀行的角色在十九世紀產生了變化。首先是拿破崙戰爭後，考量到戰爭期間的財政需求，英國政府暫停紙鈔兌換黃金的業務。經過幾番爭論，一八一九年才恢復舊匯率下的可兌換性。

金本位制的存在讓國內銀行的儲戶們感到安心，也使外國人放心，因為他們知道一英鎊值一定數量的黃金。透過維持金本位制，英格蘭銀行致力於鞏固英鎊作為貨幣的穩定性，此舉使得持有英鎊資產變得很有吸引力，尤其是對生活在非金本位制國家的富人而言。從長期來看，其他貨幣對英鎊可能走弱，因此購買英鎊是保存他們財富的一種方式。

事實上，採行金本位制的主要動機之一就是保護債權人的權益。金本位制能確保債權人資產（如債券和貸款）的實際價值得以維持，例如借給某人一千英鎊，期限為十年，十年後貸款償還時，這筆錢仍用來購買同樣數量的黃金。在十九世紀的英國，國家是由債權人階級統治的，所以經濟體系的設計會處處考量債權人的利益並不奇怪。選舉權也僅限於有財產的人；這是一個成為食租者（rentier，或稱食利者，靠投資收入生活的人）的好時機。

因此十九世紀並沒有出現長期的通貨膨脹，在十九世紀末乘坐計程車的費用，與英格蘭銀行成立的時候相同。[4]但經濟遭受衝擊時，金本位制會造成一些棘手的問題。衝擊的明顯例子就是商業銀行的倒閉。

部分準備制度容易出現危機。銀行具有本質上的不協調性，他們欠儲戶錢，儲戶可以隨時提領錢出來，而在資產負債表的另一邊，他們又把錢長期借給個人和企業。如果同時有很多儲戶想要提款，那麼經營再完善的銀行也會陷入困境。銀行擠兌潮一旦出現就很難停下來。如果儲戶擔心銀行破產，那麼他們會立刻把錢領出來也是合乎情理，但對銀行失去信心只會讓危機變得更糟。

通常這個時候，央行可以介入並放款給處境困難的銀行，幫助其度過難關，但英格蘭銀行花了一段時間才承擔起這個責任。在一九四七年以前，英格蘭銀行屬於私人所有，在成立初期，銀行董事們自然對維護自己的利潤比較感興趣。理論上，他們應該會像其他銀行家一樣，不願意在危機中放款。

不過，十九世紀發生多起金融恐慌事件。一八二五年，內閣大臣霍金森將英國經濟形容為「在二十四小時內進入以物易物狀態[5]」。這是因為銀行恐慌所造成的影響非常廣泛。銀行因擔心儲戶要求提領現金而不願意提供貸款，導致一般業務的進行遇到阻礙。經濟的各個層面都仰賴銀行貸款，如商店、工廠、建築公司，這些業主若是拿不到信用貸款就會破產，企業如果破產就無法償還先前的銀行貸款，進一步造成存款人恐慌，然後一直這樣循環下去。

3　Chernow, *Alexander Hamilton*, op. cit.

4　Roger Bootle, *The Death of Inflation: Surviving and Thriving in the Zero Era*

5　P. Richardson, "A Letter to the shareholders in the Bank of Western India", 1842. 霍金森也是史上首位在鐵路事故中喪生的人。

一八二五年恐慌期間，英格蘭銀行和財政部互相爭辯哪一方應該負責穩定金融體系。後來政府贏了這場辯論，從此以後，慣例便確立了央行是「最後貸款者」（lender of last resort）。在一八六六年另場金融危機之後，時任《經濟學人》雜誌主編的沃爾特．白芝浩（Walter Bagehot）在其著作《倫巴底街》（*Lombard Street*）中為這項原則下了定義：央行應該無限制地放款給有償付能力的銀行，這些銀行能夠以高利率提供優質的抵押品。然而，當時各界對於這個想法的接受度普遍不高，一位前銀行總裁更稱其為「貨幣或銀行界有史以來最危險的原則」[6]。但作為銀行後援的角色，讓央行對匯率有一定程度的掌控。

每一天，各家銀行都會在所謂的「貨幣市場」中相互（以及從其他機構）借貸。有時候銀行會發現自己的帳目有點失衡，中央銀行就可以填補缺口，收取放款特權的費用。這個利率之所以成為市場上其他貸款利率的基準，是因為商業銀行不想因支付得比從債務人那裡收回的款項更多而虧損，因此當中央銀行提高或降低官方利率時，整個市場都會產生漣漪效應。

央行扮演的「最後貸款者」這個角色使其容易受到來自兩方面的批評。如果他們的紓困動作太慢，就會被指控是他們導致經濟陷入不必要的危機。另一方面，如果他們對銀行業採取紓困，卻又會被指責是為虎作倀。批評人士表示，二〇〇八年的紓困計畫就是在保護那些荷包早已賺滿數十億美元的銀行家，並讓納稅人的錢陷入風險之中。這就是將利潤私有化並將虧損國有化的案例之一。長期風險就是一種道德風險，如果私人銀行相信央行始終都會紓困他們，自然樂於承擔更多的風險。

在理想情況下，央行應該都能區分銀行是有資金流動性問題，還是有償付能力的問題。所有銀行都可能遇到資金流動性問題，如果時間充裕的話，他們就能夠全額支付儲戶的存款。但某些銀行可能真的資不抵債，他們把錢借給了無力償付的人，這類銀行就不值得紓困。理論上這種差異很容易區分，但在廣泛的危機裡，經濟陷入衰退時，普遍破產的風險就會迅速攀升；央行若毫無作為甚至會擴大破產的可能性。

銀行危機也為金本位制時代的央行帶來進一步的問題。外國債權人將與國內債權人一樣恐慌，紛紛把錢領出來並兌換成黃金，進而導致中央銀行的黃金儲備量減少。央行面對儲備量下降的反應通常是提高利率以吸引儲戶加入，但在銀行危機裡，提高利率只會讓借款人的情況變得更糟，使他們更難償還債務。此時，「最後貸款者」和「貨幣保護者」的角色將產生矛盾。

這是英格蘭銀行扮演的兩個角色。第三個角色是管理國家債務，幫助政府以盡可能低的成本籌措資金。儘管偶爾還是會出現危機，但其他國家認為英國的經濟模式是成功的。

美國聯邦準備理事會（Fed）的成立

最終促使美國同意成立中央銀行的是一九〇七年爆發的金融恐慌，這場危機最後透過摩根的商業敏銳度才獲得解決。國會不喜歡這個只靠一個人解決危機的做法，但考量到長期以來人們對於金融權力的不滿，因此想讓央行的設立獲得國會同意是件棘手的事。參議員尼爾森・奧德爾里奇（Nelson Aldrich）率領團隊在傑基爾島（Jekyll Island）舉行秘密會議，並敲定了一項計畫。該會議討論出來的折衷方案給予新的聯準會一個龐大僵化的結構——由區域性私人銀行代表和中央官方指派所組成的理事會。

聯準會於一九一三年成立。短短一年後，第一次世界大戰爆發，破壞了國際金融結構。戰爭之前，各國央行相互合作以保持匯率的穩定，例如一八九〇年霸菱銀行危機期間，法國和俄羅斯央行都曾幫助英國央行英格蘭銀行擺脫困境。

---

6 Charles P. Kindleberger, *A Financial History of Western Europe*

戰爭使得國內經濟需求的優先性遠高於任何國際承諾。沒有一家央行願意看到黃金流出自己國家，最後流進敵國的金庫裡面。英格蘭銀行暫停了個人將紙鈔兌換成黃金和白銀的權利，至今仍未恢復。

戰爭帶來的龐大金融需求，使得各國央行將注意力集中在最初的目標上，也就是刺激投資者對債務的需求。央行維護國家貨幣價值的角色不得不暫時擱置；戰爭導致貨幣擴大供應和迅速的通貨膨脹。

第一次世界大戰結束時，歐洲列強在政治和金融上都已精疲力竭，經濟力量也就轉移到美國身上，於是美國成為所有戰後金融體系的核心。這項轉變讓新成立的聯準會背負沉重的責任，迫使斯壯採取艱難的平衡措施，時任聯準會紐約分行總裁的他，也因此成為聯準會實質的領導人。如同第十章所述，央行在面臨大蕭條的情況下，為了振興經濟，艱辛的履行著穩健貨幣守護者的職責。

經濟大蕭條是個失敗的經驗，各國央行自它爆發以來就一直深受其擾。他們既無法維持貨幣平價，也未能保護金融體系，尤其是美國，數千家銀行因此倒閉。英國央行前總裁諾曼在退休後回顧了自己和斯壯的職業生涯：「我所做的一切，還有老班做的一些事，在國際上都沒有產生任何好的影響，或者更確切地說，除了我們蒐集了很多可憐鬼的錢，然後撒到四面八方之外，根本沒有任何效果[7]。」後來的聯準會主席班・柏南克（Ben Bernanke）在慶祝經濟學家傅利曼（其將大蕭條歸因於貨幣供給的管理不當）九十大壽的演講中提到：「你們是對的，我們做的不好。我們非常抱歉，但是感謝你們，我們不會再犯錯了[8]。」

處處受牽制

在第二次世界大戰期間，中央銀行再次淪為政府的債務管理者。一九四五年後，世界各國為了振興經濟，刻意維持低利率。聯準會主席在試圖重申聯準會的一些獨立性時，遭到白宮的抵制。一九五一年至一九七〇年擔任聯準會主席的威廉・麥克契斯尼・馬丁（William McChesney Martin）遭到杜魯門施壓，要他不顧韓戰導致的通膨後果，維持低利率，但他拒絕了。杜魯門卸任總統後在街上遇到馬丁，對他說完一句「叛徒」就走了[9]。

詹森的表達更直接。由於對聯準會的政策心煩意亂，詹森把馬丁叫到他在德州的牧場，然後大喊道：「有男孩在越南死去，而比爾・馬丁卻毫不在乎。」更經典的是，尼克森把這種脅迫發揮得淋漓盡致，對外放出聯準會主席勃恩斯要求加薪百分之五十的假消息。面對媒體的攻擊，勃恩斯只好放棄並維持低利率，進而幫助尼克森於一九七二年大選中獲得連任[10]。

聯準會比大多數機構擁有更多的獨立性。許多國家的利率都是由財政部制定，中央銀行只負責金融穩定和匯率，但匯率在布列登森林體系下是固定不變的。當布列登森林體系在一九七〇年代初瓦解時，通貨膨脹開始加劇，更糟糕的是，許多國家同時面臨高失業率。這場危機給予各國央行一個契機，讓他們發展出今日所擁有的權力。顯然，改變做法是必要的。現代中央銀行的第一位超級巨星是保羅・沃克（**Paul Volcker**），他於一九七九年被任命為聯準會主席。沃克積極地採行緊縮貨幣政策，以減緩貨幣供應的成長，但這項政策並不受歡迎，農夫們聚集在聯準會位於華盛頓的總部外抗議，汽車經銷商送棺材來，裡面裝著未售出汽車的鑰匙。

7　Ahamed, *Lords of Finance*, op. cit.

8　Federal Reserve, https://www.federalreserve.gov/BOARDDOCS/SPEECHES/2002/20021108/

9　Sebastian Mallaby, *The Man Who Knew: The Life and Times of Alan Greenspan*

10　同上註。

在貨幣主義實驗失敗後（參見第十四章），經濟學家認為對抗通膨的關鍵是「可信度」（credibility）。消費者和企業必須相信央行能夠實現低通膨，他們會要求薪資有限地增加，產品價格只會緩慢地提高。最終結果將能實現目標。

中央銀行的獨立性

若欲維持可信度（公信力），各國央行就必須更具獨立性，這個趨勢開始自一九八九年的紐西蘭，後來英國、日本和歐元區也跟著效仿。政府會提出一個通膨目標，讓各國央行自己完成實現這個目標的工作。為了找出經濟前景的跡象，各國央行聘請大批的經濟學家、搜尋新的數據資料、採訪企業和消費者，並公布了對於經濟成長、失業狀況和通貨膨脹的詳細預測。

長時間下來，這種方法似乎運作得很完善。一九九〇年代到二〇〇〇年代初期被稱為「大緩和」（great moderation，也稱大平穩）時期，當時通貨膨脹低、經濟維持穩定。沃克的接班人亞倫・葛林斯潘（Alan Greenspan）被封為「大師」，葛林斯潘不但沒有受到總統們的欺負，總統們實施的政策還會尋求他的認可。

在歐洲部分，最重大的發展是一九九八年歐洲中央銀行的成立，創設目的是為了管理新的單一貨幣歐元。在此之前，歐盟成員必須透過各自的央行維護本國貨幣和金融體系。歐洲中央銀行的設置是法國與德國之間的折衷辦法，法國希望使用單一貨幣將東西統一的德國納入歐盟，而德國則擔憂單一貨幣會導致需要他們援助其他揮霍無度的政府。為了使德國人放心，歐洲中央銀行總部設在法蘭克福，其主要目標是穩定物價，並明令禁止援助成員國政府。

在日本則出現了央行恐怕無法解決所有問題的最初徵兆。隨著一九八〇年代即將落幕，四十多年來的經濟快速成長榮景戛然而止。當泡沫在一九九〇年開始破滅時，日本銀行（Bank of Japan，簡稱BoJ）的反應相對慢半拍。

西方評論家指責日本央行降息的速度不夠快，或是沒有對銀行進行重組。但在美國和歐洲，類似的危機也正在形成中。一九八二年之後，隨著收益從通膨時期的高位下跌，金融市場展開長期多頭（牛市）。當市場動盪時，就像一九八七年十月的「黑色星期一」，各國央行迅速大幅降息。他們試圖避免重蹈一九三〇年代的覆轍——那時央行對於金融危機的反應過於遲緩。然而，市場似乎漸漸地依賴聯準會的出手相救。對於聯準會援助的信心被稱為「葛林斯潘賣權」（Greenspan put），以聯準會主席和避免投資者虧損的選擇權策略來命名。批評人士認為，各國央行此舉是在鼓勵投機買賣。

但問題在於，提高利率來遏制股市投機活動，可能會損害更廣泛的經濟。而且，雖然中央銀行應該在宏觀層面上確保金融穩定，但對於個別銀行的監管責任並非都攬在他們的身上；聯準會與其他機構共同承擔責任。英國也有類似的混亂情況，於是一九九七年金融管理局（Financial Services Authority）取代英格蘭銀行成為英國的金融監管機構。

儘管如此，外界可能還是會指責各國央行沒有為二十世紀初債務量大幅上升操心。央行的理由有三點。首先，市場沒有跡象顯示消費價格上漲（維持物價平穩是他們的首要責任）。第二，在某程度上，債務增加是經濟日趨成熟的特徵，讓消費者和企業可以隨著時間來調整支出。第三，每一筆債務都是債權人資產負債表上的一項資產；全球的淨債務是零。另外，許多債務都由養老基金或保險公司等機構持有，這些機構具有能力因應違約風險。

當信貸泡沫最終在二〇〇七年和二〇〇八年破滅時，各國央行面臨到幾世紀以來出現過的同樣困境。在銀行體系內爆的面前，人們對於道德風險的擔憂迅速煙消雲散。各國央行無限制放貸，並將利率壓到歷史低點，甚至是負利率。各央行還推出了量化寬鬆（quantitative easing，簡稱ＱＥ）措施，也就是發行貨幣並用來購買債券或其他資產（參見第十八章）。

但這些舉措引發批評。量化寬鬆推高了金融資產的價值，這些資產絕大部分是由富人持有。央行俱樂部「國際清算銀行」（Bank for International Settlements，簡稱ＢＩＳ）提出的報告指出，量化寬鬆政策因推升股價而造成不平等現象惡化[11]。許多年長的儲戶抱怨低利率使他們的退休收入減少。

在美國，這些舉措重新點燃了過去抨擊的炮火，指責央行照慣例地偏袒富裕階層而不是核心經濟，偏袒華爾街而不是主街（Main Street，借指普羅大眾、中產階級群體）。其他人則擔憂，量化寬鬆將再現一九二〇年代導致德國惡性通膨的印鈔政策（儘管通膨尚未產生）。

歐洲方面，對歐洲央行的攻擊則是來自不同的方向。人們譴責歐洲央行有利於債權國，尤其是德國，而懲罰像希臘這樣的債務國。最主要的問題是，在二〇〇八年危機之後，各國央行捲入了政治論辯。某程度來說，這是因為央行承擔了振興全球經濟的重責大任，這種情況帶來的結果是重大的經濟決策由一群非經選舉產生的央行總裁負責，由他們決定資金該從哪個群體重新分配到另一個群體。

各國央行之所以能夠獲得這些決策權力，是因為他們是比政治家更善於決策的專家、技術官員，專業知識使他們看起來比民選政治家更加聰明。然而這場危機卻讓央行看起來相當容易出錯，所以他們受到抨擊。

後來美國當局撥出數十億美元幫銀行紓困的做法，促使美國右派分子發起「監督聯準會」的運動，以審查央行的資金是如何投資使用。川普在總統大選競選期間曾表示，聯準會主席珍妮特・葉倫（Janet

Yellen）應該為她維持如此低的利率感到「羞愧」；但在傑洛姆．鮑爾（Jerome Powell）接替葉倫位子之後，川普又批評他升息過快。在英國，脫歐支持者批評英國央行在預測脫歐經濟影響時過於悲觀。

至於左派觀點，一些經濟學家批評央行過於膽怯，未能重振經濟。部分人士支持現代貨幣理論（Modern Monetary Theory），該理論認為印自己貨幣的政府不會破產，因此沒必要擔心預算赤字，政府有餘裕在基礎設施和社會福利方面花錢[12]。現代貨幣理論的支持者承認，通貨膨脹是超發貨幣的制約因素。

儘管如此，對於一位謹慎的央行總裁來說，這樣的理論聽起來像是預算赤字的「貨幣化」，也是導致威瑪共和國以及最近辛巴威和委內瑞拉出現惡性通膨的原因。如果有任何已開發國家政府決定奉行現代貨幣理論，那麼政府可能會跟央行起衝突，或者（更有可能）為央行的獨立性畫下句點。

基於央行的專業知識而將政策決定權交給他們，本身就存在一個根本性問題。經濟學是一門社會科學，不可能用化學方法精準地作出預測。有太多變量需要分析，光是公布經濟預測就能改變人們的行為。過去十年來，政治家幾乎沒有什麼真的可以抱怨的理由，因為中央銀行一直在降低利率和購買政府債券，使政治家更容易兌現承諾、替自己的政策承諾提供資金。當利率上升和央行試圖拋售政府債券時，政治家們可能會感到不太高興，如此一來，又可能觸發更深一層的衝突。

11 Dietrich Domanski, Michela Scatigna and Anna Zabai, "Wealth inequality and monetary policy", BIS, https://www.bis.org/publ/qtrpdf/r_qt1603f.htm

12 Brendan Greeley, "America has never worried about financing its priorities", *Financial Times*, January 16th 2019

第十四章
已開發國家：第二波全球化浪潮（一九七九年至二〇〇七年）

一九七〇年代的最後一年出現了現代史上最決定性的四個轉折點。一九七八年十二月，即將成為中國領導人的鄧小平發表了一次演說，推動中國朝著經濟改革的方向發展。倘若沒有這個轉變，中國就不會成為現今世界上第二大經濟體。

一九七九年一月，伊朗國王流亡海外。隨後的革命見證伊斯蘭政權的崛起，不僅開啟了伊斯蘭世界與西方世界之間的長期衝突，後來的人質危機也註定了卡特的總統連任失敗並有助於確保雷根的當選。雷根是自由市場的堅定擁護者，也是立場強烈的反共主義者。一九七九年五月，具有相似信念的政治家瑪格麗特．柴契爾（Margaret Thatcher，通稱柴契爾夫人）成為英國首相。

沃克的反通膨政策是另一起有助於雷根當選的事件。正如上一章所提到的，沃克於一九七九年八月當上聯準會主席，並迅速將利率推高到令人瞠目結舌的程度。他是現代強勢央行總裁的首例。第四個轉折點在一九七九年十二月，蘇聯入侵阿富汗，這項災難性決定削弱了俄羅斯政權，並為伊斯蘭激進分子創造了一個招募基地。

圖六

兩波全球化時代

世界出口占GDP的百分比

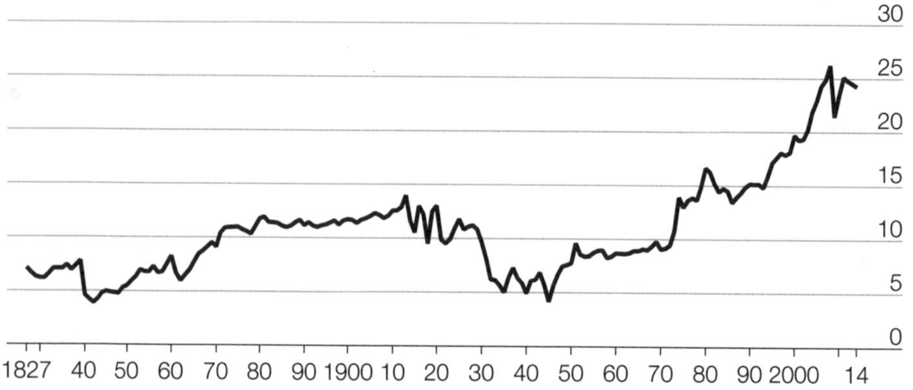

資料來源：IMF Direction of Trade Statistics

簡單來說，在短短十二個月的時間裡，世界見證了中國經濟成長的開端、現代伊斯蘭激進分子的興起、獨立性中央銀行和自由市場權利的崛起[1]，以及蘇聯開始解體。接著，蘇聯解體以及中國轉向更以市場為中心的經濟，這又推動了繼十九世紀末之後歷史上第二大全球化浪潮。與商品一樣，資本也在世界各地流動；隨著全球化的加速，外國直接投資在一九九六年到二〇〇〇年間以每年百分之四十的速度成長[2]。

全球化往往被描繪成有利於富裕精英，但自一九七〇年代以來的四十年裡，全球貧困人口明顯減少，預期壽命也明顯延長。一九七三年，非洲人的預期壽命為四十七歲，但到二〇一五年時，儘管愛滋病盛行，非洲人的預期壽命仍增加到六十歲，這表示非洲人的壽命是一九二五年的兩倍多。從全球來看，一九七三年至二〇一五年間，預期壽命也延長了十一歲以上[3]。所以就一般人而言，第二波全球化時代是個好消息（見圖六）。

這段時期發生了相當多事件，所以全球化主題需要分成兩個部分。本章將先探討已開發國家的發展狀況，然後第十六章會再接著討論發展中國家的情形。

另一波石油危機和經濟衰退

在一九七九年當時背景下，這些發展是無法預測得到的。世界經濟必須處理的緊迫問題是又一次的石油衝擊。在一九七九年初圍繞伊朗革命爆發的動盪之中，伊朗石油日產量下降了四百八十萬桶，占全球產量的百分之七。許多石油消費國面對產量減少的反應是增加庫存量，從而產生額外的需求；一九七九年十二月，石油輸出國組織宣布調漲油價，進一步增加石油需求的壓力。種種因素加總起來的影響，導致石油價格在一九七九年四月到一九八〇年四月之間翻漲一倍多[4]。

到一九七九年底，美國的整體通膨率（**headline rate of US inflation**）已經上升到百分之九；在沃克執掌聯準會之前，美國利率已達百分之十一，但他把利率拉得更高，在一九八一年達到百分之十九的高峰[5]。其他央行也採取類似做法，加拿大利率為百分之二十一，英國利率為百分之十七。面對這種貨幣緊縮，美國在短時間內經歷了兩次經濟衰退（一般定義為連續兩個季度產量下降），分別為一九八〇年上半

---

1 許多人使用「新自由主義」（neoliberal）一詞來形容這個趨勢，但其定義相當模糊，已經成了過度濫用的籠統術語。

2 Jones, *Multinationals and Global Capitalism*, op. cit.

3 Max Roser, "Life expectancy", Our World in Data, https://ourworldindata.org/life-expectancy

4 Laurel Graefe, "Oil shock of 1978–79", https://www.federalreservehistory.org/essays/oil_shock_of_1978_79

5 同上註。

年，以及一九八一年七月到一九八二年十一月[6]。

後來隨著通貨膨脹率從一九八〇年的百分之十三點五，降至一九八三年的百分之三點二五，沃克終於得以降低利息，一九八二年後期經濟開始復甦。但美國與歐洲的狀態明顯有差異。在美國，失業率從一九八〇年的百分之七點一上升到一九八二年的百分之九點七，一九八五年又下降到百分之七點二；在歐洲經濟共同體（歐盟的前身），失業率則持續攀升，從一九八〇年的百分之五點八上升到一九八五年的百分之十一點二。而這個平均數字其實是被西德相對低的失業率所拉低，在英國、義大利與荷蘭，一九八五年的失業率仍在百分之十二左右或以上[7]。

歐洲與美國之間的差異是怎麼造成的？一九六〇年代，歐洲的失業率低於美國，但到了一九八〇年代，歐洲失業率持續走高。一九七五年至一九八五年間，美國創造二千五百萬個就業機會，而同期歐洲的就業機會卻下降。當時有個「歐洲硬化症」（Eurosclerosis）的說法，即過度監管導致歐洲成長放緩。一九八六年，奧利維耶・布朗夏爾（Olivier Blanchard）和賴瑞・桑默斯（Larry Summers）發表了一篇論文，內容談到「遲滯現象」（hysteresis），這是一個科學術語，描述一個取決於過去歷史變化的系統[8]。在這種情況下，他們假設失業者和在職者之間存在顯著的分歧。前者一旦離開勞動力市場就越來越難找到工作，因為僱主不想僱用一年以上沒有工作的人。結果導致，可用的勞動力資源更少，那些仍在勞動力市場中的人能夠爭取更高的工資。通貨膨脹率和失業率可能都很高。

這種分析讓一些經濟學家認為，歐洲問題在於缺乏彈性的勞動力市場，僱用工人的成本太高（因為額外的成本和稅收），解僱工人又太困難[9]。歐洲業界開始呼籲「結構改革」（structural reform），要求政府採取讓僱主以更靈活的契約僱用工人（保守派觀點）或淡化勞工權利（左派觀點）的政策。在此期間，英國往美國方向發展得最快，最終也獲得一定的成果；二〇〇〇年，英國失業率為百分之五，而德國為百分之十[10]。英德之間的差距促使德國社會民主黨總理施洛德（Gerhard Schröder）推出一系列的「哈茲改革」（Hartz reforms）措施，增加失業者找工作的動力。從那以後，德國失業率一直遠低於歐洲平均水準，但降低失業率的真正原因可能是德國成功向中國和新興市場輸出資本財，而並非是改革政策的成果[11]。

不過，這些試圖讓勞動力市場變得更靈活的做法引發了長期論戰，探討降低失業率是否真的有變得更好，即使勞工唯一能獲得的工作薪資較低、權利較少。在美國，速食餐廳或客服中心的工作大多屬於此類型。而這個問題與製造業工作機會普遍下降有關（參見第七章），這意味著服務業創造了大多數的新就業機會。

這個時期經濟成長的一個重要要素是婦女勞動力增加。一九四八年，美國成年女性工作的比例只有百分之三十多，但到了二〇〇〇年，這個比例達到了百分之六十（從那以後，該比例隨著男性的參與有些微下降）。其他已開發國家也有增加的趨勢。在發展中國家裡，女性的勞動力參與率往往很高，因為婦女大多從事農業。後來，由於經濟成長，自給自足式農業變得不那麼重要，女性的勞動力參與率就會下降。但隨著女性受教程度日益提高，婦女加入職場的比例再次上升，進而使生育時間延後和家庭規模縮小。

6　資料來源：https://www.nber.org/cycles.html。

7　J.-P. Fitoussi and E.S. Phelps, "Causes of the 1980s slump in Europe", https://core.ac.uk/download/pdf/6252244.pdf

8　Olivier Blanchard and Lawrence Summers, "Hysteresis and the European unemployment problem", https://www.nber.org/chapters/c4245.pdf

9　布朗夏爾和桑默斯提到這個問題，但認為總需求不足也是一種解釋。

10　資料來源：https://www.indexmundi.com/g/g.aspx?c=gm&v=74。

11　Christian Odendahl, "Germany after the Hartz reforms", *Foreign Affairs*, September 11th 2017, https://www.foreignaffairs.com/articles/germany/2017-09-11/germany-after-hartz-reforms

國際勞工組織（International Labour Organization）在二〇一七年的報告裡預估，如果到二〇二五年男女勞動力參與率的差距縮小四分之一，那麼全球GDP將成長到五兆八千萬美元，即百分之三點九[12]。

保守派復興

推動勞動力市場的靈活性，是一種對自二戰結束以來所形成的政策共識的反抗。到一九七〇年為止，由於經濟政策成功地維持經濟快速成長，保守派勢力基本上是處於退隱狀態。右派政黨接受了福利國家的存在，以及低失業率的政策目標。但是一九七〇年代中期出現的停滯性通貨膨脹顯示戰後政策已不再奏效，高稅收開始引起選民反彈。最明顯的例子是一九七八年以公民投票形式通過的《第十三號提案》（Proposition 13），該提案旨在為傳統立場傾左的加州設置財產稅上限。

這種保守派復興從各種來源獲得靈感。早在一九四四年，海耶克（Friedrich Hayek）在《通向奴役之路》（*The Road to Serfdom*）一書中就指出，社會主義，甚至是社會民主所需要的大量計畫，最終會導致暴政。沒有哪個中央計畫當權者能夠評估數百萬人的所有需求和願望，因此取而代之的是將迫使人們在政府核准的行業裡工作，接受政府核准的商品。這個過程不僅強制高壓，而且效率低落。海耶克認為，資源配置最好的方式就是透過價格體系實現，價格體系會向生產者發出明確信號，說明哪些商品受歡迎、哪些商品乏人問津[13]。

就對共產主義的批判而言，海耶克的觀點是正確的，但他對於社會民主的看法顯然錯誤，畢竟沒有人會把瑞典描述成是一個專制國家。正如凱因斯指出的，海耶克接受自由放任的極端立場是不可行的。凱因斯在給海耶克的一封信中寫道：「一旦你承認極端是不可行的，……，那麼你的論點就結束了，因為你試圖說服我們，只要越朝計畫方向靠近一英寸，就必然被推到滑坡道路上，這條路最後將引導你走向懸崖[14]。」

除了海耶克之外，保守派活動人士也從傅利曼那裡獲得啟發。傅利曼認為，一九七〇年代的通膨上升是政府政策失敗的結果。出於設法駕馭經濟循環的決心，各國政府多次透過財政和貨幣政策刺激經濟，但是卻有一個無法忽略的「自然失業率」（**natural rate of unemployment**，譯註：指充分就業下的失業率）存在著，若試圖將失業率壓到低於自然失業率的狀態只會使通貨膨脹上升。

傅利曼亦提出「恆常所得假說」（**permanent income hypothesis**），係指理性的個人在一生中都會以平穩的方式消費。在經濟低迷時期，人們會讓開支少於收入，因為他們預期經濟衰退會結束。因此政府不太需要像凱因斯建議的那樣，透過增加國家支出來進行干預。

傅利曼還主張，只有在通貨膨脹是意外增加的情況下，才能透過政府祭出的貨幣政策來增加就業。但工人會發現，他們的實際收入受到侵蝕，然後要求提高薪資。而結果帶來的不會是產量或就業增加，而是通膨上升。傅利曼認為，如果社會不接受這樣的均衡失業率，那麼解決辦法不是去增加貨幣供應，而是要讓勞動力市場更加靈活[15]。這是供給面經濟學（**supply-side economics**），而不是關注需求面。

---

12 https://www.ilo.org/wcmsp5/groups/public/---dgreports/---inst/documents/publication/wcms_557245.pdf

13 "Hayek, Popper and Schumpeter formulated a response to tyranny", *The Economist*, August 23rd 2018

14 引自：Robert Skidelsky, *Money and Government*, op. cit.。

15 同上註。

至於談到控制通貨膨脹的部分，傅利曼表示，通貨膨脹「是永遠無所不在的貨幣現象」[16]。解決方法是由政府或中央銀行限制每年貨幣供應量的成長，這種方法後來稱為貨幣主義。這點消除了尼克森總統實施薪資與物價管制的必要性。

顯然地，在惡性通貨膨脹的情況下，如威瑪共和國，超印鈔票和高度通貨膨脹之間是有相互關聯性的。然而，當中央銀行家和政府試圖將傅利曼的理論付諸實行時，他們卻遇到了問題。貨幣政策背後的基本理論是一個等式：MV＝PT，其中M指的是流通中的貨幣數量，V是貨幣易手的速度，P是物價水準，而T是交易數量。根據這個等式，只要V與T不變，貨幣供應量（M）的增加將導致物價（P）一起上漲。

但結果證明這是一個錯誤的假設。因為貨幣易手的速度，即貨幣流通的速度，並不是特別可以預測的項目。在美國，貨幣流通速度在一九七七年至一九八一年間上升了百分之十四，之後再次下跌。後來一九八七年到一九九七年之間又出現大幅上揚，在二〇〇六年之後出現崩跌[17]。後者即是一九三〇年代凱因斯所擔心的現象：人們擔憂經濟前景時往往會囤積現金（因而減少貨幣流通）。

貨幣主義的另一個問題是，很難準確定義「貨幣」是什麼。紙鈔和硬幣只是流通貨幣中的一小部分，消費者還有存款帳戶和短期儲蓄帳戶，以及信用卡裡尚未使用的額度餘額。嘗試採行貨幣主義政策的同時，就像許多金融創新一樣，貨幣的性質正在改變。經濟學家們先是爭論哪種貨幣措施最重要，然後當貨幣供應成長和通膨之間的關係似乎破裂時，該項政策就完全被棄置不用了。

回顧過去，貨幣主義似乎是經濟政策提案的經典例子，理論上看似具有說服力且有數學上的支持，但擺到複雜的現實世界面前，整個論點就分崩離析。就像體育迷可以詳細地描述職業運動員是怎麼出錯的，但如果是自己下場比賽，大概會摔個四腳朝天。

新一批政治家上台

柴契爾夫人和雷根之所以能當選，部分原因是他們前任留下來的混亂局面。兩位政治家上台的第一件事情就是減稅，尤其是針對最高收入者。在一九七〇年代尾聲時，美國的最高所得稅率為百分之七十，英國為百分之八十三。等到柴契爾夫人和雷根卸任之際，美國的最高所得稅率降到百分之二十八，英國降至百分之四十[18]。

雷根以前是好萊塢演員，美國經歷了卡特動盪紛擾的總統任期之後，他陽光開朗的性格在選舉中特別受歡迎。雷根在位期間，正值一九八〇年代中期沃克鬆綁貨幣政策和減稅方案帶來的經濟繁榮，他沒有遇到預算赤字或政府債務上升的困擾。在雷根執政的第一年，也就是一九八一年，他說服國會准許將國債上限拉高到一兆美元以上，這個數字在當時看來似乎高到難以置信。到一九八九年雷根卸任時，美國國債已經達到二兆六千億美元[19]。

柴契爾夫人的第一個任期以高失業率、製造業崩潰、罷工和城市暴動為特點。要不是因為在福克蘭戰爭（Falklands War）中，英國擊退了侵略南大西洋群島的阿根廷，柴契爾夫人可能永遠不會在一九八三年成功連任。她另一個幸運的點是，當時反對派工黨分裂成兩個不同派系。

16　Friedman, "The counter-revolution in monetary theory", occasional paper for the Institute of Economic Affairs, 1970

17　資料來源：https://fred.stlouisfed.org/series/M2V。

18　Tyler Fisher, "How past income tax rate cuts on the wealthy affected the economy", Politico, September 27th 2017, https://www.politico.com/interactives/2017/gop-tax-rate-cut-wealthy/

19　Coggan, *Paper Promises*, op. cit.

柴契爾夫人第二任期的特點是長達一年的礦工大罷工，而罷工最終以失敗告終，象徵著工會力量的衰落。在她第二任期內亦見證了國營企業加速從公部門轉向私部門的過程，其被稱為企業私有化。在大眾市場營銷活動的順水推舟下，電信和天然氣事業也實現了私有化。這種「平民資本主義」（popular capitalism）的目標是創造一個持有股票與財產的階級，他們將抵制社會主義訴求。

柴契爾夫人執政期間，總共有五十家國營企業私有化或出售，包括國營航空公司、機場營運商、主要的鋼鐵公司和水利事業。柴契爾夫人的繼任者約翰·梅傑（John Major）執政後，接著進行電力和鐵路公司的私有化工作。這是一個重大的轉變：柴契爾夫人上台時，國營事業占英國GDP的百分之十二，等到一九九七年保守黨下台時，國營事業的GDP占比只剩百分之二[20]。最後，私有化的想法傳到歐洲，法國和德國都出售了政府在電信公司的股份，而西班牙則是將國營航空公司私有化。歐洲私有化募集的資金額從一九九〇年約一百億美元，增加到一九九八年的一千零四十億美元[21]。

私有化確實為政府募集了大量資金，讓政府可以透過減稅或增加服務支出來取悅選民，但私有化更普遍的理由是提升企業的效率。有人認為，國營事業更重視內部人員（管理者和員工）的利益，而非消費者的利益；國營事業缺乏維持競爭力所需的市場紀律。此外，考量到國庫面臨諸多競爭性需求，有時國營事業也可能欠缺資金挹注。

現在幾乎沒有人會說，電信服務在私營企業的管理下沒有獲得改善，或者說市場競爭沒有降低機票價格。目前爭論焦點在於，電力、水利或鐵路等看似自然獨占（natural monopoly）的國營事業，是否因私有化而改善。讓公民獲得負擔得起的電力、水和交通顯然符合公眾利益，因此私有化企業經常面臨價格管制，這是政府重申部分控制權的一種管道。不過很少人滿意這個結果：公眾既抱怨該產業缺乏競爭，又抱怨本可用於投資的利潤轉移到投資者身上的方式。

企業權力

在商業遊說的鼓勵下，推動了政府行政範圍縮小、稅收降低和監管減少這些措施。這個時期，企業界與銀行界一樣展現其政治影響力。在一九七一年一份備忘錄裡，劉易斯．鮑威爾（Lewis Powell，一位在當年稍晚之後成為最高法院大法官的律師）寫道：「美國經濟體系正受到廣泛攻擊」，並表示企業「即使有，也是以姑息、無能和忽視問題來回應」。他認為，「當今美國社會幾乎沒有哪個群體像美國商人、企業，或甚至數百萬名股東那樣，對政府的影響力這麼小」，他呼籲企業體系的發言人「要比過去更具侵略性[22]」。

於是美國商會（US Chamber of Commerce），以及傳統基金會（Heritage Foundation）、美國企業研究院（American Enterprise Institute）等右派智庫掀起了這場爭論。英國方面，經濟事務研究所（Institute of Economic Affairs）、亞當斯密研究所（Adam Smith Institute）和政策研究中心（Centre for Policy Studies）也發揮類似的作用。這些團體的基本論點是，政府干預正在扼殺經濟成長，透過減稅和減少監管，企業可以獲得解放並創造就業機會。

由於企業與遊說人士試圖說服政治家接受他們的觀點，這波思想運動幫助刺激了美國競選支出大幅增加。二〇一八年年中選舉的支出約五十億美元，而對比一九九八年同等選舉的支出只有十六億美元[23]。其中大部分資金都來自企業說客。一九八三年，企業花在遊說上的支出只有二億美元；到二〇〇〇年，遊說

---

20 “Coming home to roost”, *The Economist*, June 27th 2002

21 同上註。

22 資料來源：http://law2.wlu.edu/deptimages/Powell%20Archives/PowellMemorandumPrinted.pdf。

23 資料來源：https://www.opensecrets.org/overview/cost.php。

支出達到十六億美元，二〇一七年則達到三十三億美元。即使扣除通膨因素，也是相當大的支出漲幅[24]。從一九九八年到二〇一二年，百分之九十到九十五的遊說機構來自商業而非工會或環保組織。二〇一八年，支出最高的獨資企業是谷歌（Google）母公司Alphabet、電信集團AT&T以及國防航太公司諾斯洛普格拉曼（Northrop Grumman）[25]。

政治和遊說之間所謂的「旋轉門條款」（revolving door）只會更有利於企業遊說者。二〇一六年一項研究發現，美國約有一半的退休參議員和三分之一的退休眾議員登記為遊說者；而在一九七〇年代，該比例還不到百分之五。許多人轉型為說客後，收入可以增加五倍[26]。

上述所有發展的結果是，富裕選民的心聲比貧窮選民更容易得到傾聽。政治學者拉里・巴特爾斯（Larry Bartels）的研究發現，美國參議員對於三分之一最富裕選民意見的重視程度，比三分之一中產選民意見多百分之五十以上，對於三分之一最貧窮選民的意見則完全不重視[27]。富人不僅為競選活動捐款，而且投票踴躍。在美國，前十分之一最富裕的人（按收入計算）有百分之八十參與投票，而後十分之一的底層階層只有百分之四十參與投票[28]。

全球化也有利於富人和企業部門。在全球化的世界裡，最優秀的員工都是流動的，公司也可以輕易將生產轉移到其他國家，所以政治家們難以把稅率提高太多。

金融主宰

在布列登森林體系下，因為需要維護匯率掛鉤制度，所以資本流動受到限制。但貨幣匯率開始自由浮動後，就沒有必要保留這些限制。美國、加拿大、德國和瑞士都很快取消了管制，英國在柴契爾政府時期也跟進這項做法。

此轉變符合傅利曼所信奉的哲學。如果資本可以自由流動，它就可以投資世界各地最有商機的事業，並進而改善長期的經濟成長。對於揮霍無度的政府，投資者也可以作為一種約束，在借錢給政府之前要求更高的收益。政治家們開始擔憂這群「債市自衛隊」（**bond market vigilantes**）。

資產管理產業在這個時代日趨成熟。基金經理人負責管理個人和機構的資金，並提供多角化投資的好處。透過資產匯集，他們可以將自己的投資組合分散在各種有價證券上，降低任何一項投資出錯的風險。許多基金經理人也聲稱自己有能力靠戰勝指數超越整體市場表現，但很少人能持續做到這點（通常一般基金經理人不可能超越平均報酬率的表現）。更糟糕的是，扣除相關手續費用後，客戶的報酬率將低於市場基準。

這些經理人雖然沒有擁有其管理的資產，但他們仍握有權力。經理人可以表達他們的不滿，拋售不喜歡公司的股票；他們還可以在年度股東大會上直接投票，罷免其認為表現不佳的高層主管（但這種情況很少發生）。這是一個權力分散的體系，不像十九世紀那樣由洛克菲勒等權勢強大的人控制著自己的公司。這可稱為「代理資本主義」（**agency capitalism**），或又稱「金融資本主義」（**financial capitalism**）。

---

24 資料來源：https://www.opensecrets.org/lobby/，以及Lee Drutman, *The Business of America is Lobbying: How Corporations Became Politicized and Politics Became More Corporate*。

25 資料來源：https://www.opensecrets.org/lobby/top.php?indexType=s&showYear=2018。

26 資料來源：www.vox.com/2016/1/15/10775788/revolving-door-lobbying。

27 Larry Bartels, *Unequal Democracy: The Political Economy of the New Gilded Age*

28 Milanovic, *Global Inequality,* op. cit.

一九八二年，美國最著名的股市指標道瓊工業平均指數落在一千點左右，這是一九五六年道瓊指數首次觸及的最高水準。鑒於這段期間產生的通貨膨脹率漲幅，按照實際價值計算來看，這是非常糟糕的表現，但一九八二年進入長期牛市，讓許多在金融領域工作的人賺進財富，當時美國「最優秀、最聰明」的畢業生都搶著排隊加入像摩根士丹利（Morgan Stanley）和高盛集團（Goldman Sachs）之類的投資銀行。

利率下降和企業利潤上升共同推動這波投資熱潮。一九八二年，美國財政部發行三十年期債券，殖利率接近百分之十四點六，這樣的報酬率在當時是非常吸引人的（現在看來也是相當不錯的獲利）。但隨著債券殖利率下降，有價證券似乎更具競爭力。牛市並非一帆風順，一九八七年十月十九日，道瓊指數單日下跌將近百分之二十三，創下該年最大百分比跌幅。當時情況令人回想起一九二九年的股市崩盤，人們擔心會不會是另一場經濟災難的前兆。

下跌的原因相當不可思議，因為那年美國經濟還成長了百分之三點五，不過這次崩盤似乎是因為「資產組合投資保險」（portfolio insurance）策略而惡化。投資者試圖透過賣出期貨契約來保護自己不受市場下跌的影響，卻造成自饋式循環（self-feeding cycle），即期貨價格下跌導致主要股票市場下跌，促使更多人賣出期貨。這就是衍生性契約可能成為後來巴菲特稱之為「毀滅性金融武器」的一個早期跡象。

各國央行紛紛降息，以應對這種市場拋售。而美國聯準會維持低利率還有其他原因：儲蓄和貸款產業的危機。一九八〇年，美國政府解除了對儲貸機構的管制，他們可以從儲戶那裡拿錢，然後把錢借給屋主。於是這些機構開始瘋狂放貸，最終以利率上升、貸款人無力還款的災難告終；這段期間許多儲貸機構倒閉，總資產高達五千一百九十億美元[29]。降低利率似乎暫時起了作用，美國經濟於一九八八年和一九八九年實現成長，股市也從短暫的低迷中反彈。

在一九八〇年代和一九九〇年代，企業併購相當普遍，而且通常是使用借來的錢。像布恩．皮肯斯

（T. Boone Pickens）、卡爾・伊坎（Carl Icahn）、艾凡・博斯基（Ivan Boesky）等的企業掠奪者，就是因為在企業持有大量的股份，並採取「綠郵勒索」（greenmail）的策略而登上新聞頭條；要麼就是企業現有管理層以溢價收購他們持有的股票，要麼就是另一位掠奪者將利用他們的股權作為交易的基礎。電影《華爾街》（*Wall Street*）戲劇性地呈現了這個過程，麥克・道格拉斯（Michael Douglas）飾演的葛登・蓋柯（Gordon Gekko）宣稱：「貪婪有理（Greed is good）。」

這波併購浪潮的主要作用是拆散大規模企業集團，迫使企業專注於單一產業（理由是企業集團的效率低落；股東可以透過投資廣泛不同的公司來分散投資風險）[30]。一九八〇年代，美國併購交易總值為一兆三千億美元，而美國一九八〇年最大的五百家公司中有百分之二十八在這個年代末期被收購。

推動併購現象的另一個因素是一種名為「私募股權基金」（private equity funds）的新投資工具。這些基金從養老計畫和保險公司等傳統機構籌募資金，然後借錢去併購經營不善的公司，將該公司那些被視為「非核心」的業務出售以償還債務，並用股票激勵公司的經理。在私募股權基金的捍衛者看來，私募股權經理人是提高產業效率的一種方式；但對批評者來說，他們是資產剝離者，解僱員工和過度關注短期利益。到一九八〇年代後期，私募股權基金占美國所有併購交易的百分之二十以上。最著名的例子是美國食品菸草業龍頭雷諾納貝斯克（RJR Nabisco）的收購案，其見證了敵對私募股權集團爭奪控制權的過程，在布萊恩・伯瑞（Bryan Burrough）與約翰・赫萊爾（John Helyar）合著的《門口的野蠻人》（*Barbarians At the Gate*）一書中，亦將整個併購案的來龍去脈披露無遺。

29　John Barrymore, "How S&Ls work", https://money.howstuffworks.com/personal-finance/banking/savings-and-loans2.htm

30　奇異公司（GE）是歷史最悠久的企業集團之一，能夠成功存活的部分原因是奇異展開自己的併購熱潮。

私募股權基金受惠於美國稅收體制的結構，即支付債務利息可以抵稅。當利率下降時，私募股權基金也會蓬勃發展，因為降息使交易成本更低。當一九九〇年代利率上升時，許多交易受到阻礙，市場對私募股權基金的熱情也因此冷卻了好幾年。

私募股權基金經理人制定了慷慨的收費標準（對他們自己而言），年費百分之二，再加上約定績效基準的五分之一（所以如果基準為百分之四，基金報酬率為百分之九，那麼經理人可以多拿百分之一）。在這個領域嶄露頭角的對沖基金（hedge funds，或稱避險基金）也採用同樣的方式。對沖基金的概念是由一位名叫艾弗瑞德・瓊斯（Alfred Winslow Jones）的記者所提出的，他想找到一種方法，不管股市的整體走向如何，都能讓基金經理人給出獲利。除了購入自己喜歡的股票，他還「做空」了自己不喜歡的股票（押注股價下跌）。因此只要他選擇了正確的證券，無論市場是漲是跌，他都能賺錢。然而，一九八〇年代和一九九〇年代，幾個最著名的基金都採取了「宏觀」（macro）策略，在貨幣、債券和商品市場上買進賣出。

最後結果看來，管理「別人的錢」成了最快致富的方式之一。二〇一七年，排行前二十五名的對沖基金經理人平均每人賺得六億一千五百萬美元，根據《富比世》（*Forbes*）雜誌的統計，二〇一八年金融業有三百一十位億萬富翁，占總人數的百分之十四。二〇一八年，金融領域的億萬富翁人數比其他領域還多。有個老笑話是這麼說的：「為什麼基金經理人早上都不往窗外看？因為那樣下午就無事可做了。」但自從一九八〇年代之後，就不再是這樣的光景了。

日本出現的預兆

金融超載（financial excess）可能會累積長期問題，該情況的最初跡象出現在日本。一九八〇年代，日本製造業的成功十分引人注目，令美國開始害怕與之競爭。到一九八〇年代中期，外國製造商占美國汽車市場的百分之三十，雷根總統也獲得日本願意限制其出口的承諾[31]。一部分是因為日本已經開始在美國境內設廠。本田、日產（Nissan）和豐田汽車都有在美設廠，大部分位於工會勢力較弱的南方各州。

但美國人對於美國企業無法輕易進入日本市場仍深感不滿。日本的工業製成品只有百分之九是進口來的，而美國的卻有百分之三十二[32]。日本的持續性順差意味著，其累積了大量的美國國庫證券（US Treasury bonds）和私人持有的資產，例如紐約的洛克菲勒中心（Rockefeller Center）和好萊塢的哥倫比亞影業（Columbia Pictures）。因此催生出一些關於日本併購全球經濟的偏執驚悚作品，比方說麥可・克萊頓（Michael Crichton）的《旭日東昇》（*Rising Sun*）和湯姆・克蘭西（Tom Clancy）的《美日開戰》（*Debt of Honor*）[33]。這些幻想是個信號，表示許多人將貿易視為一場「零和遊戲」，只要一方獲勝，另一方就會慘敗。但事實則是，多虧了日本人，美國人才能買到更便宜的汽車、電子產品，以及取得更低的借貸成本，而這個事實卻往往被忽略。

貿易討論的另一個焦點是一九八〇年代初期的美元強勢，其源自沃克採行的高利率政策。美元強勢使美國出口競爭力下降，而日本出口競爭力增強。一九八五年，根據《廣場協定》（Plaza Accord，以達成協

31 Irwin, *Clashing Over Commerce,* op. cit.

32 同上註。

33 早在二〇〇一年美國發生恐攻前，克蘭西的小說中就出現過類似的預知場景：憤怒的日本飛行員駕駛飛機衝撞華盛頓的國會大廈。

議的紐約飯店命名），日本和德國同意提振國內需求，而美國則下調利率以降低美元的吸引力。該協議在貨幣方面發揮了作用，到一九八六年底，日圓兌美元上升百分之四十六。日圓升值減緩日本的出口和經濟成長，於是日本當局採取降息和減稅措施來因應[34]。

但隨著房地產和股票價格雙雙飆升，日本開始浮現類似一九二〇年代後期的美國繁榮景象。過度的投機活動（speculative excess），包括了日本大亨的瘋狂消費——他們以創紀錄的高價買下梵谷（Gogh）和雷諾瓦（Renoir）的畫作。日本的房地產價格如此昂貴，以至於理論上日本的土地價值達到美國平均水準的一百倍左右[35]。

當一九九〇年經濟泡沫破裂時，日本央行最初採取放寬政策，但到一九九一年下半年，日本經濟已經陷入衰退，部分原因是整個西方世界的經濟低迷，使得借款人更難償還貸款。於是，類似一九三〇年代的經濟循環開始形成：當借貸人出售資產償還貸款時，資產價格下跌，讓更多借款人陷入困境。日本各家銀行寧願讓瀕臨破產的公司生存下來，也不願讓公司破產，但這表示會有許多「殭屍企業」（zombie companies）拖累經濟；因此資源沒有釋放出來，無法轉移到更有效率的企業上。此外，每個人都知道銀行的資產負債表上都是壞帳，因而對銀行部門的信心下降。日本從未真正從這次挫折中走出來。

對沖基金榮景不再

一九九七年和一九九八年時，新興市場爆發了涉及東南亞和俄羅斯債務違約的危機。卡在中間左右為難的是一家名為長期資本管理公司（Long-Term Capital Management，簡稱ＬＴＣＭ）的對沖基金，經營者是華爾街一些知名的債券交易員，並由兩位諾貝爾經濟學獎得主羅伯特・莫頓（Robert Merton）和麥倫・

休斯（Myron Scholes）提供諮詢。該對沖基金遵循風險套利（risk arbitrage）政策，用借來的錢購買流動性較差的資產。有一回，長期資本管理公司借了比其資本多三十倍的錢[36]，結果市場下跌時損失慘重，因此銀行拒絕繼續貸款給他們。政府安排了私人部門紓困措施，聯準會再度降息。

然而，聯準會對於市場動盪的屢次反應造成一個「道德風險」問題，讓交易員以為，每次市場遭逢危機，各國央行都會祭出一系列的降息措施來出手救援。因此，聯準會可能增加了投機活動的動機。

隨著長期資本管理公司倒閉，另一個泡沫正浮出檯面。新泡沫與網際網路有關，網路催生了一大票承諾轉型的新創公司，似乎每個二十多歲的年輕人都有個關於網站的點子。其中許多公司後來都在股市上市，投資者紛紛搶購，但這些公司並沒有賺到任何利潤。在一九九九年到二〇〇二年期間，股票價格先是飆升，然後再次暴跌。結果顯示，這次網路泡沫比其他許多泡沫的破壞性小，因為它是建立在股票上而非債券基礎上，因此不涉及銀行體系。

事實上，網路泡沫並沒有阻礙華爾街的發展。高盛集團和摩根士丹利等大型投資銀行為企業併購提供諮詢，幫助企業發行債券或證券，並交易相同的債券或證券。其中一些公司管理投資基金，從過程中賺取手續費或佣金，或者賺取交易利潤，績效表現最好的每年可以獲得數百萬美元的獎金。

但是所有這些金融活動是否有益於社會則是另一回事，沃克曾說，現代唯一有用的金融創新是自動提款機。高頻交易（high-frequency trading）是另一個益處存疑的發展。有些公司會利用電腦程式在幾毫秒內買賣股票，以捕捉微小價格差的獲利。這個做法與金融功能是為有前景企業提供長期資本的概念相去

34 “Did the Plaza Accord cause Japan’s lost decades?”, IMF World Economic Outlook, April 2011

35 Robert L. Cutts, “Power from the ground up: Japan’s land bubble”, *Harvard Business Review*, May–June 1990

36 Coggan, *Paper Promises*, op. cit.

甚遠，許多金融領域人士指出，交易成本下降表示這種做法提高了效率，但雖然單次交易成本下降，但資金易手卻更加頻繁。紐約大學（New York University）湯瑪斯・菲利蓬（Thomas Philippon）的一項研究發現，金融仲介的總成本自十九世紀以來一直徘徊在百分之一點五到百分之二之間[37]。

從數兆美元的交易量中抽取一小部分就能創造大量財富，而財富又能帶來影響力。西蒙・強森（Simon Johnson）和詹姆斯・夸克（James Kwak）在其著作《十三位銀行家》（*13 Bankers*）中，講述了美國商品期貨交易委員會（Commodity Futures Trading Commission）主席布魯克斯利・波恩（Brooksley Born）在一九九八年希望監管衍生性金融產品的過程。當時財政部長桑默斯告訴波恩女士：「我辦公室裡有十三位銀行家，他們說如果你繼續這樣做（監管），將引發二戰以來最嚴重的金融危機。」於是波恩無法如願以償。美國政府對金融監管的鬆懈，讓資產負債表有風險的銀行繼續營運，最後造成二〇〇七年的經濟災情。

歐元

一九七〇年代，歐洲人試圖用自家的蛇形浮動機制取代布列登森林體系（參見第十二章），雖然失敗了，但歐洲各國政府仍決心再試一次。一九七九年，他們推出歐洲貨幣體系（European Monetary System，簡稱ＥＭＳ），在該體系底下，成員國貨幣必須維持在百分之二點二五的浮動匯率區間，即中心匯率上下百分之二點二五的範圍內（在某些情況，允許部分貨幣的浮動區間較大，可以達到百分之六）。實踐上，最關鍵是各國貨幣與德國馬克的關係，後者不用說自然是歐元區最強勢的貨幣。西德在戰後建立了低通膨的聲譽，其他國家希望藉由與馬克掛鉤來「引進」這種方式，從某種意義上來說，這是一個「馬克本位制」，而不是金本位制。

歐洲貨幣體系亦稱為歐洲匯率機制（**Exchange Rate Mechanism**），但該體系面臨到與蛇形浮動機制一樣的問題。歐洲各國經濟之間的整合程度，還不足以讓他們貨幣之間的匯率穩定下來。一九八〇年代初期，歐洲貨幣體系成員國之間的通膨率差異比尚未加入該體系之前還大，因此一九七九年到一九八七年間進行了十一次的貨幣幣值調整[38]。

後來，一九九〇年發生了三件事。首先，東西德統一，西德允許東西德馬克以一比一兌換。但德國聯邦銀行（**Bundesbank**）擔心此舉可能引發通貨膨脹，所以將利率上調。第二，作為單一市場發展的一部分，將歐盟內部剩下的資本管控鬆綁，旨在更緊密地整合各個經濟體，但缺乏管制更容易讓弱勢貨幣遭到投機性攻擊。第三，英國加入該體系，主要是希望歐洲貨幣體系成員國的身分能為其帶來控制通膨所需的約束力。

然而，東西德統一後的緊縮貨幣政策讓一九九〇年代初的經濟衰退更加嚴峻。美國經濟從一九九〇年七月到一九九一年三月出現輕度衰退，這部分與高利率和伊拉克入侵科威特（後來遭西方聯軍驅逐）後引發的另一波石油危機有關[39]。相較於歐洲匯率機制的大多數成員國，英國利率是兩位數，這對其國內經濟造成極大的困擾。再加上投機分子押注英鎊貶值，其中最著名的是對沖基金經理人喬治・索羅斯（**George**

37　Thomas Philippon, "Has the US finance industry become less efficient? On the theory and measurement of financial intermediation", September 2014, http://pages.stern.nyu.edu/~tphilipp/papers/Finance_Efficiency.pdf

38　Barry Eichengreen and Charles Wyplosz, "The unstable EMS", https://www.Brookings.Edu/Wp-Content/Uploads/1993/01/1993a_Bpea_Eichengreen_Wyplosz_Branson_Dornbusch.Pdf

39　資料來源：https://www.nber.org/cycles.html。

Soros），所以英格蘭銀行的外匯存底開始減少。

一九九二年九月十六日，英國政府先將利率提高到百分之十二，然後再提高到百分之十五，試圖孤注一擲地維持住英鎊價格。但這項策略失敗了，英鎊繼續下跌，當晚英國就退出歐洲匯率機制，這件事後來讓保守黨的名聲受損好長一段時間[40]。同樣面臨壓力的義大利里拉也相繼退出，在接下來的十二個月裡，其他國家被迫貶值或放棄他們的匯率掛鉤。最後，一九九三年六月，歐洲匯率機制將浮動區間擴大到上下百分之十五，範圍已經大到幾乎是沒有對貨幣波動採取任何限制。事實似乎正如柴契爾夫人所說的：「你不能逆市而行（You can't buck the market）。」

歐盟接下來穩定貨幣的嘗試做法更具企圖心。如果歐洲的匯率不能穩定下來，那麼解決辦法就是徹底擺脫歐洲匯率。歐盟推出了單一貨幣「歐元」，這將消除用比利時法郎兌換義大利里拉，或用奧地利先令兌換西班牙比塞塔（peseta）的必要性，並使成員國之間的貿易變得更加簡單。

這是一場巨大的賭博。美國擁有以美元為形式的單一貨幣，但美國是一個國家，具有單一的語言、單一的法律和稅收制度，在這個制度下，工人可以簡單地在州與州之間移動。歐洲則是各個民族國家組合起來的共同體，使用多種不同的語言，長期以來存在著不同的通貨膨脹率、勞動市場差異的僱傭慣例，以及不同的央行。德國人擔心，單一貨幣將要求他們救助歐盟其他肆意揮霍的國家，因此最終協議將作為新體系基石的歐洲央行設立在法蘭克福，希望歐洲央行能像德國央行一樣有紀律。而且加入歐元區的國家必須通過金融測試，將預算赤字限制在GDP的百分之三以內才具有入會資格。

嚴格來說，歐元的創立是成功的。從一九九九年起，歐元區各國匯率被綑綁在一起，接著二〇〇二年發行新的紙鈔和硬幣，期間沒有出現真正的問題。但未來危機的種子已經播下。為了通過預算測試，某些國家沉迷於創造性會計（creative accounting，譯註：是指在不違背會計準則和有關會計法規的條件下，為達到某種目的而包裝或粉飾財務報表），卻實際忽略了另一個標準：政府債務占GDP的比例上限為百分之六十。接著我們將看到，整個歐洲地區的利率下降引發了投機泡沫。

危機逐漸增加

作為這個時代的結尾，接下來的危機源自於一個意想不到的地方——美國房地產市場。在一九九〇年代末和二〇〇〇年代初，美國房價發生了非常不尋常的狀況。耶魯大學教授席勒研究美國的長期房價趨勢，發現一八九〇年到一九九七年間房價的實際漲幅約為百分之十二；然後，在一九九八年到二〇〇六年的八年時間裡，漲幅竟上升了百分之八十五。以前從未見過這種狀況。房價漲勢並不是因為人口增加所造成的，美國人口只有穩定地成長，也不是建築成本增加的關係。房價上漲也無法合理地歸因於住房短缺，若是缺少住房的話，照理說房屋租金也會以同樣的速度上漲，但一九九七年到二〇〇六年間，買房的成本比租房成本增加了一倍[41]。

房地產景氣上揚的情況也在其他地方出現。在澳大利亞，一九九五年至二〇〇五年間，實際房價每年上漲百分之六，但在此之前的五十年裡，房價每年成長率只有百分之二點五[42]。在愛爾蘭，新房平均價格在一九九六年到二〇〇六年間上漲了百分之二百五十。愛爾蘭在經濟繁榮時期建造了太多的房屋。西班牙

---

40 這天被稱為黑色星期三（Black Wednesday），但事實上，這天過後英國大幅降息，讓經濟復甦。從長期來看，許多右派人士自那時開始對整個歐盟懷有敵意，進而使英國政治變質。

41 Robert Shiller, *Irrational Exuberance*, third edition

42 Judith Yates, "Housing in Australia in the 2000s: on the agenda too late?", https://www.rba.gov.au/publications/confs/2011/yates.html

也出現了類似由投機引發的建築熱潮，西班牙在二〇〇七年建造的房屋比英國、法國、德國和義大利的總和還要多，有百分之十三的勞動力從事建築業[43]。

以愛爾蘭和西班牙而言，造成房價上漲的根本問題可能是「一體適用」的貨幣政策。在加入歐元區之前，這兩個國家的利率都比德國還高，但後來隨著利率下降，借貸變得非常便宜，借錢購買一棟價格迅速上漲的房產似乎是理所當然的事。

激發房市熱潮背後的另一個因素是債券殖利率非常低，而造成殖利率低的原因，似乎是亞洲國家在經歷一九九〇年代末期金融危機後所採取的應對政策，各國保持貿易順差、累積外匯存底，然後將其投資於美國政府債券上。二〇〇六成為聯準會主席的柏南克認為，「儲蓄過剩」（savings glut）壓低了殖利率[44]。

二〇〇六年的世界經濟看似一切順利。已開發國家已經廣泛採行自由市場經濟體系——福利國家、自由市場和活躍金融部門的結合，而且像比爾・柯林頓（Bill Clinton）和托尼・布萊爾（Tony Blair）這樣中間傾左的政治人物，乃至於保守派也都接受該體系的運作原則。布萊爾於二〇〇七年六月辭去英國首相的位子。雖然他的聲譽因二〇〇三年伊拉克戰爭而受損，但在經濟方面，他是位成功的領導人。布萊爾沒有像法王路易十五那樣說：「在我之後，洪水將至。」但後來在經濟上發生的情況卻一樣。

他們下台後，政治家們面對的問題變得更加棘手。隨著公共財政狀況惡化，政治家在政府與銀行的關係、公共支出的程度上面臨到一些困難的抉擇。

---

43 Tobias Buck, "Spain: boom to bust and back again", *Financial Times*, April 6th 2017

44 Ben S. Bernanke, "The global saving glut and the US current account deficit", the Sandridge Lecture, Virginia Association of Economists, Richmond, Virginia, March 10th 2005

第十五章 政府無時不在

位於英格蘭南約克郡的先進製造研究中心（AMRC）是一座明亮耀眼的現代工業殿堂，參觀者被玻璃和金屬建材打造而成的低樓層、寬敞建築所環繞。一些高科技製造業巨頭都在這裡設廠，包括波音（Boeing）、空中巴士、勞斯萊斯集團和賽車製造商麥拉倫汽車公司（McLaren）等[1]。

這個地方可能看起來像是發展私人企業優勢的最佳範例，但其實背後有個複雜的歷史。一九八四年，英國史上警察和有組織的勞工之間最激烈的戰爭之一歐格里夫戰役（Battle of Orgreave），就在此處上演，當時擔任罷工糾察隊的礦工試圖阻止卡車從焦化廠載運物質。最後礦工們失敗了，到一九九〇年代末，這個地方已經荒廢。後來商人亞德里安・艾倫（Adrian Allen）和雪菲爾大學教授凱斯・里奇威（Keith Ridgway）兩位當地人靈機一動，希望建立一個卓越的製造業中心來重振這個區域[2]。

這裡的興建工程獲得波音公司的大力贊助，該公司成為新中心的創始租戶。不過這裡同樣也還需要

---

1 本章的部分報導也刊登在作者為《經濟學人》撰寫的文章裡，請參見：*The Economist*, "A welcome upgrade to apprenticeships", July 12th 2018。

2 John Yates, "At the cutting edge of a new era", *Yorkshire Post*, February 15th 2001

英國政府貿易部（Department of Trade）、地方性羅瑟姆市議會（Rotherham council）、約克郡地區發展署（Yorkshire Forward）和大學這些公家單位的援助。此外，該中心自成立以來，已從英國政府那裡獲得了七千萬英鎊的資金，並從歐盟獲得額外七千萬英鎊的贊助。這裡也是英國政府優先考慮進行工程產業學徒制訓練（apprenticeship training）的重要中心。

那麼該中心是私部門還是公部門發起的舉措？顯然，兩者兼有。若沒有政府，這裡可能永遠無法重啟；若沒有私人企業，這裡就不會成為學徒培訓基地，許多學徒希望藉此獲得從事製造業高技術工作的資格。這裡面也反映出許多經濟史。有時候，政府會懲處或阻礙私人企業的發展；有時候，私人企業會陷入困境，讓政府不得不出手援助；有時候，私人企業的財富是靠政府最早開發的創新基礎所帶來的。兩者的命運經常交織在一起。

就最基本層面來看，企業要運作經營就需要合理的法律和秩序。如果產品在前往工廠的路上遭竊，或者客戶拒絕付款而不用受到懲罰，那麼經營就沒有意義了。商業貿易需要一個獨立的司法系統，能夠在契約糾紛中作出公正的裁決。企業也依賴公共基礎設施——道路、橋樑和隧道，把物資運入，然後將最終成品送出。即使某些部分的基礎設施屬於私人所有，但他們可能仍須仰賴政府支持，例如私人經營的機場和航空公司須依靠政府的航空交通管制系統。

在大多數國家裡，企業依靠在公部門受過教育的勞工來運作，這些勞工的健康將由公共醫療制度來維護。發生火災和洪水等緊急情況時，公部門會第一時間作出反應。包含網路在內的許多技術都是由公部門研究開發出來的。

所有這些公共服務——國防、法律、司法、交通、教育、醫療等，都需要資源，而在世界大部分地區，資金來自私部門繳納的稅款。當然，在二十世紀的許多社會中，國家試圖透過直接控制私部門來為所有服務提供資金。但歷史記載中清楚顯示，採取混合經濟（mixed economy）的經濟體發展最快，也因此有更多的資金投入公部門。對比南北韓之間或中國改革開放前後的生活水準，即可看到明顯差異。

過去二百年來，關於國家在經濟中扮演什麼角色，一直是經濟辯論最激烈的議題之一。人們有個常見的迷思是「伊甸園」曾經存在，認為那時候政府的行動僅限於執行法律和保衛國家邊界。本書中列舉的許多古代工程例子，如埃及金字塔、中國大運河都是靠強迫勞動形式所建成；在歐洲封建制度下，農民必須向地方貴族履行義務，而貴族的權力從國家而來。在十七、十八世紀，遠征世界大半地區尋找香料的英國與荷蘭商人，都是替國家特許經營的組織工作。像法國路易十四這樣的專制君王則將國家的資產和收入都視為己有，而隨意支配。

從早期現代政府對經濟的考量程度來看，他們認為經濟的作用是創造收入，以支付國家的國防所需（以及王宮朝廷的奢侈品）。這種想法有一段時間在粗略稱為重商主義的哲學裡得到體現，即貿易是一場零和遊戲，其目的是確保自己國家國庫擁有更多的黃金和白銀，而其他國家則短缺。這種想法導致政府為了支持本國商人，不惜損害他國商人的利益。

在福音派基督教的影響下，政府開始干預經濟，不僅為了增加貴金屬形式的財富，亦為了實現更大國家利益而增加社會福利。人們也意識到，市場可能不一定都能提升福利，特別是在發生經濟學家所說的「外部性」（externalities）問題時。化工廠可能將有毒廢棄物傾倒在河川或汙染空氣，卻不會受到任何市場懲罰；只有政府才能採取行動制止這種濫用行為。

即使在維多利亞時代，英國也不是一個完全讓私人企業為所欲為的「自由放任」（laissez-faire）經濟體。其他國家的政府參與程度更大，如前所述，美國的鐵路體系是在聯邦政府慷慨的土地補貼政策下建立的，法國拿破崙三世則是同步推動銀行體系和鐵路的發展。

隨著經濟變得日益複雜，政府開始擴大其所扮演的角色。一八八〇年，德國和英國政府的支出約占GDP的百分之十，美國政府的支出更少，約占GDP的百分之二。後來兩次世界大戰期間，政府支出大幅增加，雖然在和平時期開支略有縮減，但這個趨勢依然強勁攀升。到了一九七〇年代，許多歐洲政府的支出約占GDP的百分之五十。雖然一九八〇年代和九〇年代政府財政支出緊縮，但極端情況下的支出變化最為明顯。以瑞典為例，其公共支出的GDP占比從一九五五年的百分之二十五，上升到一九六五年至一九八五年間的百分之五十八，後來在金融危機期間達到顛峰——一九九三年時為百分之七十七[3]。到了二〇一七年，該比例已經降到百分之四十七[4]。

民主的作用

從某種意義上來說，各國經濟對全球貿易保持開放也需要社會支出，以緩衝難以避免的衰退所造成的影響。長遠來看，私人企業可能會帶來經濟成長，但付出的代價是短期的波動不穩。人們從大蕭條事件中清楚知道，民主和資本主義無法避免經濟全面衰退時，民主和資本主義本身也會陷入危險。一九四五年後崛起的那一代政治家汲取了這個教訓，並提供更多的社會保障。

政府開支增加顯然與國家朝向民主發展的轉變有關。當國家是由貴族和商人統治時，他們自然會引導政府保護國家的金融利益，維持小規模的國家狀態，如此一來稅收不多，並透過金本位制維持貨幣價值。此時的稅收以關稅為主，其對工人收入的影響比富人還大。隨著越來越多工人獲得投票權，並要求政府提供更多的服務，所得稅也漸形重要，成為主要的稅收來源。在世界大戰以及一九六〇、七〇年代期間，政府課徵的稅收比例達到顛峰，對於減少不平等現象產生了重大影響。

後來一九八〇年代，政府削減了高收入族群的稅收。有部分原因是人們認為，稅率過高會抑制就業動機或阻礙創業，進而危害經濟成長。但另一個問題是，自一九八〇年代起，資本和人員在世界各地的流動變得更加容易，因此高稅收管轄區的企業和高技術人才可能會流失到低稅收地區。舉例來說，愛爾蘭在二〇〇〇年代初期將企業的營利所得稅降到百分之十二點五，並成功吸引了許多美國跨國公司前來。

一九九〇年代的經濟繁榮代表政府財政整體看來是健全的，所以剛開始人們並沒有將吸引企業進駐的降稅舉措視為一種威脅。但長期下來，競爭侵蝕了稅收基礎，而政府對國庫的需求（財政支出）仍持續上升。

財政支出的主要組成類型，通常是福利（支付給老年人和失業者的補助津貼等）、教育、醫療、國防、法律與社會秩序、住宅。相比之下，經常遭到右派人士抨擊的對外援助（**foreign aid**），在美國只占預算的百分之一左右，在英國的預算比例也不到百分之二。我們將重點擺在三個預算支出成長最快的類型。

福利

以製造業和服務業為基礎的經濟，遠比以農業為基礎的經濟還要複雜。農業經濟主要的擔憂是糧食短缺，如第一章所述，穀物是可以儲藏的農作物，因此權力歸那些監督儲藏過程的人所有。羅馬人將穀物分發給所有市民，威尼斯人儲存糧食以幫助城市度過圍城之危。雖然當時可能沒有選舉，但君王如果沒辦法

---

3 資料來源：https://ourworldindata.org/government-spending。

4 Greenspan and Wooldridge, *Capitalism in America*, op. cit.

讓人民溫飽，等於是將自己置於危險之中；麵包短缺也是促成法國大革命的原因之一。

作物歉收在某種意義上代表了經濟循環週期的「衰退」階段。大多數政府都承認（儘管有些不情願），有必要以某種方式幫助弱勢族群。從公元八世紀中期到十三世紀中期統治中東和北非大部分地區的阿拔斯王朝，即是透過徵稅來幫助有需要的人，而慈善捐助則是伊斯蘭教信仰的五柱石（**five pillars**，又稱五功）之一。

在小農經濟（**peasant economy**）中，失業通常是季節性失業：作物收割期有工作，但冬天就沒有。家家戶戶會照顧自己的家人，並有自己的糧食供應來源（擁有菜園或養雞等），物資可以彼此交流。但隨著人們離開田地（產業型態轉變），原本的安全網就消失了。《英格蘭濟貧法》（**The English Poor Laws**）於十六世紀晚期通過，專為老年人和病患提供救濟。到了十九世紀，英國針對這些法律進行修改，建立起一套區分「值得救濟」和「不值得救濟」窮人的制度。當時人們認為，任何身體健全的人只要願意，都可以找到工作，因此救濟制度會盡可能使人難以忍受，受助者只能待在濟貧院裡。

隨著工業領域的發展，工廠工人用罷工使經濟癱瘓的力量也跟著增強。政府樂見工廠帶來的額外財富和軍事力量強化，但也懼怕工人受到社會主義和共產主義理念的誘惑，所以想盡辦法欲收買工人的心。舉例來說，德國總理俾斯麥擔憂社會民主黨的崛起，因此採取雙管齊下的策略，一方面禁止左派政黨，另一方面提供養老金、醫療保險和意外事故保險，以削弱社會主義者的吸引力。一九〇六年首度當選的英國自由黨（**Liberal Party**）政府推行了一系列類似的改革，包括幫助失業者找到工作的勞工媒合。與俾斯麥相比，自由黨政治家對社會改革具有更真誠的信念；不過，他們顯然仍希望以此抵禦工黨在選舉中提出的挑戰。

第一次世界大戰動員了大部分男性人口，在這種情況下，政府很難剝奪這群軍人於一九一八年返國時的投票權，政治家們也爭相為軍人提供更好的生活前景。婦女加入了勞動力部隊，填補男性從軍後留下的勞動力缺口，她們也在許多（但並不是所有）國家獲得投票權。一九一七年俄國革命也令政治精英感到懼怕，隨後便提出有利於工人階級的政策。

但是以政府對經濟的參與度而言，大蕭條是一個轉折點。GDP崩潰和隨後失業人口激增等問題，似乎亟需政府採取行動。這時候「市場會自我修正」的觀點聽起來毫無意義，該觀點認為，薪資會降到足以吸引業主僱用更多勞工的程度，但大蕭條顯示，這種情況未必會發生。一九三〇年代，極權德國和蘇聯採取行動為其國內人民提供就業機會。他們表面上的經濟成功讓一些人往往忽視了這些政權的殘暴行徑，或將其暴行視為宣傳而不予理會，例如集中營和古拉格勞改營，或是一九三二年至一九三三年造成數百萬烏克蘭人喪命的饑荒。民主國家降低失業率的速度相對較慢，即使在小羅斯福的新政時期也是如此。諷刺的是，最終是在面對希特勒所帶領的德國的威脅下，美國重新武裝起來時才讓經濟獲得提振。

第二次世界大戰後，世界各地哀鴻遍野，因而催生了社會應該在一九四五年後重新開始的要求。英國自由黨政治家威廉·貝弗烈奇（William Beveridge）在一份著名的報告中指出，各國政府應解決「五大巨惡」——貧窮、愚昧、疾病、骯髒和懶惰。在西歐的大部分地區，政權在社會民主的政黨和「基督教民主」的右派政黨（其樂於提供福利）之間輪替。

福利支出產生了許多潛在的權衡考量。第一個問題是，福利應該普遍發放（例如國家針對所有達到退休年齡者發放養老金）？還是應該透過經濟狀況調查，只發放給最需要的人？普遍發放的全民福利顯然成本昂貴，但以經濟狀況決定福利發放與否的做法在政治上可能不受歡迎。為了確定哪些人是最值得援助，需要進行大量的官僚程序，整個過程可能非常麻煩又惹來民怨。無可避免地，情況嚴重的話，福利制度可能遭到濫用，使人民遭受不必要的損害。另外，福利支出可能被認為是從有工作者身上拿錢給無工作者。

進行經濟狀況調查也意味著，許多為福利提供資金的納稅人永遠也得不到這些福利；然而，全民福利則避免了這個問題。因此，現在許多福利計畫都是以保險方案呈現，工人們現在付錢，以後就能享受。

第二個權衡問題與動機有關。若福利補助比有償工作的報酬還高，人們可能會選擇不要工作；若福利補助過低，有的家庭可能難以維生。解決這個問題的做法之一，是讓那些有工作的人也能享受到福利，但該做法執行起來卻相當複雜。隨著福利被撤銷，理論上工人可能面臨超過百分之百的邊際稅率，即每多賺一美元，就會損失一點一美元的收入。福利涵蓋範圍越複雜，越可能出現抑制因素。

複雜性也會帶來另一個權衡問題。並非所有領取福利的人都需要給予同樣程度的補助，有些人生活在消費水準高的城市，有些人居住在消費低廉的農村地區；有些人有子女或年邁的父母要照顧，有些人則不用。政府也可能擔憂，提供成年人（通常是父親）一大筆補助款，結果該人卻將錢花在酒吧裡，害妻兒無錢過活。因此提供福利有各種不同的形式，例如食物券是設計用來確保家庭能獲得足夠的營養品，也有另一種方式是學校免費供餐。但這種明顯針對性的福利可能會讓受惠者感到受辱。另一個問題是關於政府補貼租金的住房福利，補貼租金的結果可能只是讓受助者支付更高的租金，因此最大獲益者是房東而非房客。

從政治角度來看，通常令左派擔心的是，那些旨在避免詐領的嚴苛福利政策會讓真正需要幫助的人陷入困境；右派人士則擔憂，那些旨在幫助需要之人的寬厚福利政策，容易造成盜領和使人懶惰的情況發生。歐洲國家在福利政策尺度中一直處於較寬厚的一端。幾年前，長期擔任德國總理的梅克爾（Angela Merkel）為此表示擔憂，因為歐洲擁有世界百分之七的人口、產出約占GDP的百分之二十五，卻要支出百分之五十的社會成本[5]。很多國家嘗試削減福利支出，但事實證明，隨著人口老化，需要在養老金和醫療保健方面投入更多的資金，想要削減福利並不容易。

教育

一八〇〇年，全球大約只有百分之十二的人受過教育[6]。因為那時候的農民不需要讀書，書籍昂貴且報紙很少見，人們的工作重點是實際操作，透過模仿他人行為來學習。到了一九〇〇年，識字率上升到百分之二十一。一九五〇年，識字率進一步攀升到百分之三十五；現今全球受教人口達到百分之八十五左右。

某程度是因為人們的工作性質轉變，員工需要遵守書面指示，或者透過電腦與同事、客戶溝通互動，因而沒有受過教育的公民將難以從事很多工作。童工情況大幅減少，許多國家要求父母送子女上學。

受過教育的官員也是中央集權國家運作的必要條件，例如中國古代從公元六〇五年起實施科舉制度，以選拔最合適的人才。從通過考試所需要的時間和資源來看，代表這些工作往往被社會地位較高的孩子所占據。中世紀的教會需要能夠理解《聖經》和禮拜儀式（當然是拉丁文）的神職人員；使用匯票進行交易的商人，或是在合法合夥的基礎上進行交易的商人，都需要具備讀寫能力才能閱讀這些文件。

普魯士早在一七六三年引進國家義務教育，其他地方則是到十九世紀才開始推動更普及的教育，這在某種程度上反映出國家對受教水準較高的勞動力需求度。理論上，地主精英們可能會因為擔心識字的人在政治上更加活躍，而抵制教育普及；但實踐上，經濟論點占上風。以瑞典為例，一項研究發現，由地方精英管理的地區在小學教育方面的支出，遠比那些權力分配更平均的地區還要多[7]。

---

5 Quentin Peel, “Merkel warns on costs of welfare”, *Financial Times*, December 16th 2012

6 資料來源：https://ourworldindata.org/literacy。

7 Jens Andersson and Thor Berger, “Elites and the expansion of education in 19th-century Sweden”, http://portal.research.lu.se/ws/files/13625993/LUP149.pdf

古代許多父母會希望自己孩子在田地裡協助農務或到工廠工作補貼家用，但維多利亞時代的改革者們開始試圖結束童工現象。英國在一八七〇年到一八八〇年頒布的一系列法案中成立校務委員會（school boards），用以管理英格蘭和蘇格蘭的教育系統，並規定五到十歲的孩童必須接受義務教育。美國方面，義務教育從州層級開始推行，自一八五二年的麻薩諸塞州開始到一九一八年的密西西比州全部完成。

後來受教的年齡範圍越來越廣，大多數國家要求孩童的義務教育至少到十五歲，某些國家甚至要求到十八歲[8]。二十世紀也見證了大學教育的擴張；大學的入學率從一九〇〇年低於百分之一，上升到二〇〇〇年的百分之二十左右，即一億名學生[9]。

在某些國家，大學畢業的比例更高。二〇一五年，年齡介於二十五歲至六十四歲之間的美國就業人員當中，有百分之四十者擁有大學學歷，約百分之十四擁有研究所學歷。年輕人也有充足的動力接受更高的教育。那些只有高中學歷的工人時薪是大學畢業生時薪的五分之三，還不到研究生時薪的一半[10]。

有些高等教育是由私人提供，但各國政府顯然認為，擴大教育符合國家利益，尤其是在低技術工作已經逐漸被自動化取代，或轉移到亞洲低工資中心的情況下。

醫療

截至一八二〇年為止，全球平均預期壽命只有二十九歲左右，歐洲地區是三十六歲。到一九一三年，全球預期壽命已經上升到三十四歲，歐美地區則是四十多歲。一九七〇年時，全球平均壽命為六十歲，而歐洲人則有機會活到七十歲[11]。到二〇一五年，全球平均壽命達到七十一點四歲，是一個世紀前的兩倍多[12]。

這是人類一項重大但經常被忽略的成就。壽命增加的部分原因是兒童的死亡率大幅下降，全球嬰兒死亡率已從一九六〇年代的百分之十八，降到今日的百分之四（見圖七）[13]。政府在降低死亡率方面發揮了很大的作用，他們不僅興建醫院和培訓醫師，還為家庭提供乾淨的飲用水和衛生設備，更資助醫學研究和公共醫療活動的發展，例如接種疫苗（目前世界上約百分之八十八的孩童都有接種某些疫苗）[14]。

然而，政府在醫療方面的支出費用似乎有越來越高的趨勢，從一九七〇年占歐盟ＧＤＰ的百分之五點五，上升到二〇一二年的百分之九點四以上[15]。在美國，醫療費用的成長速度更快，從一九六〇年占ＧＤＰ的百分之五上升到二〇一六年的百分之十七點九[16]。隨著壽命延長，人們更容易患上糖尿病和心臟病等慢性疾病，這些疾病需要長期反覆地治療，而像癌症或中風病患也通常可以存活很多年。所有治療都需要花錢。已開發國家的人口逐漸走向高齡化，醫療成本似乎也水漲船高，美國在二〇一五年時，有超過一半以上的醫療支出是用於五十五歲以上的族群[17]。

---

8 少數開發中國家只要求義務教育到十一歲或十二歲。

9 Evan Schofer and John W. Meyer, "The worldwide expansion of higher education in the twentieth century", *American Sociological Review*, vol. 70, no. 6, December 2005

10 Robert G. Valletta, "Recent flattening In the higher education wage premium: polarization, skill downgrading or both?", NBER working paper 22935

11 Max Roser, "Life expectancy", Our World in Data, https://ourworldindata.org/life-expectancy

12 Pinker, *Enlightenment Now*, op. cit.

13 同上註。

14 Rosling, *Factfulness*, op. cit.

15 資料來源：https://gateway.euro.who.int/en/indicators/hfa_566-6711-total-health-expenditure-as-of-gdp/。

16 Kimberly Amadeo, "The rising cost of health care per year and its causes", The Balance, July 26th 2018

17 Bradley Sawyer and Gary Claxton, "How do health expenditures vary across the population?", Kaiser Family Foundation, January 16th 2019

圖七

救救孩子吧！

兒童死亡人數占世界人口的比例（單位：%）

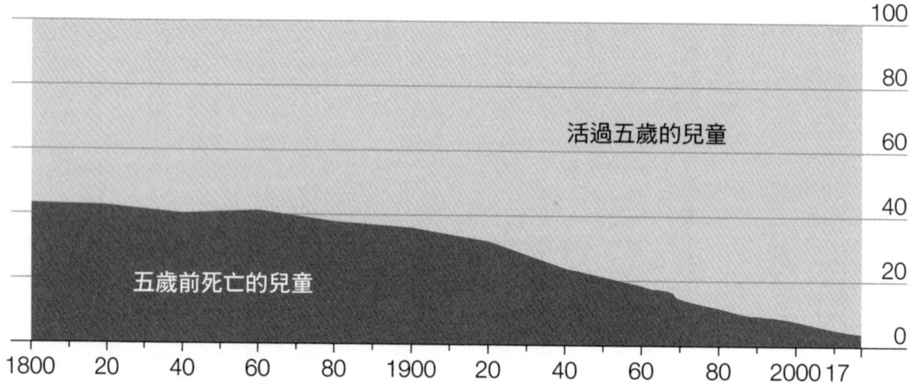

資料來源：Gapminder; World Bank

不同國家對於支付醫療費用有不同的形式，除了政府提供的醫療基礎，還有專門提供給有能力者的私人保險作為補充。一些人士認為，像英國這樣的醫療體系所提供的免費治療，沒有辦法限制對醫療服務的需求。而世界上最昂貴的醫療體系在美國，因為大部分由私人機構所經營；此外，跟許多歐洲國家相比，美國的預期壽命較低，嬰兒死亡率也較高[18]。

醫療開支是政策面臨三難困境的其中一例，以下有三個目標無法同時達成，分別是：費用、選擇和涵蓋範圍。我們可以控制費用、提供民眾醫療項目選擇，或是將服務涵蓋所有人群，但無法實現所有目標。英國醫療體系涵蓋所有人群，但醫療選擇有限；美國醫療體系提供了多元選擇，但費用很高，有些人無力負擔。根據二〇一五年蓋洛普（Gallup）的調查，發現二〇一四年有將近三分之一的美國人因為費用問題而延遲治療[19]。

同樣地，醫療方面也有需要權衡的問題。值

得稱道的公共服務目標，就是確保沒有人因缺乏資源而無法獲得治療。公共醫療照護亦是要讓病人與醫務人員的利益一致，因為沒人希望他的醫生將利潤擺在最佳治療方案之前。確保群眾健康且有能力工作，也是符合經濟利益。但是公部門可能難以滿足群眾對於醫療照護的所有需求，結果導致醫療必須採取定額配給，這樣病患可能需要經過漫長等待才能獲得治療。以保險為基礎的方式也有問題，除非採行強制納保，否則就會有逆向選擇的危險。年輕健康的人不會購買保險，但年老多病的人會，進而使成本上升。此外，醫療範圍始終需要涵蓋那些沒有保險的人，畢竟沒有醫生會拒絕車禍傷患。

整體經濟的影響

二十世紀政府的開支與稅收增加，不僅是因為提供福利、醫療和教育之故，也是因為各國政府試圖避免經濟進入長期衰退。政府從一九三〇年代的教訓和凱因斯的教誨中學到，大蕭條可能是需求萎縮所造成的，在這種情況下，政府最不該做的就是透過增稅或削減開支（緊縮政策）來平衡預算。事實上，福利支出是經濟的「自動穩定器」（**automatic stabiliser**）：提供失業者福利補貼，讓這些公民能夠繼續消費，維持其對在職者所生產之商品和服務的需求。

在一九五〇年代和六〇年代，歐洲各國政府試圖透過財政政策（稅收和支出決策），或者在中央銀行不具獨立性時，透過貨幣政策（改變利率、擴大或緊縮信貸供應）來管理經濟循環週期。一九七〇年代以

18 Lisa Rapaport, "US health spending twice other countries' with worse results", Reuters, March 13th 2018

19 Jeffrey Pfeffer, *Dying for a Paycheck: How Modern Management Harms Employee Health and Company Performance – And What We Can Do About It*

後，使用財政政策改善經濟的情況有所減少，但重擔落到貨幣政策上面。儘管如此，從一九四五年起，選民似乎確實將經濟管理視為政府的主要責任之一，就像比爾・柯林頓在一九九二年總統競選期間所說的：「笨蛋，問題在經濟。」

幾十年來，經濟政策的首要目標各有不同。在戰後的那幾年裡，人們對於大蕭條的景況依然記憶猶新，因此政府的主要目標是維持低失業率。到了一九七〇年代，政府的關注點開始從失業率轉向通貨膨脹。

從一九八〇年代起，政府從刺激需求轉向努力增加供應，從而促進經濟的長期成長。隨後當打擊通貨膨脹的責任轉交央行時，情況更是如此。正如上一章所述，供給面改革通常著重於提高勞動力市場的靈活度，該論點認為，如果企業認為稅收和其他社會成本很高，將不會有意願僱用工人；如果條件惡化，企業也無法裁員。勞動力市場僵化的風險在於，勞動市場內擁有終身工作的人群（insiders）與勞動市場外長期失業的人群（outsiders）之間形成分歧，也就是西班牙和法國的模式。

事實上，政府早在試圖管理整個經濟之前就開始主導產業走向，為了某些產業的發展而阻止了其他產業。舉例來說，英國在十七世紀推出《航海法》（Navigation Acts），以促進國內航運，並於十八世紀禁止外國印花棉布進口，以保護羊毛產業。

對於想要促進特定產業發展的政府來說，有很多辦法可選：對外國商品課徵關稅（或直接禁止進口）；透過補貼或減稅來鼓勵國內生產；授予某些集團（如東印度公司）享有壟斷權。這些政策辦法在第二次世界大戰後受到許多發展中國家的青睞。政治家們認為，這些「初創」產業在能夠建立必要的規模之前，政府需要保護它們免受外國競爭的衝擊（即前面幾章提到的進口替代工業化）。另一種觀點認為，某些產業具有戰略性，例如國家需要自己的鋼鐵供應源，才不會因外國生產商中斷供應而受到影響。

但是發展特定產業存在明顯的風險。首先，受到保護的企業可能缺乏提高效率或回應消費者需求的動力，結果導致該企業生產的產品不是價格更貴，就是品質更差；想一想，東德人在共產統治下被迫購買的衛星（**Trabant**）汽車吧！其次，這種政策安排很容易引發腐敗亂象，生產商會有很大的動機去酬謝給予補貼的政客。即使這些安排是合法且透明，也往往難以改變貪汙情形；美國對於糖業的補助始於一九三四年，至今仍在實施，但每年使消費者損失數億美元[20]。但糖業補助計畫深受佛羅里達州製糖業的支持，在這個具有重要選舉意義的大州裡，他們可是熱心的政治獻金捐贈者。補助對於少數生產者來說很有價值，其成本分攤到數百萬消費者身上，而這些消費者沒有足夠的動力去反對補貼。

政府與技術變遷

透過資助研究和創新來促進產業發展的做法，例如本章開頭提到的雪菲爾大學先進製造研究中心，讓政府具有更積極作為的理由。許多創新都是以政府研究為基礎，尤其是那些自國防產業研發而來的。網路和全球衛星定位（讓汽車的衛星導航可以運作的衛星）都是軍方開發的。第二次世界大戰極大程度上推動了電腦發展，而微波爐是雷達發展過程中的衍生物。谷歌的搜尋運算法獲得了美國國家科學基金會（**National Science Foundation**）的贊助，而觸控螢幕技術則是由公家機關的學者所發明[21]。

---

20 "Top five reasons to end US sugar subsidies", Americans for Tax Reform, November 15th 2015, https://www.atr.org/top-five-reasons-end-us-sugar-subsidies

21 "The entrepreneurial state", Schumpeter, *The Economist*, August 31st 2013

倫敦大學學院（University College London）經濟學家馬里亞納．馬祖卡托（Marianna Mazzucato）認為，關於政府總是行動遲緩且官僚作風的說法，其實是子虛烏有的，實際上國家在醫藥和技術等高風險投資方面具有至關重要的作用[22]。二〇一三年，經合組織在公共贊助的研發上面投入將近四百億美元，另外三百億美元用於研發項目的稅收減免[23]。

我們難以評估政府長期以來的投資紀錄。除了馬祖卡托女士提到所有政府資助的成功案例外，政府也投資過很多「華而不實」（white elephant）項目，如協和號超音速客機或昂貴的核電廠。當然，私人企業也會犯下相同的錯誤，但政府一旦致力於發展這些項目，政治家們就很難坦承錯誤和及早認賠殺出。

不過由此可以清楚知道，資助長期研發項目符合公眾利益。私人企業可能不願意或無法為了可能需要幾十年才能看到回報的項目提供資金；又或者，他們可能不會資助治療罕見疾病或僅有貧窮國家需要的藥物研究，這時候政府可以介入填補這個缺口。

誠然，這個理由為政府干預提供了一個最有力的論據。政府如果放任私人企業自由發展，並不能解決所有問題，反而會增加自己的麻煩，甚至可能出現一種壟斷趨勢，就像十九世紀末的標準石油公司，導致消費者被收取過高的費用（或是其他生產商被不公平地排除在市場之外）。放任的情況可能產生「負外部性」（negative externalities）問題，例如化學公司朝河川傾倒廢棄物或排放汙染物到空氣中；也可能存在資訊或權力不對稱問題，消費者或工人無法與大企業進行平等或公平的談判。若有以上類似情形，都需要政府出面監管。

經濟自立與專制資本主義

到目前為止，上面所描述的都是西方民主國家的混合經濟，但這並非是普遍都能接受的經濟模式。傳統上，左派和右派的專制政權認為，私人企業的利益應該排在政府利益的後面，這種做法的理由有時是意識型態的考量，有時是務實的考量。

在共產主義的統治下，政府控制著「生產、分配與交換的工具」。而理由有兩點。首先，是確保工人得到其勞動的所有成果，而不是將大部分的成果以利潤、股息和利息支付等形式讓資本所有者給侵占掉。其次，共產黨認為私人企業的效率低落，只有計畫經濟才能確保生產適量的商品。

有些專制君王對於工業化抱持懷疑態度，擔心它會對經濟帶來破壞性變化，從而威脅到他們的統治。不過考量到工人在俄國革命中所發揮的力量，這種想法並非完全錯誤。在二十世紀，專制政權懷疑私人企業是權力和貿易競爭的來源，認為那是外國影響力的潛在來源。希特勒統治下的德國和日本帝國都認為，掌控資源對一個國家來說非常重要，所以他們要麼就是積極發展替代產品，要麼就是透過侵略來侵占資源。

嚴格來說，經濟自立（autarky）是國家自給自足的理想。好戰政權會有這樣的目標並不奇怪，因為戰爭時期各國的海外供應來源經常遭到中斷。拿破崙戰爭期間，英國和法國都試圖切斷對方的補給線；即使在今天，有些國家也會對不喜歡的競爭對手實施經濟制裁。

---

22 請參見：Mariana Mazzucato, *The Entrepreneurial State: Debunking Public vs Private Sector Myths*。

23 Jonathan Haskel and Stian Westlake, *Capitalism Without Capital: The Rise of the Intangible Economy*

如今，很少國家以經濟自立為目標，現代的模式是稱為「專制資本主義」（authoritarian capitalism）的模式。在俄羅斯，共產主義時代落幕後，一波私有化浪潮隨之而來，但結果是產業遭到少數寡頭把持。這些巨頭或許讓自己變得富可敵國，但他們仍為政府服務，最明顯的例子莫過於尤克斯石油公司（Yukos）的總裁米哈伊爾・霍多科夫斯基（Mikhail Khodorkovsky），他因反對總統普丁（Vladimir Putin）而遭剝奪財產並被送進監獄。

中國則是採取專制資本主義的另一種版本。中國引進了私人市場，並允許各類企業家致富。但國家仍在大型企業中握有大量的股份，商人仰賴國有銀行的信貸，如果想在中國市場長期經營，與黨內高官打好關係才是明智之舉。外國企業雖然可以進軍中國市場，但他們需要找到一家中國企業共同合作，後來許多外企抱怨智慧財產權遭中企竊取。

中國模式帶來如此快速的成長，讓人很難對它提出異議，但其他許多國家已經指出，國家資本主義容易滋生嚴重的腐敗情事。能源豐富的國家受制於「資源詛咒」（resource curse），即石油和天然氣產業產生了大量財富，使得精英們只關注從該產業「收租」，卻忽略其他產業的發展。

在許多國家，創業簡直比登天還難。一九八〇年代，經濟學家赫爾南多・德索托（Hernando de Soto）嘗試在秘魯利馬開設一家小型製衣廠。為了獲得設廠的合法授權，他花了二百八十九個工作天、平均每天六小時的時間，其成本是每月最低薪資的三十一倍。在許多國家，獲得土地的合法權也非常耗時且昂貴，像海地要花十九年的時間。但在發展中國家，由於銀行通常堅持以不動產形式提供擔保，因此若沒有法定產權，人們是很難獲得信貸[24]。這是經濟成長的真正阻礙。

世界銀行公布了一項「經商便利度」（ease of doing business）指數，其反映出政府監管的程度與不動產權的效力。結果不出所料，世界上幾個最貧窮的國家，如厄利垂亞和索馬利亞，以及被糟糕政策毀掉的產油國委內瑞拉，在二〇一八年末都位於該指數排名中的尾端[25]。有些人擔憂企業對政府的影響力可能過大，但在某些情況裡，企業的影響力可能過小。

簡言之，政府總是會受到來自各方競爭的壓力：來自消費者和工人的壓力，他們希望對私人企業進行更多的管制；來自企業界的壓力，他們希望政府減少監管；來自公共服務使用者的壓力，他們希望政府增加支出以提供更多的福利；來自納稅者的壓力，他們討厭為這些公共服務支付帳單。儘管各個政黨之間存在明顯的意識型態差異，但大多數已開發國家的政府支出約占GDP的百分之三十至五十[26]，該比例比十九世紀政治家所想像的還要更高，但這似乎是現代民主國家的合理範圍。

在二十世紀的最後幾十年裡，政府和私人企業之間最令人感興趣的發展出現在發展中國家。許多國家奉行鼓勵私人企業的政策，尤其是當這些企業產品進軍全球市場時。正如我們後面即將看到的，有些國家已經大有斬獲。

24 Hernando de Soto, *The Mystery of Capital: Why Capitalism Triumphs in the West and Fails Everywhere Else*

25 資料來源：http://www.doingbusiness.org/rankings。

26 資料來源：https://data.oecd.org/gga/general-government-spending.htm。

第十六章
發展中國家：真正的全球經濟
（一九七九年至二〇〇七年）

拿破崙有句名言：「讓中國繼續酣睡吧！等她醒來，她將撼動整個世界。」一九七六年，這個世界上人口最多的國家從毛澤東統治的惡夢中走出來，或如經濟學家史蒂芬·拉德萊特（Stephen Radelet）所寫的：「一九七六年，毛澤東一個人就戲劇性地改變全球貧困的方向，他只做了一個簡單的舉動：去世[1]。」

自那以後，中國經濟呈現前所未見的發展速度。一九八〇年，中國的人均GDP仍低於查德（Chad）和孟加拉，但到了二〇一二年，中國實質GDP已比一九八〇年成長了三十倍[2]。到那個階段，中國已經成為世界第二大經濟體，並重塑了全球貿易格局（見圖八）。

毛澤東繼任者鄧小平的第一步政策是改革農業。農民仍須將一部分產量交給國家，但政府允許他們出售其餘的部分，也取消了價格限制。儘管有些通貨膨脹的情況，但糧食產量的影響相當驚人。一九七八年

---

1 Radelet, *The Great Surge*, op. cit.

2 Yuen Yuen Ang, *How China Escaped the Poverty Trap*

圖八

成長奇蹟

中國人均GDP年增率（單位：%）

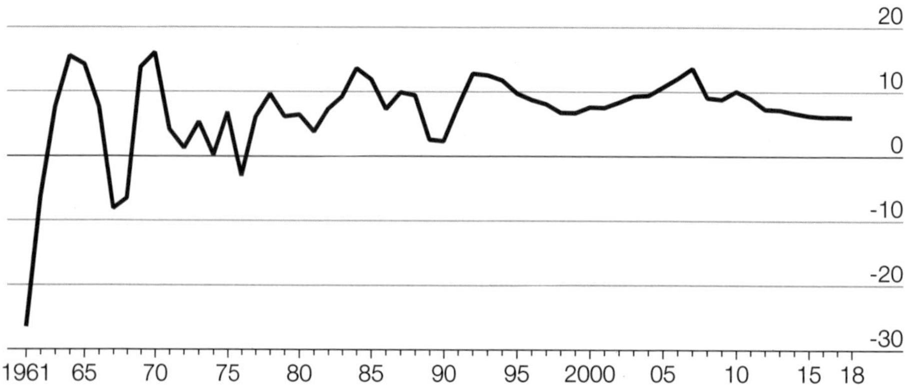

資料來源：World Bank

至一九八四年間，每英畝的土地產量成長了百分之四十，農村收入每年成長百分之十八[3]。農民也開始種植不同的作物，如油菜籽和甘蔗，這些都是過去中共政委不同意的經濟作物。有了增加產量的動力之後，農民也開始購買更多的設備，農用貨車的數量從一九七八年的七萬四千輛，增加到一九八〇年代末期的六十萬多輛[4]。

接著鄧小平掀起一波改革浪潮，一方面是實驗哪些措施有效，一方面是試圖鼓勵地方性倡議。他的哲學是：「不管黑貓白貓，能抓老鼠就是好貓。」政治學教授洪源遠（Yuen Yuen Ang）認為，鄧小平成功的一個重要因素是中國政府先創造了市場，然後再發展制度。另一個原因是採取正確的激勵措施，實現經濟成長的地方領導人可以獲得拔擢，而且地方政府能夠保留很大一部分的額外收入[5]。

經濟成長最多的領域之一是鄉鎮企業（town and village enterprises，簡稱TVEs）的創立，這類企業歸地方政府所有。和農民一樣，鄉鎮企業必須上繳一部分收入給中央政府，但可以保留剩餘的部分。到了二〇〇〇年時，鄉鎮企業達到二千多萬家，員工人數達一億，產量更占全國的四分之一[6]。中國經濟改革的另一途徑是興建經濟特區（**special enterprise zones**，簡稱SEZ，又稱企業特區），透過稅收減免和補貼等優惠來吸引外國投資。第一個經濟特區是深圳，就在香港的對面，當時香港仍歸英國管轄（也是促進經濟成長政策可能實現的例子）。深圳沿海地區迅速繁榮起來，並且設廠吸引了諸多內陸農村地區的人口。

經過十年的經濟改革，糧食價格突然飆升，在一九八九年引起一波抗議聲浪，最終還包括呼籲更加民主化。群眾曾希望抗議活動能帶來政治自由化，但後來北京天安門廣場的示威行動遭到坦克鎮壓。諷刺的是，這些就發生在東歐共產主義政府垮台之前。從那時起，中共就一直沒有鬆綁其掌控力道，可見經濟繁榮未必能換來民主。

但抗議活動確實說服鄧小平展開促進經濟發展的南巡視察（九二南巡）。一九九三年，他的繼任者江澤民宣布，中國正在建立「社會主義市場經濟」，其包含五大支柱：現代企業、市場機制、宏觀調控、收入再分配及社會保障制度[7]。

中國採行一套與西方體系截然不同的模式。該模式屬於專制資本主義，大多數公司企業不是歸政府所有，就是與某位權勢強大的官員有關。即使到了二〇一九年，私人企業創造GDP百分之六十的階段，

---

3 Fenby, *The Penguin History of Modern China*, op. cit.
4 Joe Studwell, *The China Dream: The Elusive Quest for the Greatest Untapped Market on Earth*
5 Ang, *How China Escaped the Poverty Trap*, op. cit.
6 Fenby, *The Penguin History of Modern China*, op. cit.
7 Ang, *How China Escaped the Poverty Trap*, op. cit.

中國仍有將近十五萬家國營企業，占企業債務總額的百分之七十[8]。在指派執行長和制訂薪酬方面，中共擁有最重要的發言權。二〇〇九年，中共對中國三大航空公司的老闆進行人事改組，二〇一〇年再對石油公司進行同樣的改革[9]。完全由私人經營的企業在中國雖然獲得成功，但他們必須小心謹慎，中國在二〇一五年到二〇一七年的打擊貪腐行動中，逮捕了幾位企業高管[10]。

在早期發展階段，中國將重點擺在低價值商品，因為低廉工資讓它具有明顯的競爭優勢。到一九九〇年，中國已成為世界上最大的紡織品出口國[11]。後來，中國進入電子產業，成為全球供應鏈的重要一環。到二〇一八年，中國的電子產品生產能力占全球產能的一半以上。富士康是蘋果的最大供應商，光在深圳就有二十五萬名員工[12]。當中國科技巨頭聯想集團於二〇〇四年收購IBM的個人電腦業務時，似乎象徵著權力從西方轉移到東方。

如同南韓和台灣在戰後所採取的路線，中國也推動了出口貿易，其占全球出口的份額從一九八〇年的百分之一上升到二〇一五年的百分之十四[13]。出口發展亦伴隨著驚人的高儲蓄率，一九八〇年代中國儲蓄占GDP的百分之三十五，一九九〇年代上升到百分之四十一，之後再攀升到二〇〇七年的百分之五十三[14]。這些儲蓄轉化成高投資率，因為中國建設了大量城市、工廠、道路和發電廠——有些地方幾乎是從零開始。有項統計數據特別引人注目：二〇一一年至二〇一三年，中國總共使用了六十六億噸的混凝土，比美國在整個二十世紀使用的混凝土還要多[15]。

中國經濟持續快速地成長，對全球經濟已產生了深遠影響。推動大規模全球化進入第二個階段的正是中國，而不是其他任何地方。從一九八〇年到二〇〇七年間，世界貿易平均成長近百分之五點九[16]。

一九九四年，多國在烏拉圭回合（Uruguay Round）貿易談判中達成關稅進一步降低的協議，並建立了世界貿易組織（WTO）以制定全球貿易規則。二〇〇一年，中國獲准加入WTO，當時外界相信成為

WTO會員將帶動中國走向經濟自由化。中國確實降低了關稅，從百分之二十五降到百分之九，但是中國並未像外界所希望的那樣開放[17]。中國出現巨額貿易順差，而且不用比照已開發國家的規定行事（譯註：當時比照發展中國家的待遇），引起其他國家的不滿，尤其是美國。

亞洲虎

中國並不是亞洲唯一實現驚人成長的經濟體。一九七〇年至一九九六年，有一些國家的年均成長率落在百分之六點八至八點四之間，其中包括有香港、印尼、馬來西亞、新加坡、泰國，以及第十二章提到的南韓和台灣。這些經濟體的成長速度比工業化階段的西歐和北美地區還要快，成功的基礎在於高度投資、

---

8 "The story of China's economy as told through the world's biggest building", *The Economist*, February 23rd 2019

9 "Theme and variations", *The Economist*, January 21st 2012

10 "Chinese tycoons in trouble", *The Straits Times*, June 14th 2017

11 Studwell, *The China Dream*, op. cit.

12 "China's grip on electronics manufacturing will be hard to break", *The Economist*, October 11th 2018

13 Greenspan and Wooldridge, *Capitalism in America: A History*, op. cit.

14 Dennis Yang, Junsen Zhang and Shaojie Zhou, "Why are savings rates so high in China?", NBER working paper 16771, https://www.nber.org/papers/w16771.pdf

15 Niall McCarthy, "China used more concrete in 3 years than the US used in the entire 20th century", *Forbes*, December 5th 2014

16 Giovanni Federico and Antonio Tena-Junguito, "World trade 1800–2015", February 7th 2016, https://voxeu.org/article/world-trade-1800–2015

17 Irwin, *Clashing Over Commerce*, op. cit.

重視出口市場的製造業，以及政府對企業的支持[18]。

然而，這些經濟成長全因一九九七年和一九九八年的亞洲金融危機戛然而止。問題首先出現在泰國，當時政府將貨幣（泰銖）與美元掛鉤。這種匯率掛鉤制度鼓勵海外資本流入泰國（一九九五年占ＧＤＰ的百分之十三）[19]，同時也促使泰國企業和銀行以美元進行借貸，因為這樣就可以獲得較低的美元利息。其中很多資金都是短期的，或是與房地產投機活動有關。

等到資金打算再次流出時，問題就來了。為了保護本國貨幣，泰國當局試圖透過動用外匯存底（拋售美元和購買泰銖）和提高利率吸引外資，但外匯存底不足，而高利率又損害經濟。唯一選擇是讓貨幣貶值，但當政府將泰銖貶值的時候，金融危機就爆發了，所有以美元借貸的企業和銀行都面臨到更高額的還款帳單。接著投資者一旦看到泰幣貶值，也開始擔心其他國家會步其後塵，於是整個亞洲地區都出現拋售情形，印尼盾兌美元一度下跌百分之八十[20]。

這場金融危機引起許多對「亞洲模式」（Asian model）的批評，最重要的是，這些經濟體以「裙帶資本主義」（crony capitalism）為特點，也就是政府向友好的商人發放諸如壟斷權或補貼等優惠。最明顯的例子是印尼總統蘇哈托（Suharto），其家族在他執政三十年間累積了約三百億美元的資產[21]。一項研究發現，蘇哈托家族擁有多達一千二百四十六家公司的股份[22]。在亞洲金融危機期間，蘇哈托不得不向ＩＭＦ求助，ＩＭＦ堅持印尼先採取削減開支和打破壟斷的整個計畫。後來，蘇哈托在一陣動盪不安中於一九九八年五月下台[23]。

經濟學家保羅·克魯曼（Paul Krugman）早在金融危機爆發之前就指出，亞洲的「經濟奇蹟」源於資本投資的飆升和勞動力參與率的上升，但這個奇蹟無法長期延續。以新加坡為例，其就業人口比例從一九六六年的百分之二十七上升到一九九〇年的百分之五十一；同一時期，投資占產出的比例也從百分之十一上升到百分之四十[24]。在一些國家，這種投資效率極低。泰國航空公司（Thai Airways）由空軍經營，機隊規格由不同的飛機和引擎類型組成，因為各個軍官都已協商好自己的交易[25]。

亞洲金融危機一直持續到一九九八年，並造成亞洲幾個國家出現嚴重的經濟衰退。最後經濟終於復甦，危機造成的主要長期影響是亞洲各國政府態度的轉變。這些政府意識到，依賴外國資本會讓經濟變得脆弱，於是決定轉而專注於創造貿易順差，以便建立外匯存底。政府的立場轉變將在接下來的十年裡產生重大的全球影響

印度的改革

印度的經濟轉型不像中國那樣引人注目，但仍具有重大意義。一九九一年，印度經濟面臨到另一場危

18 Paul Kuznets, "An East Asian model of economic development: Japan, Taiwan, and South Korea", *Economic Development and Cultural Change*, vol. 36, no. 3, April 1988

19 Pam Woodall, "Tigers adrift", *The Economist*, March 5th 1998

20 同上註。

21 Philip Shenon, "The Suharto billions", *The New York Times*, Jan 16th 1998

22 Victor Mallet, *The Trouble with Tigers: The Rise and Fall of South-East Asia*

23 Alan Beattie, "Suharto and the crisis of Asian crony capitalism, January 1998", *Financial Times*, July 19th 2008

24 Paul Krugman, "The myth of Asia's miracle", *Foreign Affairs*, November/December 1994, https://www.foreignaffairs.com/articles/asia/1994-11-01/myth-asias-miracle

25 Mallet, *The Trouble with Tigers,* op. cit.

機，它向IMF申請貸款，而不得不空運四十七噸的黃金到英格蘭銀行當作擔保品[26]。為了因應危機，印度財長曼莫漢．辛格（Manmohan Singh）搬出一整套的改革方案，旨在減少監管、吸引外國投資並讓印度盧比貶值。雖然不是完全採取自由市場的做法，但該方案確實否定了尼赫魯所支持的計畫經濟。

改革效果非常顯著。在接下來的二十年裡，印度的年均成長率為百分之七，經濟規模成長了將近四倍。印度經濟復甦的根本源頭要從一九八〇年代說起，當時有兩家科技公司印孚瑟斯（Infosys）和威普羅（Wipro）遷到班加羅爾（Bangalore，譯註：現有「印度矽谷」之稱）。孟加拉邦則因為擁有受過良好教育、會講英語的勞動力，所以深受國際公司的青睞。於是大量業務外包到班加羅爾，包括客服中心、保險處理、稅務和稽核準備以及資訊技術維護[27]。

塔塔集團（Tata group）是印度復興的另一個象徵。該集團成立於一八六八年英國統治期間，一九一二年在詹雪坡（Jamshedpur）開設一家鋼鐵廠，到第二次世界大戰時成為帝國最大的鋼鐵廠。從那時起，塔塔集團就成為一個非常多元化的集團，透過收購一些知名品牌公司扭轉了前殖民霸主的統治局面，包括泰特萊茶葉（Tetley tea）、捷豹路虎（Jaguar Land Rover），以及最具象徵意義的英國第一大鋼鐵公司科魯斯（Corus）。

最重要的是，這些經濟成長降低了高貧困率。二〇〇四年到二〇一一年間，印度赤貧人口（日收入低於一點九美元）比例從百分之三十九降到百分之二十一。到二〇一八年，印度不再是貧困人口最多的國家（奈及利亞取而代之）[28]。

俄羅斯與東歐

在一九八〇年代，中國並非唯一一個試圖改革的共產主義國家。俄羅斯人也意識到他們的生活水準比西方世界差，對於經濟管理也抱持許多質疑，有個廣為流傳的笑話這樣說：「我們假裝工作，他們假裝付錢給我們。」一九八五年，蘇俄的新領導人戈巴契夫（**Mikhail Gorbachev**）上台，並提出了改革體制的想法。其中有兩個關鍵詞，一是經濟改革的「重建」（**perestroika**），二是政府透明化的「開放」（**glasnost**）。戈巴契夫是堅定的共產主義者，相信改革可以挽救這個體制。

但到頭來，改革似乎只會破壞政權的正統性，油價下跌又進一步削弱經濟主力。那些自二戰以來被占領的東歐國家紛紛發起抗議活動，而戈巴契夫拒絕遵循前任做法——派出坦克鎮壓（這是他永遠值得讚賞之處）。東歐人開始跨越邊境，衛兵也沒有阻止，於是四十多年的壓迫就此落幕了。其中最具代表性意義的是，一九八九年十一月柏林圍牆倒塌。在極短的時間內，德國重新統一，東歐國家獲得獨立，蘇聯解體。

俄羅斯是蘇聯解體後十五個獨立國家中最大的一國。在葉爾欽（**Boris Yeltsin**）的率領下，俄羅斯實施經濟休克療法（**shock therapy**），包括取消價格控制和補貼，以及許多產業的私有化。但這套改革方案沒有像中國或印度那樣成功，俄羅斯經歷了一次高達百分之一千五百的惡性通貨膨脹，各大產業很快就被一群政商關係良好的寡頭所控制。一九九一年至一九九八年間，俄羅斯經濟萎縮了百分之三十，每人預期壽

---

26 "One more push", *The Economist*, July 21st 2011

27 "The Bangalore paradox", *The Economist*, April 21st 2005

28 "India no longer home to the largest number of poor", *Times of India*, June 27th 2018

命大幅下降。俄羅斯的首次資本主義經歷相當慘澹，所以像普丁這樣的鐵腕人物能夠在二〇〇〇年代初期執掌大權一點也不令人意外。現代俄羅斯經濟依然高度仰賴石油和天然氣資源。

蘇聯共和國底下的其他國家在擺脫共產主義的過程裡也遇到重重困難，最根本的問題是，許多國營企業效率不彰、製造劣質產品。過去這些產品大部分都賣給蘇聯，但俄羅斯也有自己的麻煩要解決，不再是概括全收的固定買家。東歐企業敵不過自由市場的競爭。在共產統治下，許多價格因人為補貼而壓低，結果導致價格可能低廉但商品經常短缺，以實例來說，一九八〇年代，在東歐購買汽車要等待十五年的時間；在保加利亞買一套公寓可能要等上二十年；羅馬尼亞則限制每間房間只能有一顆四十瓦的燈泡[29]。當工人失業的時候，解除價格管制造成了快速的通貨膨脹。

因此對大多數東歐公民來說，一九九〇年代的經濟狀況十分慘澹。在一九八九年後的五年裡，東歐和波羅的海國家的GDP平均下降了百分之三十二點六[30]。不過到一九九八年時，前蘇聯共和國中的兩個國家——波蘭和捷克，其GDP已經恢復到一九八九年的水準。推動波蘭和捷克經濟復甦的動力是，許多西歐製造商決定將生產線轉移到這個薪資比較低廉的地區：例如福斯汽車於一九九二年到布拉提斯拉瓦（現為斯洛伐克首都）設廠[31]。二〇〇〇年代初期，前共產集團的許多國家都經歷了經濟繁榮。後來二〇〇四年時，捷克、愛沙尼亞、匈牙利、拉脫維亞、立陶宛、波蘭、斯洛伐克和斯洛維尼亞等八個國家加入了歐盟。許多工人利用遷徙自由法到其他地方工作，並將部分薪資寄回家。

到二〇一二年，大多數東歐經濟體已經融入西歐，約有百分之七十的出口流向歐盟。東歐國家在共產主義之後的經濟成長相當可觀，一九九〇年至二〇一一年，人均GDP成長了百分之四十七，人均消費成長了百分之五十三，高於全球平均。到二〇一二年，東歐人有機會擁有一套公寓或一輛汽車，可以享用更多種類的蔬果且享有更大的旅行自由，預期壽命比在共產統治時期時多出了四年[32]。

拉丁美洲的危機

一九七九年的油價飆升和美國的緊縮貨幣政策，對一個意想不到的地方產生了重大影響，那就是拉丁美洲。一九七二年原本每桶二美元的平均油價在一九八〇年漲到三十五塊半美元[33]，油價飆升為產油國帶來巨大財富，其中不少是人口相對較少的中東國家。資金流入的速度比政府支出的速度還快，盈餘往往存入美國的銀行。每當銀行收到一筆存款，若想賺取利潤就必須以較高的利率放貸。在一九七〇年代，努力平衡預算的拉丁美洲政府，便成了接收這些資金的對象。拉丁美洲於一九七〇年的債務總額為二百九十億美元，一九八二年增加到三千二百七十億美元[34]。

這些債務主要以美元計價，所以會受到美國利率和匯率變化的影響。隨著美國聯準會收緊政策、經濟陷入衰退，顯然債務也變得越來越難維持。墨西哥一九八二年時宣布無力償還八百億美元的債務，其他十五個拉丁美洲國家和其他十一個發展中國家也跟隨墨西哥的腳步。

---

29 Andrei Shleifer, "Normal countries: the east 25 years after communism", *Foreign Affairs*, November/December 2014

30 Stanley Fischer, Ratna Sahay and Carlos A. Végh, "Stabilization and growth in transition economies: the early experience", *Journal of Economic Perspectives*, vol. 2, no. 10, Spring 1996

31 Jan Lopatka, "No more low cost: East Europe goes up in the world", Reuters, July 25th 2017

32 Shleifer, "Normal countries", op. cit.

33 資料來源：https://www.statista.com/statistics/262858/change-in-opec-crude-oil-prices-since-1960/。

34 Jocelyn Sims and Jessie Romero, "Latin American debt crisis of the 1980s", https://www.federalreservehistory.org/essays/latin_american_debt_crisis

債務違約不單是國家的問題而已，美國九家最大銀行在一九八二年放貸給發展中國家的未償還貸款，逼近其資本價值的三倍[35]。直接違約將拖垮銀行體系，因此監管機構允許美國銀行在計算資本適足率（capital ratios）時，先擱置潛在損失問題。債權國沒有與拉丁美洲國家單獨談判，而是籌組一個由IMF主導的協調小組。

但IMF提供的資金是有條件的，通常需要進行經濟改革，而這些稱為「華盛頓共識」（Washington consensus）的改革包括預算紀律、削減補貼、金融自由化和私有化。整體目標是降低國家的角色，讓市場在經濟中發揮更大的效用。結果這些政策爭議性很大，尤其是考量平衡預算時往往會削減社會保障系統，而取消補貼又會使糧食和汽油價格上漲。

鑒於拉美地區的債務違約歷史，新的貸款機構不願意提供資金給該地區。結果拉美地區實際上是將資本轉回西方，而不是吸引資金來建設當地的工業和基礎建設。一九八〇年代是拉丁美洲「失落的十年」，這個年代結束時，人均收入並沒有比一開始多[36]。面對這些失敗，美國財長尼古拉斯．布萊迪（Nicholas Brady）在一九八九年提出一項計畫，允許部分債務一筆勾銷，債權人將自己的債權換成以美國政府債券作擔保的新債務。

也許觀察拉丁美洲地區複雜經濟史的最佳途徑是鎖定兩個國家：阿根廷和墨西哥。這個時期剛開始時，阿根廷經歷了持續的惡性通貨膨脹，需要進行數次貨幣改革。阿根廷披索於一九八三年取代舊貨幣，匯率為每一萬舊幣可換一元披索。但這種貨幣只持續到一九八五年，就被阿根廷奧斯特拉爾（austral）以一比一〇〇〇的匯率取代披索。後來阿根廷奧斯特拉爾在一九九二年又被另一種披索取代，匯率為每一萬奧斯特拉爾換一披索。實際上，這次發行的一元新披索相當於十年前的一百億舊披索。貨幣動盪伴隨著慘澹的經濟表現，人均收入在一九七六年至一九八九年間每年下降百分之一。國家電話系統的效率極低，安裝室內電話要等待六年多的時間，員工的唯一任務就是拿著電話幾小時直到聽到撥號聲[37]。

追根究柢就是政府一再地擴大貨幣供應，為其預算赤字提供資金。一九九〇年代，阿根廷經濟部長多明哥・卡瓦洛（Domingo Cavallo）提出一個充滿雄心壯志的改革方案，依據貨幣發行局（currency board，譯註：是固定匯率制的一種，即固定本國貨幣與某特定外幣的匯率，並嚴格按照既定兌換比例）這個貨幣發行機制，將披索與美元掛鉤。而為了防止政府走上印鈔之路，貨幣發行局制度必須以美元儲備作後盾。於是通貨膨脹率從一九八九年的百分之三千下降到一九九四年的百分之三點四，一九九〇年代早期的經濟成長率為百分之八。

然而，貨幣發行局制度面臨的壓力仍不斷上升。阿根廷政府無法維持財政紀律，加上一九九九年最大市場巴西將其貨幣貶值百分之三十，使原有的出口競爭力受到衝擊。阿根廷向ＩＭＦ申請貸款，但仍填不了資金缺口，儲戶開始提領銀行存款，二〇〇一年下半，經濟以年率百分之十一的速度萎縮。到十二月，政府限制銀行提款，引發了公眾抗議[38]。由於總統更迭，阿根廷出現債務違約，並於二〇〇二年放棄貨幣發行局制度。

很遺憾地，二〇一八年阿根廷又遭逢貨幣危機，再度向ＩＭＦ求助。阿根廷在基西納夫婦（the Kirchners）的先後執政下，廣泛的財政赤字和飆升的通貨膨脹等老問題再度浮現。繼任者毛里西歐・馬克

35 同上註。

36 "Missed opportunities: the economic history of Latin America", October 5th 2017, https://www.imf.org/en/News/Articles/2017/10/05/NA100517-Missed-Opportunities-The-Economic-History-of-Latin-America

37 Reid, *Forgotten Continent*, op. cit.

38 同上註。

里（Mauricio Macri）試圖整頓混亂的殘局，但問題涉及百分之六十的天價利率[39]。

墨西哥在一九八二年引發了拉丁美洲債務危機後，在一九九四年又遭遇另一輪動盪，因而不得不接受美國的緊急紓困貸款。然而同一年，墨西哥與美國和加拿大共同加入《北美自由貿易協定》（North American Free Trade Agreement，簡稱NAFTA），雖然協商進程緩慢，但該協定基本上廢除了三國之間的關稅。整個過程在美國兩黨合作的基礎上完成：在前總統老布希（George H. W. Bush，共和黨人）任內進行談判，並於繼任者民主黨比爾．柯林頓的領導下實施。

區域貿易額隨著協定生效立即攀升，從一九九三年的二千九百億美元，增加到二〇一六年的逾一兆一千億美元，美國對墨西哥的直接投資也從一百五十億美元增加到逾一千億美元[40]。對美國批評人士來說，該協定將美國的就業機會轉移至墨西哥，因此想當然耳，大量的工廠會選擇設在美墨邊境附近，以便利用墨西哥的低廉薪資優勢。但實際上，美國企業因此得以降低其產品價格，因而使產品更具全球競爭力。很多時候，這些企業只是將墨西哥工廠作為組裝過程的一部分，可是對於墨西哥的經濟影響就不是那麼樂觀，一九九三年到二〇一三年的平均成長率只有百分之一點三，人均成長百分之一點二。製造業雖表現良好，但農業發展大幅落後，加上墨西哥一直有腐敗和高犯罪率的困擾。

相較於東南亞，拉丁美洲經濟發展經驗如此糟糕，背後有很多可能的解釋。其中一個原因是，該地區一直仰賴生產大宗商品而非工業製品。一九六〇年代和七〇年代的民族主義與保護政策留下了深遠影響。

整個期間，拉美地區因大量美元借貸的趨勢拖垮了發展步伐。儘管沒有金本位制那樣殘酷，但也施加了類似的限制。任何有長期貿易逆差或高通膨的國家，都可能面臨貨幣壓力。屆時，就像一九九〇年代後期亞洲發生的情況，國家面臨嚴峻的選擇：提高利率來保護本國貨幣（但會觸發經濟衰退），或者將貨幣貶值，但會提高美元債務的償還成本。以本國貨幣借款偶爾也是一種選擇，但考量到拉丁美洲國家的貨幣貶值紀錄，往往讓債權人心存疑慮。迄今為止，拉美地區一直無法復刻一九九八年後亞洲保持貿易順差的策略。

國際社會亦有責任。在援助拉美地區時，國際過於強調財政緊縮，而無視當地的經濟狀況。結果導致拉美地區的經濟衰退惡化，並為窮人帶來沉重負擔，這種做法不僅不公平，也削減了政治上對改革措施的支持。ＩＭＦ對於資本的自由流動也採取相當天真的做法，這些國家是短期資本流動的接受者，而這些流動往往造成短期泡沫化，並在資金不可避免地再次流出時引發危機。

不平等現象的上升（和下降）

無論是拉丁美洲的問題，還是俄羅斯在這個時期遭受的經濟重挫都相當嚴峻，但整體而言，發展中國家仍有不錯的進展成果。從全球不平等數據來看，即可看出明顯差異。一九八八年至二〇〇八年間，全球收入分配中位數族群的實際收入增幅最高（中位數是一組數字的中間值，如果將一百人從最富到最窮進行排列，那麼中位數就是第五十位）。在中位數族群裡，九成的人生活在新興的亞洲經濟體，特別是在中國、印度和印尼。全球吉尼係數（Gini coefficient，衡量貧富差距的標準指標）從一九八八年的零點七二，降到二〇一一年的零點六七[41]。

39 “Why Argentine orthodoxy has worked no better than Turkish iconoclasm”, *The Economist*, September 6th 2018

40 James McBride and Mohammed Aly Sergie, “NAFTA’s economic impact”, https://www.cfr.org/backgrounder/naftas-economic-impact

41 Milanovic, *Global Inequality,* op. cit. 吉尼係數是測量收入分配的集中程度。數字越接近一，代表收入分配越不平均。

然而，西方世界的發展情形不太一樣。從一九四五年至一九七九年，不平等現象有所下降，但之後的情勢就轉變了。二〇一五年，在經合組織國家中前百分之十最富裕族群的平均收入，是後百分之十最貧窮族群的九倍，高於一九九〇年的七倍[42]。美國的吉尼係數從一九八〇年略低於零點三五，上升到二〇一三年的零點四一[43]。一九七九年至二〇一一年間，美國收入最高的前百分之一人群收入每年成長百分之四點九，而收入最低的百分之二十人群收入每年僅成長百分之一點二。這個數字是扣除稅收和轉讓後的結果，如果沒有福利補貼，那麼最底層百分之九十的美國人實質收入會更少[44]。

關於西方世界的貧富差距轉變，有許多可能的解釋，其中之一與全球化有關，尤其是中國踏入全球經濟舞台。中國為全球勞動力供應市場提供如此多的人力，可能壓低了非技術工人的薪資。

然而，許多經濟學家也指出新技術的影響，他們稱之為「偏向技術性勞動的技術變遷」（skill-biased technological change，簡稱ＳＢＴＣ）。能夠掌握新技術的工人比無法掌握的工人更有價值，而低技術工人可能被機器或電腦程式所取代。但這個理論有個問題，電腦的廣泛使用實際上發生在一九九〇年代，但突然加劇的不平等現象則出現在一九八〇年代。同樣地，大學畢業生與其他人的收入差距在一九九〇年代並沒有明顯擴大，但一九八〇年代卻擴大了[45]。

另一個相關論點是，全球已掀起了人才爭奪戰。就像各家足球隊爭奪羅納度（Ronaldo）和梅西（Messi）為其效力一樣，各家企業也在挖角最好的高層主管、律師等人才。一九八〇年，美國執行長與員工的薪酬比為三二比一；到二〇〇〇年，網路泡沫爆炸之前讓許多高層主管越來越富裕時，這個薪酬比是三四四比一；而到了二〇一七年，薪酬比也有三一二比一。這些高層主管的平均薪資接近一千九百萬美元[46]，但股東們似乎並不在意，因為這些公司的市值都高達數十億美元，根本不把區區一千九百萬美元放在眼裡。然而執行長薪酬之所以漲到現在這種程度，主要原因是他們的待遇方案與員工認股權綑綁在一起，上漲的股市推高了執行長的薪酬。在股價低位掙扎的日本，執行長的薪酬相對偏低，但要管理新力或豐田汽車，執行長想必得具備管理奇異公司或福特那樣的才能。

「同型婚配」（**assortative mating**）也是其中一個因素，這係指受過良好教育的人越來越傾向於跟自己類型相似的人結婚。一九六〇年擁有大學學歷的男性當中，有百分之二十五的人與教育程度相同的女性結婚；而在二〇〇五年，同型交配的比例是百分之四十八[47]。另一因素是工會成員減少和集體談判權喪失。平均而言，二〇一三年在經合組織成員國裡，只有百分之十七的工人加入工會[48]。大型工廠的衰落明顯影響到工會的參與程度，而從事服務業的勞工分散在各個崗位，更難組織起來。

與一百年前相比的最大轉變是，財富通常是靠賺取得來，而非繼承得到的。在這方面金融產業再次發揮了重要作用，從事金融產業的員工不僅賺取高薪，還擁有金融資產。收入最高的百分之一的人同時屬於投資收入最高百分之十族群的可能性，從一九八〇年的百分之五十上升到二〇一〇年的百分之六十三[49]。

---

42 Brian Keeley, "Income inequality: The gap between rich and poor", December 15th 2015, https://www.oecd-ilibrary.org/social-issues-migration-health/income-inequality_9789264246010-en

43 資料來源：https://fred.stlouisfed.org/series/SIPOVGINIUSA。

44 Gordon, *The Rise and Fall of American Growth*, op. cit.

45 David Card and John DiNardo, "Skill-biased technological change and rising wage inequality: some problems and puzzles", 2002, http://davidcard.berkeley.edu/papers/skill-tech-change.pdf

46 "Chief executives win the pay lottery", *The Economist*, October 20th 2018

47 "Sex, brains and inequality", *The Economist*, February 8th 2014

48 Milanovic, *Global Inequality*, op. cit.

49 同上註。

圖九

財富擴散

全球每天生活費用不足一點九美元的人口比例（單位：%）
以二〇一一年購買力平價計算

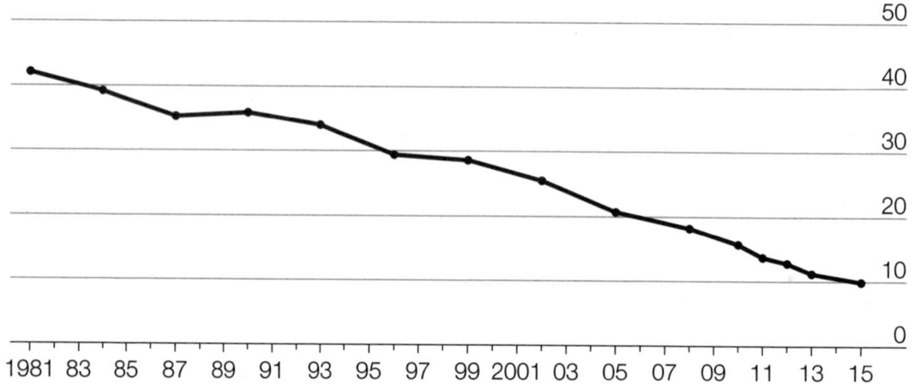

資料來源：World Bank

不平等的影響亦取決於稅收和福利制度。福利國家透過重新分配收入來減少稅後的不平等，而雷根和柴契爾夫人推行了最高所得稅率降低的政策，大幅提高富人的可支配收入。

因此就全球範圍而言，收入變得更加平等，但以個別國家內部而言，收入則不是那麼平等，例如中國貧富越來越不均。但由於發展中國家一直在追趕歐美的腳步，全球趨勢將更加正向。

一九九三年，全世界大約有二十億人生活在赤貧狀態（其定義是每天收入不到一點二五美元）；到二〇一一年，赤貧人數下降到十億（見圖九）。雖然赤貧人數依然很多，但能在如此短的時間內減少貧窮還是一項了不起的成就。發展中國家的赤貧比例從一九九三年的百分之四十二，下降到二〇一一年的百分之十七。經濟改善也帶來更好的生活條件，自一九六〇年以來，發展中國家五歲以下兒童的死亡率下降了四分之三[50]。

那麼世界該如何讓最後的十億人擺脫赤貧，並真正為那些勉強度日的人帶來更大的繁榮？經濟學家保羅・柯里爾（Paul Collier）表示，最底層的十億人口集中在非洲和中亞地區國家[51]。這些國家在二〇〇〇年的生活比一九七〇年還貧窮，預期壽命比其他發展中國家少十年，嬰兒死亡率比其他發展中國家多三倍。其中一些國家正在倒退。一九八〇年，美國人比中非共和國公民富裕三十倍；到了二〇一五年，該數字提高為九十倍[52]。

柯里爾指出，這類國家通常會掉進四個陷阱之一：陷入戰爭衝突；過度依賴自然資源；屬於內陸國家，旁邊有惡鄰國；或是受到劣質政府的危害。幫助這類國家非常困難。當政府腐敗時，無論是中央或地方層級，援助資金就會遭到浪費或挪用。在查德，其財政部發放的資金，實際上只有不到百分之一的預算送達原訂撥款的農村診所。條件式貸款也不是每次都能奏效：肯亞政府在十五年內已經五度向世界銀行承諾同樣的改革[53]。

非洲有些長久以來的問題存在。非洲大部分地區屬於熱帶氣候，使這裡成為瘧疾、黃熱病（yellow fever）等疾病，以及幾內亞線蟲（guinea worm）等消耗宿主能量的寄生蟲發源地。非洲撒哈拉沙漠以南的農業產量是全世界最少的地區：農民每公頃生產一點二噸的穀物，而發展中國家的平均產量為三噸，北美和歐洲則為八噸[54]。非洲國家亦受到劣質政府的統治。脫離歐洲殖民列強後的獨立並沒有帶來民主，反

---

50 All stats in this paragraph come from Radelet, *The Great Surge*, op. cit.

51 Paul Collier, *The Bottom Billion: Why the Poorest Countries Are Failing and What Can Be Done About It*

52 Avent, *The Wealth of Humans*, op. cit.

53 Collier, *The Bottom Billion*, op. cit.

54 McMahon, *Feeding Frenzy*, op. cit.

而帶來一黨專政，無論是薩伊（現為剛果共和國）蒙博托・塞塞・塞科（Mobutu Sese Seko）那樣的盜賊獨裁者，或是像坦尚尼亞那樣的社會主義國家皆然。坦尚尼亞總統朱利葉斯・尼雷爾（Julius Nyerere）將工業國有化，沒收外資企業，並強迫農民以五分之一的價格將糧食賣給政府[55]。

非洲的命運到二十一世紀開始見到曙光，科技帶來了幫助。在肯亞，行動支付M-Pesa讓數百萬人開始使用銀行業務。一項研究發現，行動數據使用量增加了一倍，人均GDP的年度成長率就會提高百分之零點五[56]。二〇〇二年至二〇一二年，非洲人均實質收入成長百分之三十以上；在先前的二十年裡，實質收入下降近百分之十。外國直接投資從二〇〇二年的一百五十億美元，增加到二〇一二年的四百六十億美元[57]。非洲的經濟成長很大一部分與中國需求所推動的大宗商品繁榮有關；從二〇〇二年至二〇一一年間，非洲原物料出口成長了五倍。

從長期來看，大宗商品資源對非洲來說是利弊並存。油井、銅礦和鑽石礦對任何政府或地方軍閥而言，都是誘人的戰利品；而且與其他產業不同，大宗商品生產者無法轉移到其他地方。非洲政府往往將注意力放在獲取大宗商品的利潤上面，卻鮮少關注其他產業發展的需要。不過在治理方面已經有了一些改善，冷戰結束時，非洲只有三個民主國家；到二〇一七年，非洲已有八個「有缺陷的民主」（flawed democracies）國家，還有另外十五個被經濟學人資訊社（Economist Intelligence Unit，簡稱EIU）列為「混合政權」（hybrid regime）的國家。

外界對於提升非洲治理標準幾乎是無能為力（除了阻止自己企業賄賂當地官員之外）。以推翻腐敗政府為目標的外國干預行動，在金錢和性命方面都要付出高昂代價，而且幾乎無效。最大的期盼是各國都能努力推翻其讓人不滿意的政府，並讓更明智的人接手。畢竟，中國人辦到了。

在二十世紀末和二十一世紀初，許多發展中經濟體達到相當顯著的成長率。這些數據顯示，生活水準的提升不只局限於歐洲、北美和日本，亦說明繁榮可以透過多種模式實現，包括中國政府採取的高度干預做法。同時，這些數據也證明，對世界經濟敞開大門、與他國進行貿易的意願，以及允許一些私人企業的參與，可以帶來巨大的收益。從這層意義上來看，可以證明經濟學家的觀點是正確的。

55 Robert Guest, *The Shackled Continent: Africa's Past, Present and Future*

56 "Mobile phones are transforming Africa", *The Economist*, December 10th 2016

57 Oliver August, "A hopeful continent", *The Economist*, March 2nd 2013

第十七章
科技與創新

位於東倫敦的艾格色展覽中心（ExCel Centre）是一座腹地廣大，如飛機棚般的建築。雖然其規模足以舉辦像二〇一二年奧運會的拳擊和柔道等賽事，但這裡通常是作為舉辦展覽或貿易展覽會所使用。

對於參展廠商來說，每個攤位都是展現他們的獨創性、進行促銷活動、提升業績的機會。他們試圖招攬客戶、建立聯繫，並朝向他們所希望的布局全球邁進一步。遺憾的是，許多一般參觀民眾只是目光快速地掃過每個攤位。但那個希望永遠在企業家的心中躍動。

二〇一八年十一月，電池科技展（Battery Technology Show）於艾格色展覽中心舉行。其中一家名為ZapGo的參展廠商保證，採用「奈米碳」（nanocarbon）技術可以「使電動運載工具的充電時間從幾小時縮短到幾分鐘」。他們的發明是改良超級電容器（supercapacitor），充電速度比現有設備更快，又能讓電池放電速度更慢。ZapGo公司總部位於英國牛津，但這些設備在中國湖南省株州市製造。

每個參展攤位都有各自一套的科技行話，像是Acota公司的產品是「用於電氣化汽車的介電質冷卻液（dielectric coolant fluids）」，安矽思科技公司（Ansys）則提供「一個開發電池物理管理系統之物理性解決方案的獨特平台」，而紐巴魯藍光雷射公司（Nubaru Blue Laser）則與「電池箔（battery foil）和焊接極柄

（tab welding）」有關。

十八個月前，在同樣地點舉辦了一場更人性化的穿戴式科技論壇（Wearable Technology conference）。其中一項展品是Hushme，這是一款戴在嘴巴的隔音面罩，讓人在進行手機通話時可以保有隱私。這款面罩還有語音變聲功能，可以選擇猴子、松鼠或黑武士達斯・維達（Darth Vader）等聲音，以分散周圍竊聽者的注意力。

另一款產品是Kerv公司推出的感應式行動支付戒指，提供那些不想使用信用卡或手機付帳的人使用。接著是Dreem，一款能夠幫助你睡眠和監測睡眠品質的耳機——它可以感應到你何時進入「深度睡眠」狀態，然後發出延長你休息時間的聲音。Tapdo指紋遙控器，讓用戶透過指紋控制不同設備。Petcube寵物互動攝錄鏡頭，讓寵物主人可以在世界任何地方監看並與他們的寵物交談。

往別的地方看看，展覽大廳到處都是各式各樣的電子產品，例如讓配戴者可以監控自己健康狀況的裝置（如Fitbit健康運動智慧型手錶）、培訓外科醫生和護理師的虛擬實境設備，以及幫助消防員或讓老闆監督員工的耳機。

現代技術應用的速度飛快，快到你在閱讀這本書的同時，可能其中某款電子產品已經廣受歡迎，儘管大多數產品都找不到市場，但是只有愚昧的人才會試圖提前預測贏家。最後是數百萬消費者來決定這些產品是否滿足他們的需求，也才能知道參展廠商的夢想能否實現。

從鐵器時代到資訊時代

人類是非常聰明的物種。透過火的使用，人類數萬年來已經改變了他們的環境、改善了飲食衛生。我們永遠無法知道是哪個人意識到小麥可以用來製作麵包，或者是誰領悟到鐵跟銅可以用來製造工具。那肯定需要具備豐富的想像力。

現代人一想到科技就會在腦海裡浮現電腦、機器人和電子產品，但其實科技比這些簡單得多。馬鐙使人騎馬作戰變得更容易；馬軛使馬更容易拉動鐵犁等重物；指南針讓航行成為可能。

創新不只有物品，「有限責任公司」屬於法律上的發展，允許公司擴大規模、發展經濟。另外，如我們所看到的，從兩田輪耕制轉變為三田輪耕制的想法，使產量提高了百分之五十。

在遙遠的古代，人類經由遷徙或相互貿易傳遞知識，故創新的傳播相當緩慢。某些情況下，如農耕，不同地方的人群在差不多的時間點上產生了相同的想法。

過去五個世紀以來，科技和創新的傳播速度變得更快。印刷術使素昧平生的人們可以相互交流知識；二十世紀的無線電、電視和網路等創新也是如此；現代交通系統可以讓世界各地的人聚集起來，前往參加艾格色展覽中心那樣的貿易展覽會。群眾參加這類活動不只是為了促銷和聯繫，也是為了交流想法。

這個關係網連結的人數越多，群眾彼此交流想法的機會就越大。英國當地酒吧每週都有一個競猜之夜（quiz night），贏的人可以抱回大獎。團隊人數限制在六人以內，因為人數越多越有優勢；有的人可以認出卡戴珊家族（the Kardashians）的所有成員，有的人會是運動專家，諸如此類。

當然，隊伍規模越大，組織就越有難度，隊長選錯答案的機率也會提高。但那就是市場經濟能夠發揮作用的部分，創新者不必說服君主或官僚相信他們想法的優勢之處，產品或服務只要投放市場，消費者自然會作出評斷。

事實證明，創新是長期經濟成長的關鍵因素，它能使每個工人的生產力提高。經濟學家克魯曼說：「生產力不是一切，但長期來說，它幾乎就是一切。一國改善人民生活水準的能力，幾乎完全取決於是否有能力提升每位勞工的平均產出[1]。」當然，一個經濟體增加的人口越多，其可能的產出就越大。更多的勞工可以製造更多的產品。如果這些勞工進行儲蓄和投資，他們也可以累積更多的資本，這些資本將幫助他們製造更多的產品。然而最終這種資本將產生報酬遞減，在現代化以前的世界，報酬遞減將使不停增加的人口最終面臨糧食限制，如馬爾薩斯所主張的論點。

不過，經濟可以透過更有效地利用現有的人力和物資來發展，而不需要依賴更多的人力和物資。在一九五七年發表的一篇文章中，羅伯特·梭羅（Robert Solow）研究了美國經濟在一九〇九年至一九四九年間的歷史，發現每單位勞動投入之產出中，只有八分之一是歸因於資本增加，其餘都是生產力提高的結果[2]。

肯尼斯·亞羅（Kenneth Arrow）和保羅·羅默（Paul Romer）提出一個重要見解，即知識的報酬是遞增的。正如羅默所寫的，一家公司的創新「不可能獲得完整的專利或完全保密[3]」。惠特尼沒有因他發明的軋棉機而發大財，這是因為其他人領悟了他的想法，並發現這個技術很容易複製。改進技術代表著即使是古老技術也能獲得改良：雖然羅馬人早在公元二世紀就發明了馬蹄鐵，但該產品直到一九〇〇年才完善。知識屬於一種「非競爭性」的財產，兩三個人可以共同享用一個甜筒冰淇淋，如果只有一個人吃，那其他人就沒得吃了；相反地，一個點子可以提供地球上的任何人使用[4]。

軟體是報酬遞增的很好例子。設計一套軟體程式需要投注大量的時間和精力，但製作完成後，額外複製軟體程式幾乎不需要任何成本。影音遊戲或串流媒體上的音樂檔案也是如此。

許多科技受惠於「網絡效應」，使用的人越多，就越有價值。如果貝爾（Alexander Graham Bell）只是發明一台電話，那麼它不過是個毫無用處的新穎玩意；但家庭成員中若有人擁有電話，其他成員也有動機想要一台，接著商店和企業也需要電話與客戶溝通，那麼情況就完全不同了。臉書（Facebook）則是一個更近代的例子，人們加入網絡是為了與朋友保持聯繫，關係網絡的人數越多，想要加入的人就會越多。蘋果允許其他公司在iPhone上開發應用程式，應用程式開發得越多，iPhone對消費者的吸引力就越大。隨著iPhone用戶數量增加，開發新應用程式的動力也就越來越大。

處處有晶片

有些創新屬於「通用目的技術」（general purpose technologies），即具有廣泛用途的技術，像是蒸汽機、內燃機轉換和電力即是其中三例。在現代，最顯著的例子是電腦。電腦的起源可以追溯到查爾斯・巴貝奇（Charles Babbage），他是維多利亞時代的紳士發明家之一。十九世紀初，巴貝奇發現天文數表漏洞百出。以前的學者照搬前人著作，錯誤也跟著延續下去，所以巴貝奇發明了一種叫做「差分機」（difference engine）的機器，可以絲毫不差地進行計算。政府給他一筆相當於今日一百萬美元的資金，繼續從事這項研究工作。在經過多次失敗後，他得到了著名數學家愛達・勒芙蕾絲（Ada Lovelace）的幫助。接著設計出一款更複雜的機器，叫做「分析機」（analytical engine），裡面涵蓋了許多現代電腦元素，

---

1 Paul Krugman, *Peddling Prosperity: Economic Sense and Nonsense in the Age of Diminished Expectations*

2 Robert M. Solow, "Technical change and the aggregate production function", *The Review of Economics and Statistics*, vol. 39, no. 3, August 1957

3 Paul M. Romer, "Increasing returns and long-run growth", *Journal of Political Economy*, vol. 94, no. 5, October 1986

4 David Warsh, *Knowledge and the Wealth of Nations: A Story of Economic Discovery*

包括執行計算所需的記憶體、中央處理器和勒芙蕾絲的運算法（或程式）[5]。

但巴貝奇走得太前面，當時人們還不理解電腦能帶來什麼，開發電腦需要一個實際理由。最早的電腦實際應用，以十九世紀末和二十世紀初普及的收銀機形式呈現。接著政府也發揮作用，使用電腦進行全國人口普查這項龐大的行政任務。一八九〇年美國人口普查採用穿孔卡片系統來記錄結果，進而促成計算制表記錄公司（Computer-Tabulating-Recording Company）的成立，也就是ＩＢＭ的前身[6]。

第二次世界大戰加速了電腦的發展進程。當時海軍需要協助計算在海上幾英里範圍內發射炮彈的軌跡[7]。在布萊切利園（Bletchley Park）由艾倫·圖靈（Alan Turing）率領的破譯密碼團隊研發了一台電腦，用來破解德國使用的恩尼格碼（Enigma）編碼機。然而那個時候的電腦約有三十噸重，處理能力也不及現代大多數小型電子產品。一九七〇年代克雷公司（Cray）的超級電腦問世，按今日價格計算要價三千七百萬美元，記憶體為８ＭＢ（百萬位元組）；而現代售價幾百美元的筆記型電腦擁有６ＧＢ（十億位元組），相當於克雷超級電腦的七百五十倍以上[8]。

早期的電腦之所以這麼笨重，是因為其仰賴真空管作為控制電路開關的元件，以二進位呈現所需資訊。一九四七年首次出現能使電腦體積縮小的突破性發展，即貝爾實驗室發明的電晶體，它比真空管更小、速度更快、產生的熱度也更少。電晶體的開發者之一威廉·蕭克利（William Shockley），在離開貝爾實驗室後成立自己的公司。結果，蕭克利公司的八名員工因與蕭克利個性不合而一同辭職，隨後創設了快捷半導體公司（Fairchild Semiconductor）。一九五九年，快捷公司的傑克·基爾比（Jack Kilby）和羅伯特·諾伊斯（Bob Noyce）開發出微晶片，這種晶片可以使用矽或其他製作半導體的原料來製作。晶片表面上的積體電路（integrated circuit），由許多小電晶體、電阻、電容等電子元件所組成[9]。

一九六五年，快捷公司的另名員工戈登·摩爾（Gordon Moore）撰寫了一篇著名文章，內容指出隨著電晶體越小，晶片可容納的電晶體數量將每年增加一倍。雖然後來他將論點修正成每兩年增加一倍，但他準確地預測到電腦運算能力將以倍數成長（譯註：即電晶體數量越多，處理速度越快）[10]。一九六八年，摩爾與諾伊斯共同創辦英特爾（Intel），五十年後，英特爾成為世界上數一數二的大型科技公司，負責設計半導體和微處理器。

蕭克利、快捷和英特爾的總部都設立在舊金山以南的聖塔克拉拉谷（Santa Clara Valley），也就是後來眾所皆知的矽谷（Silicon Valley）。矽谷的起源可以追溯到一九三八年，比爾．惠列（Bill Hewlett）與大衛．普克（David Packard）在帕羅奧多（Palo Alto）的一間車庫裡成立惠普（Hewlett-Packard）公司。該地區成為科技集團的聚集地，一部分是因為距離史丹佛大學（Stanford University）很近，還有部分原因是許多投資集團也將總部設立於此。金融家透過「創業投資」（venture capital，又譯風險投資）來支持新創公司，雖然投資的大多數公司以失敗收場，但風險投資家希望投資那些有望一飛衝天的公司，如臉書和谷歌，這樣他們的股份就會增加好幾倍。

起初，微晶片的應用主要在手持計算機市場，但這種晶片也可以製造出比一九六〇年代科幻電影中常見的巨型機器還要更小的電腦。世界上第一台個人電腦（ＰＣ）是Altair，需要由購買者組裝，沒有鍵

---

5 Alasdair Nairn, *Engines That Move Markets: Technology Investing from Railroads to the Internet and Beyond*

6 同上註。

7 Robert Friedel, *A Culture of Improvement: Technology and The Western Millennium*

8 Gordon, *The Rise and Fall of American Growth*, op. cit.

9 Mary Bellis, “Who invented the microchip?”, ThoughtCo., https://www.thoughtco.com/what-is-a-microchip-1991410

10 “The end of Moore’s law”, *The Economist*, April 19th 2015

盤和螢幕，頂多亮個幾盞燈。後來兩位年輕的工程師保羅．艾倫（Paul Allen）和比爾．蓋茲（Bill Gates）替Altair開發軟體，進而讓他們成立了微軟（Microsoft）[11]。

個人電腦蓬勃發展

一九八〇年代是個人電腦市場的擴張時期，當時IBM推出一系列的電腦，使用了英特爾提供的微處理器和微軟開發的作業系統。最重要的是，蓋茲說服IBM允許微軟也向其他供應商販售MS-DOS作業系統。這個發展讓微軟能夠主導軟體市場，後來軟體成為最具價值的領域；在硬體方面，IBM則面臨康柏（Compaq）等公司生產的「仿製電腦」的競爭[12]。

個人電腦徹底改變文書工作。筆者自一九八〇年剛開始工作時，辦公室裡還有一間很大的「打字室」（typing pool），（通常）女員工會在這裡把其他員工寫的信件和備忘錄打出來。直到一九八六年我進入英國《金融時報》（*Financial Times*）時，文章仍由打字機敲打在紙片上，每張都有複寫紙。改寫一篇長文是非常繁瑣的事情，常常需要用Tippex修正液塗改錯誤。這些文章是打字機透過「熱金屬」轉印在紙上，該技術已經有一百多年歷史[13]。

然而，如果電腦僅是取代電動打字機的話，那後來就不會對社會產生如此重大的影響。在這個方面，政府再度扮演了重要角色。美國國防部於一九五八年成立先進研究計畫局（Advanced Research Projects Agency，簡稱ARPA），並於一九六九年成功連接上遠程電腦。到一九八五年，已有二千台電腦連接到這個稱為「ARPANET」的網絡[14]。提姆．伯納茲李（Tim Berners-Lee）是位於日內瓦歐洲核子研究委員會（CERN）的軟體工程師，他發明一種超文件標示語言（Hypertext Markup Language，簡稱

HTML）和超文本傳輸協定（Hypertext Transfer Protocol，簡稱HTTP），讓電腦可以相互對話，用戶也可以發送個別文件的連結。後來其他人採用了這個被稱為「全球資訊網」（World Wide Web）的系統。

在網路或網際網路具有商業用途之前，還有幾個步驟需要完成。伊利諾大學（University of Illinois）的馬克・安德森（Marc Andreessen）和艾瑞克・比納（Eric Bina）在一九九〇年代初期開發出一款名為Mosaic的瀏覽器；後來，安德森與吉姆・克拉克（Jim Clark）一起成立網景通訊公司（Netscape），並開啟網路股票的榮景。最後，安德森成為矽谷最知名的風險投資家之一。與此同時，如美國線上公司（AOL）等網路服務供應商，則為一般民眾帶來瀏覽網路的機會。隨著網路資訊越來越多，各種搜尋引擎也陸續開發出來，最後谷歌取得搜尋引擎市場的龍頭地位。

那麼問題來了，網際網路的經濟利益是什麼？首先，當然是在製造電腦和智慧型手機、設計相關應用程式、建造相關基礎設施（如路由器和連接全球電腦的光纖電纜）等方面，創造出許多工作機會。第二，即時獲取資訊。零售商可以追蹤哪些商品銷售不錯，並在供應不足時追加貨源，這樣就可以省去過多的庫存。漁夫和農民可以知道自家產品的市場時價，並以利潤最高的價格販售。消費者則是更容易比價，避免被敲竹槓。第三，交易成本下降。網路可以免除仲介的功能，以安排一個假期為例，以前需要去旅行社翻閱宣傳手冊，但現在一切都可以在網上訂購。節省時間成本也是其中一點，消費者透過網路搜尋可以更快找到他們想要的商品。英國電信公司（British Telecom）的一則廣告，內容講述有位和藹老紳士在尋找

11 Naim, *Engines That Move Markets*, op. cit.
12 同上註。
13 Elli Narewska, "The end of hot metal printing", *The Guardian*, March 3rd 2015
14 Greenspan and Wooldridge, *Capitalism in America: A History*, op. cit.

J. R.哈特利（J.R. Hartley）的著作《垂釣戀大河》（*Fly Fishing*）（他就是該書的作者）。逛了很多二手書店之後，他最後透過電話找到這本書。如今，他可以透過網路搜尋，連離開座位都不用。

第四，網路將原本無法接觸的買賣雙方連結起來，促成更多交易。對於珍藏的書籍或舊玩具是如此，對於像Airbnb這類的服務也是如此，想要出租房源的人可以透過Airbnb平台，與那些尋找另一種飯店住宿選擇的人取得聯繫。公司可以透過網路提供客戶最新優惠，無論是最便宜的披薩還是豪華公寓，甚至能將行銷目標鎖定在更可能對其產品感興趣的客戶上面。

這些潛在的優勢也隨著智慧型手機的使用而擴大。IBM於一九九四年生產了第一台具有智慧型手機特徵的行動裝置，具備接收電子郵件的功能，並內建行事曆和個人通訊錄[15]。一九九九年日本電信公司NTT DoCoMo推出一系列可以連接網路的手機，接著二〇〇〇年愛立信（Ericsson）展示了第一款被稱為智慧型手機的裝置[16]。但取得突破性進展的是黑莓機（BlackBerry），它在商業市場締造輝煌成績（其使人上癮、愛不釋手的魅力，讓它有了「快克黑莓」〔crackberry〕的封號），再來是蘋果公司二〇〇七年推出的iPhone。蘋果的觸控螢幕技術大受歡迎，不再需要繁瑣的鍵盤。

智慧型手機的尺寸和便利性使得它大受歡迎，也養成人們的使用習慣，迫使諸家企業不得不迎合市場調整路線。社群媒體臉書原本是針對個人電腦所設計的，但二〇一二年開始將重心轉向智慧型手機；到二〇一六年，行動裝置業務收入占其所有業務收入的百分之八十四[17]。手機產業發展神速讓製造商們措手不及。二〇〇八年，芬蘭手機製造商諾基亞公司（Nokia）占據全球手機市場的一半；到二〇一二年，諾基亞的市占率直線下降，股價跌了百分之九十；次年，諾基亞將手機業務賣給微軟。

實質利益何在？

上述所有科技奇蹟的誕生都提出了一個難以回答的問題：既然技術進步，為什麼整體經濟生產力成長得如此緩慢？從一八九一年到一九七二年，美國生產力（以每小時產出衡量）以平均每年百分之二點三六的速度提升，這就是為什麼美國如此富裕。一九七二年後，成長速度放緩至百分之一點三八。在一九九六年至二〇〇四年的短暫期間，生產力上升至百分之二點五四，此時恰逢網際網路繁盛時期。但二〇〇四年以後，生產力成長速度又開始降低[18]。

經濟學家羅伯特．戈登（Robert Gordon）認為，與前後兩次分別以蒸汽為主與以電力和汽車為主的工業革命相比，近來這一波以娛樂、資訊和通訊為主的創新浪潮進展有限[19]。其他部分的變化也不多。雖然汽車可能比一九七〇年代擁有更多的配件和舒適度，但交通擁擠讓人無法加快行駛速度；二〇一五年倫敦市中心的行車速度平均為每小時七點四英里，相當於十八世紀的馬車速度[20]。搭飛機旅行比以前更便宜，但還是不太舒適（雙腳的伸展空間有限），超音速飛行的實驗也停擺。過去四十年來，沒有任何全新家電能與冰箱、吸塵器或微波爐的便利性匹敵，更不用說室內廁所為人類帶來的舒適度和衛生。

---

15 Adam Pothitos, "The history of the smartphone", Mobile Industry Review, October 31st 2016

16 Tuan Nguyen, "The history of smartphones", ThoughtCo., https://www.thoughtco.com/history-of-smartphones-4096585

17 Adam Gale, "Will Mark Zuckerberg's mobile-first strategy make Facebook bigger than Google?", *Management Today*, July 28th 2016

18 Robert J. Gordon, "The demise of US economic growth: restatement, rebuttal, and reflections", NBER working paper 19895

19 Gordon, *The Rise and Fall of American Growth*, op. cit.

20 Amie Gordon and Tom Rawstorne, "Traffic is slower than a horse drawn carriage", *Daily Mail*, October 16th 2016

麻省理工學院（MIT）的安德魯．麥克費（Andrew McAfee）和艾瑞克．布林優夫森（Erik Brynjolfsson）則抱持更為樂觀的看法，他們認為網路和機器學習等其他科技的優勢尚未全部發揮出來[21]。現代通訊速度極快，百分之九十的數據都是在過去二十四個月內產生的。科技透過搜尋引擎、低廉的通訊網絡和免費的資訊降低協調成本，使公司可以將任務外包給成本最低、效率最高的供應商。人工智慧可以創造人類自己想像不到的設計，例如人工神經網路DeepMind設計了一款冷卻數據中心的系統，能源消耗可以降低百分之四十[22]。

關於網路對於經濟影響的爭論並不好處理。以前科技帶來的成效確實很慢，人們在普遍搭乘商用飛機之前，距離萊特兄弟發明飛機已過了六十年。照相機是十九世紀中葉的發明，但大多數人在第二次世界大戰後才擁有相機[23]。反過來看，現代科技的本質是迅速普及，例如臉書於二〇〇四年才成立，但用戶數量在二〇〇八年和二〇一二年就分別達到一億人和十億人[24]，到二〇一八年時臉書已經擁有二十二億用戶[25]。到二〇一七年，在iPhone推出的十年後，蘋果公司已經賣出十億支iPhone手機[26]。

樂觀派可能主張，新科技的優點並沒有全部反映在統計數據上，舉例來說，谷歌地圖（Google Maps）在防止迷路方面必定為人類省下不少時間（同時避免許多爭吵）。但過去的技術進步也是如此，中央暖氣系統和抗生素的所有好處——更舒適的生活和預防疾病，也並沒有反映在GDP數據上。

網路的優點也是一種誘惑。網路具有聽音樂、看電影或購物的功能，為我們提供了不少樂趣。但不利的一面是，根據二〇一四年一項調查顯示，百分之八十九的員工坦承每天工作都會浪費一些時間在上網，將近三分之一的人浪費一小時，另外百分之二十六的人浪費超過一小時[27]。反過來看，唾手可得的電子通訊意味著工作將蠶食我們的休閒和家庭時光，因為我們會回覆來自經理和客戶的電郵。很難計算這些一來一往到底抵銷了多少生產力數字。

對科技的擔憂

科技變遷並非總是受到歡迎。歷朝君主偶爾會懷疑技術恐造成社會變革，工人則擔心失業問題。莫凱爾指出，現代社會的特點在於，人們接受了古代世界並沒有提供所有解答的這個事實，並承認進步不只可能發生，而且還是有益的[28]。但總是有人擔憂科學技術某天會失控：瑪麗．雪萊（Mary Shelley）的《科學怪人》（*Frankenstein*）即是講述技術創新出現弊端的故事，而電影《二〇〇一太空漫遊》（*2001: A Space Odyssey*）中的超級電腦哈爾（HAL）則是早期認為電腦可能取代人類主人的例子。

諸如此類的擔憂一直延續到現代。技術讓我們彼此更容易溝通，同樣也讓公司（和政府）更容易追蹤我們。二〇一七年一項針對智慧型手機應用程式的研究發現，百分之八十八的應用程式能將用戶資料傳給谷歌，百分之四十三的則可以傳給臉書[29]。許多公司不僅知道我們在網路上搜尋什麼，還知道我們購買哪

---

21 Andrew McAfee and Erik Brynjolfsson, *Machine, Platform, Crowd: Harnessing Our Digital Future*

22 "DeepMind AI reduces Google data centre cooling bill by 40%", https://deepmind.com/blog/deepmind-ai-reduces-google-data-centre-cooling-bill-40/

23 Nathan Rosenberg, *Exploring the Black Box: Technology, Economics, and History*

24 Ami Sedghi, "Facebook: 10 years of social networking, in numbers", *The Guardian*, February 4th 2014

25 資料來源：https://www.statista.com/statistics/264810/number-of-monthly-active-facebook-users-worldwide/。

26 資料來源：https://www.statista.com/statistics/263401/global-apple-iphone-sales-since-3rd-quarter-2007/。

27 Cheryl Conner, "Wasting time at work: the epidemic continues", *Forbes*, July 31st 2015

28 Mokyr, *The Enlightened Economy*, op. cit.

29 Aliya Ram, Aleksandra Wisniewska, Joanna Kao, Andrew Rininsland and Caroline Nevitt, "How smartphone apps track users and share data", *Financial Times*, October 23rd 2018

些物品、身在何處。大型社群媒體集團擁有龐大的影響力，推特（Twitter）酸民和機器網軍可以透過指控或捏造關於政治候選人、諸如疫苗接種等公共醫療活動的不實報導來攻擊網站。那些透過臉書動態消息散播的報導也是如此。

關於這方面，政府能夠操作的範圍比私人部門還要多。中國正在發展社會信用系統，到二〇二〇年將對所有的公民進行評級。可能降低信用評分的行為包括有不良駕駛、在禁菸區抽菸、購買太多電玩遊戲，想當然耳，批評政府也是其中一項。信用分數過低會限制你的工作機會、可居住的飯店、你孩子能上的學校，以及所能搭乘的火車或飛機[30]。中國人民已經發現自己造訪外國網站時會受到「防火長城」這個防火牆的阻擋，有時候過度干預會產生一些荒謬的結果，比方小熊維尼的照片遭封鎖，原因據說是中國領導人習近平神似小熊維尼[31]。

社群媒體的即時性對粗心大意的人來說也可能是一個陷阱。二〇一三年，公關主管賈斯汀・賽珂（Justine Sacco）登機前往南非時，在推特發表了一則愛滋病對不同種族影響的諷刺性評論。她的追隨者只有一百七十人，發文後沒有人立即回覆。她沒有繼續想著這件事情，直到下了飛機，才收到一位熟人傳訊息給她：「我很遺憾看到你發生這種事。」有一陣子，她成為推特的頭號熱門話題，很多人問說：「賈斯汀降落了沒？」她因種族歧視受到輿論譴責，並遭公司解僱[32]。在臉書發布自己活動照片的年輕人可能會擔心，潛在僱主會去搜查他們在網路的資料。吸毒或酗酒的照片、帶有性暗示的貼文，都可能讓許多公司不願意僱用他們[33]。

未來家裡可能有越來越多的設備連接上網，以便我們出門在外時就能啟動開關。但這些數據由誰控制呢？如果資料被駭怎麼辦？科技服務的用戶們正將重要的數據傳送給相關公司，舉例來說，iRobot掃地機器人不僅能夠打掃房間，還能繪製你房間內部的地圖[34]。在網路上與人交談，你既無法確定對方是不是他聲稱的那個人，也不能確定是否有其他人冒充你的身分。美國消費者每年因身分盜用損失的金額可能超過一百六十億美元[35]。

另一種擔憂是，有些科學發現可能為害地球或產生不必要的道德後果，因此這爭議會持續下去並不奇怪。有些創新受到一次又一次的重挫。美國賓州三哩島、烏克蘭車諾比、日本福島的核電廠都曾發生核電事故。這些災難造成的死亡人數，遠遠低於幾世紀以來死於煤礦事故的人數，也少於因燃煤空染而病逝的人數。但災難性核災風險仍沉重地壓在選民和政客們的心頭：很少人願意核電廠蓋在自家旁邊。另外，人們的擔憂也轉向生物工程可能改變動植物，無意間破壞我們賴以維生的生態系統。

那麼關於科技可能破壞工作機會的擔憂呢？一九六〇年代，甘迺迪總統宣稱美國內部面臨的主要挑戰是，「當自動化取代人力的時候，努力保持充分就業」。值得注意的是，雖然許多傳統工作機會已經完全消失，但整體就業仍持續上升。舉例來說，一八四一年英國人口普查記錄了超過九萬七千名鐵匠、二十一

---

30 Alexandra Ma, "China has started ranking citizens with a creepy'social credit' system", Business Insider, October 29th 2018, http://uk.businessinsider.com/china-social-credit-system-punishments-and-rewards-explained-2018-4/#1-banning-you-from-flying-or-getting-the-train-1

31 Emily Stewart, "Christopher Robin, denied Chinese release, is the latest victim in China's war on Winnie the Pooh", August 4th 2018, https://www.vox.com/2018/8/4/17651630/christopher-robin-banned-in-china-pooh

32 Jon Ronson, *So You've Been Publicly Shamed*

33 "The top three things that employers want to see in your social media profile", https://careers.workopolis.com/advice/the-three-things-that-employers-want-to-find-out-about-you-online/

34 "How digital devices challenge the nature of ownership", *The Economist*, September 30th 2017

35 "America should borrow from Europe's data-privacy law", *The Economist*, April 5th 2018

萬二千名鞋靴工匠、五千名煙囪清潔工、一萬八千名修桶匠，以及一百一十萬名家務勞工[36]，而以上這類工作現在已經非常少見。

科技可以淘汰一些平凡乏味的工作（如打字），讓人類從事更有趣的工作。總機接線生的工作曾經是每個辦公室的重要部門，如今已經不存在了。聖路易聯邦準備銀行（Federal Reserve Bank of St. Louis）的一項研究發現，自一九八〇年代以來，美國例行性的文書和體力勞動工作數量停滯不前，但非例行性工作數量則大幅增加[37]。採用自動櫃員機／自動提款機（automated teller machine，簡稱ATM）似乎威脅到銀行職員的工作，而自一九九〇年代中期開始，各城市分行的平均員工數量確實從二十一人掉到十三人。但自動提款機也降低銀行開設分行機構的成本，所以各地開始廣設分行，因此現在美國銀行分行的員工人數實際上比一九八〇年還多。銀行行員現在也會和客戶溝通財務狀況，而不只是兌現支票[38]。

科技的表現往往比人類還好。電腦不會疲勞或分心，而與經驗豐富的醫師相比，分析癌症掃描的電腦程式失誤率更低。查閱成堆法律文件的繁瑣任務，一般是指派給實習律師，但現在可以採用自動化處理，進而減少錯誤。

未來的幾十年，多數人找到的工作都需要會使用電腦。一項針對一九八二年至二〇一二年美國經濟的研究發現，像平面設計這種電腦使用頻率越高的工作，其就業成長速度比整體平均就業成長速度還快[39]。另外，隨著人口高齡化，在根本無法實現自動化的照護領域將創造就業機會。根據諮詢顧問公司勤業眾信的一項研究，英國護理佐理員（nursing assistant）人數在一九九二年至二〇一四年間成長了百分之九百零九，教學助理人數成長了百分之五百八十，照顧服務員（care worker）成長了百分之一百六十八[40]。

然而，這些工作當中有些待遇並不高。這部分連結到另一種擔憂，即一些新科技公司正繞過傳統的就業法律，創造出一種不安全的新興就業模式。所謂的「零工經濟」（gig economy）指的是，員工沒有固定的上班時間，也沒有帶薪休假、病假給薪或退休金等權益；取而代之的是，員工將依據客戶意願受僱（如Uber司機），或者接受人力派遣公司的不定期僱用（如簽訂零工時契約〔zero-hour contract〕的倉儲人員）。有些員工可能喜歡零工帶來的自由，但調查顯示大多數人更偏好全職工作[41]。

儘管如此，還是有很多人想要從事兼職工作，也有很多人在尋找提供服務者，無論是臨時工作或搭車。過去這兩個群體很難找到彼此，現在網路讓這個配對過程變得又快又便宜。

然而，網路的匿名性浮現一個潛在問題：客戶該如何信任服務供應者能按照必要的標準流程提供服務？供應者又該如何信任客戶會按時支付費用？諸如Uber和任務兔（TaskRabbit）之類的平台可以解決這個問題，擔任值得信賴的中間人。他們亦可以透過評分系統幫助客戶和供應者相互選擇，糟糕的供應者或客戶最終都會被其平台網絡拒於門外。

36 資料來源：http://www.visionofbritain.org.uk/census/table/GB18410CC_M[1]。

37 Maximiliano Dvorkin, “Jobs involving routine tasks aren’t growing”, https://www.stlouisfed.org/on-the-economy/2016/january/jobs-involving-routine-tasks-arent-growing

38 James Pethokoukis, “What the story of ATMs and bank tellers reveals about the ‘rise of the robots’ and jobs”, American Enterprise Institute, June 6th 2016, http://www.aei.org/publication/what-atms-bank-tellers-rise-robots-and-jobs/

39 “Automation and anxiety”, *The Economist*, June 23rd 2016

40 Ian Stewart, Debapratim De and Alex Cole, “Technology and people: The great job-creating machine”, Deloitte, 2015, https://www2.deloitte.com/content/dam/Deloitte/uk/Documents/finance/deloitte-uk-technology-and-people.pdf

41 “The insecurity of freelance work”, *The Economist*, June 14th 2018

開啟潘朵拉之盒

新科技帶來的優缺點通常一樣多。當人類學會鍛造金屬時，他們不僅會製造工具，也會製造武器；軋棉機讓美國的奴隸制得以延續一段時間；汽車提供駕駛人行動的自由，但代價是車禍意外奪走了數百萬人性命；廣播電台不只播送小羅斯福的爐邊談話，也播放希特勒的演講。

即使網路發展已經將近三十年，但我們對於網路經濟影響的理解可能還停留在初期階段。雖然對科技變遷存有種種擔憂，但如果西方高齡化人口能夠得到照顧，發展中經濟體的年輕人可以找到工作、享受更好的生活水準，那麼我們還是需要科技進步。如果我們要解決像全球暖化這類的問題，科技將是最重要的一環。我們需要創新，從太陽能等可再生資源中獲取能量，並透過碳捕捉（carbon capture）等方法減少傳統化石燃料的影響。就在我撰寫本書的時候，有消息稱脊神經植入物可以幫助癱瘓的人恢復行走。

當我們的科技不再進步時，那就該擔心了。沒有科技，我們就無法指望用科技提高生活品質或解決氣候變遷等全球問題。事實上，在二〇〇七年陷入經濟困境的已開發國家可能需要科技變遷才能走出低迷狀態。

第十八章

危機與危機之後：二〇〇七年迄今

經濟學家將一九八二年到二〇〇七年這段時間稱為「大緩和」時期，經濟穩定成長，通貨膨脹也低。英國任期最久的財政大臣戈登．布朗（Gordon Brown）曾說過：「繁榮與蕭條不會再來。」

孰不知這場危機的嚴重程度是自一九三〇年代以來最慘烈的，令當權者措手不及。二〇〇七年三月，就在房市問題開始浮現之際，美國聯準會主席柏南克還說，這些問題對經濟的影響「看起來可以控制」。二〇〇八年五月，英格蘭銀行總裁莫文．金恩（Mervyn King）也表示，「在某個時間點，很可能會出現一、兩個季度負成長，但衰退絕非核心預測[1]」。結果事實證明，經濟衰退從那個階段就已經開始。短短四個月內，整個金融體系似乎將要瓦解了。

這次的經濟重挫在某些方面和先前許多金融危機一樣，銀行借錢給民眾，使民眾能夠購買房產；銀行放款的資金越多，就會促使房價漲得越高，因為購屋者有能力支付更高的價格。反過來看，不停上漲的房價，代表銀行對於拿房產作抵押的貸款更有信心。隨著時間一久，房價與購屋者收入之間的差距越來越

1 Chris Giles, "The vision thing", *Financial Times*, November 25th 2008

大，於是開始要求貸款機構降低信貸標準，以便可以繼續發放貸款給他們。

降低標準繼續放款對貸款機構來說，具有強烈的誘因。過去銀行或其他儲蓄機構以房產作抵押來出借資金，然後持有貸款直到借款人償還為止。一旦借款人違約，銀行就會面臨風險。但一九六八年美國政府成立政府國家抵押貸款協會（Government National Mortgage Association，簡稱GNMA或Ginnie Mae，又稱吉利美）時，市場發生重大改變。該協會與它的姊妹機構聯邦國家房地產抵押協會（Federal National Mortgage Association，簡稱Fannie Mae，又稱房利美）一樣，都是為了讓購屋主更容易獲得貸款，替那些符合一定標準的貸款提供擔保。

一九七〇年，吉利美發行了第一支不動產抵押貸款證券（mortgage-backed security，簡稱MBS）[2]。這是總金額為七千萬美元的債券，其償付款項與房產貸款連結在一起；只要房屋貸款人償還債務，就會給付MBS利息。由於MBS提供了比政府債券更高的報酬率，具有足夠的安全性（又稱為證券化貸款），所以吸引來大批的投資者。

事後證明最致命的一步是創造出一組更加複雜的債券，將從抵押貸款流入的資金分成不同份額。風險最低的份額最先獲得支付，其報酬率低於最後獲得支付而風險最高的份額[3]。

很長一段時間以來，抵押貸款證券是相對較小的市場。在一九九六年，MBS的發行量還不到五億美元，但隨著房價加速上漲，證券化貸款也開始加速發展，二〇〇三年的發行量接近三點二兆美元。越來越多的債券不是由房利美或吉利美發行的，而是由私人貸款機構發行的[4]。

後來使這個證券化貸款系統變得危險的是，風險日益增加的抵押貸款。在一九九〇年代和二〇〇〇年代，美國當局試圖擴大住宅自有率（home ownership），其目的是要吸引那些遭主流貸款機構所謂的「紅線政策」（red lining）排擠的窮人和少數族裔公民[5]。其結果是，擁有住宅的人口比例從一九九四年的百分之六十三點八，上升到二〇〇四年的百分之六十九點二[6]。

風險最高的借款人被稱為「次級」（subprime）借款人，這些人通常是低收入或收入不穩定的人。有些借款人被稱為NINJA，因為他們無收入、無工作、無資產（no income, no job and no assets）。但發放貸款的人不太在意，他們根據放款額度賺取費用，而且貸款很快就會賣給其他人，所以放款者無須擔心貸款是否會得到償還。對於購屋者來說，獲取這樣的貸款是踏上房產階梯（property ladder）的唯一途徑；他們也不擔心償還問題，因為他們總是假設可以用更高的價格出售房子。

將這些貸款綑綁在一起像是某種神奇力量。個人貸款可能具有風險，但發行機構向投資者保證，不太可能有屋主同時違約。此時市場出現另一種金融工具，旨在確保投資者免受債券違約風險，作為繳付保險費的報酬，投資者實際上會得到債券的面額價值。這種契約稱為「信用違約交換」（credit default swaps，簡稱CDS），並打包出售給投資者。

換句話說，整個金融工具（instruments）金字塔都搭建在借款人償還抵押貸款的意願和能力上。信用衍生性金融商品（credit derivatives，金融工具的說法）的總價值從二〇〇四年的五兆美元增加到二〇〇六

2 John J. McConnell and Stephen A. Buser, "The origins and evolution of the market for mortgage-backed securities", *Annual Review of Financial Economics*, vol. 3, 2011

3 當然我們這裡談論的是「初始殖利率」（initial yield）。持有風險最高份額的投資者可能根本拿不到錢，所以理論上是用他們所擁有的較高報酬率來彌補這樣的風險。

4 McConnell and Buser, "The origins and evolution of the market for mortgage-backed securities", op. cit.

5 Adam Tooze, *Crashed: How a Decade of Financial Crises Changed the World*

6 資料來源：https://fred.stlouisfed.org/series/RHORUSQ156N。

年的二十兆美元[7]。

在二〇〇五年和二〇〇六年，群眾可能還沒意識到這是一個嚴重的問題。透過從銀行的資產負債表上扣除抵押貸款，整個系統內的風險被重新分配給更有意願且更有能力承擔風險的人。二〇〇五年十一月，時任聯準會主席的柏南克表示：「就安全性而言，衍生性商品絕大部分是在非常成熟的金融機構和個人之間進行交易，他們具備相當大的動機去理解和正確地操作這些商品[8]。」

但真正的問題是，銀行終究面臨著次貸市場的風險。首先，一些證券化貸款不易出售，仍停留在銀行的資產負債表上。第二，銀行把錢借給了那些購買昂貴證券的人，如果市場崩潰，而借款人又無法償還，銀行就會面臨風險。第三，也是最重要的一點，銀行的資產負債表並沒有監管單位想像得那麼安全。

在前面幾章中，我們看到銀行總是面臨儲戶可能喪失信心的風險。為了抵銷這種風險，銀行必須以股權籌資來吸收任何短期損失。根據一項名為巴塞爾（Basel，以瑞士的城市命名）的全球協議[9]，銀行必須持有的資本額在二〇〇七年以前是基於資產風險而定（存款是銀行的負債，貸款是銀行的資產）。然而在這場危機中，銀行累積的資本顯然不足。投資銀行雷曼兄弟（Lehman Brothers）破產的前五天，其官方公布的資本適足率幾乎是監管最低標準的三倍[10]。

這塊特別的蛋糕上面有顆腐爛的櫻桃。一九三〇年代是零散儲戶陷入恐慌，開始要求領出他們的錢，從而引發銀行流動性不足的危機，但二〇〇八年倒閉的是兩大美國投資銀行——貝爾斯登（Bear Stearns）與雷曼兄弟，而非零售銀行（retail banks）。他們在批發融資市場借貸，而其他銀行是他們最大的貸款人。一旦一家銀行被認定陷入困境，就沒有其他銀行想要放貸給它，因為擔心虧損可能破壞資產負債表。結果整個影響散播得非常快。

沒有哪家銀行是安全的

這場金融危機始於二〇〇七年初，當時次級抵押貸款機構開始違約，因為屋主無法償還貸款。該年四月，美國最大次貸機構新世紀金融公司（New Century）申請破產；六月，貝爾斯登不得不停止旗下兩檔基金的贖回，因為兩檔基金都投資了次貸證券；八月，法國巴黎銀行（BNP Paribas）暫停三檔類似基金的交易。到目前為止，壞消息已經足以令人擔憂，促使各家央行放款給出現流動性問題的銀行。美國聯準會亦將利率調降了零點五個百分點。二〇〇七年九月，英國北岩銀行（Northern Rock）爆發存款擠兌危機，該家銀行曾是英國房地產市場最積極的放貸者之一，同時也仰賴批發市場的融資。

如果說二〇〇七年是艱難的一年，那麼二〇〇八年更加煎熬。該年三月，貝爾斯登需要摩根大通銀行（J.P. Morgan）來收購（浮現一九〇七年的影子）。該筆交易需要聯準會的融資支持，後者同意承擔高達三百億美元的虧損。此舉引發極大公眾爭議。

二〇〇八年九月初，美國政府被迫將房利美和房地美（Freddie Mac）這兩家擔保抵押貸款的機構收歸國有。短短一週之後，雷曼兄弟也岌岌可危。美國財政部長亨利・鮑爾森（Hank Paulson）因擔憂由此引發政治糾紛，不願啟動公共收購。沒有政府擔保彌補虧損，像英國巴克萊銀行（Barclays）這樣的競爭對手是不會收購雷曼兄弟的。因此在九月十四日至十五日的週末，政府決定放手讓雷曼兄弟破產。結果引發

---

7 出自作者所寫的文章：“At the risky end of finance”, *The Economist*, April 19th 2007。

8 Michael Snyder, “30 Bernanke quotes that are so absurd you won’t know whether to laugh or cry”, Business Insider, December 8th 2010

9 第一版《巴塞爾資本協定》（Basel Accord）於一九八八年制定，後來二〇〇四年發布了更新版（Basel II）。

10 “Base camp Basel”, *The Economist*, January 21st 2010

全面恐慌，任何持有銀行股票或銀行債券的投資者都擔心自己賠錢，銀行急忙保存自己的現金。

作為金融體系疏通管道的信貸市場遭凍結。官方短期利率是由中央銀行設定的（如美國的聯邦基金利率〔federal funds rate〕），一般情況下，銀行的借款利率只會比官方利率高出一個百分點，但在二〇〇八年九月底，美國各家銀行支付的隔夜借款利率（borrow overnight）是官方利率的三倍[11]。

在這種情況下，似乎沒有哪家銀行是安全的。美國銀行（Bank of America）收購了美林銀行（Merrill Lynch）；當時併購交易出現動搖跡象時，鮑爾森極力推動其完成交易[12]。美國政府被迫收購美國國際集團（American International Group，簡稱AIG），這家保險巨頭曾為抵押貸款證券提供擔保，所以當時政府擔憂，AIG的破產恐對那些依賴該公司為其資產投保的銀行帶來更多壓力。美國當局動用八百五十億美元拯救AIG，此舉讓投資者困惑不已，不知道哪些機構值得挽救而哪些則否，所以他們對於向脆弱的銀行貸款變得更加緊張，使危機更加惡化。國會否決銀行紓困方案的第一份草案，造成進一步的恐慌。

英國財政大臣亞利斯泰爾．達林（Alistair Darling）被告知，蘇格蘭皇家銀行（Royal Bank of Scotland）還有兩到三小時就要關門，屆時提款機將停止運作[13]。勞埃德銀行在時任英國首相戈登．布朗的鼓勵下，接管了陷入困境的蘇格蘭哈利法克斯銀行（Halifax Bank of Scotland）。

最後政治家不敢冒險重蹈一九三〇年代的覆轍——那時銀行倒閉導致經濟大蕭條，於是各國政府和央行推出了大規模的銀行體系支持方案（美國國會被說服改變主意），資金以低利率貸款給銀行；政府購買股票增加銀行資本；利率降到史上最低紀錄。

女王的疑問

那麼為什麼都沒有人預見到危機的到來（如同伊莉莎白二世〔Elizabeth II〕在倫敦經濟學院〔London School of Economics〕新大樓落成儀式上，那句令人印象深刻的提問）[14]？原因有幾點。監管機構對已開發國家銀行的實力產生錯誤的安全感。在經濟大蕭條之後，引進存款保險制度似乎解決了銀行擠兌問題，但卻造成道德風險，誘使銀行從事風險較大的業務。在十九世紀末，英國各家銀行的股權資本相當於其資產的百分之十五至百分之二十五。到一九八〇年代，這個緩衝只剩百分之五[15]。

長期的低利率和不斷上漲的資產價格，意味著積極從事放貸的銀行家成功豐收。這些銀行高層獲得了股價飆升的認股權獎勵，而反過來看，股價的表現又與年度（或季度）利潤變化有關。結果導致銀行只關注短期利益而非長期風險，銀行高層們變得非常富有，雷曼兄弟的執行長的迪克・福爾德（Dick Fuld），在一九九三年至二〇〇七年間共獲得了五億美元的酬勞。

信貸繁榮推高了資產價格，讓普通民眾感覺變得更富裕。政治家也不願採取監管扼殺了金融界這隻金鵝。大家普遍認為銀行家很明智，因為他們賺了那麼多錢，所以許多人受徵召進入政界（這讓我想起一件軼事，金融家問學者：「如果你那麼聰明，為什麼沒錢？」那位教授回答：「如果你這麼有錢，為什麼不

---

11 "Blocked pipes", *The Economist*, October 2nd 2008

12 David Fiderer, "Hank Paulson, the unnamed 'decider' in the Merrill Lynch saga", *HuffPost*, December 6th 2017

13 "Alistair Darling: from here to uncertainty", *Financial Times*, August 31st 2017

14 Andrew Pierce, "The Queen asks why no one saw the credit crunch coming", *The Daily Telegraph*, November 5th 2008. 這種說法並不公允，因為包括國際清算銀行（BIS）經濟學家比爾・懷特（Bill White）在內的一些人，多年來一直警告信貸過度成長的風險。

15 Piergiorgio Alessandri and Andrew Haldane, "Banking on the state", Bank of England, November 2009

聰明？」）

這種氛圍在二〇〇八年時迅速轉變，金融界的聲譽可能需要很長的時間才能恢復。紓困只是其中一個議題，另外還有一些醜聞，例如交易員試圖操縱一種名為「倫敦銀行同業拆借利率」（London Interbank Offered Rate，簡稱ＬＩＢＯＲ）的基準利率，影響約三百五十兆美元的金融合約[16]。銀行還因不當銷售抵押貸款證券、洗錢、不當銷售還款保障保險（payment protection insurance）等受罰，以及富國銀行（Wells Fargo）為了達到銷售目標，背著客戶開設二百萬個假帳戶也遭到懲處[17]。根據波士頓顧問公司（Boston Consulting Group）的數據，在金融危機後的十年間，全國銀行向各國監管機構支付了三千二百一十億美元的罰款，其中二千零四十億美元是在北美地區支付的[18]。

除了祭出罰鍰，監管機構亦嘗試其他許多改革金融部門的方法。在美國，國會通過長達八百四十八頁的《陶德—佛朗克法案》（Dodd-Frank Act）；相比之下，大蕭條時期通過的《格拉斯—史蒂格爾法》只有三十七頁[19]。然而監管機構制定如此複雜的法規，可能只會為銀行製造更多的漏洞，讓銀行聘僱大批律師和法令遵循人員，進而推高整個系統的成本。

一種更有效的改革作法是強迫銀行持有更多的資本，以期能減低下一次金融危機造成的影響。一切總要有所取捨。這個世界需要銀行向企業和消費者提供貸款並推動經濟成長，過多的監管可能會限制了這樣的過程。然而似乎總是會出現銀行放款過多且不明智的情況，監管機構必須對此保持警惕。

危機過後，許多經濟學家因太少關注經濟中金融部門的作用和債務程度而受到批評，他們將銀行視為儲蓄者和借款人之間的渠道。經濟學家認為，最重要的是去研究推動整體儲蓄和投資的因素，而不是這個過程的機制。很少人注意到消費者債務水準上升的影響，因為整體通貨膨脹率仍然很低。但事實證明，這是嚴重的誤判。

避免進入蕭條

在危機爆發後的最初幾個月，經濟數據惡化的速度與一九三〇年代大蕭條時一樣快。在最低點時，工業產量比峰值下降百分之十三，世界貿易量減少了百分之二十[20]。不過全球各國政府和央行紛紛介入，推出大規模支持性計畫。二〇〇八年十一月，中國公布了其國內史上規模最大的經濟刺激計畫，資金高達五千八百六十億美元[21]。二〇〇九年二月，美國國會通過《美國復甦與再投資法案》（American Recovery and Reinvestment Act），這是歐巴馬（Barack Obama）總統任內的首批成就之一，該法案結合減稅和增加支出，資金總額為七千八百七十億美元。二十國集團（G20）的各國領袖在倫敦峰會一致同意，透過擴大IMF和世界銀行的貸款能力，將向全球經濟注資一點一兆美元。

此外，各國銀行不斷降息以刺激借貸。到二〇〇八年底，美國聯準會的主要利率為百分之零點二五；就在十五個月前，利率還是百分之五點二五。量化寬鬆政策（QE）也是從那一年開始的，做法包括央行印鈔購買公債。其目的有兩個，首先，可以避免一九三〇年代出現的貨幣供應萎縮情形，央行購買債券時，賣家的帳戶裡就擁有更多的錢。第二個目標是壓低長期債券殖利率和短期借款利率，減少企業和購屋

16 "A crucial interest-rate benchmark faces a murky future", *The Economist*, August 3rd 2017

17 "Stumpfed", *The Economist*, October 13th 2016

18 Vishaka George, "Banks paid $321 billion in fines since financial crisis: BCG", Reuters, March 2nd 2017

19 "Too big not to fail", *The Economist*, February 18th 2012

20 Barry Eichengreen and Kevin O'Rourke, "What do the new data tell us?", March 7th 2010, https://voxeu.org/article/tale-two-depressions-what-do-new-data-tell-us-february-2010-update

21 "China seeks stimulation", *The Economist*, November 10th 2008

者的借貸成本，緩解經濟上的金融壓力。

採取這些強烈措施都是為了解決實際問題。其中一個問題被稱為「零利率底限」（zero lower bound）——當利率降到零的時候該怎麼辦。事實證明，在金融體系的某些部分實施負利率是可行的，例如商業銀行，因為商業銀行必須在央行持有準備金。但對一般銀行實施負利率似乎有些超過，民眾的存款若開始縮水將引發怨懟，許多人會將現金提領出來放在床墊底下，對銀行造成另一波擠兌潮。

這些措施確實發揮了影響。股市在二〇〇九年春天觸底反彈，展開長期牛市。美國產出從高峰到低谷的衰退幅度為百分之四點八，比先前美國衰退的降幅中位數還要小[22]。然而全球經濟復甦的速度卻十分緩慢，危機發生後的八年，經歷銀行業倒閉危機的十一個國家中，只有五個國家的人均ＧＤＰ出現全面回升[23]。

因此這些救援措施引發爭議。在美國，「茶黨運動」（tea party movement）是基於反對銀行紓困而發起的政治運動，其幫助共和黨在二〇一〇年贏得國會選舉，並助長川普的崛起。有些人士認為，ＱＥ相當於印鈔來資助政府的開銷，跟導致德國惡性通貨膨脹的措施一樣。另一些人認為，ＱＥ推高了金融資產價格，使得富人的財富增加，從而造成不平等現象惡化。

歐元區分裂

讓世界問題雪上加霜的是，歐洲危機很快就接踵而至。許多歐洲銀行都受到美國房地產市場的影響，而一些像德意志銀行（Deutsche）和瑞銀（ＵＢＳ）等積極拓展業務的銀行，其資產負債表的風險是其美國競爭對手的兩倍以上。二〇〇七年，世界上最大的三家銀行都是歐洲銀行[24]。當危機來襲時，歐洲各央行和政府急忙透過低息貸款、購買股票等方式，來為自己國內銀行業紓困。結果將先前由私人部門承擔的債務，納入了國家資產負債表裡。在二〇〇七年至二〇一三年間，歐元區政府債務的GDP占比從百分之六十六上升到百分之九十三[25]。

有些國家的債務負擔過於沉重。愛爾蘭在一九九〇年代擁有「凱爾特之虎」（Celtic Tiger）的稱號，並於二〇〇〇年代在國內銀行融資下迎來房地產榮景。但當銀行於二〇〇八年和二〇〇九年倒閉時，債務占其國內GDP的五分之二。經濟衰退使愛爾蘭損失了超過百分之十一的產出。隨著稅收收入下滑，政府債務激增，達到GDP的百分之一百二十。後來，愛爾蘭在二〇一一年向歐盟和IMF提出援助請求[26]。

希臘的情況更加堪憂。雖然社會普遍懷疑歐元的適用性（二〇〇〇年希臘債務占GDP的比例為百分之一百零四），希臘仍於二〇〇一年採行歐元[27]。希臘為了達到歐盟成員國的標準，竄改其財政赤字的數字。與義大利、西班牙和葡萄牙一樣，由於歐元區的利率趨同，希臘可以因較低的借貸成本而受惠。但二〇〇七年金融危機之後，問題浮現了。二〇〇九年，希臘總理喬治・巴本德里歐（George Papandreou）宣布，今年預算赤字不會如預測那樣占GDP的百分之三點七，而是百分之十二點五；同時他也透露，

22 Carmen Reinhart, "Eight years later: post-crisis recovery and deleveraging", The Clearing House, https://www.theclearinghouse.org/banking-perspectives/2017/2017-q1-banking-perspectives/articles/post-crisis-recovery-and-deleveraging
23 同上註。
24 Tooze, *Crashed*, op. cit. 這三家銀行是蘇格蘭皇家銀行、瑞銀和德意志銀行。
25 "Back to reality", *The Economist*, October 23rd 2014
26 "Celtic phoenix", *The Economist*, November 19th 2015
27 Tooze, *Crashed*, op. cit.

二〇〇八年的赤字是百分之七點七，而非之前宣布的百分之五[28]。

希臘的信用評級迅速被調降，政府透過了一連串的緊縮措施，試圖控制赤字。但這些仍不足以讓投資者放心，而且同年四月，希臘政府支付的借款費用比德國政府高出十個百分點。希臘不得不向ＩＭＦ和歐盟夥伴尋求援助，而政府唯有採取更多緊縮措施才能換得這些紓困。希臘危機引發一連串的罷工和暴力示威事件，包括了以燃燒彈攻擊一家銀行，造成三人死亡。

希臘人民進退不得，國際債權人堅持希臘進行經濟改革，但緊縮方案又使經濟進一步陷入混亂，經濟產出下降將近四分之一[29]。情況很明顯，對於部分債務，希臘不得不違約，但違約的可能性令投資者感到恐慌，又將債券殖利率推得更高；二〇一二年春天，十年期債券殖利率為百分之四十四。

希臘有一度看起來可能必須退出歐元區，重新使用德拉克馬（drachma），但這並不是一個很具可行性的前景。改用德拉克馬將導致貨幣大幅貶值百分之三十或更多，如此一來，希臘銀行的儲戶們也會看到自己的儲蓄價值急速縮水，許多人就會試圖將錢轉移到外國銀行；因此政府必須採取資本控制，以防止希臘銀行體系出現擠兌風暴。與此同時，希臘在國際上積欠的債務仍將以歐元計價，因此貨幣貶值後的償還成本會更高，進而導致債務違約成為無可避免的事。

違約的直接後果是，希臘政府的借款成本將非常高昂。所以政府若不是無論如何都必須實施緊縮政策，就是被迫印鈔替自己融資，從而推高通貨膨脹。由於貨幣貶值會抬升進口價格，所以通貨膨脹此時應該已經上升了。鑒於上述所有種種不利因素，儘管條件嚴苛，由許多不同政治派別組成的希臘政府仍堅持選擇從歐盟紓困，也一點都不令人感到意外。到二〇一六年，希臘已忍受了第十三輪緊縮計畫，但政府債務占ＧＤＰ的比例仍為百分之一百八十。歐元區被比喻為經濟的「加州旅館」（Hotel California，譯註：出自老鷹合唱團〔Eagles〕的成名曲《加州旅館》，歌曲中所描述的加州旅館是個能讓人逃離現實的快樂天堂，不過一旦走入裡頭便很難再回到現實生活，這地方讓人嚮往也令人畏懼），意思是：各國可以隨時退出，但永遠不能離開。

「不計一切代價」

在歐洲央行的幫助下，歐元區得以避免走上崩潰一途。二〇一二年七月，歐洲央行總裁馬力歐．德拉吉（Mario Draghi）承諾將「不計一切代價」拯救歐元。他將利率降到零或更低，並啟動債券購買計畫，壓低歐元區各國的借貸成本。這就是他的成功之處，到二〇一六年，愛爾蘭和西班牙都能以低於百分之一的利率借到十年期的貸款。

儘管如此，這場危機也有一些醜陋的時刻，讓人有種整個歐洲大陸都要陷入危機的感覺。結果，這種感覺對英國在二〇一六年六月公投中通過退出歐盟造成了一些影響。在其他國家，這種感覺促使一些民粹主義的反歐盟（和反移民）政黨的崛起。一連串層出不窮的事件，被視為是德國和荷蘭等「北方」債權國與（大部分）地中海國家的「南方」債務國之間的對抗。債務國也有自己不討喜的首字母縮寫詞「PIIGS」（歐豬五國），即葡萄牙、愛爾蘭、義大利、希臘和西班牙[30]。北方債權國認為南方債務國的財政紀律渙散，只是「坐享」德國和其他國家辛勤工作的成果。在危機初始之際，希臘人民的退休年齡

---

28 Tony Barber, "Greece condemned for falsifying data", *Financial Times*, January 12th 2010

29 Reinhart, "Eight years later: post-crisis recovery and deleveraging", op. cit.

30 一位憤憤不平的《經濟學人》讀者指出，英國可能被重新定義為「SWINE」（豬），取自於蘇格蘭、威爾斯、（北）愛爾蘭與英格蘭的字首縮寫詞。

是六十一歲，而德國不久才宣布計畫將退休年齡提高到六十七歲[31]。希臘風評不好的原因還有其龐大的地下經濟活動（未受官方管制），使公民能夠逃避稅收。

對南方債務國（和許多經濟學家）而言，問題在於德國推行的政策——要求實現貿易順差和預算盈餘的目標，過於嚴苛。但實際上，德國儲蓄過多而支出過少，從而將通貨緊縮帶至歐元區其他國家（為了與德國競爭，其他國家不得不降低薪資）[32]。照理說，不可能所有國家都實現貿易順差；德國迫使其他國家陷入赤字，然後再將後果歸咎於他國身上。

希臘債務危機也證實了一些人的疑慮，他們認為單一貨幣的設立沒有獲得妥善處理，允許納入歐元區的國家太多。儘管歐洲人對一九七〇年代、八〇年代和九〇年代頻繁爆發的貨幣危機感到惱火，但各國仍可採取貶值這種簡單的權宜之計來調整其經濟政策，因此當希臘或義大利出口變得無法與德國競爭時，這兩個國家可以貶值然後重新開始。但在單一貨幣區內，這種選擇並不存在。

此外，雖然歐洲人已經消除貨幣風險，但仍舊無法完全擺脫風險，投資者只是將擔憂轉移到債券市場。較高的債券殖利率推升了整個經濟的借貸成本，這比貨幣的小幅貶值更具破壞性。

更廣泛來說，歐盟建立了一個沒有共同財政權力或區域存款保險的貨幣區。在擁有自己貨幣的國家，比如英國或美國，國家政府可以將資金從強勢地區轉移到弱勢地區。歐盟多少有這種情況存在，只是規模不足以應對經濟衰退。而且銀行得到的是自己國家政府的支持，而不是布魯塞爾（歐盟總部所在地），出於政治理由，這是可以理解的；德國人和荷蘭人對於為歐洲其他國家承擔保險責任抱持著謹慎態度。但在二〇〇八年危機之後，這些問題讓歐元體系變得更加脆弱。

另一種批評聲音是，歐盟與一般西方政府一樣，變得過度執迷於緊縮政策。左派批評人士認為，政治家們被二〇〇九年出現的巨額預算赤字給嚇壞了。十一個主要經濟體在二〇〇七年的平均預算赤字為百分之零點三；兩年後，這個數字增加到百分之五點四[33]。而英國和美國的赤字都超過GDP的百分之十。當時，政治家們擔心如此龐大的赤字可能降低債券投資者的意願、推升借貸成本，進而造成希臘式危機。

但批評人士認為政治家們的擔憂是無稽之談。一個以本國貨幣發行債券並有符合規定的央行（可以透過QE購買債券）的國家，並不需要擔心市場；事實上，儘管出現龐大赤字，債券殖利率仍處於歷史低點。反倒是，批評人士指出，緊縮是由大西洋兩岸保守派政治家欲縮小政府作用的這個意識型態想法所推動的。緊縮政策反而讓情況惡化，並非變好。改善赤字的最好辦法就是讓經濟成長更快，這樣就會增加稅收。此論點在二〇一六年得到一個意想不到的盟友支持，即IMF。IMF警告：「相較於減輕債務所降低的危機風險，減輕債務所需的增稅或削減開支等代價可能會更大。」並表示，「財政整頓的事後效果，一般是產出下滑多於擴張。平均而言，GDP百分之一的財政整頓會使長期失業率增加零點六個百分點[34]」。

然而值得注意的是，經濟學家在談論「緊縮」時所指的是什麼。他們指的是赤字的趨勢，而不是絕對數字。換句話說，英國政府在二〇一一年淨借款占GDP百分之七點五的時候，正處於實施「緊縮政策」的狀態，儘管這是英國史上幾個較大的赤字之一。但那是因為政府為了把赤字從二〇〇九年的百分之十點一降下來，先後採取了提高稅收和削減開支等措施，由此從人民的口袋裡拿走錢。即使經歷了一段漫長

31 Charlemagne, "What Makes Germans So Very Cross About Greece?", *The Economist*, February 23rd 2010

32 可參見，例如：Martin Wolf, "Germany is a weight on the world", *Financial Times*, November 5th 2013。

33 這十一個經濟體為澳洲、加拿大、中國、法國、德國、義大利、日本、南韓、墨西哥、英國及美國。資料來源：https://data.oecd.org/gga/general-government-deficit.htm。

34 Larry Elliott, "Austerity policies do more harm than good, IMF study concludes", *The Guardian*, May 27th 2016

的緊縮時期，二〇一五年經合組織的三十二個國家中，仍有二十二個國家的支出占GDP的百分之四十以上[35]。

在已開發國家中，社會支出（失業福利、醫療和退休金）的GDP占比幾乎沒有下降的跡象，隨著西方人口高齡化，社會支出的比例可能持續攀升。一九六〇年時，西德是罕見在社會福利支出上占GDP百分之十五以上的國家，不過現在大多數國家的支出更多。法國的社會開支超過GDP的百分之三十。自柴契爾夫人和雷根時代以來，保守派政黨一直試圖縮小政府干預的範圍，但他們往往是在原地踏步。英國財政研究所（Institute of Fiscal Studies）公布的一項研究發現，經過實施緊縮政策數年後，二〇一七年至二〇一八年的公共支出占GDP的比例，仍與二〇〇七年至二〇〇八年的比例大致相同[36]。

薪資的罪孽

實質工資停滯是選民不滿的另一原因。從一九七〇年代初期到二〇一七年，美國勞工的薪資中位數每年僅成長百分之零點二，而勞動力占GDP的比例從近百分之六十五降到百分之五十七以下（隨著勞動力比例下降，資本所有者獲利增加）[37]。在英國，到二〇一六年底，勞工們的實質薪資已經十年沒有成長，這是第二次世界大戰以來從未有過的現象[38]。民主的本質是一種交易，勞工將選票投給政治家，以換取政治家承諾的經濟繁榮；如今，勞工認為政治家違背了他們的諾言。於是歐洲各地出現了民粹主義的政治家，從法國的瑪琳・勒潘（Marine Le Pen）到義大利的馬特奧・薩爾維尼（Matteo Salvini），再到匈牙利的奧班・維克多（Viktor Orbán）。

許多人試圖解釋實質薪資成長緩慢的原因。在右派政治人物看來，移民是罪魁禍首，非技術勞工的湧入使勞動力供應來源增加，進而導致工資被壓低。然而，移民不僅是勞工，也是消費者；移民增加勞動力供應的同時，也增加了對商品的需求。這種「勞動總量」的謬論很難消除（參見第九章）。

如本書前文所述，真正的罪魁禍首可能在其他地方。IMF公布的一項研究發現，勞動力GDP占比下降的原因是科技的影響，因為僱主能夠將低技術的工作轉成自動化。另一個轉變的原因是全球化；已開發國家的公司逐漸將工作陣地轉移到世界其他工資較低的國家[39]。

金融危機之後整體市場成長疲弱，讓一些經濟學家開始重新思考他們的理論。擔任比爾·柯林頓政府的財政部長、在歐巴馬執政期間任職美國國家經濟會議（National Economic Council）主席的桑默斯認為，長期力量正在發揮作用。他再次提到了阿爾文·漢森（Alvin Hansen）於一九三八年首度使用的「長期停滯」（**secular stagnation**）一詞[40]。桑默斯指稱，金融危機造成的衝擊似乎已經造成產出趨勢成長率發生永久性變化。人們擔憂，任何利率基準都無法「允許儲蓄與投資在充分就業時達到平衡」。

35　資料來源：https://data.oecd.org/gga/general-government-spending.htm。

36　Joe Watts, "Years of austerity 'have left UK with same level of public spending as it had 10 years ago' says IFS", *The Independent*, October 30th 2017

37　Jay Shambaugh and Ryan Nunn, "Why wages aren't growing in America", *Harvard Business Review*, October 24th 2017

38　Nathalie Thomas, "UK facing 'dreadful' prospect of 10+ years without real wage growth – IFS" *Financial Times*, November 24th 2016

39　Mai Chi Dao, Mitali Das, Zsoka Koczan and Weicheng Lian, "Drivers of declining share of labor income", April 12th 2017, https://blogs.imf.org/2017/04/12/drivers-of-declining-labor-share-of-income/

40　Lawrence H. Summers, "Reflections on the new 'Secular Stagnation hypothesis'", October 30th 2014, https://voxeu.org/article/larry-summers-secular-stagnation

背後有很多原因促成這項轉變。隨著人口高齡化，經濟成長放緩，企業投資新工廠和新設備的需求也隨之減少。此外，資本投資的一大部分用於技術設備，這些設備需要經常更新，價格也不斷下降。這些綜合因素加起來使得投資需求降低。與此同時，日益加劇的不平等現象，正逐漸把錢從收入等於支出的人（窮人）身上，轉移到可以儲蓄更多收入的人（富人）身上。這種轉變使得儲蓄率持續上升。

同一時期，基於監管理由，諸如退休基金等投資機構迫於壓力，必須採取謹慎的做法，進而使投資者增加了對政府債券等安全性資產的需求。整體來看，投資下降和高儲蓄的趨勢組合，導致利率非常低。在一九九〇年代和二〇〇〇年代初期，全球實質利率（扣除通貨膨脹因素）在百分之三以上，但二〇一〇年之後已降至不到百分之一[41]。

另一個問題是人口變化對經濟成長的影響。一九五〇年，四分之一的日本人年齡在四十歲以上，百分之五在六十五歲以上；到二〇一〇年，超過一半的日本人年齡在四十歲以上，近四分之一的人口年齡高於六十五歲以上。二〇〇〇年至二〇一八年，日本勞動人口減少了百分之十三。在勞動力減少的情況下很難發展經濟。美國聯準會的一份報告估計，二〇一一年至二〇一五年期間，日本的GDP成長因為其人口老化結構而下滑兩個百分點[42]。整體而言，日本在一九八八年至二〇一八年間的年均成長率僅為百分之一點三，與戰後的經濟奇蹟相去甚遠。日本仍然是一個繁盛且長壽的社會，但高成長時代似乎已一去不返了。

從整個經合組織來看，人口結構自二〇一〇年後開始拖累經濟成長，並將持續到二〇四〇年。

勞工的權益

零工經濟（參見第十七章）可以作為提高整個經濟生產力的一種方式，發揮未使用的資源（在這裡講的是勞動力）。同樣地，隨著公寓與住宅合租服務的發展（如Airbnb），房屋被使用的時間增加了；這就是更有效利用資源的一種。

但零工經濟引發關於勞工權益的問題。在十九世紀末和二十世紀時，工人要求獲得了更多的權益：帶薪假期、病假、產假、退休金和醫療保健。這些權益通常與全職工作連結在一起，兼職或臨時工作則沒有。從僱主立場來看，他們僱用勞工的成本大大增加。如今人們擔憂，零工經濟代表「監管套利」（**regulatory arbitrage**）的一種形式，讓企業以更低成本、權益更少的臨時工或契約勞工來取代全職員工。

這些界線可能很難劃定。如果一名勞工幾乎完全只為一家公司提供服務，而該公司對工作執行方式也規定了充足的條件，那麼或許可以證明該名勞工屬於員工，並非契約承接者[43]。此外，這類員工可能完全任由平台供應商的支配，與過去僱用碼頭工人的舊制度相比，碼頭工人也是每天聚集在港口，等待領班挑選出來工作。

另一方面，許多人選擇成為自由業者和契約接案者，且調查顯示，他們比傳統員工更快樂[44]。每個人都在工廠或辦公室擁有一份全職工作，並在職業生涯的大部分時間裡只為一個僱主服務，這種想法是十九、二十世紀才發展起來的，在一八二〇年以前並不常見，然而現在想法可能將再度轉變。

---

41 同上註。

42 Jinill Kim, "The effects of demographic change on GDP growth in OECD economies", September 28th 2016, www.federalreserve.gov

43 這是Uber的核心問題，本章撰寫的同時，該案件正在英國法院審理。請參見：Rob Davies,"Uber to take appeal over ruling on drivers' status to UK supreme court", *The Guardian*, November 24th 2017。

44 McKinsey, "Independent work: choice, necessity, and the gig economy", October 2016

如果僱主不能提供福利或固定收入，政府可能需要介入填補這個缺口。其中一個建議是「全民基本收入制」（universal basic income），由國家向所有公民提供收入；某程度上，這種收入制可能會取代福利制度。但該制度最大的問題是，如何創造一個可以滿足生活品質的收入，而又不至於花費過多導致稅收負擔沉重[45]。

科技也威脅到很多產業。以音樂為例，人們過去聽音樂是購買黑膠唱片、卡帶或CD，或者透過收音機免費收聽廣播頻道，只是廣播歌曲是由別人挑選。但Spotify等影音串流媒體的出現，提供了數千首任用戶挑選的歌曲，每月只要支付小額費用；我輸入這段文字的同時，正好在收聽一份播放清單的音樂。對消費者來說是天大的好消息，但對藝人歌手來說就沒那麼好了，現在收入大部分得仰賴巡迴演唱。新聞報紙也有類似的情況，隨手可得的免費線上資訊讓報紙訂戶大幅減少，而像分類廣告網站Craigslist這類的服務更摧毀了許多報紙賴以維生的分類廣告（工作、待售汽車等）市場。

與傳統供應商相比，這些新興科技服務具有更大的優勢。一旦架設好網站或編寫完軟體，建立額外單位或增加新客戶的成本幾乎趨近於零，因此一款成功的產品能以低於競爭對手的價格取勝。然而基於相同理由，按邏輯來看，如果一款產品在競爭市場上將成本降到零，其價格也會跟著降到零，那麼企業的盈利能力會因此受到損害嗎？

截至目前來看，並不會。科技公司在二十一世紀的第二個十年裡累積了大量利潤。原因之一是，有些服務似乎屬於「自然獨占」，正如先前所說的，人們會加入臉書是因為他們的朋友都在網站上。競爭對手若要迎頭趕上可能需要費很大一番工夫。同時，谷歌已經成為「網站搜尋」的代名詞，可以透過廣告連結的銷售獲取收益。亞馬遜網站的規模龐大，在價格和運送方面都擁有打敗對手的競爭優勢。

然而，這些科技公司所擁有的壟斷力量卻引起了「科技抵制」（techlash）的浪潮。群眾開始擔憂起將個人資訊提供給科技巨頭的魔鬼交易，俗話說，如果你得到了免費服務，那是因為你就是商品。網路無可避免地成為宣揚攻擊性觀點和仇恨威脅的工具，而科技公司的無所作為已引發眾怒。科技公司安排稅務方面的做法也招致批評，許多企業將其組織的重要部分設立在低稅收國家，如此一來在歐洲大國賺取的利潤就會比較少（繳納稅款也因此較低）。歐盟二〇一六年裁定，蘋果公司積欠愛爾蘭政府一百三十億歐元的稅款[46]。這種認為跨國公司能夠透過財務規劃來減少稅款的想法，是民粹主義興起的另一個因素；讓人感覺到，經濟精英適用的規定似乎與其他民眾適用的有所不同。

鼓勵發展

在債務危機之後，另一個持續性的變化是發展中國家或新興市場的進步。一九九一年，已開發經濟體對於全球ＧＤＰ的貢獻超過百分之六十三，但隨著中國快速發展，富裕國家對ＧＤＰ的貢獻逐漸縮減；到二〇〇〇年，該比例降至百分之五十七，後來二〇〇八年時新興市場首度領先。根據ＩＭＦ的統計，截至二〇一八年，已開發國家占全球ＧＤＰ的比例下滑到百分之四十點六[47]。

---

45 關於該議題的爭議，請參見：https://www.johnkay.com/2017/10/09/paying-everyone-basic-income-not-realistic-fairer-way-tackle-poverty/。

46 奇怪的是，以低稅吸引跨國公司的愛爾蘭，並不想要蘋果這筆補稅。為了迫使愛爾蘭追討這筆稅，歐盟不得不揚言對愛爾蘭提告。請參見：Rochelle Toplensky, Arthur Beesley and Adam Samson, "EU takes Ireland to court over Apple taxes", *Financial Times*, October 4th 2017。

47 這些數據以購買力平價計算得出。購買力平價是根據可貿易商品價格調整匯率的一種計算方法。資料來源：http://www.imf.org/external/datamapper/PPPSH@WEO/OEMDC/ADVEC/WEOWORLD。

與二〇〇〇年代初期的兩位數成長率相比，中國的成長速度有些放緩，但官方設定的百分之六到六點五目標（二〇一九年）仍足以讓中國經濟規模在十多年內成長一倍。中國的金融體系已有稍微鬆綁，央行允許人民幣在金融市場上交易。但債台高築，中國債務在二〇一七年底已達GDP的百分之二百八十二（不包含金融業），而二〇〇八年底時僅為百分之一百五十八[48]。經濟學家通常分成兩大陣營，一派認為，這些債務助長房地產投機行為和工業產能過剩，未來必然導致經濟崩盤；另一派則認為，中國政府可以解決這個問題，因為截至二〇一九年六月，政府還握有三點一兆美元的龐大外匯存底[49]。

世界第二大國印度也一直保持強勁的經濟成長趨勢，其經濟規模在一九九八年至二〇一八年間成長了三倍。雖然印度內部有諸多的結構性問題，包括官僚作風、私企難以擴張，但印度的年度經濟成長率仍達到百分之七。印度還有許多尚未有效利用的潛力，截至二〇一八年，十五歲至二十九歲的年輕人中有三分之一沒有就學、參與培訓或工作；在當局公布十萬個鐵路工作機會時，申請人竟多達二千萬[50]。

當然，「發展中經濟體」一詞涵蓋了許多國家。二〇一四年，關於「脆弱五國」（fragile five）的討論很多，指的是背負高通貨膨脹和高額經常帳赤字等問題的國家，分別是巴西、印尼、印度、南非和土耳其；有些人將俄羅斯也加入名單，構成「疑慮六國」（suspect six）陣營[51]。

與二十年前相比，新興市場實際上更好地抵禦了已開發國家金融危機的衝擊。由於全球化因素，許多新興市場已經融入跨國公司的供應鏈中，這些跨國公司在當地建造工廠，來製造零件或組裝其他地方生產的零件。建造這些工廠之後，跨國公司就不可能撤離。但那些依賴大宗商品的國家，比如俄羅斯，很容易遭到經濟衰退後原物料價格下跌的波及。

經濟失敗最顯著的例子或許是委內瑞拉。二〇一七年，委內瑞拉三千四百萬人口中有二百七十萬遠走他國，其中許多人逃到鄰國哥倫比亞避難。由於委內瑞拉二〇一九年的通貨膨脹率達到百分之一千萬，二〇一八年的產出也下跌百分之十八，委國人民紛紛逃離這個陷入混亂的經濟體[52]。根據一項民意調查，百分之九十三的委國人表示他們買不起所需的食物，四分之三的人在過去一年裡體重下降。人均收入回到了一九五〇年代的狀態[53]。

這一切混亂都發生在一個宣稱擁有比沙烏地阿拉伯更多石油蘊藏量的國家——委內瑞拉。委內瑞拉的危機是前陸軍少校雨果・查維茲（Hugo Chávez）和其繼任者尼古拉斯・馬杜洛（Nicolás Maduro）統治所造成的結果，查維茲在當選總統前曾試圖發起政變以奪取政權。查維茲以革命社會主義的名義治國，在社會計畫、糧食與能源補貼以及援助外國盟友方面投入巨額資金。雖然高油價一度讓委國足以負荷查維茲的計畫，並讓查維茲在國內的聲望高漲，在國外得到左派政治家的支持，但後來查維茲將石油公司收歸國有，經營不善，並趕跑了私人企業；更糟糕的是，他還不斷騷擾政治對手，得罪他的報紙和廣播電台都被勒令停業。他那倒楣的繼任者馬杜洛直接印鈔資助政府開支，導致惡性通貨膨脹，超市貨架空無一物[54]。如果有人需要後蘇聯時代社會主義經濟失敗的例證，那就是委內瑞拉。

---

48 Dan McCrum, "Over in China, a debt boom mapped", FT Alphaville, March 5th 2018

49 "China June forex reserves rise more than expected amid trade truce", Reuters, July 8th 2019

50 "India's economy is back on track. Can it pick up speed?", *The Economist*, March 28th 2018

51 "The dodgiest duo in the suspect six", *The Economist*, November 7th 2014

52 "IMF sees Venezuela inflation at 10 million per cent in 2019", *The Economic Times of India*, October 9th 2018

53 "How to deal with Venezuela", *The Economist*, July 29th 2017

54 John Otis, "'We loot or we die of hunger': food shortages fuel unrest in Venezuela", *The Guardian*, January 21st 2018

本土主義回歸

二〇一六年，全球轉向了更為民族主義的路線。首先，英國公投決定脫離歐盟。接著，川普以貿易保護主義者的身分當選美國總統（儘管總票數輸給對手三萬票）。在撰寫本書的時候，要說英國脫歐公投對歐洲貿易造成多大的破壞還為時過早，不過川普緊接著就對某些產品（鋼和鋁）及某些國家（特別是中國）徵收關稅。

目前很難知道美國與中國之間的貿易戰將如何收場。不過在與墨西哥和加拿大的談判中，川普似乎遵循一套威逼利誘的戰略。同樣的模式也可能運用在中國方面，但更令人擔憂的是支持川普做法的意識型態。首先，川普似乎認為，貿易逆差不但是美國的損失，亦是對方作弊造假的信號。該想法是重商主義的復興，而斯密在一七七六年就否定了這套哲學。在現實生活中，貿易逆差反映了國內儲蓄與投資之間的不平衡，如果投資超過儲蓄，那麼經濟必須從外國吸引資本，而這部分只能透過經常帳赤字來實現。從另一角度來看，美國人儲蓄太少，進口消費太多，這兩個因素都與外國無關。

第二個問題是，川普似乎誤以為關稅是由外國公司繳納，但其實繳納關稅的是進口商品的公司。進口這類商品的企業將不得不降低利潤（代表投資者的紅利減少）以承擔額外成本，或者他們可能必須調降員工薪資或調漲消費者購買的價格以彌補這些成本。在許多情況下，進口的貨品可能只是即將出口產品的零件，因此川普徵收關稅反而降低美國公司的競爭力。當然，美國企業也可能轉向找國內供應商，但國內供應商的成本肯定更高，若非如此，美國企業一開始也不會選擇進口。

最終的結果是導致經濟效率降低。雖然川普的關稅不如二戰前盛行的關稅那樣誇張，但美國智庫稅務基金會（Tax Foundation）的一項調查計算出，如果所有威脅性質的關稅都付諸實施，美國的ＧＤＰ將下降約百分之零點六，薪資水準將下降百分之零點四，就業人數將減少約四十六萬人[55]。

過去三百年來，世界經歷了長期成長，但偶爾也會出現危機。如果中斷了運往新加坡港和菲力克斯托港的貨運貿易模式，那就很可能引爆下一場危機。

55　Erica York, Kyle Pomerleau and Robert Bellafiore, "Tracking the economic impact of US tariffs and retaliatory actions", https://taxfoundation.org/tracker-economic-impact-tariffs/

結語

全球經濟是一個不停變化的故事。想看看這本平凡不起眼的書，印刷技術自五百多年前發展起來，文書出版有很長一段時間基本上沒有什麼變化，但後來出版產業迅速發展起來。首先是十九世紀，公共圖書館有了大規模擴張，使書籍可以接觸到更多的讀者群。隨著二十世紀廉價平裝書的發展，書籍的傳播範圍更加廣泛。在二十一世紀，亞馬遜的崛起意味著，購書者可以買到比任何一家實體書店庫存量還要多的出版物，並將這些書運送到府。而電子閱讀器也改變人們看書的模式。

變化與貿易就像連體嬰，整個經濟歷史就是人與人之間的連結。接觸的人越多，這些連結就可能越有幫助。我們不是尋找專業人士幫忙，就是找到某個人提供我們想要但自己無法提供的商品或服務。

本書已盡量避免使用艱澀的公式，但請思考一個簡單的數學問題。如果現在有三個人，他們將以三種方式進行連結：A可以與B交易，也可以與C交易，而B可以與C交易。四個人的話，則有六種連結方式，五個人的話，會有十種連結方式。那麼公式就是 *n*（代表人數）乘以 *n-1*，然後除以二。因此，隨著世界上的人口越來越多，潛在的連結數量（或交易次數）也會急劇增加。

構成現代經濟的許多要素，比如遠距離貿易乃至於金融工具，都已經存在數千年之久。過去數千年以來的改變就是越來越多人納入經濟網絡，並建立起更多的連結。正因如此，世界變得更加富裕，人們也變得更高大且更長壽。

狩獵採集者主要依靠自己的資源維生。農夫專門從事農業生產，所以需要透過貿易獲得自己不生產的物品。農業社會創造出精英階層，這些人追求來自遙遠國度的絲綢和珠寶等奢侈品。各大帝國在其境內建立了「單一市場」，商人可以在此進行貿易。

伊斯蘭商人與後來的義大利商人建立起合夥關係結構，使遠距貿易變得更加容易。歐洲的商人們強行進入亞洲、接著是美洲。鐵路與蒸汽船的發明降低運輸成本，使得穀物和（冷凍）肉類等基本商品可以銷往世界各地。電報、電話和網路提升了通訊與資訊蒐集的速度，並降低成本。全球人口約七十五億，因此潛在連結數量為二十八後面加上十八個零，或二千八百京。

貿易可以帶來好處。一項針對戰後高成長國家的研究顯示，那些實現人均年收入成長百分之三或以上的國家，其貿易也有類似的成長。相比之下，那些經濟成長微乎其微或負成長的國家，其貿易表現也相對黯淡[1]。當然，相關性不代表具有因果關係，但如果比較南韓與中國在戰後三十年的經濟成長紀錄來看，南韓對出口的重視已經大致說明其之所以成功的原因。

現代經濟是一個錯綜複雜到令人眼花撩亂的領域，相互之間有著龐大的連結關係。那些認為自己可以打破整個系統並重新起頭的政治家們，正面臨巨大風險。英國與荷蘭跨國消費品公司聯合利華在全球一百九十個國家開展業務，估計每天有二十五億人使用他們家的商品，無論是品嘗一杯PG Tips的茶飲、用多芬（Dove）香皂洗臉，還是拿Domestos清潔劑消毒馬桶[2]。然而參與製造和配送這些商品的人更多，不只是那些在聯合利華工廠工作的人，還有一些人生產聯合利華使用的原物料、一些人駕駛卡車或船舶將貨物運往世界各地、其他管理這些貨物銷售的商家們。如果說，拉拔一個孩子長大成人，需要一整個村莊的努力，那麼添購一個家庭的用品就需要傾全世界之力。

這種協調的成果是任何人都不可企及的。蘇聯解體後，俄羅斯一名官員聯絡了經濟學家保羅・席布萊特（**Paul Seabright**），他渴望瞭解市場的運作情形：「告訴我，比方說，是誰負責向倫敦居民供應麵包[3]？」對任何在西方經濟文化中長大的人來說，這個問題聽來荒唐可笑。麵包就在商店裡，我們連想都不用想。大型超市可以粗略估計其顧客每天購買的數量，然後再向大型烘培坊訂購；規模較小的專賣店也是如此計算。即使有人抱怨價格，也不用排隊購買麵包。

經濟學家理查・鮑德溫（**Richard Baldwin**）將經濟發展描述成一個「拆解」（**unbundling**）過程[4]。首先，我們會消耗自己生產的東西；接著再消耗一些我們當地城鎮或村莊其他人生產的東西；再來，由於蒸汽船的出現，我們開始消耗一些從遙遠地方生產的東西。在現代經濟中，該系統的每個要素都是「拆開的」，由不同的人設計商品、製造零件、組裝、銷售、運輸、出售以及消費。

這個系統確實涉及貪婪和浪費，在某些地區和領域，還有剝削情事發生。許多人擔心環境惡化的威脅。舉個例子，加拿大海岸曾經擁有豐富的鱈魚資源，吸引維京人和巴斯克（**Basque**）水手冒著生命危險，橫渡大西洋前來。鱈魚乾的蛋白質含量將近百分之八十，到十六世紀中葉，歐洲人吃的魚有百分之六十都是鱈魚。但後來工業化發展的技術應用到深海捕撈，漁業加工船使用漁網沿著海底拖行，造成嚴重破

1　Jagdish Bhagwati, *In Defense of Globalization*, op. cit.
2　Unilever Annual Report and Accounts, 2017, https://www.unilever.com/Images/unilever-annual-report-and-accounts-2017_tcm244-516456_en.pdf
3　Paul Seabright, *The Company of Strangers: A Natural History of Economic Life*
4　Richard Baldwin, "A long view of globalisation in short", December 5th 2018, https://voxeu.org/content/long-view-globalisation-short-new-globalisation-part-5-5

壞。到一九九〇年代，加拿大不得不暫停捕撈鱈魚[5]。

在接下來的幾十年裡，人類對氣候的影響可能帶來巨大的經濟損失。除非採取行動減少碳排放，否則全球氣溫可能升高攝氏兩度以上，甚至高達四度到五度。氣候對各地造成參差不齊的影響。雖然像加拿大這樣的國家，可能會因為更高的溫度獲得更多的作物產量，但發展中國家就並非如此。溫暖的氣候可能代表害蟲會增加，亦會帶來極端天氣，比如洪水、乾旱及暴風雨等破壞農作物。風暴雨和洪水也會襲擊各城市，造成財物損失，這種影響將隨著海平面上升而加劇。

氣候變遷是典型的「集體行動」（collective action）問題，除非其他國家也採取同樣的行動，否則消費者、企業和政府不會願意自動削減自己的能源消耗量。私部門能夠提供的幫助是開發新技術，以更低成本生產再生能源，或是提高住宅或現有設備的能源效率。但要妥善解決這個問題，可能需要採取一些國際行動，例如跨境徵收碳排放稅。

然而，那些認為政府規劃能夠自動減少環境遭開發利用的人，應該重新審視他們的假設。比如說，中國的干涉主義立場比歐洲和北美強烈，但其空氣汙染紀錄卻很糟糕。另一個環境破壞的例子是鹹海，它曾是世界上第四大湖泊，結果蘇聯使用灌溉系統抽取湖水，導致湖泊一分為二，之後東側的湖逐漸乾枯，現在它的規模只占以前的極小部分。由政府負責規劃並不代表環境就能受到保護。

當然，這麼說並不是指政府不重要，就像本書前面所說的，政府存在的目的不只是維護秩序和保衛家國。私人企業需要政府來教育勞工、維持勞工身體健康（在大多數國家），也需要政府修建道路和基礎設施，以便將其商品和服務帶到市場。國家亦提供法律體系，企業透過法律制度執行合約。從歷史的觀點來看，國家為現代生活中一些重要的技術提供了動力和資金，從網際網路到衛星導航系統，再到救命藥物的研發。

本書避免使用「新自由主義」（neoliberalism）一詞，因為該術語似乎是用來形容國家逐漸淡出並由私人企業取而代之。但綜觀經合組織（已開發國家的俱樂部）的成員國來看，你會發現三十五個國家中只有兩個國家（智利和愛爾蘭）的公共支出在二〇一五年低於GDP的百分之三十，另外三十一個國家的支出在GDP的百分之三十到五十五之間，其餘兩個國家（芬蘭和法國）則是超過百分之五十五[6]。如果說國家有任何淡出的跡象，那也是非常微不足道的程度。公眾以勢不可擋的態度，強力要求國家把錢花在醫療、教育和退休金等服務系統上。

西方經濟模式現在面臨巨大的挑戰。在中國，政府運行的是一種專制資本主義模式，雖然允許市場運作，但必須受到政府的嚴格監督。中國政府不但沒有隨著經濟繁榮而變得更加民主，反倒是變得更加難以容忍異議。然而即便如此，其他發展中國家仍可能會嚮往中國模式，尤其是在看到西方國家近來發生的一連串問題。此外，中國無論是成功還是失敗，都是一種威脅。中國一直保持著快速成長狀態，但其金融體系的不足之處最終可能招致崩潰。而且中國的規模夠大，若經濟危機爆發，將不可避免地會給世界其他地方帶來問題，但其他國家在預防此風險方面能做的努力有限。

我們在各方面的生活品質能夠提升，都是經濟變遷帶來的發展。直到一九四〇年，百分之二十的美國家庭還沒有電燈，百分之三十的家庭沒有自來水[7]。擁有更好的衛生條件才有更健康的身體；一八七〇年時，百分之二十五的美國兒童活不過五歲，現在這個數字已經降到百分之一，而壽命超過六十五歲的人口比例也從百分之三十四上升到百分之七十七[8]。

---

5 Kurlansky, *Cod*, op. cit.

6 資料來源：https://data.oecd.org/gga/general-government-spending.htm。

7 Gordon, *The Rise and Fall of American Growth*, op. cit.

8 同上註。

圖十

更強大的經濟支持更龐大的人口

世界人口（單位：十億）

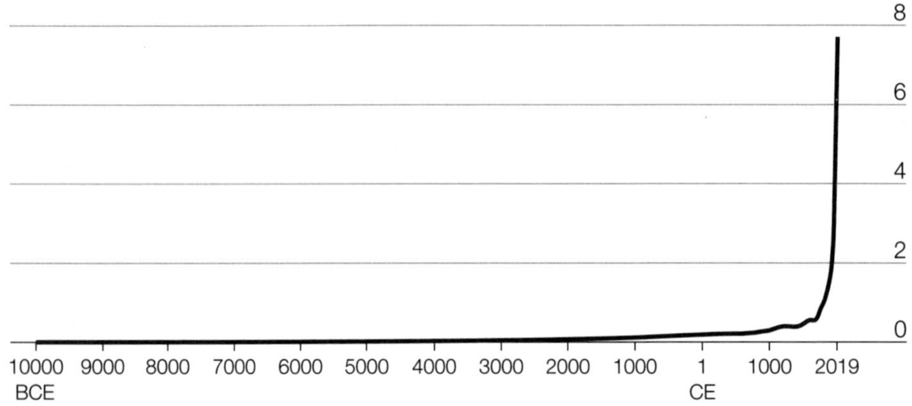

資料來源：Our World In Data

全世界各地也發生戲劇性的變化。一八二〇年，已開發國家中人口的預期壽命為三十六歲，其餘國家為二十四歲；而到了二〇〇〇年，這個相關數字分別為七十九歲和六十四歲。同一時期，全球人口成長了六倍，人均收入成長了九倍（見圖十）[9]。雖然偶爾仍有可怕的饑荒發生，例如在一九八〇年的衣索比亞，或撰寫本書時的葉門，但這些事件比過去更為少見，馬爾薩斯的理論已被推翻。

過去三十年最令人振奮的消息就是，發展中國家逐漸追上已開發國家的經濟腳步。在一九八〇年，發展中國家的平均年收入為一千五美元，與一八三〇年美國人的收入相當（經通貨膨脹調整後）。到二〇一五年，發展中國家的平均收入為一萬一千美元，相當於美國在一九四〇年代的水準，這代表發展中國家在三十五年內追上了一個世紀多的進度[10]。中國是進步最多的國家，美國人均收入在一九七〇年時為中國的二十倍；到了二〇一〇年時，只剩下四倍的差距[11]。

誠然，中國仍有太多人過早死亡，仍有太多人生活在赤貧或接近赤貧狀態，但整體來看，情況有逐漸好轉。已故的漢斯．羅斯林（**Hans Rosling**）在與兒子、媳婦合寫的書中，陳述了他在全球會議上經常提問的十三個問題[12]。大多數人針對這些問題的答案都過於悲觀，例如他們沒有意識到，現在低收入國家有百分之六十的女孩已經完成小學教育、百分之八十的兒童已經接種疫苗、百分之八十的人獲得電力。最值得注意的是，儘管你在新聞上看到各種災難，但全球人口仍然成長了七倍，過去一世紀以來，每年死於自然災害的絕對人數已經減少一半。

經濟成長也往往使社會更加自由與寬容。一九九三年，在經濟衰退結束後的一段時間裡，有百分之六十四的美國人認為是移民造成了經濟衰退；到了一九九九年，在經濟繁榮的鼎盛時期，仍有同樣感受的人只剩百分之四十。貿易鼓勵開放的思想，因為貿易需要我們與來自其他文化、擁有其他抱負的人交流往來。這種開放本身促進了經濟成長，因為社會得益於有才幹的新移民，就像英國人對法蘭德斯紡織工或一九七〇年代對烏干達亞洲人所做的那樣。班傑明．佛里曼（**Benjamin Friedman**）認為：「當經濟成長處於停滯時，人們對於社會開放和流動性的態度也會相對強硬起來[13]。」

這些都不是理所當然之事。在撰寫本書的時候，一些政治家正鼓吹應減少與外國的關係、該將移民數量控制在最低限度，或是宣揚其他國家試圖欺騙國內勞工害他們失業。這些政策之所以具有吸引力，只是

9 Maddison, *Growth and Interaction in the World Economy*, op. cit.
10 Avent, *The Wealth of Humans*, op. cit.
11 Milanovic, *Global Inequality*, op. cit.
12 Rosling, *Factfulness*, op. cit.
13 Benjamin Friedman, *The Moral Consequences of Economic Growth*

因為二〇〇八年的危機似乎顯示，美國經濟運作出現嚴重的問題，以及經濟遭到操控而有利於富人和金融產業人員。

如果這樣的看法持續下去，我們將重蹈一九一四年至一九四五年的覆轍。正如經濟學家麥克勞斯基所寫的，腐敗社會的危險在於，公民開始覺得商業是一場零和遊戲，獲得成功的唯一途徑是盜竊或腐敗[14]。中國和印度之所以在過去三十年裡取得如此迅速的發展，是因為兩國人民被允許從自己的努力和聰明才智中獲利，並成為全球貿易市場的一部分。歐洲人和美國人在一八二〇年後的經濟進展程度令全世界震驚，如果歐美人忘記了這個經驗，那將是非常諷刺的事。

最後讓我們用一個比較樂觀的語調作結。在本書即將完成時，筆者參加了在倫敦國王十字區（King's Cross）舉行的「創業家第一」（Entrepreneur First）活動。這個活動的理念是想把聰明的年輕人聚集在一起，讓他們相互交流，然後成立新創事業。在此次活動中，先前的參加者正向投資者宣傳自己，其中有兩個部分令人印象深刻。第一，演講者來自世界各地，包括喀麥隆、中國、墨西哥和瑞士，其中許多人擁有頂尖大學的碩博士學位。第二，許多演講都與重要的社會問題有關，比如快速診斷敗血症、漏水檢測、診斷關節炎或減少製造混凝土所產生的碳排放。完美的宣傳簡報能引起觀眾的歡呼與喝采。

上述就是「經濟能夠實現什麼」的一項例子。公部門讓這些人接受高等教育，現在他們轉向私部門，由私部門來資助那些最終回饋整個社會的想法。三百年前，這些人不可能獲得這麼高的教育程度，也不可能遇到志同道合的夥伴，也不可能吸引到讓他們想法付諸實現所需的資金。但今天，他們有機會讓事情變得更好。

14 McCloskey, *Bourgeois Equality*, op. cit.

附錄 數字遊戲

經濟大蕭條是全球經濟史上最重大的事件。大蕭條爆發時，人們對於經濟的瞭解程度相當有限。關於國內生產總值（GDP）的概念直到一九四三年才被定義為「國民所得」，更別說什麼測量了。顧志耐接受美國參議院委員會的請託之後，建立國民所得衡量指標的任務便落到這位才華洋溢的經濟學家身上。在美國商務部（**Commerce Department**）和民間機構國家經濟研究局人員的協助下，顧志耐接手這項任務不到十二個月，便於一九三四年成功編制出一套國民所得帳（**national accounts**）計畫[1]，並於一九三七年提出更完整的報告。

這項任務的規模無論是從概念或邏輯來看都相當龐大。GDP的目標是衡量特定年份（或季度）內全部商品和服務所產生的最終財貨價值，於是需要對大大小小的企業進行全面調查，同時也要避免重複計算。就拿你早上吃的玉米片來說，農夫種植玉米，然後經過磨坊加工，有人負責製作紙箱和塑膠封套，接著貨車收費後，會將這些產品運送到商店，由超市來販賣，玉米片會經歷諸如此類的過程。但GDP只

1 Dirk Philipsen, *The Little Big Number: How GDP Came to Rule the World and What to Do about It*

能測量最終產出，若要反映過程中的其他環節，就必須只計算各階段的「附加價值」。

計算GDP有三種方式，我們可以計算總產出（我們製造的物品）、總支出（零售額、公司購買設備等）和總收入（薪資、利潤等）的價值[2]。理論上，三種計算結果應該一致，但實踐上通常存在一些不可避免的誤差。

計算你從全國新聞聽到的經濟成長數據，比方說，某季度成長百分之零點四，這個數據需要進行更多調整。如果我們的生產總值僅因通貨膨脹而上升，那麼經濟其實並沒有變得更好，因此這個數據必須重新計算以反映價格的變化；這就是所謂的GDP平減指數（GDP deflator）。最終得到的數據即是扣除通膨後的實質GDP。

GDP的最初預估值都是在該季度結束後的幾週內出爐，所以這些數據需要進行調整也不令人意外。這代表有時候政府宣布經濟衰退（即GDP連續兩個季度下滑）的數據未必準確，經過統計調整後的結果，可能衰退的情形沒有原先宣布的那麼多，二〇一二年的英國就發生過這種情況[3]。經合組織於一九九四年至二〇一三年期間的一項研究發現，平均而言，有十八個國家的GDP年度成長率在三年後上修了百分之零點二[4]。

作為衡量指標的GDP和密切相關的國民生產總值（GNP）[5]，遭受到許多的批評。美國參議員鮑比．甘迺迪（前美國總統甘迺迪的胞弟）在某次演講中指出，這種計算方式雖然涵蓋了槍枝、汽油彈和監獄的價值，但是：

> 國民生產總值並沒有算到我們孩童的健康、教育品質以及遊戲帶給他們的喜悅；也沒有算到詩歌的優美、婚姻的力量、公共論述的智慧或官員的正直。它既無法衡量我們的機智與勇氣，也無法衡量

我們的智慧或學識，更不能衡量我們的憐憫以及對國家的奉獻精神。總之，GNP衡量了一切，卻未衡量對生命有意義的事物[6]。

英國《金融時報》記者（也是我的前同事）凌大為（David Pilling）撰文指出，GDP具有五大缺點。GDP在測量實品價值方面比測量服務價值方面好；無法反映消費者福利方面的獲益，例如在網上購買低廉商品的能力（事實上，這種交易可能會降低GDP）；無法說明收入或財富分配情況；雖然普遍認為GDP數值越高越好，但事實可能並非如此（如在二〇〇八年金融產業占GDP比例擴大就是個問題）；GDP測量的是現金交易，如毒品買賣和賣淫，卻沒有測量到照顧家人或整理家務的勞動[7]。

儘管GDP的計算方法可能不盡完美，但至少可以讓當選的政治家和各央行大致瞭解經濟的運作情況，從而制定相應的政策。在第一次世界大戰以前，政治家往往認為經濟的健全與否是超出他們的控制範圍的，而央行則專注於穩定貨幣價值或控制國內通貨膨脹（通常是同一件事）。後來經濟大蕭條催生出政

---

2 請參見：Tim Callen, "Gross Domestic Product: an economy's all", http://www.imf.org/external/pubs/ft/fandd/basics/gdp.htm。

3 "UK double-dip recession revised away", BBC News, June 27th 2013

4 Jorrit Zwijnenburg, "Revisions of quarterly GDP in selected OECD countries", July 2015, http://www.oecd.org/sdd/na/Revisions-quarterly-GDP-selected-OECD-countries-OECDSB22.pdf

5 GNP包括在國外賺取、不在國內產生的收入。出口商品是GDP的一部分；海外工廠的利潤則會計入GNP裡。

6 源自鮑比·甘迺迪一九六八年三月十八日在堪薩斯競選集會上的演講內容。他於同年六月遭人暗殺。

7 本概要摘自《世界經濟論壇》（*World Economic Forum*）網站上的文章，參考網址：https://www.weforum.org/agenda/2018/01/gdp-frog-matchbox-david-pilling-growth-delusion/。凌大為的著作是《你的幸福不是這個指數：透視經濟成長數據的迷思》（*The Growth Delusion*）。

治家管理經濟循環週期的需求，所以若無GDP之類的測量指標，處理起來將更加困難。

通貨膨脹

衡量其他經濟面向也非易事。通貨膨脹聽起來簡單，只要計算物價上漲的情況，但要計算哪些物價呢？傳統答案是，在調查完消費者之後，整理出一組「有代表性的消費物品組合」。但是我們每個人都有不同的消費模式。按支出比重來看，窮人會將更多的收入花費在食物、房租和暖氣等基本生活開支方面，對處境困難的家庭而言，得知個人電腦的價格下降並不是什麼令人寬慰的事。因此，很難找到一組能夠反映所有消費者生活水準變化的衡量標準。

價格指數亦有其他問題。消費模式並非固定不變：如果牛肉比較貴，人們可能會改買雞肉。對許多家庭來說，最大的支出之一是繳納抵押貸款，但央行若試圖解決通膨問題，往往會推高利率，從而增加抵押貸款的成本。說起來有點矛盾，這表示央行控制通膨的努力可能會在短期內推高通膨情況，因此央行通常會採取忽略抵押貸款成本的指標。

央行可能會將石油和糧食等大宗商品排除在目標指標之外，由於這類商品價格的變化可能會受到中東局勢緊張或收成不佳的影響，而並非經濟基本面的問題。另一個問題可能是匯率一次性貶值，進而抬高進口價格。這種情況發生在二〇一六年六月英國脫歐公投之後，當時英國央行選擇關注國內產生的通膨，而不是在市場信心不穩時提高利率。

當這些調整全部完成以後，央行很可能鎖定一組「核心」的通膨指標，這些無法反映典型消費者生活水準的實際變化。

另一個難以處理的問題是，針對產品品質的變化來調整價格；換句話說，即當我們以相同的價格獲得更多功能時。本書的概述中介紹了從火到蠟燭，再到LED燈泡的光線品質變化。智慧型手機的運算能力，比美國太空總署將阿波羅十一號（Apollo 11）送上月球時還強大[8]。與一九七〇年代的電視相比，現代電視的重量更輕、更不易故障、節目頻道也更多元。經濟學家試圖針對這些「享樂」的改善來進行調整，但可能辦不到。

所有的這些反對意見也都適用於GDP平減指數方面，所以在高估或低估通膨的同時，經濟學家可能也高估或低估了實質GDP的成長。

失業率

另一個經常引用的經濟表現指標是失業率。同樣地，在現代國家的形成和引進失業保險以前，失業率是很難測量的且準確性也不高。計算失業率顯然應該排除在校學生、年邁虛弱的人或是照顧幼童的父母，但實際上很難劃定清楚的界線。舉例來說，有些人在法定退休年齡後繼續工作；大學生利用假期打工；照顧幼兒的父母或照顧長者的人可能會想從事兼職工作，或者若有其他照護安排選擇的話，甚至想從事全職工作。

8　Tibi Puiu, “Your smartphone is millions of times more powerful than all of NASA’s combined computing in 1969”, ZME Science, September 10th 2017

評估失業率的常見指標是「失業和申請救濟金的人數」，但這是相當狹隘的定義。政府希望控制公共開支，從而限制領取失業救濟金的權利，不希望人們輕易選擇國家救濟來取代就業，所以政府可能會拒絕那些因工作麻煩、工時不固定、通勤距離遠、條件不符等理由而拒絕工作的申請者。

衡量就業的最主要指標是勞動力參與率：即適齡的勞動人口與就業人口的比例，我們由此可以推斷出有多少人沒有加入就業市場。截至二〇一九年六月，美國官方失業率為百分之三點八，但沒有進入勞動市場的人口占百分之三十七。[9]

兼職工作的存在只會增加勞動人口測量的複雜性。一些人樂於每週工作十五個小時，可能是因為這樣符合他們的生活模式，比如有人需要到學校接送小孩。而一些人只做兼職工作的原因，可能是找不到全職工作，所以這種情況很可能出現「低度就業」（underemployment）和失業的問題。

另外，每個月都會有大量其他數據公布出來，這些數據都有各自在測量和定義方面的問題。比如說，對企業和消費者進行的調查，會詢問受訪者是否「有信心」、銷售或新訂單的情況是否「比平常好」、「比預期差」等等。但調查結果難免過於主觀、容易過度分析。指數從五十二掉到五十一看似令人擔憂，但結果可能只是隨機事件。

難處理的任務

然而各國政府和央行必須根據這些數據制定經濟政策，這項任務被比喻為只能盯著模糊的照後鏡開車。更糟糕的是，改變稅收或利率等貨幣和財政措施的影響，可能需要一到兩年的時間才會產生。等到這些措施奏效時，經濟狀況可能發生重大轉變。

由於經濟變量之間的關係可能發生變化，政策制定者面臨的困難變得更加嚴重。以菲力普曲線為例，該曲線是以紐西蘭經濟學家威廉・菲力普（William Phillips）的研究來命名，他研究一八六一年至一九五七年期間英國失業率和通膨率的關係[10]。菲力普發現，失業率越低，通膨率會越高。符合邏輯的解釋是，由於勞工越來越難找到，僱主不得不提供更高的工資，使得企業需要收取更高的賣價。一九六〇年代，各國政府爭論不休的問題是：為了減少失業率，可以容忍通膨率上升到什麼程度。

接著，一九七〇年代出現了停滯性通貨膨脹，即高通膨和高失業率同時出現。傅利曼和艾德蒙・費爾普斯（Edmund Phelps）認為，高通膨和低失業率之間不可能存在長期的權衡取捨，而且勞動市場會有一個「自然的」失業率；試圖迫使失業率低於自然失業率只會導致物價上漲[11]。

但一九九〇年代末和二〇〇〇年代初又出現另一種變化，通貨膨脹率和失業率之間的關係似乎消失了。在美國，失業率從百分之十降到僅略高於百分之四，而通膨率仍維持在百分之一至二的範圍內[12]。各國央行再度面臨難題。從理論上來看，勞動力市場緊縮應該會導致薪資上漲，進而引發通膨，所以銀行需要採取行動，預先制止這種可能性。但如果理論是錯誤的，那麼將毫無採取緊縮政策的理由。

9　資料來源：the St Louis Federal Reserve, https://fred.stlouisfed.org/series/CIVPART。這裡有個優良且易於使用的經濟資料庫。

10　更詳盡的解釋請參見：Kevin D. Hoover, "Phillips Curve", http://www.econlib.org/library/Enc/PhillipsCurve.html。

11　現在這個被稱為非加速通貨膨脹失業率（non-accelerating inflation rate of unemployment，簡稱ＮＡＩＲＵ）。

12　"The Phillips curve may be broken for good", *The Economist*, November 1st 2017

不停力求完善

經濟學家經常因為對經濟衰退等重大事件的預測失敗而淪為笑柄，有個老笑話說，如何看出經濟學家有幽默感？因為他們在預測中加入小數點。統計機構一直試圖改善數據以提高其準確性，而經濟學家總是在測試變項之間的過去關係，看看哪些政策可能奏效。

網路的出現代表人類可以比以前蒐集到更多關於經濟活動的消息（例如城外購物中心停放的汽車數量），而且經濟學家可以利用強大的電腦運算能力來處理數據。但我們永遠無法達到能夠準確預測經濟前景的階段，因為經濟學是一門社會科學而非物理科學。

當化學家預測兩種物質反應的結果時，這些物質並不知道預測的存在，但如果人們確信明年將出現衰退，他們會立刻變得更加謹慎，消費者會縮減支出、企業會推遲投資和新訂單。如此一來，衰退將會提前到來，導致預測變得不準確。因此至少在預測方面，外界應該多給予經濟學家一點寬容的餘地。

參考書目

以下是本書所參閱的相關書籍和學術論文清單。報章雜誌、部落格文章與數據來源則已經註記於本書內文註釋中。

Abu-Lughod, Janet L. *Before European Hegemony: The World System AD 1250–1350*, Oxford University Press, 1989

Acemoglu, Daron, and Restrepo, Pascual "Robots and jobs: evidence from US labor markets", nBER working paper 23285, 2017

Acemoglu, Daron, and Robinson, James A. *Why Nations Fail: The Origins of Power, Prosperity, and Poverty*, Penguin Random House, 2012

—— "Why did the West extend the franchise? Democracy, inequality and growth in historical perspective", http://web.mit.edu/daron/www/ qje_kuz6.pdf, 2000

Ahamed, Liaquat *Lords of Finance: 1929, The Great Depression, and the Bankers who Broke the World,* Windmill Books, 2010

Aldred, Jonathan *Licence to be Bad: How Economics Corrupted Us*, Allen Lane, 2019

Allen, G.C. *A Short Economic History of Modern Japan 1867–1937*, Palgrave Macmillan, 1981

Allen, Robert C. *The British Industrial Revolution in Global Perspective*, Cambridge University Press, 2009

—— *Global Economic History: A Very Short Introduction*, Oxford University Press, 2011

—— "Engels' pause: technical change, capital accumulation and inequality in the British industrial revolution*", Explorations in Economic History*, vol. 46, no. 4, October 2009

Andersson, Jens, and Berger, Thor "Elites and the expansion of education in 19th-century Sweden", http://portal.research.lu.se/ws/ files/13625993/LUP149.pdf, 2016

Ang, Yuen Yuen *How China Escaped the Poverty Trap*, Cornell University Press, 2016

Angell, Sir norman *The Great Illusion*, Cosimo Classics, 2007

Applebaum, Anne *Red Famine: Stalin's War on Ukraine*, Penguin Random House, 2017

Avent, Ryan *The Wealth of Humans: Work and Its Absence in the TwentyFirst Century*, Penguin, 2017

Backhouse, Roger *The Penguin History of Economics*, Penguin, 2002

—— and Bateman, Bradley, nishizawa, Tamotsu, and Plehwe, Dieter, eds, *Liberalism and the Welfare State: Economists and Arguments for the Welfare State*, Oxford University Press, 2017

Bagehot, Walter *Lombard Street: A Description of the Money Market*, Dodo Press, 2006 (originally published in 1873)

Bairoch, Paul *Victoires et déboires II: Histoire économique et sociale du monde du XVIe siècle à nos jours,* Folio, 1997

Bakker, Jan, Maurer, Stephan, Pischke, Jörn-Steffen, and Rauch, Ferdinand "Trade and growth in the Iron Age", August 23rd 2018, https://voxeu.org/article/trade-and-growth-iron-age

Baldwin, Richard *The Great Convergence: Information Technology and the New Globalization*, Harvard University Press, 2016

Bartels, Larry *Unequal Democracy: The Political Economy of the New Gilded Age*, Princeton University Press, 2016

Bartlett, Robert *The Making of Europe: Conquest, Colonization and Cultural Change 950–1350*, Penguin, 1994

Bayly, C.A. *The Birth of the Modern World 1780–1914*, Wiley-Blackwell, 2004

Beckert, Sven *Empire of Cotton: A New History of Global Capitalism*, Penguin, 2014

Bennett, Karen "Disappearance of the Aral Sea", World Resources Institute, May 23rd 2008, http://www.wri.org/blog/2008/05/ disappearance-aral-sea

Bernstein, William *A Splendid Exchange: How Trade Shaped the World*, Atlantic Books, 2009

Bhagwati, Jagdish, *In Defense of Globalization*, Oxford University Press, 2004

Bideleux, Robert, and Jeffries, Ian *A History of Eastern Europe: Crisis and Change*, Routledge, 2007

Blanchard, Olivier, and Summers, Lawrence "Hysteresis and the European unemployment problem", https://www.nber.org/chapters/ c4245.pdf, 1986

Blum, Jerome "The rise of serfdom in Eastern Europe", *The American Historical Review*, vol. 62, no. 4, July 1957

Blundell-Wignall, Adrian "The private equity boom: causes and policy issues", https://www.oecd.org/finance/financial-markets/40973739. pdf, 2007

Bootle, Roger *The Death of Inflation: Surviving and Thriving in the Zero Era*, nicholas Brealey Publishing, 1996

Bourguignon, François, and Morrisson, Christian "Inequality among world citizens 1820–1992", *American Economic Review*, vol. 92, no. 4, February 2002

Bradley, Simon *The Railways: Nation, Network and People*, Profile Books, 2016

Braudel, Fernand *Civilization & Capitalism, 15th–18th Century, Volume 1: The Structures of Everyday Life*, Fontana, 1985

—— *Volume 2: The Wheels of Commerce*, Fontana, 1992

—— *Volume 3: The Perspective of the World*, Fontana, 1992

Broadberry, Stephen, and Harrison, Mark *The Economics of the Great War: A Centennial Perspective*, Vox e-book, november 2018

Bulmer-Thomas, Victor *The Economic History of Latin America Since Independence*, second edition, Cambridge University Press, 2003

Burkacky, Ondrej, Deichmann, Johannes, Doll, Georg, and Knochenhauer, Christian "Rethinking car software and electronics architecture", February 2018, https://www.mckinsey.com/industries/automotive-and-assembly/our-insights/ rethinking-car-software-and-electronics-architecture

Burroughs, Bryan, and Helyar, John *Barbarians at the Gate*, Arrow, 2010

Cannadine, David *Victorious Century: The United Kingdom 1800–1906*, Penguin, 2018

Card, David, and Dinardo, John "Skill-biased technological change and rising wage inequality: some problems and puzzles", http:// davidcard.berkeley.edu/papers/skill-tech-change.pdf, 2002

Caro, Robert A. *The Years of Lyndon Johnson: The Path to Power*, Vintage, 1983

Chanda, nayan *Bound Together: How Traders, Preachers, Adventurers, and Warriors Shaped Globalization*, Yale University Press, 2008

Chang, Ha-Joon *Economics: The User's Guide*, Pelican, 2014

Chernow, Ron *Alexander Hamilton*, Head of Zeus, 2017

Cipolla, Carlo M. *Before the Industrial Revolution: European Society and Economy, 1000–1700*, third edition, Routledge, 1993

Clark, Christopher *The Sleepwalkers: How Europe Went to War in 1914*, Penguin, 2013

Clark, Grahame "Traffic in stone axes and adze blades", *The Economic History Review*, 1965

Clark, Greg *Global Cities: A Short History,* The Brookings Institution, 2016

Clark, Gregory *A Farewell to Alms: A Brief Economic History of the World*, Princeton University Press, 2007

Clark, Gregory, and Van der Werf, Ysbrand "Work in progress? The Industrious Revolution", *The Journal of Economic History*, vol. 58, no. 3, September 1998

Coggan, Philip *Paper Promises: Money, Debt and the New World Order*, Allen Lane, 2011

Collier, Paul *The Bottom Billion: Why the Poorest Countries Are Failing and What Can Be Done About It*, Oxford University Press, 2007

Crafts, n.F.R., and Harley, C.K. "Output Growth and the British Industrial Revolution: A Restatement of the Crafts-Harley View", *The Economic History Review*, vol. 45, no. 4, november 1992

Crafts, nicholas and Venables, Anthony J. "Globalization in History: A Geographical Perspective", http://www.nber.org/chapters/c9592, 2003

Cunliffe, Barry *By Steppe, Desert, & Ocean: The Birth of Eurasia*, Oxford University Press, 2015

Dallek, Robert *Franklin D. Roosevelt: A Political Life*, Allen Lane, 2017

Darwin, John *After Tamerlane: The Rise & Fall of Global Empires 1400–2000*, Penguin, 2008

Davies, Aled "The evolution of British monetarism: 1968–1979", October 2012, http://www.nuff.ox.ac.uk/Economics/History/Paper104/ davies104.pdf

Davies, norman *Europe: A History*, Oxford University Press, 1996

Davis, Lance E., and Huttenback, Robert E. "The political economy of British imperialism: measures of benefits and support", *The Journal of Economic History*, vol. 42, no. 1, 1982

De Callataÿ, François "The Graeco-Roman economy in the super longrun: lead, copper and shipwrecks", *Journal of Roman Archaeology*, vol. 18, 2005

Derry, T.K., and Williams, Trevor I. *A Short History of Technology*, Dover Publications, 1993

De Vries, Jan *The Industrious Revolution: Consumer Behavior and the Household Economy, 1650 to the Present*, Cambridge University Press, 2008

Diamond, Jared *Collapse: How Societies Choose to Fail or Survive*, Allen Lane, 2005

—— *Guns, Germs and Steel*, Vintage, 1998

Dikötter, Frank *Mao's Great Famine: The History of China's Most Devastating Catastrophe 1958–1962*, Bloomsbury, 2017

Domanski, Dietrich, Scatigna, Michela, and Zabai, Anna "Wealth inequality and monetary policy", BIS, March 2016, https://www.bis. org/publ/qtrpdf/r_qt1603f.htm

Donkin, Richard *Blood, Sweat & Tears: The Evolution of Work*, Texere Publishing, 2001

Dormael, Armand van *Bretton Woods: Birth of a Monetary System*, Palgrave, 1978

Drutman, Lee *The Business of America is Lobbying: How Corporations Became Politicized and Politics Became More Corporate*, Oxford University Press, 2015

Easterly, William *The Elusive Quest for Growth: Economists' Adventures and Misadventures in the Tropics*, MIT Press

Edens, Christopher "Dynamics of trade in the ancient Mesopotamian world system", *American Anthropologist*, vol. 94, no. 1, 1992

Edgerton, David *The Rise and Fall of the British Nation: A TwentiethCentury History*, Penguin, 2018

—— *The Shock of the Old: Technology and Global History since 1900*, Profile Books, 2019

Eichengreen, Barry *The European Economy since 1945: Coordinated Capitalism and Beyond*, Princeton University Press, 2008

—— *Globalizing Capital: A History of the International Monetary System*, Princeton University Press, 2008

—— *Golden Fetters: The Gold Standard and the Great Depression 1919–1939*, Oxford University Press, 1995

—— "The British economy between the wars", April 2002, https://eml. berkeley.edu/~eichengr/research/floudjohnsonchaptersep16–03.pdf

Eichengreen, Barry, and Hatton, Tim "Interwar unemployment in international perspective", IRLE, http://www.irle.berkeley.edu/ files/1998/Interwar-Unemployment-In-International-Perspective.pdf

Eichengreen, Barry, and Mitchener, Kris "The Great Depression as a credit boom gone wrong", BIS working papers, no. 137, https://www. bis.org/publ/work137.pdf, 2004

Eichengreen, Barry, and Wypolsz, Charles "The unstable EMS", https:// www.brookings.edu/wp-content/uploads/1993/01/1993a_bpea_ eichengreen_wyplosz_branson_dornbusch.pdf

Eltis, David, and Engerman, Stanley L. "The importance of slavery and the slave trade to industrialising Britain", *Journal of Economic History*, vol. 60, no. 1, March 2000

Epstein, Steven A. *An Economic and Social History of Later Medieval Europe, 1000–1500,* Cambridge University Press, 2009

Erixon, Fredrik, and Marel, Erik van der "What is driving the rise in health care expenditures? An inquiry into the nature and causes of the cost disease", ECIPE working paper, no. 5, 2011

Evans, Richard J. *The Coming of the Third Reich*, Allen Lane, 2003

—— *The Pursuit of Power: Europe 1815–1914*, Allen Lane, 2016

—— *The Third Reich in Power*, Allen Lane, 2005

Federico, Giovanni *Feeding the World: An Economic History of Agriculture 1800–2000*, Princeton University Press, 2005

Feinberg, Richard A., and Meoli, Jennifer "A brief history of the mall", *Advances in Consumer Research*, vol. 18, no. 1, 1991

Fenby, Jonathan *The Penguin History of Modern China: The Fall and Rise of a Great Power*, Penguin, 2019

Ferguson, niall *Civilization: The West and the Rest*, Allen Lane, 2011

—— *The Pity of War: Explaining World War I*, Allen Lane, 1998

Fernihough, Alan, and O'Rourke, Kevin Hjortshøj "Coal and the European Industrial Revolution", https://www.economics.ox.ac.uk/ materials/papers/13183/Coal%20-%200%27Rourke%20124. pdf, 2014 Findlay, Ronald, and O'Rourke, Kevin H. *Power and Plenty: Trade, War, and the World Economy in the Second Millennium*, Princeton University Press, 2009

Finley, M. I. *The Ancient Economy:* second edition, University of California Press, 1999

Fischer, Stanley, Sahay, Ratna, and Végh, Carlos A. "Stabilization and growth in transition economies: the early experience", *Journal of Economic Perspectives*, vol. 2, no. 10, Spring 1996

Fitoussi, J.-P., and Phelps, E.S. "Causes of the 1980s slump in Europe", https://core.ac.uk/download/pdf/6252244.pdf, 1986

Fogel, Robert "The impact of the Asian miracle on the theory of economic growth", nBER working paper 14967, https://www.nber. org/papers/w14967.pdf, 2009

Ford, Christopher *The Mind of Empire: China's History and Modern Foreign Relations*, University Press of Kentucky, 2010

Frankopan, Peter *The Silk Roads: A New History of the World*, Bloomsbury, 2015

Freeman, Christopher, and Perez, Carlota "Structural crises of adjustment, business cycles and investment behaviour", http://www.carlotaperez. org/downloads/pubs/StructuralCrisesOfAdjustment.pdf

Freeman, Joshua B. *Behemoth: A History of the Factory and the Making of the Modern World*, W.W. norton, 2018

Friedel, Robert *A Culture of Improvement: Technology and the Western Millennium*, MIT Press, 2010

Frieden, Jeffrey *Global Capitalism: Its Fall and Rise in the Twentieth Century*, W.W. norton, 2006

Friedman, Benjamin *The Moral Consequences of Economic Growth*, Knopf, 2005

Friedman, Milton *Essays in Positive Economics,* University of Chicago Press, 1966

Friedman, Milton, and Schwartz, Anna Jacobson (national Bureau of Economic Research), *A Monetary History of the United States, 1867–1960*, Princeton University Press, 1963

Galloway, J.H. "The Mediterranean sugar industry", *Geographical Review*, vol. 67, no. 2, April 1977

Go, Sun, and Lindert, Peter "The curious dawn of American public schools", nBER working paper 1335, 2007

Goldin, Claudia "The political economy of immigration restriction in the United States 1890 to 1921", in

The Regulated Economy: A Historical Approach to Political Economy, Claudia Goldin and Gary D. Libecap, eds, University of Chicago Press, 1994

—— "The role of World War II in the rise of women's work", nBER working paper 3203, https://www.nber.org/papers/w3203.pdf, 1991

Goldin, Claudia, and Margo, Robert "The great compression: the wage

structure in the United States at mid-century", nBER working paper 3817, https://www.nber.org/papers/w3817.pdf, 1991

Gollin, Douglas, Hansen, Casper Worm, and Wingender, Asger "Two blades of grass: the impact of the green revolution", Centre for Economic Policy Research, november 2016

Gordon, John Steele *The Business of America*, Walker Books, 2001

Gordon, Robert *The Rise and Fall of American Growth: The US Standard of Living since the Civil War*, Princeton University Press, 2016

—— "The demise of US economic growth: restatement, rebuttal, and reflections", nBER working paper 19895, 2014

Greenspan, Alan, and Wooldridge, Adrian *Capitalism in America: A History*, Allen Lane, 2018

Guendelsberger, Emily *On the Clock: What Low-Wage Work Did to Me and How It Drives America Insane*, Little, Brown and Company, 2019

Guest, Robert *The Shackled Continent: Africa's Past, Present and Future*, Pan Macmillan, 2004

Haensch, Stephanie, et al. "Distinct clones of *Yersinia pestis* caused the Black Death", *PLOS Pathogens*, October 7, 2010

Halberstam, David *The Fifties*, Fawcett Columbine, 1993

Hanawalt, Barbara *The Ties That Bound: Peasant Families in Medieval England*, Oxford University Press, 1986

Hansen, Valerie *The Silk Road: A New History*, Oxford University Press, 2012

Harari, Yuval noah *Sapiens: A Brief History of Humankind*, Vintage, 2015

Harford, Tim *Fifty Things That Made the Modern Economy*, Abacus, 2017

Harrison, Mark "The Economics of World War II: An Overview", in Mark Harrison, ed., *The Economics of World War II: Six Great Powers in International Comparison*, Cambridge University Press, 1998

Haskel, Jonathan, and Westlake, Stian *Capitalism Without Capital: The Rise of the Intangible Economy*, Princeton University Press, 2017

Hatton, Timothy, and Williamson, Jeffrey *Global Migration and the World Economy: Two Centuries of Policy and Performance*, MIT Press, 2008

Heather, Peter "The Huns and the end of the Roman Empire in Western Europe", *The English Historical Review*, vol. 110, no. 435, 1995

Heffer, Simon *The Age of Decadence: Britain 1880 to 1914*, Random House, 2017

Hellebrandt, Tomáš and Mauro, Paolo, "The future of worldwide income distribution", working paper 15–7, Peterson Institute for International Economics, April 2015

Hobbes, Thomas *Leviathan*, Penguin Classics, 2016 (originally published in 1651)

Hodkinson, Stephen "Female property ownership and status in Classical and Hellenistic Sparta", University of Manchester, 2003

Hourani, Albert *A History of the Arab Peoples*, Faber & Faber, 2013

Hsu, Jinn-Yuh, and Cheng, Lu-Lin "Revisiting economic development in post-war Taiwan: the dynamic process of geographical industrialization", *Regional Studies*, vol. 36, no. 8, 2002

Hu-Dehart, Evelyn "Chinese coolie labor in Cuba in the nineteenth century: free labour or neo-slavery?", *Contributions in Black Studies*, vol. 12, 1994

Huff, Gregg, and Majima, Shinobu "Financing Japan's World War II occupation of Southeast Asia", https://www.economics.ox.ac.uk/ materials/working_papers/2504/huffmajima109.pdf, 2013

Huwart, Jean-Yves, and Verdier, Loïc *Economic Globalisation: Origins and Consequences*, OECD Insights, OECD Publishing, 2013

Inglis, Brian *The Opium War*, Endeavour Ink, 2017

Irwin, Douglas *Clashing over Commerce: A History of US Trade Policy*, University of Chicago Press, 2017

Johnson, Simon, and Kwak, James *13 Bankers: The Wall Street Takeover and the Next Financial Meltdown*, Pantheon Books, 2010

Jones, Geoffrey *Multinationals and Global Capitalism: from the Nineteenth to the Twenty-first Century*, Oxford University Press, 2005

Judt, Tony *Postwar: A History of Europe Since 1945*, Vintage, 2010

Keay, John *India: A History*, HarperPress, 2010

—— *China, A History*, HarperCollins, 2009

Kennedy, David M. *Freedom from Fear: The American People in Depression and War 1929–1945*, Oxford University Press, 1999

Kesternich, Iris, Siflinger, Bettina, Smith, James, and Winter, Joachim "The effects of World War II on economic and health outcomes across Europe", https://www.ncbi.nlm.nih.gov/pmc/articles/PMC4025972/, 2014

Keynes, John Maynard *The Economic Consequences of Mr Churchill*, Royal Economic Society, 1925

—— *The Economic Consequences of the Peace*, Freeland Press, 2017 (originally published in 1919)

Kim, Kwan S. "The Korean miracle (1962–1980) revisited: myths and realities in strategy and development", https://kellogg.nd.edu/sites/ default/files/old_files/documents/166_0.pdf, 1991

Kindleberger, Charles P. *A Financial History of Western Europe*, Routledge, 2007

King, Stephen D. *Grave New World: The End of Globalisation, The Return of History*, Yale University Press, 2017

Krass, Peter *Carnegie*, John Wiley & Sons, 2002

Kriwaczek, Paul *Babylon: Mesopotamia and the Birth of Civilization*, Atlantic, 2012

Krugman, Paul *Peddling Prosperity: Economic Sense and Nonsense in the Age of Diminished Expectations*, norton, 1995

Kurlansky, Mark *Cod: A Biography of the Fish That Changed the World*, Vintage, 1999

Kynge, James *China Shakes the World: The Rise of a Hungry Nation*, W&n, 2006

Landes, David *The Wealth and Poverty of Nations*, Abacus, 1999

Levinson, Marc *The Box: How the Shipping Container Made the World Smaller and the World Economy Bigger*, Princeton University Press, 2016

Lindert, Peter H. *Key Currencies and Gold, 1900–1913*, Princeton Studies in International Finance, no. 24, 1969

Lopez, Robert S. *The Commercial Revolution of the Middle Ages 950–1350*, Cambridge University Press, 1976

Lowe, Keith *Savage Continent: Europe in the Aftermath of World War II*, Penguin, 2013

Lyons, Dan *Lab Rats: Why Modern Work Makes People Miserable,* Atlantic Books, 2019

Mabey, Richard *The Cabaret of Plants: Botany and the Imagination*, Profile Books, 2015

Maddison, Angus *Contours of the World Economy, 1–2030 AD*, Oxford University Press, 2007

—— *Growth and Interaction in the World Economy: The Roots of Modernity*, AEI Press, 2004

Mallaby, Sebastian *The Man Who Knew: The Life and Times of Alan Greenspan*, Bloomsbury, 2016

Mallet, Victor *The Trouble with Tigers: The Rise and Fall of South-East Asia*, HarperCollins Business, 1999

Malthus, Thomas, *An Essay on the Principle of Population*, Oxford World Classics, 2008 (originally published in 1798)

Mann, Charles C. *1493*: *Uncovering the New World Columbus Created*, Knopf, 2011

Mansfield, Peter *A History of the Middle East*, fourth edition, Penguin, 2013

Martin, Felix *Money: The Unauthorised Biography*, Vintage, 2014

Mauseth, James D. *Plants & People,* Jones & Bartlett, 2012

Mayer, Colin *Prosperity: Better Business Makes the Greater Good*, Oxford University Press, 2018

Mazzucato, Marianna *The Entrepreneurial State: Debunking Public vs Private Sector Myths*, Perseus Books, 2015

McAfee, Andrew and Brynjolfsson, Erik *Machine, Platform, Crowd: Harnessing Our Digital Future*, W.W. norton, 2017

—— *Race Against the Machine*, Digital Frontier Press, 2012

—— *The Second Machine Age*, W.W. norton, 2016

McCloskey, Deirdre nansen *Bourgeois Equality: How Ideas, Not Capital or Institutions, Enriched the World*, University of Chicago Press, 2016

—— "The great enrichment was built on ideas, not capital", Foundation for Economic Education, https://fee.org

McConnell, John J. and Buser, Stephen A. "The origins and evolution of the market for mortgage-backed securities", *Annual Review of Financial Economics*, vol. 3, 2011

McMahon, Paul *Feeding Frenzy: The New Politics of Food,* Profile Books, 2013

Micklethwait, John and Wooldridge, Adrian *The Company: A Short History of a Revolutionary Idea*, Modern Library, 2003

Milanovic, Branko *Global Inequality: A New Approach for the Age of Globalization*, Belknap Press, 2018

Mitchell, Timothy *Carbon Democracy: Political Power in the Age of Oil,* Verso, 2013

Mitchener, Kris and Weidenmier, Marc "The Barings crisis and the great Latin American meltdown of the 1890s", August 2006, http://www. helsinki.fi/iehc2006/papers1/Mitchener.pdf

Mokyr, Joel *The Culture of Growth: The Origins of the Modern Economy*, Princeton University Press, 2017

—— *The Enlightened Economy: An Economic History of Britain 1700–1850*, Yale University Press, 2010

—— "The Industrial Revolution in the Low Countries in the first half of the nineteenth century: a comparative case study", *The Journal of Economic History*, vol. 34, no. 2, June 1974

Moore, Jason W. "Madeira, sugar and the conquest of nature in the 'first' 436 M O R E

sixteenth century: Part 1: from 'island of timber' to sugar revolution, 1420–1506", *Review (Fernand Braudel Center)*, vol. 32, no. 4, 2009 Morris, Edmund *Theodore Rex*, HarperCollins, 2002

Morris, Ian *War*: *What Is it Good For? The Role of Conflict in Civilisation, from Primates to Robots*, Profile Books, 2015

nader, Ralph *Unsafe at Any Speed: The Designed-In Dangers of the American Automobile*, Pocket, 1965 nagarajan, K.V. "The Code of Hammurabi: an economic interpretation",

International Journal of Business and Social Science, May 2011 nairn, Alasdair *Engines That Move Markets: Technology Investing from Railroads to the Internet and Beyond*, John Wiley & Sons, 2002 neal, Larry, and Williamson, Jeffrey G. *The Cambridge History of Capitalism, Volume I. The Rise of Capitalism: From Ancient Origins to 1848,* Cambridge University Press, 2014

—— *Volume II. The Spread of Capitalism: From 1848 to the Present*, Cambridge University Press, 2014 north, Douglass C. "Institutions", *The Journal of Economic Perspectives*, vol. 5, no. 1, Winter 1991

north, Douglass C., and Thomas, Robert Paul *The Rise of the Western World: A New Economic History*, Cambridge University Press, 1973 nunn, nathan "The long-term effects of Africa's slave trades", *The Quarterly Journal of Economics*, vol. 123, no. 1, February 2008

Occhino, Filippo, Oosterlinck, Kim, and White, Eugene "How occupied France financed its own exploitation in World War II", nBER working paper 12137, https://www.nber.org/papers/w12137.pdf, 2006

Ohno, Kenichi *The Economic Development of Japan: The Path Travelled by Japan as a Developing Country*, http://www.grips.ac.jp/forum/pdf06/ EDJ.pdf, 2006

Olson, Mancur *Power and Prosperity: Outgrowing Communist and Capitalist Dictatorships*, Basic Books, 2000

Oneal, John R., and Frances H. "Hegemony, imperialism, and the profitability of foreign investments", *International Organization*, vol. 42, no. 2, 1988

O'Rourke, Kevin H., and Williamson, Jeffrey G. *Globalization and History: The Evolution of a Nineteenth-Century Atlantic Economy*, MIT Press, 1999

—— "When did globalization begin?", nBER working paper 7632, April 2000

Osborne, Roger *Iron, Steam & Money: The Making of the Industrial Revolution*, Pimlico, 2014

Osterhammel, Jürgen *The Transformation of the World: A Global History of the 19th Century*, Princeton University Press, 2014

Owen, Geoffrey "Industrial policy in Europe since the Second World War: what has been learnt?", 2012, The European Centre for International Political Economy, http://eprints.lse.ac.uk/41902/1/ Industrial_policy_in_Europe_since_the__Second_World_War_ what_has_been_learnt%281sero%29.pdf

Owen, E. Roger "One hundred years of Middle Eastern oil", January 2008, https://www.brandeis.edu/crown/publications/meb/MEB24. pdf

Paine, Lincoln *The Sea and Civilization: A Maritime History of the World,* Knopf, 2013

Parissien, Steven *The Life of the Automobile: A New History of the Motor Car*, Atlantic Books, 2013

Patterson, James T. *Grand Expectations: The United States 1945–1974*, Oxford University Press, 1996

Pelz, William A. *A People's History of Modern Europe*, Pluto Press, 2016

Pethokoukis, James "What the story of ATMs and bank tellers reveals about the 'rise of the robots' and jobs", American Enterprise Institute, June 6th 2016, http://www.aei.org/publication/ what-atms-bank-tellers-rise-robots-and-jobs

Petzinger, Thomas *Hard Landing: The Epic Contest for Power and Profits That Plunged the Airlines into Chaos*, Random House, 1995

Pfeffer, Jeffrey *Dying for a Paycheck: How Modern Management Harms Employee Health and Company Performance – And What We Can Do About It*, HarperBusiness, 2018

Philippon, Thomas "Has the US finance industry become less efficient? On the theory and measurement of financial intermediation", September 2014, http://pages.stern.nyu.edu/~tphilipp/papers/ Finance_Efficiency.pdf

Philipsen, Dirk *The Little Big Number: How GDP Came to Rule the World and What to Do about It*, Princeton University Press, 2015

Piketty, Thomas *Capital in the 21st Century*, Harvard University Press, 2014

Pilling, David *Bending Adversity: Japan and the Art of Survival*, Penguin, 2014

—— *The Growth Delusion: The Wealth and Well-Being of Nations*, Bloomsbury, 2018

Pinker, Steven *The Better Angels of Our Nature: A History of Violence and Humanity*, Penguin, 2011

—— *Enlightenment Now: The Case for Reason, Science, Humanism and Progress*, Viking, 2018

Pollard, Sidney *Peaceful Conquest: The Industrialization of Europe, 1760–*

1970, Oxford University Press, 1981

Pomeranz, Kenneth *The Great Divergence: China, Europe, and the Making of the Modern World*, Princeton University Press, 2000

Portes, Jonathan "How small is small? The impact of immigration on UK wages", national Institute of Economic and Social Research, January 17th 2016

Powelson, John P. *The Story of Land: A World History of Land Tenure and Agrarian Reform*, Lincoln

Institute of Land Policy, 1988
Prawdin, Michael *The Mongol Empire: Its Rise and Legacy*, George Allen & Unwin, 1967
Pye, Michael *The Edge of the World: How the North Sea Made Us*, Pegasus Books, 2016
Radelet, Steven: *The Great Surge: The Ascent of the Developing World*, Simon & Schuster, 2016
Razzell, Peter, and Spence, Christine "Social capital and the history of mortality in Britain", *International Journal of Epidemiology*, vol. 34, no. 2, 2005
Read, Charles "British economic policy and Ireland c. 1841–1845", unpublished University of Cambridge PhD thesis, 2017
Reid, Michael *Forgotten Continent: The Battle for Latin America's Soul*, Yale University Press, 2007
Rhodes, Richard *Energy: A Human History*, Simon & Schuster, 2018
Romer, Paul "Increasing returns and long-term growth", *Journal of Political Economy*, vol. 94, no. 5, 1986
Ronson, Jon *So You've Been Publicly Shamed*, Picador, 2015
Rosenberg, nathan *Exploring the Black Box: Technology, Economics, and History*, Cambridge University Press, 1994
Rosling, Hans, Rosling, Ola, and Rosling Rönnlund, Anna *Factfulness: Ten Reasons We're Wrong About the World – And Why Things Are Better Than You Think*, Sceptre, 2018
Russell, Andrew L. "Standardization in history: a review essay with an eye to the future", Johns Hopkins University, http://arussell.org/papers/ futuregeneration-russell.pdf
Sampson, Anthony *The Seven Sisters: The Great Oil Companies and the World They Made*, Hodder & Stoughton, 1975
Scheidel, Walter *The Great Leveler: Violence and the History of Inequality from the Stone Age to the Twenty-First Century*, Princeton University Press, 2017
Schofer, Evan, and Meyer, John W. "The worldwide expansion of higher education in the twentieth century", *American Sociological Review*, vol. 70, no. 6, December 2005
Scott, James C. *Against the Grain: A Deep History of the Earliest States*, Yale University Press, 2017
Seabright, Paul *The Company of Strangers: A Natural History of Economic Life*, Princeton University Press, 2010
Service, Robert *The Penguin History of Modern Russia: From Tsarism to the Twenty-First Century*, Penguin, 2015
Shiller, Robert *Irrational Exuberance*, third edition, Princeton University Press, 2015
Siebert, Horst *The German Economy: Beyond the Social Market*, Princeton University Press, 2014
Skidelsky, Robert *John Maynard Keynes: The Economist As Saviour 1920–1937*, Papermac, 1994
—— *Money and Government: A Challenge to Mainstream Economics*, Allen Lane, 2018
Smil, Vaclav *Energy and Civilization: A History*, MIT Press, 2017
—— "nitrogen cycle and world food production", *World Agriculture,* 2011
Smith, Adam *The Theory of Moral Sentiments*, Penguin Classics, 2010 (originally published in 1759)
—— *The Wealth of Nations*, Wordsworth Editions, 2012 (originally published in 1776)

Solow, Robert M. "Technical change and the aggregate production function", *The Review of Economics and Statistics*, vol. 39, no. 3, August 1957

Soto, Hernando de *The Mystery of Capital: Why Capitalism Triumphs in the West and Fails Everywhere Else*, Black Swan, 2001

Srinivasan, Bhu *Americana: A 400-Year History of American Capitalism*, Penguin, 2017

Srinivasan, K. "Population and development in India since independence: an overview", http://medind.nic.in/jah/t04/s1/jaht04s1p5g.pdf, 2004

Standage, Tom *An Edible History of Humanity*, Atlantic Books, 2010

—— *A History of the World in Six Glasses*, Walker & Company, 2006

—— *The Victorian Internet: The Remarkable Story of the Telegraph and the Nineteenth Century's Online Pioneers*, Weidenfeld & nicolson, 1998

St Clair, Kassia *The Golden Thread: How Fabric Changed History*, John Murray, 2018

Stephenson, Judy "Real contracts and mistaken wages: the organisation of work and pay in London building trades, 1650–1800", LSE working papers, no. 231, January 2016

Stern, Fritz *Gold and Iron: Bismarck, Bleichröder, and the Building of the German Empire*, Random House, 1979

Studwell, Joe *The China Dream: The Elusive Quest for the Greatest Untapped Market on Earth*, Profile Books, 2002

Sweeney, Megan, and McCouch, Susan "The complex history of the domestication of rice", *Annals of Botany*, vol. 100, no. 5, October 2007

Tanzi, Vito *Government versus Markets: The Changing Economic Role of the State*, Cambridge University Press, 2011

Taylor A.J.P. *English History 1914–1945*, Pelican, 1970 (originally published in 1965)

Tenaw, Shimelles, Islam, K.M. Zahudul, and Parviainen, Tuulikki "Effects of land tenure and property rights on agricultural productivity in Ethiopia, namibia and Bangladesh", University of Helsinki, 2009

Tharoor, Shashi *Inglorious Empire: What the British Did to India*, C. Hurst & Co., 2017

Thomas, Hugh *The Slave Trade: The History of the Atlantic Slave Trade, 1440–1870*, Phoenix, 2006

Thompson, E.P. "Time, work-discipline and industrial capitalism", *Past & Present*, vol. 38, no. 1, December 1967

Thornton, John *Africa and Africans in the Making of the Atlantic World, 1400–1800*, Cambridge University Press, 1998

Timmins, nicholas *The Five Giants: A Biography of the Welfare State*, new edition, HarperCollins, 2001

Tooze, Adam *Crashed: How A Decade of Financial Crises Changed the World*, Allen Lane, 2018

—— *The Wages of Destruction: The Making and Breaking of the Nazi Economy*, Penguin, 2006

Trentmann, Frank *Empire of Things: How We Became a World of Consumers from the Fifteenth Century to the Twenty-First*, Allen Lane, 2016

Trut, Lyudmila, Oskina, Irina, and Kharlamova, Anastasiya "Animal evolution during domestication:

the domesticated fox as a model", Institute of Cytology and Genetics, Siberian Branch of Russian Academy of Sciences, novosibirsk, Russia, 2009

Turner, Michael "Agricultural productivity in England in the eighteenth century: evidence from crop yields", *The Economic History Review*, vol. 35, no. 4, november 1982

Valletta, Robert G. "Recent flattening in the higher education wage premium: polarization, skill downgrading or both?", nBER working paper 22935, 2016

Vietmeyer, noel *Our Daily Bread: the Essential Norman Borlaug*, Bracing Books, 2011

Wang, Arthur, Wu, Ting, and Zhou, Tony "Riding China's huge, high-flying car market", October 2017, https://www.mckinsey.com/industries/automotive-and-assembly/our-insights/riding-chinas-huge-high-flying-car-market

Warsh, David *Knowledge and the Wealth of Nations: A Story of Economic Discovery*, W.W. norton, 2006

Watson, Alexander *Ring of Steel: Germany and Austria-Hungary At War 1914–1918*, Penguin, 2015

Watson, Andrew M. "The Arab agricultural revolution and its diffusion 700–1100", *The Journal of Economic History*, vol. 34, no. 1, March 1974

Webb, Simon *Commuters: The History of a British Way of Life*, Pen & Sword History, 2016

White, Richard *Railroaded: The Transcontinentals and the Making of Modern America*, W.W. norton & Company, 2013

Williams, Eric *Capitalism & Slavery*, University of north Carolina Press, 1994

Williamson, Edwin *The Penguin History of Latin America*, Penguin, 2009

Wolmar, Christian *Blood, Iron and Gold: How the Railways Transformed the World*, Atlantic Books, 2009

Wood, Gordon S. *Empire of Liberty: A History of the Early Republic, 1789–1815*, Oxford University Press, 2009

Wood, Michael *The Story of India*, BBC Books, 2008

Wootton, David *The Invention of Science: A New History of the Scientific Revolution*, Penguin, 2016

Wray, L. Randall "The neo-Chartalist approach to money", The Levy Economics Institute, July 1st 2000, https://papers.ssrn.com/s013/ papers.cfm?abstract_id=1010334

Wrightson, Keith *Earthly Necessities: Economic Lives in Early Modern Britain 1450–1750*, Penguin, 2002

Wrigley, E.A. *Energy and the English Industrial Revolution*, Cambridge University Press, 2010

Yang, Dennis, Zhang, Junsen, and Zhou, Shaojie "Why are savings rates so high in China?" nBER working paper 16771, https://www.nber. org/papers/w16771.pdf, 2011

Yergin, Daniel *The Prize: The Epic Quest for Oil, Money, and Power*, Simon & Schuster, 2009

Zeder, Melinda, Smithsonian Institution "The domestication of animals", *Journal of Anthropological Research*, vol. 68, no. 2, 2012

Zuckerman, Gregory *The Frackers: The Outrageous Inside Story of the New Energy Revolution*, Portfolio, 2013

亞當斯密 08

世界經濟10000年

從石器時代到貿易戰爭，我們的經濟是如何成形？

More : the 10000-year rise of the world economy

作　　者　菲利浦．科根（Philip Coggan）
譯　　者　陳珮榆

堡壘文化有限公司
總 編 輯　簡欣彥
副總編輯　簡伯儒
責任編輯　簡伯儒
協力編輯　李晶
行銷企劃　曾羽彤、游佳霓、黃怡婷
封面設計　萬勝安

出　　版　堡壘文化有限公司
發　　行　遠足文化事業股份有限公司（讀書共和國出版集團）
地　　址　231新北市新店區民權路108-3號8樓
電　　話　02-22181417
傳　　真　02-22188057
Email　service@bookrep.com.tw
郵撥帳號　19504465
客服專線　0800-221-029
網　　址　http://www.bookrep.com.tw
法律顧問　華洋法律事務所　蘇文生律師
印　　製　韋懋實業有限公司
初版一刷　2020年12月
初版3.6刷　2024年 1 月
定　　價　新臺幣650元

國家圖書館出版品預行編目（CIP）資料

世界經濟10000年：從石器時代到貿易戰爭，我們的經濟是如何成形？／菲利浦．科根（Philip Coggan）著；陳珮榆譯. -- 初版. -- 新北市：遠足文化事業股份有限公司堡壘文化, 2020.12
面；　公分. --（亞當斯密；8）
譯自：More : the 10000-year rise of the world economy
ISBN 978-986-99410-6-8（平裝）

1.經濟史　2.世界史

550.9　　　　109019183